2025年度入試概要

○帝京大学ホームページ　https://www.teikyo-u.ac.jp/

◆帝京大学の入試の特長

○試験日自由選択制

2日もしくは3日のうち，同一学部・学科・コースを2日以上受験することも，異なる学部・学科・コースを1日ずつ受験することもできます。

○試験場自由選択制

試験場を指定試験場の中から自由に選択して受験することができます。

○納入金振替制度

帝京大学では，入学金を含む納入金を学部・学科・コース間にて振り替えることができます。既に納入済の納入金について，学部・学科・コース間で納入金に差額がある場合は，返金または追加納入となります。

○優遇資格

帝京大学の総合型選抜，学校推薦型選抜〈公募制〉，一般選抜の出願者で，各学部・学科の指定した資格・スコアを有する者は，合否判定の際に考慮します。

上記内容は出願する学部・学科等により異なります。
詳細につきましては「入学試験要項2025」をご覧ください。

◆各種制度と特長

薬・経済・法・文・外国語・教育・理工・医療技術・福岡医療技術学部

○英語外部試験利用制度

（総合型選抜・学校推薦型選抜・一般選抜）薬・経済・法・文・外国語・教育・理工・医療技術・福岡医療技術学部

本学が指定する英語資格・検定試験の基準スコアを満たしている場合，試験結果を用いることができます（対象入試や評価方法は学部・学科等により異なります）。

○簿記外部試験利用制度

（総合型選抜）経済学部

本学が指定する簿記資格を有し，選択科目で簿記を選択した場合，簿記資格の結果を用いることができます。

○第二志望制度

（総合型選抜）経済・法・文・外国語・教育・理工・福岡医療技術学部

（一般選抜）薬・経済・法・文・外国語・教育・理工・医療技術・福岡医療技術学部

試験日ごとに第二志望を選択することができます（選択科目や学科等に制限があります）。

○第三志望制度

（一般選抜）理工学部

試験日ごとに第三志望を選択することができます（選択科目や学科等に制限があります）。

○帝京大学短期大学第二志望制度

（総合型選抜・一般選抜）経済・法・文・外国語・教育学部

経済・法・文・外国語・教育学部に出願する場合，帝京大学短期大学の人間文化学科または現代ビジネス学科のどちらかを第二志望として選択することができます。

○看護専門学校第二志望制度

（総合型選抜・一般選抜）医療技術学部看護学科・福岡医療技術学部看護学科

医療技術学部看護学科または福岡医療技術学部看護学科に出願する場合、帝京高等看護学院または帝京山梨看護専門学校のどちらかを第二志望として選択することができます。

○地域試験場

（総合型選抜Ⅰ期・一般選抜Ⅰ期）経済・法・文・外国語・教育・理工学部

総合型選抜Ⅰ期と一般選抜Ⅰ期の2025年1月30日(木)は，地域試験場でも受験することができます。

○入学手続時納入金分納制度

（一般選抜Ⅰ期）薬・経済・法・文・外国語・教育・医療技術・福岡医療技術学部

一次締切日までに入学金を納入し，残額は二次締切日までに納めることもできます。ただし，一次締切日までに入学金を納入しない場合，または二次締切日までに残額を納入しない場合は，入学の意思がないものとみなし，入学許可を取り消します。

詳細につきましては「入学試験要項2025」をご覧ください。

キャンパス案内

●板橋キャンパス

〒173-8605　東京都板橋区加賀 2-11-1
☎0120-335933
医学部・薬学部・理工学部〈データサイエンス学科★〉・医療技術学部〈視能矯正学科，看護学科，診療放射線学科，臨床検査学科，スポーツ医療学科（救急救命士コース）〉

ACCESS
●JR埼京線「十条駅」北口下車，徒歩約10分

●八王子キャンパス

〒192-0395　東京都八王子市大塚359番地
☎0120-508-739
経済学部〈経済学科，国際経済学科，経営学科，観光経営学科〉・法学部・文学部・外国語学部・教育学部・医療技術学部〈スポーツ医療学科（健康スポーツコース，トップアスリートコース）〉

ACCESS
●京王線「聖蹟桜ヶ丘駅」下車　京王バス 2 番のりば：帝京大学構内行（直行15分，各停17分），終点下車　●京王線「高幡不動駅」下車　京王バス 5 番のりば：帝京大学構内行（直行11分，各停13分），終点下車　●京王線，小田急線，多摩モノレール「多摩センター駅」下車　京王バス 4 番のりば：帝京大学構内行（直行14分，各停18分），終点下車　●多摩モノレール「大塚・帝京大学駅」下車，徒歩約15分

●宇都宮キャンパス

〒320-8551　栃木県宇都宮市豊郷台 1-1
☎028-627-7123
経済学部〈地域経済学科〉・理工学部〈総合理工学科★（機械・航空宇宙コース★，ロボティクス・AIコース★，情報科学コース★，環境バイオテクノロジーコース★）〉・医療技術学部〈柔道整復学科〉

ACCESS
●JR東北新幹線，宇都宮線「宇都宮駅」西口下車　関東バス 5 番のりば：帝京大学行（直通）20分，終点下車　豊郷台・帝京大学行，豊郷台・ニュー富士見行，宇都宮美術館行20分，「帝京大学」下車　済生会病院・帝京大学行25分，終点下車

●福岡キャンパス

〒836-8505　福岡県大牟田市岬町 6-22
☎0944-57-8333
福岡医療技術学部

ACCESS
●西鉄天神大牟田線，JR鹿児島本線「大牟田駅」西口下車　西鉄バス：帝京大学福岡キャンパス行 6 分，終点下車　●JR九州新幹線「新大牟田駅」下車　西鉄バス：大牟田駅行30分，大牟田駅下車乗り換え　帝京大学福岡キャンパス行 6 分，終点下車

★2025年 4 月開設予定のため，変更となる場合があります。

大学赤本シリーズ

325

帝京大学

薬学部・経済学部・法学部・文学部・外国語学部・教育学部・理工学部・医療技術学部・福岡医療技術学部

教学社

は　し　が　き

　おかげさまで，大学入試の「赤本」は，今年で創刊 70 周年を迎えました。

　これまで，入試問題や資料をご提供いただいた大学関係者各位，掲載許可をいただいた著作権者の皆様，各科目の解答や対策の執筆にあたられた先生方，そして，赤本を使用してくださったすべての読者の皆様に，厚く御礼を申し上げます。

　以下に，創刊初期の「赤本」のはしがきを引用します。これからも引き続き，受験生の目標の達成や，夢の実現を応援してまいります。

　本書を活用して，入試本番では持てる力を存分に発揮されることを心より願っています。

編者しるす

＊　　　＊　　　＊

　学問の塔にあこがれのまなざしをもって，それぞれの志望する大学の門をたたかんとしている受験生諸君！　人間として生まれてきた私たちは，自己の欲するままに，美しく，強く，そして何よりも人間らしく生きることをねがっている。しかし，一朝一夕にして，この純粋なのぞみが達せられることはない。私たちの行く手には，絶えずさまざまな試練がまちかまえている。この試練を克服していくところに，私たちのねがう真に人間的な世界がはじめて開かれてくるのである。

　人生最初の最大の試練として，諸君の眼前に大学入試がある。この大学入試は，精神的にも身体的にも，大きな苦痛を感ぜしめるであろう。あるスポーツに熟達するには，たゆみなき，はげしい練習を積み重ねることが必要であるように，私たちは，計画的・持続的な努力を払うことによって，この試練を克服し，次の一歩を踏みだすことができる。厳しい試練を経たのちに，はじめて満足すべき成果を獲得できるのである。

　本書は最近の入学試験の問題に，それぞれ解答を付し，さらに問題をふかく分析することによって，その大学独特の傾向や対策をさぐろうとした。本書を一般の参考書とあわせて使用し，まとはずれのない，効果的な受験勉強をされるよう期待したい。

（昭和 35 年版「赤本」はしがきより）

挑む人の、いちばんの味方

赤本創刊70周年

　1954年に大学入試の過去問題集を刊行してから70年。赤本は大学に入りたいと思う受験生を応援しつづけてきました。これからも，苦しいとき落ち込むときにそばで支える存在でいたいと思います。

　そして，勉強をすること，自分で道を決めること，努力が実ること，これらの喜びを読者の皆さんが感じることができるよう，伴走をつづけます。

そもそも赤本とは…

受験生のための大学入試の過去問題集！

70年の歴史を誇る赤本は，500点を超える刊行点数で全都道府県の370大学以上を網羅しており，過去問の代名詞として受験生の必須アイテムとなっています。

………… なぜ受験に過去問が必要なのか？ …………

大学入試は大学によって問題形式や頻出分野が大きく異なるからです。

赤本の掲載内容

傾向と対策

これまでの出題内容から，問題の「**傾向**」を分析し，来年度の入試に向けて
具体的な「**対策**」の方法を紹介しています。

問題編・解答編

✅ 年度ごとに問題とその解答を掲載しています。

✅ 「**問題編**」ではその年度の試験概要を確認したうえで，実際に出題された
過去問に取り組むことができます。

✅ 「**解答編**」には高校・予備校の先生方による解答が載っています。

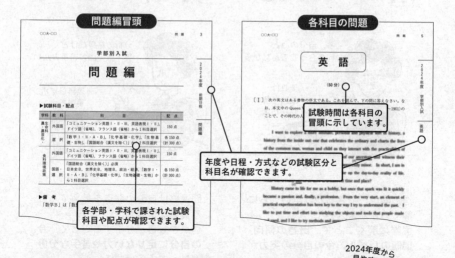

他にも，大学の基本情報や，先輩受験生の合格体験記，
在学生からのメッセージなどが載っていることがあります。

2024年度から
見やすい
デザインに！
NEW

● 掲載内容について ●

著作権上の理由やその他編集上の都合により問題や解答の一部を割愛している場合があります。
なお，指定校推薦入試，社会人入試，編入学試験，帰国生入試などの特別入試，英語以外の外国語
科目，商業・工業科目は，原則として掲載しておりません。また試験科目は変更されることがあり
ますので，あらかじめご了承ください。

受験勉強は
過去問に始まり,

STEP 1 〈なにはともあれ〉

まずは
解いてみる

しずかに…
今,自分の心と
向き合ってるんだから

ムーン

それは
問題を解いて
からだホン!

過去問は,**できるだけ早いうちに
解くのがオススメ!**
実際に解くことで,**出題の傾向,
問題のレベル,今の自分の実力が**
つかめます。

STEP 2 〈じっくり具体的に〉

弱点を
分析する

分析の結果だけど
英・数・国が苦手みたい

スリー

必須科目だホン
頑張るホン

間違いは自分の弱点を教えてくれ
る**貴重な情報源。**
弱点から自己分析することで,**今
の自分に足りない力や苦手な分野**
が見えてくるはず!

合格者があかす
赤本の使い方

傾向と対策を熟読
(Fさん／国立大合格)

大学の出題傾向を調べる
ために,赤本に載ってい
る「傾向と対策」を熟読
しました。

繰り返し解く
(Tさん／国立大合格)

1周目は問題のレベル確認,2周
目は苦手や頻出分野の確認に,3
周目は合格点を目指して,と過去
問は繰り返し解くことが大切です。

過去問に終わる。

STEP 3
志望校に
あわせて

苦手分野の
重点対策

明日からはみんなで頑張るよ！
参考書も！問題集も！
よろしくね！

呼んだ？

なにを!?
どこから!?

グッ

グッ

参考書や問題集を活用して，苦手
分野の**重点対策**をしていきます。
過去問を指針に，合格へ向けた具
体的な学習計画を立てましょう！

STEP 1 ▶ 2 ▶ 3

サイクル
が大事！

実践を
繰り返す

やるのは
ボクだよ～

STEP 1
解く!!

対策!!

分析!!

STEP 3

STEP 2

STEP 1～3を繰り返し，実力アッ
プにつなげましょう！
出題形式に慣れることや，**時間配
分**を考えることも大切です。

目標点を決める
（Yさん／私立大合格）

赤本によっては合格者最低
点が載っているので，それ
を見て目標点を決めるのも
よいです。

時間配分を確認
（Kさん／私立大学合格）

赤本は時間配分や解く
順番を決めるために使
いました。

添削してもらう
（Sさん／私立大学合格）

記述式の問題は先生に添削し
てもらうことで自分の弱点に
気づけると思います。

新課程も赤本で
ばっちり!

新課程入試 Q&A

2022年度から新しい学習指導要領（新課程）での授業が始まり，2025年度の入試は，新課程に基づいて行われる最初の入試となります。ここでは，赤本での新課程入試の対策について，よくある疑問にお答えします。

使える?

Q1. 赤本は新課程入試の対策に使えますか？

A. もちろん使えます！

OK

旧課程入試の過去問が新課程入試の対策に役に立つのか疑問に思う人もいるかもしれませんが，心配することはありません。旧課程入試の過去問が役立つのには次のような理由があります。

● 学習する内容はそれほど変わらない

新課程は旧課程と比べて科目名を中心とした変更はありますが，学習する内容そのものはそれほど大きく変わっていません。また，多くの大学で，既卒生が不利にならないよう「経過措置」がとられます（Q3参照）。したがって，出題内容が大きく変更されることは少ないとみられます。

● 大学ごとに出題の特徴がある

これまでに課程が変わったときも，各大学の出題の特徴は大きく変わらないことがほとんどでした。入試問題は各大学のアドミッション・ポリシーに沿って出題されており，過去問にはその特徴がよく表れています。過去問を研究してその大学に特有の傾向をつかめば，最適な対策をとることができます。

出題の特徴の例	・英作文問題の出題の有無
	・論述問題の出題（字数制限の有無や長さ）
	・計算過程の記述の有無

新課程入試の対策も，赤本で過去問に取り組むところから始めましょう。

Q2. 赤本を使う上での注意点はありますか？

A. 志望大学の入試科目を確認しましょう。

　過去問を解く前に，過去の出題科目（問題編冒頭の表）と2025年度の募集要項とを比べて，課される内容に変更がないかを確認しましょう。ポイントは以下のとおりです。科目名が変わっていても，実際は旧課程の内容とほとんど同様のものもあります。

英語・国語	科目名は変更されているが，実質的には変更なし。 ▶▶ ただし，リスニングや古文・漢文の有無は要確認。
地歴	科目名が変更され，「歴史総合」「地理総合」が新設。 ▶▶ 新設科目の有無に注意。ただし，「経過措置」(Q3参照)により内容は大きく変わらないことも多い。
公民	「現代社会」が廃止され，「公共」が新設。 ▶▶ 「公共」は実質的には「現代社会」と大きく変わらない。
数学	科目が再編され，「数学C」が新設。 ▶▶ 「数学」全体としての内容は大きく変わらないが，出題科目と単元の変更に注意。
理科	科目名も学習内容も大きな変更なし。

　数学については，科目名だけでなく，どの単元が含まれているかも確認が必要です。例えば，出題科目が次のように変わったとします。

旧課程	「数学Ⅰ・数学Ⅱ・数学A・数学B（数列・ベクトル）」
新課程	「数学Ⅰ・数学Ⅱ・数学A・**数学B（数列）・数学C（ベクトル）**」

　この場合，新課程では「数学C」が増えていますが，単元は「ベクトル」のみのため，実質的には旧課程とほぼ同じであり，過去問をそのまま役立てることができます。

Q3. 「経過措置」とは何ですか？

A. 既卒の旧課程履修者への対応です。

　多くの大学では，既卒の旧課程履修者が不利にならないように，出題において「経過措置」が実施されます。措置の有無や内容は大学によって異なるので，募集要項や大学のウェブサイトなどで確認しておきましょう。

○旧課程履修者への経過措置の例

- ●旧課程履修者にも配慮した出題を行う。
- ●新・旧課程の共通の範囲から出題する。
- ●新課程と旧課程の共通の内容を出題し，共通範囲のみでの出題が困難な場合は，旧課程の範囲からの問題を用意し，選択解答とする。

　例えば，地歴の出題科目が次のように変わったとします。

旧課程	「日本史 B」「世界史 B」から 1 科目選択
新課程	**「歴史総合，日本史探究」「歴史総合，世界史探究」から 1 科目選択**※ ※旧課程履修者に不利益が生じることのないように配慮する。

　「歴史総合」は新課程で新設された科目で，旧課程履修者には見慣れないものですが，上記のような経過措置がとられた場合，新課程入試でも旧課程と同様の学習内容で受験することができます。

新課程の情報は WEB もチェック！
より詳しい解説が赤本ウェブサイトで見られます。
https://akahon.net/shinkatei/

科目名が変更される教科・科目

	旧 課 程	新 課 程
国語	国語総合 国語表現 現代文A 現代文B 古典A 古典B	現代の国語 言語文化 論理国語 文学国語 国語表現 古典探究
地歴	日本史A 日本史B 世界史A 世界史B 地理A 地理B	歴史総合 日本史探究 世界史探究 地理総合 地理探究
公民	現代社会 倫理 政治・経済	公共 倫理 政治・経済
数学	数学Ⅰ 数学Ⅱ 数学Ⅲ 数学A 数学B 数学活用	数学Ⅰ 数学Ⅱ 数学Ⅲ 数学A 数学B 数学C
外国語	コミュニケーション英語基礎 コミュニケーション英語Ⅰ コミュニケーション英語Ⅱ コミュニケーション英語Ⅲ 英語表現Ⅰ 英語表現Ⅱ 英語会話	英語コミュニケーションⅠ 英語コミュニケーションⅡ 英語コミュニケーションⅢ 論理・表現Ⅰ 論理・表現Ⅱ 論理・表現Ⅲ
情報	社会と情報 情報の科学	情報Ⅰ 情報Ⅱ

大学のサイトも見よう

目　次

2024年度
問題と解答

2023 年度
問題と解答

掲載内容についてのお断り

- 一般選抜Ⅰ期・Ⅱ期のうち，それぞれ代表的な1日程分を掲載しています。
- 総合型選抜，学校推薦型選抜，一般選抜Ⅲ期は掲載していません。

2024年度入試データ

 入試状況（志願者数・競争率など）

○競争率は受験者数÷合格者数で算出。

●一般選抜

学部・学科・コース	募集人員	志願者数	受験者数	合格者数	競争率	合格者最低点
薬学部　薬　　　学　　　科	191	900	810	366	2.2	125
経済学部　経　済　学　科	232	1,193	1,131	882	1.3	131
国　際　経　済　学　科	84	294	276	247	1.1	118
地　域　経　済　学　科	42	116	107	96	1.1	124
経　　営　　学　　科	232	1,105	1,047	820	1.3	130
観　光　経　営　学　科	72	197	192	162	1.2	120
法学部　法　律　学　科	158	704	668	605	1.1	136
政　治　学　科	42	140	133	120	1.1	127
文学部　日　本　文　化　学　科	50	233	217	168	1.3	118
史　　　　学　　　　科	90	489	472	403	1.2	121
社　　会　　学　　科	87	433	410	354	1.2	124
心　　理　　学　　科	84	413	392	225	1.7	120

（表つづく）

学部・学科・コース			募集人員	志願者数	受験者数	合格者数	競争率	合格者最低点
外国語学部	外国語学科	英語コース	105	283	273	241	1.1	131
		ドイツ語コース		18	15	15	1.0	148
		フランス語コース		18	17	14	1.2	148
		スペイン語コース		12	12	8	1.5	150
		中国語コース		9	8	6	1.3	203
		コリア語コース		51	48	25	1.9	127
	国際日本学科		42	55	51	47	1.1	130
教育学部	教育文化学科		42	169	159	98	1.6	123
	初等教育科	初等教育コース	67	280	259	205	1.3	125
		こども教育コース	30	59	56	45	1.2	128
理工学部	機械・精密システム工学科		25	126	118	102	1.2	127
	航空宇宙工学科	航空宇宙工学コース	23	41	41	34	1.2	117
		ヘリパイロットコース		0	0	0	－	－
	情報電子工学科		43	246	228	184	1.2	137
	バイオサイエンス学科		43	123	118	101	1.2	115
医療技術学部	視能矯正学科		30	62	59	53	1.1	114
	看護学科		63	675	619	171	3.6	151
	診療放射線学科		47	458	434	72	6.0	196
	臨床検査学科		47	234	226	113	2.0	145
	スポーツ医療学科	健康スポーツコース	92	170	163	122	1.3	113
		救急救命士コース	21	73	70	37	1.9	125
	柔道整復学科		26	10	10	9	1.1	76
福岡医療技術学部	理学療法学科		28	22	21	16	1.3	96
	作業療法学科		12	6	6	4	1.5	95
	看護学科		32	51	48	40	1.2	96
	診療放射線学科		30	105	101	54	1.9	120
	医療技術学科	救急救命士コース	28	16	16	10	1.6	122
		臨床工学コース		14	14	12	1.2	115

（備考）

- 薬・経済・法・文・外国語・教育・理工・医療技術・福岡医療技術学部とも奨学特待生を含む数値です。
- 外国語学部外国語学科の募集人員については，全コースを合算した数値です。
- 理工学部航空宇宙工学科の募集人員については，2コースを合算した数値です。
- 福岡医療技術学部医療技術学科の募集人員については，2コースを合算した数値です。
- 満点は300点。
- 総合型・学校推薦型・大学入学共通テスト利用選抜の入試結果は大学公表資料で確認してください。

募集要項の入手方法

　インターネット出願が導入されています。

　募集要項は大学ホームページで確認してください（紙の願書はありません）。なお，大学案内はテレメールから請求可能です。

資料請求先

　インターネットによるお申し込み

　https://www.teikyo-u.ac.jp/documents/

　お申し込みより，3日ほどでお届けいたします（地域や時期により異なります）。資料・送料ともに無料です。

入試についてのお問い合わせ先

　〒173-8605　東京都板橋区加賀2-11-1

　帝京大学入試センター　📞 0120-335933

　月曜〜金曜…8：30〜17：00
　土　　曜…8：30〜12：30
　※祝日・年末年始（12/29〜1/3）を除く

帝京大学ホームページアドレス

　https://www.teikyo-u.ac.jp/

 帝京大学のテレメールによる資料請求方法

| スマートフォンから | QRコードからアクセスしガイダンスに従ってご請求ください。 |
| パソコンから | 教学社 赤本ウェブサイト(akahon.net)から請求できます。 |

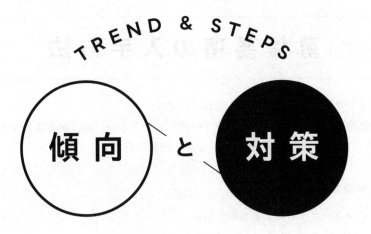

TREND & STEPS

傾向 と 対策

　科目ごとに問題の「傾向」を分析し，具体的にどのような「対策」をすればよいか紹介しています。まずは出題内容をまとめた分析表を見て，試験の概要を把握しましょう。

============== 注　意 ==============

　「傾向と対策」で示している，出題科目・出題範囲・試験時間等については，2024 年度までに実施された入試の内容に基づいています。2025 年度入試の選抜方法については，各大学が発表する学生募集要項を必ずご確認ください。

============ 掲載日程・方式・学部 ============

　Ⅰ期・Ⅱ期ともそれぞれ代表的な 1 日程分を掲載。

英　語

年度	日程	番号	項　目	内　容
2024 ◑	Ⅰ期	〔1〕	読　解	内容説明，発音（読み方），空所補充，内容真偽，主題，英文和訳
		〔2〕	読　解	空所補充
		〔3〕	文法・語彙	空所補充
		〔4〕	文法・語彙	語句整序
	Ⅱ期	〔1〕	読　解	内容説明，空所補充，発音，内容真偽，英文和訳
		〔2〕	会　話　文	空所補充
		〔3〕	文法・語彙	空所補充
		〔4〕	文法・語彙	語句整序
2023	Ⅰ期	〔1〕	読　解	語句意，同意表現，空所補充，アクセント，欠文挿入箇所，英文和訳
		〔2〕	読　解	空所補充
		〔3〕	文法・語彙	空所補充
		〔4〕	文法・語彙	語句整序
	Ⅱ期	〔1〕	読　解	空所補充，語句意，内容説明，内容真偽
		〔2〕	読　解	空所補充
		〔3〕	文法・語彙	空所補充
		〔4〕	文法・語彙	語句整序

（注）　●印は全問，◑印は一部マークシート方式採用であることを表す。

読解英文の主題

年度	日程	番号	主　題
2024	Ⅰ期	〔1〕	今や『神よ国王を守り給え』だ
		〔2〕	ヨーロッパの熱波
	Ⅱ期	〔1〕	それぞれの言語におけるお気に入りの言葉
		〔2〕	人類とゴキブリの共進化
2023	Ⅰ期	〔1〕	「はじめてのおつかい」の世界進出
		〔2〕	言語学習における抵抗
	Ⅱ期	〔1〕	ゼロ・ウェイスト・ホームという暮らし
		〔2〕	日本におけるジェンダー・ギャップ

傾　向　基本的かつ正確な英語力を試す

01　出題形式は？

　例年，大問 4 題で，試験時間は 60 分である。両日程とも 1 ～ 2 問ではあるが英文和訳や内容説明などの記述式問題が出題されている。

02　出題内容はどうか？

　〔1〕の総合読解問題では，空所補充，同意表現，内容説明，内容真偽，発音，アクセントや語句意など知識問題と内容把握問題がバランスよく出題されている。〔2〕の読解問題（2024 年度Ⅱ期は長めの会話文）は，意味と語法を中心とした空所補充問題である。〔3〕の文法・語彙問題は空所補充，〔4〕は日本語を参考にして語句整序を行い，指定された空所に入る語句を答えるものである。いずれも単語・熟語・文法・構文などの力を幅広く問うている。

03　難易度は？

　全体的に設問は基本的なものが多いが，総合読解問題では多彩な設問を通して総合的な英語力が問われており，気を抜けない問題となっている。文法・語彙問題と語句整序を素早く処理し，読解問題にしっかり時間をかけられるようにしよう。

対　策

01　長文読解力の養成

　例年必ず〔1〕で総合読解問題が課されているので，まず，ある程度まとまった英文を数多く読みこなしていく訓練が必要である。さまざまなテー

マの英文にふれておきたい。問題集による演習ももちろん欠かせないが，日頃の授業の予習・復習を確実に行い，重要な文法事項・熟語・構文を含んだ英文や，修飾語が多く複雑な構造の英文には自分の力で和訳をつけ，確実に理解すること。内容真偽や内容説明問題対策として中級程度の総合問題集を1冊仕上げるのも実力アップにつながる。余裕があれば，時事問題をテーマとした長文読解問題集などに挑戦するとよい。

02　文法力・語彙力・構文力の充実

　文法力・語彙力・構文力は，頻出の空所補充，語句整序を解くのに不可欠な力である。基礎的な問題が中心なので，授業で使った文法書・参考書・問題集などを繰り返し演習して，その内容を自分のものとすること。さらに，受験生が間違いやすいポイントを完全網羅した総合英文法書『大学入試 すぐわかる英文法』（教学社）などを手元に置いて，調べながら学習すると効果アップにつながるだろう。また，100～150程度の基本構文のマスターも欠かせない。『風呂で覚える英単語』『風呂で覚える英熟語』（ともに教学社）などの単語・熟語集で，すき間の時間を活用しながら語彙力を拡充していくことも大切である。

日本史

年度	日程	番号	内　　　容	形　　式
2024 ◐	Ⅰ期	〔1〕	原始文化とヤマト政権下の外交・文化（40字：使用語句指定）	選択・論述
		〔2〕	戦国時代〜織田信長の時代	選　　択
		〔3〕	幕末〜明治期の政治・外交	選　　択
		〔4〕	大正〜昭和期の政治・外交	配列・選択
	Ⅱ期	〔1〕	都市の発達（35字：使用語句指定）　　✅史料	選択・論述
		〔2〕	江戸時代の政治・文化	選択・配列
		〔3〕	立憲国家の成立	選択・配列・正誤
		〔4〕	近現代の政治・経済・社会・文化	選択・正誤・配列
2023	Ⅰ期	〔1〕	古代の政治・文化	選択・記述
		〔2〕	中世の政治（20字）	記述・論述・選択
		〔3〕	近世の政治・外交	選択・記述
		〔4〕	現代の政治・外交	選択・記述
	Ⅱ期	〔1〕	古代〜中世の仏教	選択・記述
		〔2〕	江戸幕府の諸統制	選択・記述
		〔3〕	近代の軍制・社会・外交	選択・記述
		〔4〕	「国体明徴声明」─明治憲法の解釈（30字）　✅史料	記述・選択・論述

（注）　●印は全問，◐印は一部マークシート方式採用であることを表す。

 傾　向 政治史と文化史が中心，史料問題に注意！

01 出題形式は？

　例年，大問4題で，試験時間は2科目で120分である。形式は2023年度までは語句中心の選択法と記述法が中心だったが，2024年度は大きく

変容し，マークシート方式と論述問題で構成されている。選択・正誤・配列問題が中心で，30〜40字の短文論述問題も出題されている。選択問題は語句選択のみならず，文章の正誤を判定させる正文選択問題・誤文選択問題が登場したのが大きな変化である。配列問題は細かい西暦年代を記憶していないと正答が導き出せない問題もあるので注意が必要である。論述問題は使用語句が指定されているので，素直に文章を組み立てれば得点に結びつく平易な内容である。

　なお，2025年度は出題科目が「歴史総合，日本史探究」となる予定である（本書編集時点）。

02　出題内容はどうか？

　時代別では，年度・日程により多少偏りはあるものの，原始・古代から戦後史まで満遍なく時代を網羅している。

　分野別では，政治史が中心だが，外交史や社会経済史，文化史を絡ませた出題が多い。文化史では2024年度のⅠ期では原始時代の文化，古墳文化の石室構造と副葬品，Ⅱ期では和歌4首，江戸時代の絵画が出題された。テーマ史では2024年度のⅡ期で都市発達史，2023年度のⅡ期で仏教史が出題されている。

　史料問題も出題されている。2024年度は和歌以外，大々的な出題はなかったが，2023年度は国体明徴声明が出題されている。出典や空欄完成問題，用語・事項の意味を問う問題など，やや難しい問題も含まれている。

03　難易度は？

　通常の教科書学習で対処できる基本問題が中心であるが，特定のテーマを扱った問題や史料問題も頻出である。おおむね教科書の標準的な基本事項を把握していれば高得点は期待できるので，まずは基本的な問題演習を確実に行いたい。試験では，確実に解答できそうなものからテンポよく解き進め，必ず見直しの時間を確保するようにしよう。

01　教科書学習の重視

　ほとんどの問題が教科書記載の内容からの出題なので，教科書内容の習熟が最も効果的な学習となる。その際に教科書の本文だけでなく，脚注や写真・地図・図表とその解説部分に至るまで目を通し，反復学習すること。また，『日本史用語集』（山川出版社）を用いて，歴史用語の意味を正しく理解し，正確な漢字で書けるように練習しておくことが大切である。また，記述問題だけではなく，論述問題でも得点の差が出るので，基本事項をしっかりおさえた学習をすすめよう。

02　分野別学習

　分野別・テーマ別の出題が多いが，オーソドックスな出題が多いので，教科書をベースに基礎的知識は確実に把握しておくことが大切である。

03　史料問題

　教科書に掲載してある史料はもちろん，『詳説日本史史料集』（山川出版社）などの史料集を参考にして，史料の読解力を養いたい。その際，史料文中の重要語句などをしっかりチェックしておくこと。史料集での学習の際には，解説や注釈にも目を通すことが大切である。

04　過去問研究

　出題形式や難易度・内容に類似点が多いので，年度・日程を問わず過去問を学習することは有効である。本書を活用して，広く過去問に当たって学習するとよい。

世界史

年度	日程	番号	内　　容	形　　式
2024 ◐	Ⅰ期	〔1〕	古代〜中世のヨーロッパ社会（30字）	選択・論述
		〔2〕	中国東北地方の歴史	選　　択
		〔3〕	イスラーム世界の形成と発展	選択・配列・正誤
		〔4〕	冷戦の始まりから終結まで	選　　択
	Ⅱ期	〔1〕	古代のインド，魏晋南北朝〜唐の中国（30字）	選択・正誤・配列・論述
		〔2〕	近世ヨーロッパにおける文化・経済	選択・配列
		〔3〕	サラ=ベルナールの生涯　　　☑年表	選　　択
		〔4〕	南アジア・東南アジアの植民地支配	選　　択
2023	Ⅰ期	〔1〕	神聖ローマ帝国と三十年戦争（30字）	選択・記述・論述
		〔2〕	「オアシスの道」を通じての宗教の伝播	選択・記述
		〔3〕	近現代における国際秩序の変遷	選択・記述
		〔4〕	19世紀〜20世紀初めの中国の近代化	選択・記述
	Ⅱ期	〔1〕	日欧の世界文化遺産（30字）	記述・選択・論述
		〔2〕	中央ユーラシアへのロシアの進出	選択・記述
		〔3〕	近代における自然科学の発展	記述・選択
		〔4〕	朝鮮半島の独立〜朝鮮戦争	記述・選択・正誤

（注）　●印は全問，◐印は一部マークシート方式採用であることを表す。

傾向 政治・外交史中心
現代史（戦後史）にも注意を

01 出題形式は？

　例年，いずれの日程も大問4題の出題である。試験時間は2科目120分。
2024年度より，両日程とも解答形式が論述問題を除いて，全てマークシ

ート方式に変わった。そのため，語句や正文（誤文）の選択法が中心となり，配列法や正誤法も一部出題された。論述問題は例年通り，両日程で出題されている。

　なお，2025 年度は出題科目が「歴史総合，世界史探究」となる予定である（本書編集時点）。

02　出題内容はどうか？

　地域別では，欧米地域では西ヨーロッパとアメリカ合衆国が多く出題されている。アジア地域では，中国やインドからの出題が多い。ただし，ロシア・東ヨーロッパ，西アジア，中央アジア，東南アジア，アフリカが出題されることもあるので，注意したい。また，2023 年度 I 期〔2〕のように，地域横断的な問題や，2024 年度 I 期〔2〕のように，1 つの地域に特化した問題が出題されることもある。

　時代別では，両日程とも古代から近現代まで満遍なく出題されている。特に 2023 年度 II 期〔4〕や 2024 年度 I 期〔4〕では，現代史が大問として出題されているので注意したい。教科書の幅広い学習が欠かせない。

　分野別では，政治・外交関係からの出題が中心であるが，文化史や社会経済史からの出題も少なくない。2023 年度 II 期〔3〕は文化史の大問であった。歴史上の人物・著書・条約や宣言に関する問題，地図を使った問題なども要注意である。

03　難易度は？

　基本的・標準的な問題が多く，難問はほとんどみられない。細かな知識を問う問題も一部にみられるが，消去法で十分対応できる。教科書の本文に出てくる用語を確実におさえることを目標にしたい。ケアレスミスをしないよう，見直しの時間を十分に確保し，効率的な時間配分に気を配りたい。

対策

01　教科書学習を基礎に

　教科書を精読し，各事項とその流れの理解を心がけよう。その際，本文の太字部分とその前後の説明はもちろん，脚注にも必ず目を向けること。東ヨーロッパ，西アジア，中央アジア，東南アジア，アフリカなど，受験生が見落としやすい地域・時代にも目を配る必要がある。論述問題が，例年両日程で出題されている。教科書の内容を簡潔にまとめられるようにしておきたい。また，地図を使った問題が出題されたこともある。時代ごとの地図を頭に入れるのは世界史学習にとってきわめて重要であるので，都市や地名が出てきたら必ず確認したい。

02　用語集の活用

　教科書学習といっても，教科書は各社から何種類も出版されており，自分の使用している教科書に言及されていない歴史事項も数多くある。こうした歴史事項を確認・理解するためにも，『世界史用語集』（山川出版社）や『必携世界史用語』（実教出版）などの用語集を必ず利用したい。

03　文化史・社会経済史対策

　文化史については，人物と作品・業績・思想などを結びつけて理解を深めるようにしたい。授業で使用している資料集で，芸術作品や建築物などを視覚的に覚えるように努力しよう。文化史の学習が苦手な場合は，『タテヨコ総整理　世界史×文化史　集中講義12　新装版』（旺文社）など，文化史に特化した参考書を利用するのもよいだろう。また，社会経済史については，各国の税制，通貨，貿易の形態や取引された物品，栽培作物などについてまとめておきたい。文化史の知識は受験対策以外でも人生を豊かにしてくれるので，楽しんで身につけてほしい。

04 現代史に注意

　第二次世界大戦以後からの出題もみられるので，注意が必要である。出題内容は基本的な事項がほとんどであるが，現代史の流れをきちんと整理しておかないと解答できない。早い時期から準備しておこう。また，日頃から新聞などに目を通して，世界の動きにも関心をもつようにしよう。

05 本書を十分に活用しよう

　過去問を分析することは大変有効である。本書を利用して出題内容やテーマを分析し，出題傾向をつかんで実戦力を養っておこう。

政治・経済

2025 年度は「政治・経済」に代えて「公共，政治・経済」が課される予定である（本書編集時点）。

年度	日程	番号	内　容	形　式
2024 ◐	Ⅰ期	〔1〕	地方自治をめぐる諸問題	選択・正誤
		〔2〕	国際安全保障の実情	選択・正誤
		〔3〕	産業革命がもたらした影響	選択・正誤
		〔4〕	マクロ経済の考え方（50字）	選択・計算・論述
	Ⅱ期	〔1〕	貿易と外国為替	選択・計算・正誤
		〔2〕	地球環境問題	選択・正誤
		〔3〕	日本の財政	選択・配列・正誤
		〔4〕	農業をめぐる諸問題（100字）	選択・論述
2023	Ⅰ期	〔1〕	ソ連邦の成立・崩壊とロシアの現在	選択・記述
		〔2〕	バブル景気の背景とその後	選択・記述
		〔3〕	消費者問題	選択・記述
		〔4〕	日本の農業（40字）	選択・記述・論述
	Ⅱ期	〔1〕	日本の選挙制度	選択・記述
		〔2〕	国際社会の諸問題	選択・記述
		〔3〕	日本の社会保障制度と現状	選択・記述
		〔4〕	日本経済史（60字：使用語句指定）	選択・記述・論述

（注）　●印は全問，◐印は一部マークシート方式採用であることを表す。

傾向　基本事項を問うオーソドックスな問題
憲法条文と国際経済分野に注意！

01 出題形式は？

例年，大問 4 題で，試験時間は 2 科目 120 分である。2024 年度より，

両日程ともに解答形式が論述問題を除いて，全てマークシート方式になった。選択法の空所補充問題が大半であるが，配列法・正誤法が新たに課されたほか，論述問題もみられる。

02　出題内容はどうか？

　出題内容を分野別にみると，政治分野，経済分野からバランスよく出題されている。両分野とも幅広い事項が出題されているが，政治分野では日本国憲法，外交・国際関係の出題が多い。経済分野では労働問題，社会保障，農業問題，国際収支，国際経済関係の出題が多い。時事問題については，2023年度では，Ⅰ期でソ連邦の成立から崩壊と現在のロシアをめぐる問題が取り上げられた。また，Ⅰ期で消費者問題，日本の農業，Ⅱ期で社会保障，戦後経済史が出題されていることも重要である。2024年度ではⅠ期で集団的自衛権，Ⅱ期でTPP，外国為替について出題され，また，農業問題についてはデジタル田園都市構想や新農業基本法などのように深く掘り下げられた出題もあった。

03　難易度は？

　大部分が教科書レベルの基本的な問題である。政治分野では憲法条文を中心とした制度の理解，経済分野では市場メカニズムや財政の理解など，高校生の授業の理解度に配慮して作問されている。2024年度には論述量が増え，思考力を問う出題も目立った。

対　策

01　教科書の徹底理解

　教科書レベルの良問がほとんどであるため，教科書を脚注や巻末の資料も含めて徹底的に読みこなすことがまず重要である。その際，巻末の日本国憲法条文を用語に気をつけて理解しよう。なお，憲法条文については明

治憲法との比較も含めて，資料集を活用すればさらに有効である。

02　用語集の活用

　教科書を読む際に，「政治・経済」特有の用語・時事的用語も含め，意味をしっかり理解する必要がある。その際，すすめたいのが『政治・経済用語集』（山川出版社），『用語集 公共＋政治・経済』（清水書院）である。用語の正確な理解がないと語群から適切なものを選ぶことができない設問が多いので，索引が充実していて，教科書での掲載頻度が記されている用語集が有効である。

03　資料集の活用

　設問のテーマごとに，歴史的な背景や年代を知っていると解ける設問が多い。そのため，教科書中心の学習の中で資料集にも目を通すようにすると，分野ごとのまとまった理解がしやすい。時事問題が出題されることもあるので，日々のニュースにも関心をもち，関連する事項を資料集などで確認し，知識を整理しておくとよい。『政治・経済資料2024』（とうほう）などをすすめたい。

04　本書の利用・問題集の活用

　「政治・経済」と「公共」共通の分野を中心に，内容だけでなく，出題パターンも参考になるので，ぜひ本書を有効に活用して過去問に当たってほしい。また，余力のある人には『共通テスト 過去問研究 公共，政治・経済』（教学社）をすすめる。

数　学

▶薬・理工学部

年度	区分	番号	項　目	内　　容
2024 ◑	Ⅰ期	〔1〕	小　問　4　問	(1)恒等式　(2)対数を含む関数の最大　(3)集合の個数　(4)ベクトル
		〔2〕	図 形 の 性 質	外接する3つの円に関する面積
		〔3〕	確　　　　率	サイコロを投げてくじを引く確率
		〔4〕	2 次 関 数, 積 分 法	2次関数のグラフの共有点の座標，囲まれた部分の面積　☑図示
	Ⅱ期	〔1〕	小　問　4　問	(1)2次関数の最小値　(2)等比数列の和　(3)n進法　(4)対称式を用いた計算
		〔2〕	小　問　2　問	(1)絶対値を含む関数　(2)絶対値を含む関数の積分
		〔3〕	図形と方程式	2つの放物線に囲まれた領域における最大
		〔4〕	ベ ク ト ル	中点，内分点の位置ベクトル，垂直条件
2023	薬学部 Ⅰ期	〔1〕	小　問　4　問	(1)三角形の外接円と面積　(2)四分位範囲と標準偏差　(3)3次方程式の解　(4)円の中心の座標と半径
		〔2〕	場 合 の 数	7人が1列に並ぶ場合の数
		〔3〕	指数・対数関数	対数を含む関数の極値
		〔4〕	2 次 関 数	絶対値を含む関数と2次関数のグラフ
	薬学部 Ⅱ期	〔1〕	小　問　4　問	(1)内分点と外分点　(2)不定方程式　(3)2次関数の最大値・最小値　(4)2次方程式の解の判別
		〔2〕	図形と方程式	3本の直線が三角形をつくらない条件
		〔3〕	確　　　　率	2つの袋から玉を取り出す確率
		〔4〕	微 ・ 積 分 法	3次関数のグラフの接線と囲まれた部分の面積
	理工学部 Ⅰ期	〔1〕	小　問　4　問	(1)平均値と分散　(2)くじを引く確率　(3)累乗根と対数の計算　(4)ベクトルの平行および垂直条件
		〔2〕	2 次 関 数, 積 分 法	2次関数のグラフとx軸で囲まれた部分の面積，グラフの平行移動
		〔3〕	図形と方程式	3点を通る円の中心と半径，接線の傾き
		〔4〕	三 角 関 数	三角関数を含む関数の最大値
	理工学部 Ⅱ期	〔1〕	小　問　4　問	(1)平均値，中央値，四分位範囲　(2)2つのサイコロを投げる場合の数　(3)ベクトルのなす角と大きさ　(4)等差数列と階差数列
		〔2〕	三 角 関 数	三角関数を含む不等式，関数の最小値
		〔3〕	指数・対数関数	指数を含む方程式
		〔4〕	微 ・ 積 分 法	3次関数のグラフの接線と囲まれた部分の面積

(注)　●印は全問，◑印は一部マークシート方式採用であることを表す。

▶経済・法・文・外国語・教育・医療技術・福岡医療技術学部

年度	日程	番号	項　目	内　容
2024 ◐	Ⅰ期	〔1〕	小　問　3　問	(1)因数分解　(2)n進法　(3)さいころを投げる確率
		〔2〕	小　問　2　問	(1)最小公倍数，n進法　(2)方程式の整数解
		〔3〕	小　問　2　問	(1)2つの不等式を同時に満たす範囲　(2)データの分析
		〔4〕	小　問　2　問	(1)相似，三角比　(2)2次不等式が成り立つ条件
	Ⅱ期	〔1〕	データの分析	平均値，分散，相関係数
		〔2〕	2　次　関　数	2次関数のグラフの形状，頂点の座標
		〔3〕	図形と計量	角の2等分線，余弦定理，面積，内接円の半径
		〔4〕	小　問　3　問	(1)条件を満たす整数の組，式の値　(2)無理数の計算　(3)絶対値を含む不等式
2023	Ⅰ期	〔1〕	小　問　2　問	(1)平方根の計算　(2)最大公約数と最小公倍数
		〔2〕	2　次　関　数	2次方程式の重解条件，2次関数の最小値
		〔3〕	図形と計量	三角形の内接円，空間図形の切り口
		〔4〕	場　合　の　数	カードを配る場合の数
	Ⅱ期	〔1〕	数　と　式	式の展開，対称式を用いた計算
		〔2〕	2　次　関　数	2次関数の最大値・最小値
		〔3〕	図形と計量	三角形の外接円と方べきの定理
		〔4〕	確　率	くじを2人で引く確率

（注）　●印は全問，◐印は一部マークシート方式採用であることを表す。

出題範囲の変更

　2025年度入試より，数学は新教育課程での実施となります。詳細については，大学から発表される募集要項等で必ずご確認ください（以下は本書編集時点の情報）。

学部	2024年度（旧教育課程）	2025年度（新教育課程）
薬・理工学部	数学Ⅰ・Ⅱ・Ａ・Ｂ（数列，ベクトル）	数学Ⅰ・Ⅱ・Ａ（図形の性質，場合の数と確率）・Ｂ（数列）・Ｃ（ベクトル）
経済・法・文・外国語・教育・医療技術・福岡医療技術	数学Ⅰ・Ａ	数学Ⅰ・Ａ（図形の性質，場合の数と確率）

旧教育課程履修者への経過措置

　2025年度に限り，旧教育課程履修者の学習内容に配慮した出題範囲とする。

**基本〜標準問題中心
十分な演習を要する出題**

01　出題形式は？

　2023 年度以降，いずれの学部も大問 4 題となっている。2024 年度は薬学部と理工学部の問題が同一問題となった。2023 年度までは，いずれも結果のみを記入する形式であったが，2024 年度より一部の設問を除きマークシート方式が採用された。薬・理工学部は，〔1〕〜〔3〕がマークシート方式で，〔4〕は記述式で，グラフを図示するものや計算過程を書くものも含まれている。経済・法・文・外国語・教育・医療技術・福岡医療技術学部は，〔4〕の(2)を除いて，全てマークシート方式となっている。試験時間は，いずれの学部も 2 科目 120 分。

02　出題内容はどうか？

　薬・理工学部は，微・積分法がよく出題されているほか，図形と計量，確率，場合の数，三角関数も頻出で，数年を通してみるとほぼ満遍なく出題されているといえるだろう。薬・理工学部では，2024 年度はグラフを図示する問題が出題されている。

　経済・法・文・外国語・教育・医療技術・福岡医療技術学部は，整数，2 次関数，図形と計量，確率，データの分析に注意が必要である。

　いずれの学部も，出題範囲から幅広く出題されており，偏りのない学習が大切である。

03　難易度は？

　基本から標準レベルのさまざまな難易度の問題が出題されているが，全体的には解きやすいものである。2024 年度の〔1〕〜〔3〕はマークシート方式であるが，〔4〕は全問記述式または一部記述式であるので，注意が必要である。1 題を約 15 分で解ききれるよう，日頃から時間を計って問題に取り組もう。

対 策

01　教科書の徹底理解と基本レベルの問題演習

　まず基本レベルの問題を確実に正解することが大切である。参考書の重要例題などを繰り返し解き，典型的な問題の解法パターンを完全に習得しよう。「チャート式シリーズ」（数研出版）などで問題演習を積み重ねることが大切である。

02　出題範囲の全体に強くなること

　薬・理工学部では，出題範囲のさまざまな分野から出題されている。苦手分野をつくることなく，しかもやや難しめの問題も解けるようにしておきたい。日頃からしっかりと問題演習に取り組む姿勢が必要である。

　経済・法・文・外国語・教育・医療技術・福岡医療技術学部は，出題範囲が狭いため，なかには解きにくい問題も出題されている。出題範囲の基本レベルの問題を確実に解けるようにするとともに，これらの分野においては十分な問題演習が必要である。

物　理

年度	日程	番号	項　目	内　容	
2024 ◑	Ⅰ期	〔1〕	力　　学	小球の衝突	
		〔2〕	波　　動	波の式	
		〔3〕	電 磁 気	電磁誘導	
	Ⅱ期	〔1〕	力　　学	水平投射された物体の運動	
		〔2〕	波　　動	気柱の共鳴	
		〔3〕	電 磁 気	電気抵抗の抵抗率と温度の関係	
2023	Ⅰ期	〔1〕	力　　学	棒にはたらく力のつりあい	
		〔2〕	波　　動	音速の測定	☑論述
		〔3〕	電 磁 気	直流回路	
	Ⅱ期	〔1〕	力　　学	摩擦と向心力	
		〔2〕	波　　動	正弦波の式	
		〔3〕	電 磁 気	導体中の自由電子の運動	

（注）　●印は全問，◑印は一部マークシート方式採用であることを表す。

基本～標準レベルの問題が中心
全分野にわたり教科書の基礎事項を確実に

01　出題形式は？

　例年，大問 3 題で，試験時間は 2 科目 120 分。1 つの大問は，小問 3 ～ 5 問からなり，各小問にはつながりがみられる。2023 年度までは，両日程とも結果だけを解答用紙に記入する形式のみであったが，2024 年度はこの形式に加えて一部にマークシート形式もみられた。

02　出題内容はどうか？

　出題範囲は「物理基礎・物理」である。2023・2024 年度と，2 年続けて，

力学・波動・電磁気の3つの分野から出題されている。しかし，以前は原子なども出題されており，幅広く出題されるものと考えた方がよい。

03 難易度は？

基本事項からの出題がほとんどであり，教科書傍用問題集レベルのものが多い。1題を15〜20分で繰り返し解く練習をしておこう。

対 策

01 教科書を全範囲にわたってマスターしよう

「物理基礎・物理」の全分野にわたって学習すること。基本事項の公式だけを丸暗記するのではなく，量的関係や適用範囲なども含めて自然現象と重ねて理解しておこう。また，苦手分野をつくらないようにしておく必要がある。

02 教科書傍用問題集を繰り返し解いてみる

教科書傍用問題集の例題や標準問題を繰り返し解いてみるのがよい。定期考査前に取り組んだ問題集を，もう一度受験勉強で解き直してみることによって，同じ内容でも見る目が変わり，理解が深まることを実感できるはずである。

03 理科用語を使って，図を描いて考える習慣をつける

現象を理科用語を使って表現できるようになろう。例えば，「鉛直投げ上げの問題」や「運動量保存則の問題」などを説明できるようになることである。そうすることによって，現象をより明確に把握して，問題に取り組むことができるようになる。そして，自分で図を描いて考えることが大切である。式だけを使って考えるよりも具体的なイメージが浮かび，量的

な関係がつかみやすくなる。特に，力学分野では，物体にはたらく力を矢印で記入して問題を考える習慣を身につけておこう。また，グラフから現象をとらえ，数値を読み取ることにも挑戦しておこう。

化　学

▶薬　学　部

年度	日程	番号	項　目	内　容	
2024 ◗	Ⅰ期	〔1〕	構造・状態	Nとその化合物の構造，希薄溶液の性質	⊘計算
		〔2〕	変　化	化学平衡，熱化学方程式	⊘計算
		〔3〕	無　機	第2，第3周期の元素とその化合物の性質	
		〔4〕	有　機	有機化合物の推定	⊘計算
	Ⅱ期	〔1〕	構造・変化	化学結合，物質量，遷移元素の性質，Sの化合物，中和滴定	⊘計算
		〔2〕	変　化	Nの酸化物，熱化学方程式，$CuSO_4aq$ の電気分解	⊘計算
		〔3〕	有　機	フェノールの合成と反応，$C_4H_{10}O$ の構造推定，元素分析	⊘計算
		〔4〕	高分子	合成高分子化合物，天然高分子化合物	⊘計算
2023	Ⅰ期	〔1〕	状　態	希薄溶液の性質，状態変化	⊘計算
		〔2〕	構　造	化学反応式と物質量	⊘計算
		〔3〕	総　合	Cuとその化合物，アミノ酸の性質	⊘計算
		〔4〕	有機・構造	エタノールの生成と反応，油脂の性質	⊘計算
	Ⅱ期	〔1〕	変化・無機	化学平衡の移動，Cl_2 の実験室での製法	
		〔2〕	変　化	中和滴定，CH_3COOH の電離，pH	⊘計算
		〔3〕	有　機	有機化合物の構造推定	⊘計算
		〔4〕	高分子	アミノ酸とペプチドの構造決定	⊘計算

（注）　●印は全問，◗印は一部マークシート方式採用であることを表す。

▶理工・医療技術・福岡医療技術学部

年度	日程	番号	項　目	内　容
2024 ◑	Ⅰ期	〔1〕	構造・変化	原子とイオン，化学結合，酸化還元反応，気体の性質，アルケンの反応　　　　　　　　　　　　　⊘計算
		〔2〕	状　　態	浸透圧，希薄溶液の性質　　　　　　　　　⊘計算
		〔3〕	有　　機	有機化合物の構造推定
		〔4〕	変　　化	ヘスの法則，結合エネルギー　　　⊘計算・論述
	Ⅱ期	〔1〕	無　　機	無機化合物の推定
		〔2〕	変　　化	中和滴定　　　　　　　　　　　　　　　　⊘計算
		〔3〕	変　　化	電池の特徴，鉛蓄電池，電気分解　　　　　⊘計算
		〔4〕	有　　機	エステル $C_{11}H_{14}O_2$ の構造推定
2023	Ⅰ期	〔1〕	理論・無機	原子の構造，分子と共有結合，ハロゲン元素，金属元素，中和，化学反応式と物質量　　　　　　⊘計算
		〔2〕	状　　態	実在気体，状態変化　　　　　　　　⊘計算・論述
		〔3〕	理論・無機	NO の発生と反応　　　　　　　　　⊘計算・論述
		〔4〕	有　　機	脂肪族エステルの加水分解生成物の反応　　⊘計算
	Ⅱ期	〔1〕	構　　造	原子の構造　　　　　　　　　　　　　　　⊘計算
		〔2〕	構　　造	種々の結晶の性質，金属結晶の構造　　　　⊘計算
		〔3〕	変　　化	化学反応とエネルギー　　　　　　　⊘論述・計算
		〔4〕	有　　機	酸素を含む芳香族化合物の推定　　　　　　⊘計算

（注）●印は全問，◑印は一部マークシート方式採用であることを表す。

基礎〜標準レベルの問題が中心
理論の比重が大きく，計算問題が多い

01　出題形式は？

　例年，大問 4 題で，試験時間は 2 科目 120 分である。2024 年度は，一部は記述式であったが，多くがマークシート方式となった。記述式は，化学反応式や構造式を書かせるものであった。計算問題もよく出題されており，有効数字が指定されているので注意が必要である。

02　出題内容はどうか？

　出題範囲は，いずれの学部も「化学基礎・化学」である。
　薬学部：理論と有機が占める割合が大きい。理論からは偏りなく各日程

ごとにさまざまな内容が出題されているが，いずれの内容においても反応
式と量的関係についての計算問題がよく出題されている。無機からは気体
の発生と性質，元素の分類，金属イオンの沈殿反応などが出題されている。
有機からは化合物の性質，反応系統図，構造決定，化合物の合成反応など
が出題され，無機・有機とも化学反応式や化合物の構造式・名称などがよ
く問われている。また，量的関係についての計算問題が多く出題されてい
る。

　理工・医療技術・福岡医療技術学部：理論の占める割合が大きく，偏り
なくさまざまな内容が問われているので，満遍なくもれのない学習を心が
けたい。無機からは元素の特徴や性質，気体の発生と性質，金属イオンの
反応などが，有機からは構造決定，化合物の誘導体や合成反応，反応系統
図，異性体，天然高分子化合物など化合物の性質がよく出題されている。
無機・有機とも化学反応式や化合物の構造式・名称などがよく問われ，全
ての分野で，量的関係についての計算問題が多く出題されているのは薬学
部と同様である。

03 難易度は？

　薬学部では，正確な知識と理解が必要な，やや難しい問題もみられるが，
いずれの学部も全体的には基礎～標準レベルが中心で，問題集に取り上げ
られている典型的な問題がほとんどなので取り組みやすい。計算問題がや
や多いので，時間的にはあまり余裕がないかもしれない。日頃から時間を
計って解く練習をしておこう。

対 策

01 理 論

　基本事項は確実に理解し，知識を整理しておくこと。空所補充問題も出
題されており，内容をコンパクトにまとめた暗記用の参考書よりも，まず
教科書をじっくり読むことをすすめたい。問題集は理論分野に限らず教科

書傍用問題集や『実戦 化学重要問題集 化学基礎・化学』（数研出版）などをすすめたい。標準レベルのもの，特に計算問題は繰り返し演習し，解法を身につけておくことが重要である。また，例えば，状態変化や化学平衡について説明できるようにしておくとよい。

02　無　機

　周期表と元素の分類，原子の構造，物質の性質，気体の発生反応，金属イオンの沈殿反応を中心にまとめておくこと。鉄，銅，銀，アルミニウムは単体の性質だけでなく，錯イオンなどの化合物や合金までまとめておきたい。気体の発生や沈殿生成反応は化学反応式を書けるようにし，無機化合物の工業的製法もチェックしておくこと。

03　有　機

　有機分野では，アルコールの酸化，アセチレン，ベンゼンの誘導体など教科書に出ている物質については，合成反応や工業的製法・性質・反応の条件をまとめて理解しておきたい。構造決定や量的関係についての計算や，元素分析の計算なども演習が必要である。また，反応系統図や芳香族化合物の分離操作もしっかり暗記すること。アミノ酸や糖類，天然高分子化合物も知識を整理しておこう。

生　物

年度	日程	番号	項　目	内　容
2024 ◐	Ⅰ期	〔1〕	代　謝	呼吸，解糖，アルコール発酵の実験
		〔2〕	植物の反応	フォトトロピンのはたらき，マカラスムギの光屈性
		〔3〕	体内環境	神経系，脳の構造とはたらき，反射
	Ⅱ期	〔1〕	体内環境，動物の反応	体内環境の調節，脳と脊髄の構造，フィードバック調節（40字）✔論述
		〔2〕	動物の反応	耳の構造と聴覚，活動電位の発生，興奮の頻度（40字）✔論述
		〔3〕	体内環境	細胞性免疫，T細胞のはたらき
2023	Ⅰ期	〔1〕	体内環境	内分泌腺，ホルモンの分泌量の調節（40字）✔論述
		〔2〕	動物の反応	記憶と学習に関する実験，中枢神経のシナプス
		〔3〕	植物の反応	植物の花芽形成，頂芽優勢，気孔の開閉
	Ⅱ期	〔1〕	植物の反応	植物ホルモン，光屈性，重力屈性（40・50字）✔論述
		〔2〕	代　謝	カタラーゼの実験（50字3問）✔論述
		〔3〕	動物の反応	神経系，脳の構造とはたらき，全か無かの法則（35字）✔論述

（注）●印は全問，◐印は一部マークシート方式採用であることを表す。

傾　向　標準的でバランスのとれた出題

01　出題形式は？

　例年，大問3題，試験時間は2科目120分である。用語を答えさせる記述式・選択式が中心である。2024年度から，一部の論述・記述問題を除いてマークシート式になった。2023年度と2024年度では出題されていないが，計算問題の出題がある年度もある。

02　出題内容はどうか？

　出題範囲は「生物基礎・生物」である。ここ数年では出題が代謝，植物の反応，動物の反応，体内環境に集中しているが，過去には遺伝情報や生態からの出題もあった。少し複雑な実験の結果を解釈させる出題が目立つ。

03　難易度は？

　論述問題や計算問題，高度な知識や考察力を必要とする問題も含まれているが，全体としては標準～やや難のレベルである。2科目で120分なので時間に余裕があるとはいいがたい。1題を15～20分で解けるように練習しておこう。

対　策

01　基礎知識の充実

　要求される知識が細かいので，知識量を中心に基礎学力を充実させるのが第一である。空所補充問題がよく出題されているので，一問一答式の問題集や，サブノートを利用して反復練習しよう。また，教科書に太字で書かれているような重要かつ基本的な用語について自分で意味を説明できるようにしておきたい。

02　重要項目の理解

　体内環境，代謝に関する出題が多いので，問題集などで典型的なパターンの問題を解いて慣れておくとよいだろう。また，遺伝情報ではやや高度な内容の出題もみられるので，理解を深めておこう。

03　過去問の演習

　難易度を把握するためにも，過去問を早めに一度解いてみるとよい。実験の結果を解釈する問題は時間をとられるので，時間の配分方法を身につけるためにも，入試本番のつもりで時間を計って過去問演習をしておこう。この2年ほど出題分野が偏っているが，生態，遺伝・遺伝情報，細胞のような頻出分野からの出題も十分にありえるので，各分野の典型的な問題に慣れておきたい。そのために，他の問題集も利用しよう。『生物［生物基礎・生物］基礎問題精講』（旺文社）の必修基礎問～実戦基礎問や，『生物の良問問題集［生物基礎・生物］』（旺文社）の確認問題～必須問題あたりがレベルやボリュームの面で近い。

04　論述・計算問題対策

　必ず出題されている論述問題は，難度は高くないものの字数制限が厳しく，慣れていなければ解答を書くことが難しい。計算問題も典型的なものばかりで難しくはないものの，文章やグラフの読み取りに手間どってミスしやすいものが多く，注意が必要である。十分に演習して慣れておくことが大切であり，過去問演習は十分にこなしておきたい。

国　語

年度	日程	番号	種　類	類別	内　　容	出　　典
2024 ◑	Ⅰ期	〔1〕	現代文	評論	内容説明（30字他），書き取り，空所補充，欠文挿入箇所	「トラクターの世界史」藤原辰史
		〔2〕	現代文	評論	書き取り，欠文挿入箇所，空所補充，内容説明，表題	「女性ホルモンは賢い」マーティー・ヘイゼルトン
		〔3〕	現代文	評論	書き取り，空所補充，内容真偽，内容説明，主旨	「言語の本質」今井むつみ・秋田喜美
	Ⅱ期	〔1〕	現代文	評論	書き取り，欠文挿入箇所，内容説明（35字他），空所補充	「試験の社会史」天野郁夫
		〔2〕	現代文	評論	語意，書き取り，空所補充，内容説明，内容真偽	「難民鎖国ニッポン」　志葉玲
		〔3〕	現代文	評論	書き取り，空所補充，内容説明，語意，欠文挿入箇所，主旨	「グローバリゼーション」伊豫谷登士翁
2023	Ⅰ期	〔1〕	現代文	評論	書き取り，空所補充，語意，欠文挿入箇所，内容説明（25字）	「黒の服飾史」徳井淑子
		〔2〕	現代文	評論	書き取り，空所補充，欠文挿入箇所，内容真偽	『みんな違ってみんないい』のか？」山口裕之
		〔3〕	現代文	評論	書き取り，空所補充，語意，欠文挿入箇所，箇所指摘	「日本語の大疑問」国立国語研究所編
	Ⅱ期	〔1〕	現代文	評論	書き取り，空所補充，箇所指摘，内容説明（20字他）	「リベラルとは何か」田中拓道
		〔2〕	現代文	評論	書き取り，空所補充，内容説明，欠文挿入箇所，内容真偽	「日本企業にいま大切なこと」野中郁次郎・遠藤功
		〔3〕	現代文	評論	書き取り，指示内容，空所補充，表題，欠文挿入箇所	「戦国日本と大航海時代」平川新

（注）　●印は全問，◑印は一部マークシート方式採用であることを表す。

評論を中心とした出題
内容説明・空所補充を中心とした設問構成

01　出題形式は？

　現代文3題の問題構成。解答形式は2024年度からマークシート方式と記述式の併用となった。試験時間は2科目120分。

02　出題内容はどうか？

　近年は評論からの出題が続いている。文章のテーマは文化・言語・思想・政治などあらゆる方面に及ぶ。比較的最近のトピックに関しても取り上げられる。設問内容は書き取り，内容説明，空所補充，欠文挿入箇所，内容真偽，主旨，表題などバラエティーに富む。書き取りに関して，2024年度は記述式からマークシート方式へと変更があった。また空所補充についてもすべてマークシート方式へと変更された。これにより記述式の解答はごく一部の内容説明のみとなった。

03　難易度は？

　大問ごとの文章量・設問数・難易度に差があるが，全体的には標準レベルである。大問1題あたり，15〜20分程度で解答していくとよい。

対　策

01　現代文

　評論中心の学習が望ましい。語句の意味，細部の表現，指示語の内容，接続詞の働きなどを的確に把握し，文や段落相互の関係をおさえた上で，段落ごとの要旨から全文の論旨・主題を理解するように努めること。『大学入試 全レベル問題集 現代文〈3 私大標準レベル〉』（旺文社）などの

問題集で，評論を中心に問題演習を行おう。特に空所補充や内容説明の問題に力を入れるとよい。接続詞の空所補充が多いので，文中の接続詞を隠し，なぜその接続詞を使うのかを前後の関係から説明する訓練を積んでおくと，本番で慌てずに解答していけるだろう。

02 漢字・慣用表現・語意に関する知識の補充

　漢字や慣用表現（四字熟語・ことわざ・慣用句など）・語意（言葉の意味・対義語など）に関する設問は例年出題されており，重要な得点源となっている。授業や過去問演習でわからない言葉が出てきたら辞書で調べてメモを残す習慣をつけよう。また「国語便覧」「国語要覧」に載っていることわざ・四字熟語一覧や慣用句一覧，重要熟語一覧などについては時間があれば覚えておくことをすすめる。漢字問題ともあわせて国語常識の問題集を一冊こなしておくと安心だろう。

2024
年度

問題と解答

一 般 選 抜 Ⅰ 期

問 題 編

▶試験科目・配点

学部学科	科　目	出題範囲	科目選択	配　点
薬	英　語	コミュニケーション英語Ⅰ・Ⅱ・Ⅲ，英語表現Ⅰ・Ⅱ	必須	100点
	数　学	数学Ⅰ・Ⅱ・Ａ・Ｂ		100点
	化　学	化学基礎・化学		100点
経済・法・文（社会・心理）・外国語	英　語	コミュニケーション英語Ⅰ・Ⅱ・Ⅲ，英語表現Ⅰ・Ⅱ	必須	各科目100点合計300点満点
	日 本 史	日本史Ｂ	5科目から2科目選択	
	世 界 史	世界史Ｂ		
	政治・経済	政治・経済		
	数　学	数学Ⅰ・Ａ		
	国　語	国語総合（古文・漢文を除く）		
文（日本文化・史）・教育	英　語	コミュニケーション英語Ⅰ・Ⅱ・Ⅲ，英語表現Ⅰ・Ⅱ	必須	各科目100点合計300点満点
	日 本 史	日本史Ｂ	4科目から1科目選択	
	世 界 史	世界史Ｂ		
	政治・経済	政治・経済		
	数　学	数学Ⅰ・Ａ		
	国　語	国語総合（古文・漢文を除く）	必須	

理工①	英　語	コミュニケーション英語Ⅰ・Ⅱ・Ⅲ，英語表現Ⅰ・Ⅱ	必須	各科目100点
	数　学	数学Ⅰ・Ⅱ・Ａ・Ｂ		
	物　理	物理基礎・物理	2科目から1科目選択	合計300点満点＊1
	化　学	化学基礎・化学		
理工②	英　語	コミュニケーション英語Ⅰ・Ⅱ・Ⅲ，英語表現Ⅰ・Ⅱ	必須	各科目100点
	数　学	数学Ⅰ・Ⅱ・Ａ・Ｂ	3科目から2科目選択※ただし数学重点型および理科重点型については「数学」を選択必須	
	化　学	化学基礎・化学		合計300点満点＊2
	生　物	生物基礎・生物		
医療系①	英　語	コミュニケーション英語Ⅰ・Ⅱ・Ⅲ，英語表現Ⅰ・Ⅱ	必須	各科目100点
	数　学	数学Ⅰ・Ａ	5科目から2科目選択	
	物　理	物理基礎・物理		合計300点満点
	化　学	化学基礎・化学		
	生　物	生物基礎・生物		
	国　語	国語総合（古文・漢文を除く）		
医療系②	英　語	コミュニケーション英語Ⅰ・Ⅱ・Ⅲ，英語表現Ⅰ・Ⅱ	必須	各科目100点
	日本史	日本史Ｂ	8科目から2科目選択	
	世界史	世界史Ｂ		
	政治・経済	政治・経済		
	数　学	数学Ⅰ・Ａ		合計300点満点
	物　理	物理基礎・物理		
	化　学	化学基礎・化学		
	生　物	生物基礎・生物		
	国　語	国語総合（古文・漢文を除く）		

理工①：機械・精密システム工，航空宇宙工，情報電子工学科
理工②：バイオサイエンス学科
医療系①：医療技術（視能矯正・看護・診療放射線・臨床検査・スポーツ医療〈救急救

　　　　命士〉・柔道整復）・福岡医療技術学部
医療系②：医療技術（スポーツ医療〈健康スポーツ〉）学部

▶備　考

- 試験日自由選択制。3日程分のうち各科目とも代表的な問題を1種類抜粋して掲載。
- 上記のほかに書類審査がある。
- 「数学B」は「数列，ベクトル」から出題する。
- 理工学部においては，均等配点型，数学重点型，理科重点型にて点数を算出し，高得点を合否判定に採用する。
- 理工学部航空宇宙工学科ヘリパイロットコースは，一次選考（上記の学科試験，書類審査）に合格し，二次選考出願資格を満たした者に限り，二次選考（適性検査，面接）を行い合否を判定する。
- 薬・医療技術・福岡医療技術学部は上記のほかに面接が課される。
- ＊1および＊2については，下記のように傾斜配点を行う。
  - ＊1：数学重点型では「英語」を50点満点，「数学」を150点満点とし，理科重点型では「英語」を50点満点，「物理」「化学」を150点満点とする。
  - ＊2：数学重点型では「英語」を50点満点，「数学」を150点満点とし，理科重点型では「英語」を50点満点，「化学」「生物」を150点満点とする。

英　語

(60 分)

〔 1 〕　次の英文を読んで，設問に答えなさい。

The Queen's firstborn, Charles, the heir to the *throne, became king the moment his mother died and without ceremony.　Formerly known as the Prince of Wales, he will be called King Charles Ⅲ.　That was the first decision of the new king's reign.　He could have chosen from any of his four names — Charles, Philip, Arthur, and George.

He is not the only one who faces a change of *title.　Although he is heir to the throne, Prince William will not automatically become Prince of Wales.　However, he immediately inherits his father's other title, Duke of Cornwall.　His wife Catherine will be known as the Duchess of Cornwall.　There will also be a new title for Charles' wife, whose full title will be Queen Consort — consort is the term used for the *spouse of the *monarch.

And as expected, the UK's national anthem will have to change after 70 long years to reflect the reigning monarch's (　③　).　It will be 'God save the King' from now on.

In the first 24 hours after his mother's death, Charles will be officially *proclaimed King. This happens at St James's Palace in London, in front of a ceremonial body known as *the Accession Council.

According to Buckingham Palace, Charles will be returning to London from Balmoral on Friday.　The Accession Council is made up of members of *the Privy Council — a group of senior MPs, past and present, and peers — as well as some senior civil servants, *Commonwealth high commissioners, and the Lord Mayor of London.　More than 700 people are entitled in theory to attend, but given the short notice, the actual number is likely to be far (　④　).　At Queen Elizabeth's Accession Council in 1952, about 200 attended.　The King does not traditionally attend.

At the meeting, the death of Queen Elizabeth will be announced and a proclamation will be read aloud.　This proclamation is then signed by a number of senior figures including the prime minister, *the Archbishop of Canterbury, and *the Lord Chancellor.

The Accession Council meets again — usually a day later — and this time, the King will attend, along with the Privy Council.　There is no 'swearing in' but the new King makes a declaration.　After a fanfare of trumpeters, a public proclamation will be made declaring Charles as the new King.　This will be made from a balcony above Friary Court in St James's

Palace, by an official known as the Garter King of Arms.　He will call: 'God save the King', and for the first time since 1952, when the national anthem is played the words will be 'God Save the King'.

　Gun salutes will be fired in Hyde Park, the Tower of London and from naval ships, and the proclamation announcing Charles as the King will be read in Edinburgh, Cardiff, and Belfast.

　The coronation ceremony, when Charles is formally crowned, is not likely to happen very soon after his accession.　Queen Elizabeth succeeded to the throne in February 1952, but was not crowned until June 1953.　The coronation is an Anglican religious service, carried out by the Archbishop of Canterbury.　At the climax of the ceremony, he will place St Edward's Crown on Charles' head — a solid gold crown, dating from 1661, which is the centrepiece of the Crown Jewels at the Tower of London.　It is only worn by the monarch at the moment of coronation itself.　Unlike royal weddings, the coronation is a state occasion — the government pays for it, and ultimately decides the guest list.

注) throne：王座　　title：称号　　spouse：配偶者　　monarch：君主　　proclaim：宣言する
　　The Accession Council：王位継承評議会　　the Privy Council：枢密院
　　Commonwealth high commissioners：イギリス連邦高等弁務官
　　the Archbishop of Canterbury：カンタベリー大主教　　the Lord Chancellor：大法官

問1　文中の下線部 without ceremony は，この英文の文脈においてどのようなことに言及してい
①
るか，最も適切なものを次の①〜④のうちから一つ選び，答えなさい。　　　　1

　① The UK has been in mourning for the death of Queen Elizabeth.

　② The ceremony does not take place immediately after the accession of King Charles.

　③ The royal family does not like ceremonies.

　④ The proclamation announcing Charles as the King is more important than the ceremonies.

問2　文中の下線部 Ⅲ はどのように発音されるか，正しいものを次の①〜④のうちから一つ選び，
②
　　答えなさい。　　2

　① the third　　　② the three　　　③ three　　　④ triple

問3　文中の空欄（　③　）に入る最も適切なものを次の①〜④のうちから一つ選び，答えなさい。
　　3

　① academic record　② age　　　③ gender　　　④ personality

問4　文中の空欄（　④　）に入る最も適切なものを次の①〜④のうちから一つ選び，答えなさい。
　　4

　① fewer　　　② lesser　　　③ little　　　④ numerous

問5　英文の内容と照らし合わせて，the Accession Council の内容として**間違っているもの**を次の
①〜④のうちから一つ選び，答えなさい。　　　5

① 　It takes place at St James's Palace in London.

② 　Charles is officially proclaimed King.

③ 　The crown is placed on the head of Charles.

④ 　The national anthem is played with the words 'God Save the King'.

問6　英文の内容と照らし合わせて，the coronation ceremony の内容として正しいものを次の①〜
④のうちから一つ選び，答えなさい。　　　6

① 　It is part of royal weddings.

② 　More than 700 people will attend.

③ 　It is held on a balcony in St James's Palace.

④ 　The government pays for it, as it is a state occasion.

問7　英文の内容と合致するものを次の①〜④のうちから一つ選び，答えなさい。　　　7

① 　The full title of King Charles' wife will be Queen Consort, as she is not an official wife to
him.

② 　Prince William, son of King Charles, will succeed to Duke of Cornwall before he is called
Prince of Wales.

③ 　People have been wishing to change the national anthem for decades as they think it
does not reflect the modern UK.

④ 　The King attends all the ceremonies, including the Accession Councils, which are met
twice, and, further, the coronation ceremony.

問8　この英文は新聞記事です。この記事の題名として最も適切だと思うものを次の①〜④のうちか
ら一つ選び，答えなさい。　　　8

① 　The Government Should Pay for It: Coronation or No Coronation

② 　It's 'God Save the King' Now: King Charles III is UK's Reigning Monarch

③ 　Queen Elizabeth Died: Charles is the Heir to the Throne

④ 　With or Without Ceremony: That is the Question

問9　文中の波線部 He could have chosen from any of his four names を日本語に訳しなさい。な
お，解答は記述解答用紙に記入しなさい。

問10　文中の波線部 He is not the only one who faces a change of title を日本語に訳しなさい。な
お，解答は記述解答用紙に記入しなさい。

〔2〕　次の英文の空欄（　1　）〜（　5　）に入る最も適切なものを次の①〜④のうちから一つず
つ選び，答えなさい。

A *sizzling heat wave has blanketed Europe, turning popular tourist (　1　) into *literal hot spots. The Acropolis in Athens, Greece, closed for the second day (　2　) on Saturday as 15 cities throughout Italy — including Bologna, Florence, and Rome — issued heat advisories expecting highs surpassing 100 degrees *Fahrenheit. Officials warned of even hotter temperatures next week, with Rome expected to (　3　) nearly 108 degrees on Tuesday, while other cities could climb even higher. Athens is (　4　) to reach up to 105.8 degrees Fahrenheit, and temperatures in Czechia have broken (　5　) for July 15 at about 102 degrees, according to *the Czech Hydrometeorological Institute. The high-pressure *anticyclone, Cerberus, named after the three-headed dog in ancient Greek mythology, has brought upon Europe's heat wave and *scorched cities in Turkey, such as Antalya, at up to 111 degrees Fahrenheit.

注）sizzling：焼けつくような　　literal：文字通りの　　Fahrenheit：華氏
　　the Czech Hydrometeorological Institute：チェコ水文気象研究所　　anticyclone：高気圧
　　scorch：焦げつかせる

1	① destinations	② environment	③ resorts	④ terminals
2	① effectively	② in a row	③ scarcely	④ with consequences
3	① climb	② get	③ hit	④ take
4	① burnt	② forecasted	③ informed	④ supported
5	① emotion	② history	③ past	④ records

〔**3**〕　次の英文の空欄（　**1**　）〜（　**5**　）に入る最も適切なものを次の①〜④のうちから一つず
　　　つ選び，答えなさい。

(1)　"I'll have an iced tea, please." "I'll have （　**1**　）, too."
　　① it　　　　　② one　　　　　③ the other　　　　④ this one

(2)　（　**2**　） we succeed or fail, we must try.
　　① As may　　② If　　　　　③ Though　　　　　④ Whether

(3)　I promise （　**3**　） anyone.
　　① not to tell　② that don't tell　③ to have told　④ which I don't tell

(4)　The letter "k" is sometimes silent, （　**4**　） in "knee."
　　① as it is　　② like it may be　③ since it should be　④ when it is

(5)　Linda Jackson is an associate professor of psychology （　**5**　） Michigan State
　　University.
　　① at　　　　　② in　　　　　③ on　　　　　　④ with

〔**4**〕　次の各文について，与えられた語句を空欄に補って日本文とほぼ同じ意味の英文をつくるとき，空
　　欄（　**1**　）〜（　**10**　）に入る最も適切なものを次の①〜⑥のうちからそれぞれ一つずつ選
　　び，答えなさい。なお，文頭に入る語句もすべて小文字で表記しています。

(1)　私はなけなしの金を使った。
　　I （　　）（　　）（　**1**　）（　　）（　　）（　**2**　）.
　　① had　　　　　　　② I　　　　　　　③ little
　　④ money　　　　　⑤ spent　　　　　⑥ what

(2)　叔母は彼にとって，生きている親戚のなかで最も近い血縁関係にある人だ。
　　（　　）（　　）（　　）（　**3**　）（　**4**　）（　　）.
　　① closest　　　　　② his　　　　　　③ his aunt
　　④ is　　　　　　　⑤ living　　　　　⑥ relative

(3)　縮小する決断をした責任は我々にある。
　　It is we who （　　）（　　）（　**5**　）（　　）（　**6**　）（　　）.
　　① are　　　　　　② downsize　　　　③ for
　　④ responsible　　⑤ the decision　　⑥ to

(4) もし誰かに子供のことを聞かれたら，話題を変えるようにしなさい。

If someone asks you about children, ( ) (7) ( ) ( ) ( )
(8).

① change ② get ③ ready
④ subject ⑤ the ⑥ to

(5) 彼らが成功した理由は明らかだ。彼らは本当に一生懸命はたらいたのだ。

( ) (9) ( ) ( ) (10) ( ). They worked really hard.

① is ② obvious ③ succeeded
④ the reason ⑤ they ⑥ why

日 本 史

（2科目 120分）

〔 1 〕 次の文章Aと文章Bを読んで，下記の問1～問6に答えなさい。

文章A

　人類はアフリカで誕生し，猿人・原人・旧人・新人の順で進化した。最古の猿人の化石は約700万年前の　　**1**　　のものである。日本では新人の化石が発見されており，新人が残したとみられる石器が日本列島全域から発見されている。約1万年前ころから，地球が温暖化し，動物相・植物相が変化した。日本列島での植物相は，東日本では　**ア**　，西日本では　**イ**　が広がった。この時期に縄文文化が成立した。約2500年前頃，北部九州で水稲農耕が行われ始め，その後，日本列島に広まった。しかし，北海道や南西諸島では水稲農耕は行われなかった。そのため，本州の水稲農耕を基礎とする弥生文化に相当する時期の文化は，北海道では　**ウ**　，南西諸島では　**エ**　とよばれている。

問1　文中の空欄　　**1**　　にあてはまる地質学上の年代として正しいものを，次の①～④のうちから一つ選び，答えなさい。　**1**

　① 更新世　　② 完新世　　③ 鮮新世　　④ 中新世

問2　文中の空欄　**ア**　と　**イ**　にあてはまる語句の組み合わせとして正しいものを，次の①～⑥のうちから一つ選び，答えなさい。　**2**

　① ア 照葉樹林　　イ 針葉樹林　　② ア 照葉樹林　　イ 落葉広葉樹林

　③ ア 針葉樹林　　イ 照葉樹林　　④ ア 針葉樹林　　イ 落葉広葉樹林

　⑤ ア 落葉広葉樹林　　イ 針葉樹林　　⑥ ア 落葉広葉樹林　　イ 照葉樹林

問3　文中の空欄　**ウ**　と　**エ**　にあてはまる語句の組み合わせとして正しいものを，次の①～⑥のうちから一つ選び，答えなさい。　**3**

　① ウ 貝塚文化　　エ 続縄文文化　　② ウ 貝塚文化　　エ 擦文文化

　③ ウ 続縄文文化　　エ 貝塚文化　　④ ウ 続縄文文化　　エ 擦文文化

　⑤ ウ 擦文文化　　エ 貝塚文化　　⑥ ウ 擦文文化　　エ 続縄文文化

文章B

　古墳時代になると前方後円墳などの大規模な古墳がつくられるようになり，畿内を中心とするヤマト政権が成立したと考えられている。弥生時代の墓に比べると埋葬施設の規模も大きく，副葬品も多く_aなる。この時期にヤマト政権は朝鮮半島や中国と交渉していた。朝鮮半島南部では小国の連合で

あった馬韓・弁韓・辰韓があったが，馬韓から　オ　，辰韓から　カ　という国家が生ま
れ，倭はそれらと関係をもった。中国では南朝がおこり，5世紀には倭の五王がたびたび朝貢した。
_b

問4　文中の空欄　オ　と　カ　にあてはまる国家の組み合わせで正しいものを，次の①～
　　　⑥のうちから一つ選び，答えなさい。　　4

　　① オ　加耶　カ　新羅　　② オ　加耶　カ　百済
　　③ オ　新羅　カ　加耶　　④ オ　新羅　カ　百済
　　⑤ オ　百済　カ　加耶　　⑥ オ　百済　カ　新羅

問5　文中の下線部aの埋葬施設と副葬品は時代によって変化する。それぞれの組み合わせの記述で
　　　正しいものを，次の①～④のうちから一つ選び，答えなさい。　　5

　　① 古墳時代前期では木棺などを竪穴式石室におさめ，銅鏡などを副葬することが一般的であっ
　　　た。
　　② 古墳時代前期では石棺などを横穴式石室におさめ，武器・武具などを副葬することが一般的で
　　　あった。
　　③ 古墳時代後期では竪穴式石室が多くなり，鉄製の武器や農工具が副葬された。
　　④ 古墳時代後期では横穴式石室が多くなり，銅鏡などが多く副葬された。

問6　文中の下線部bの倭の五王が中国の南朝に朝貢した理由を，次の下線のある倭王，朝鮮半島南
　　　部，外交・軍事上の立場の三つの語句をすべて使って，30文字以上40文字以下で答えなさい。
　　　文字数には句読点が含まれる。なお，解答は記述解答用紙に記入しなさい。

〔2〕　次の文章を読んで，下記の問1〜問7に答えなさい。

　　　1467年に起こった応仁の乱（応仁・文明の乱）ののち，実力で領国をつくり，独自の支配を行う
　地方権力が生まれた。これを戦国大名という。彼らは，支配の強化をめざして富国化をすすめた。そ
　の場合に，検地による税収の確保が試みられ，城下町の整備により，経済的拠点が形成された。ま
　た，大名のなかには，分国法や家法を制定するなど，支配の強化につとめるものもおり，今川氏の
　『今川仮名目録』や，武田氏の　A　，伊達氏の　B　がその代表例である。

　　　各地で力を強めた戦国大名は，15〜16世紀にかけて戦いにあけくれた。その中で，全国統一に向
　けて台頭してきたのが織田信長である。信長は，1560年に桶狭間の戦いを通じて今川氏を倒すと，
　1568年には足利義昭を奉じて入京し，室町幕府の第　C　代将軍へと義昭を就任させたが，
　1573年にはその義昭を追放して室町幕府を滅ぼした。また，1570年の姉川の戦いにおいて，近江の
　戦国大名である浅井長政と越前の戦国大名である　D　を破り，さらに1575年の長篠合戦にお
　いて，　E　を破るなどして勢力を拡大したが，1582年に京都の本能寺で家臣の明智光秀にそ
　むかれて敗死した。

問1　文中の下線部aの応仁の乱（応仁・文明の乱）に介入した人物の組み合わせとして正しいもの
　　を，次の①〜⑥のうちから一つ選び，答えなさい。　　1
　①　細川勝元・山名持豊（宗全）　　　②　細川勝元・足利義持
　③　細川勝元・足利義輝　　　　　　　④　細川重賢・山名持豊（宗全）
　⑤　細川重賢・足利義持　　　　　　　⑥　細川重賢・足利義輝

問2　文中の下線部bの戦国大名のなかには，下剋上の風潮のなかで国人から台頭した人物もあっ
　　た。それに該当する人物の名前として正しいものを，次の①〜④のうちから一つ選び，答えなさ
　　い。　　2
　①　武田信玄　　②　上杉謙信　　③　今川義元　　④　毛利元就

問3　文中の空欄　A　に入る語句として正しいものを，次の①〜④のうちから一つ選び，答え
　　なさい。　　3
　①　『弘仁格式』　　②　『御成敗式目』　　③　『建武式目』　　④　『甲州法度之次第』

問4　文中の空欄　B　に入る語句として正しいものを，次の①〜④のうちから一つ選び，答え
　　なさい。　　4
　①　『塵芥集』　　②　『落穂集』　　③　『沙石集』　　④　『塵劫記』

問5　文中の下線部cの織田信長が1571年に焼き討ちにした宗教的権威に該当する語句として正し
　　いものを，次の①〜④のうちから一つ選び，答えなさい。　　5
　①　鹿苑寺金閣　　②　石山本願寺　　③　比叡山延暦寺　　④　慈照寺銀閣

問6　文中の空欄　C　に入る語句として正しいものを，次の①〜⑥のうちから一つ選び，答え
　　なさい。　　6
　①　10　　②　11　　③　12　　④　13　　⑤　14　　⑥　15

問7　文中の空欄　D　，　E　に入る人物の名前の組み合わせとして正しいものを，次の
①〜④のうちから一つ選び，答えなさい。　　7

① D＝朝倉孝景　　E＝武田勝頼

② D＝朝倉義景　　E＝武田勝頼

③ D＝朝倉義景　　E＝武田信玄

④ D＝朝倉孝景　　E＝武田信玄

〔3〕　次のA〜Cの文章を読んで，下記の問1〜問7に答えなさい。

A　1854年（安政元），ペリー艦隊の圧力の前に，江戸幕府はやむなく日米和親条約を調印した。
1858年には大老井伊直弼の主導によって日米修好通商条約を調印した。条約締結は尊王攘夷派の
批判を招いたが，井伊は反対派を厳しく弾圧した。井伊は1860年の（　ア　）で尊王攘夷派によっ
て暗殺された。井伊の死後，幕府は悪化していた朝廷との関係を改善するため，公武合体政策を推
進した。

B　明治新政府にとって，分権的な幕藩体制の名残を払拭して中央集権的近代国家を完成することは
緊急の課題であった。1869年（明治2），新政府は諸藩に版籍奉還を命じて藩主の領有権をとりあ
げた。1873年には全国的な徴税システムを整備するため地租改正に着手した。同年には，近代的
軍隊を創設するため，（　イ　）の主導によって徴兵令も布告された。こうした諸改革は一部で抵抗
を受けつつも，徐々に定着していくことになる。

C　新政府に対する士族の不満は，当初は武力による反政府運動の形をとっていたが，やがて自由民
権運動に移行していくことになる。（　ウ　）を起こした江藤新平のように，両方の運動に関わった
者もいた。新政府は自由民権運動を取り締まる一方，これを懐柔し，かつ政府主導の政治改革を実
現するため，伊藤博文を中心として近代的な憲法・議会の研究を行った。1889年（明治22），大日
本帝国憲法が公布され，翌年には第一回帝国議会が開催された。これによって日本は事実上アジア
で最初の近代的立憲国家となった。

問1　文中の空欄（　ア　）にあてはまる事件名を，次の①〜⑥のうちから一つ選び，答えなさい。
　　　1

① 蛤御門の変　　② 禁門の変　　③ 生麦事件

④ 坂下門外の変　　⑤ 桜田門外の変　　⑥ 虎の門事件

問2　文中の空欄（　イ　）にあてはまる人物名を，次の①〜⑥のうちから一つ選び，答えなさい。
　　　2

① 大久保利通　　② 大村益次郎　　③ 木戸孝允

④ 伊藤博文　　⑤ 山県有朋　　⑥ 大山巌

問3　文中の空欄（　ウ　）にあてはまる反乱名を，次の①〜⑥のうちから一つ選び，答えなさい。

　　　　3

① 佐賀の乱　　② 萩の乱　　③ 福島事件

④ 秩父事件　　⑤ 秋月の乱　　⑥ 上野戦争

問4　文中の下線部ⓐに関する説明として**誤っているもの**を，次の①〜⑥のうちから一つ選び，答えなさい。　　　4

① 幕府が勅許を得ずに日米修好通商条約を調印したことは尊王攘夷派の反発を招いた。

② 日米和親条約によって日本は米国との相互最恵国待遇を認め合うことを余儀なくされた。

③ 日米修好通商条約において日本は米国に領事裁判権を認めた。

④ 日米和親条約によって日本は米国領事の駐在と開港を受け入れ，鎖国体制に終止符が打たれた。

⑤ 日本が条約調印を余儀なくされた背景には，アヘン戦争・アロー戦争における清国の敗北などに起因する欧米列強への脅威認識があった。

⑥ 日米修好通商条約の後，幕府は同様の条約をオランダ・ロシア・イギリス・フランスとも締結したため，安政の五カ国条約とよばれる。

問5　文中の下線部ⓑに関する説明として**正しいもの**を，次の①〜⑥のうちから一つ選び，答えなさい。　　　5

① 孝明天皇の妹和宮を将軍徳川家茂の夫人に迎えたことで，尊王攘夷派の幕府に対する反感は劇的に改善されたが，和宮の死後は再び悪化した。

② 公武合体政策は尊王攘夷派の反発を招き，老中阿部正弘は坂下門外の変で暗殺された。

③ 公武合体政策を支持する薩摩藩は，反対派の長州藩と会津藩を京都から追放した。これを「八月十八日の政変」という。

④ 公武合体政策によって幕府は大政奉還を宣言した。これによって江戸幕府は終焉したが，将軍徳川家茂は太政大臣となって権力を維持しようとした。

⑤ 佐幕派のリーダーであった会津藩主松平容保は公武合体に反発して京都守護職を辞任した。

⑥ 薩摩藩の島津久光は，幕府の公武合体政策を支持して幕政の改革案を提出した。しかし，やがて薩摩藩は討幕へと舵を切ることになる。

問6　文中の下線部ⓒに関する説明として**正しいもの**を，次の①〜⑥のうちから一つ選び，答えなさい。　　　6

① 先祖伝来の領有権をとりあげられた藩主のなかには武力抵抗を試みるものもあったが，新政府は軍事力によってこれを鎮圧した。

② 藩主の抵抗を予想した新政府は，薩摩・長州・土佐の三藩の兵士からなる御親兵を編制した。

③ 藩主は領有権を放棄したが，その後も知藩事としてほぼ従来通りに藩政を行ったため，藩主を中心とする旧来の政治秩序は相当程度に温存された。

④ 領地を失った藩主は東京への居住を義務付けられ，新政府は新たに府知事・県令を派遣し，中央集権化を推し進めた。

⑤ 西郷隆盛は新政府の一員であったが，版籍奉還に反対して新政府を離脱し，西南戦争を起こす

　　　ことになる。

　⑥　版籍奉還は藩主の強い抵抗に直面したため，新政府は改めて廃藩置県を実施して藩主を府知
　　　事・県令に任命することで，反対運動を懐柔した。

問7　文中の下線部ⓓに関する説明として**誤っているもの**を，次の①～⑥のうちから一つ選び，答え
　　　なさい。　　□7□

　①　大日本帝国憲法では法律の範囲において国民に言論・集会や信教の自由などの諸権利が認めら
　　　れた。

　②　初期の帝国議会では自由民権派の流れをくむ反政府派の政党（民党）が優勢であったため，政
　　　府は議会運営に苦慮することになる。

　③　大日本帝国憲法は天皇の陸海軍に対する統帥権を規定していた。これによって政府の軍事問題
　　　への関与は著しく制限された。

　④　大日本帝国憲法は天皇に絶対的な政治権力を付与しており，天皇は内閣・議会・裁判所の決定
　　　に拘束されずに自由に権力を行使できた。これを天皇大権という。

　⑤　当初，衆議院議員選挙の有権者は満25歳以上の男子で直接国税を15円以上納めた者に限定さ
　　　れていたため，有権者は全人口の1％ほどであった。

　⑥　内閣（行政）・議会（立法）・裁判所（司法）からなる三権分立が確立した。

〔**4**〕　次のA～Eの文章を読んで，下記の問1～問7に答えなさい。

　A　沖縄は戦後長く米国の施政下に置かれていたが，佐藤栄作首相は米国との間で沖縄返還協定を調
　　　印して日本復帰を実現した。しかし沖縄県内には多くの米軍基地が残され，その割合は日本全国の
　　　米軍専用施設面積の約（　ア　）％に及んでいる。

　B　寺内正毅内閣が米騒動で退陣すると，立憲政友会の原敬が組閣した。原内閣は初の本格的政党内
　　　　　　　　　　　　　　　　　　　　ⓐ
　　　閣であり，国民から歓迎された。しかし政権末期には財政的ゆきづまりが明確となり，政友会関係
　　　者の汚職事件も頻発した。

　C　北京郊外の盧溝橋付近で発生した日中両軍の小競り合いがきっかけとなり，日中戦争が勃発し
　　　た。当初，日本政府は短期決着を期待していたが，中国側の予想外の抵抗に直面し，戦争は長期化
　　　の様相を呈した。日本は国際社会からの厳しい批判に晒され，また国民生活は戦時統制下に置かれ
　　　　　　　　　　ⓑ
　　　ることになる。

　D　（　イ　）首相は自ら中国を訪問し，中華人民共和国との間で日中共同声明を発表し，中国との国
　　　　　　　　　　　　　　　　　　　　ⓒ
　　　交を正常化した。また同首相は列島改造構想を打ち出して国内産業・インフラの整備に傾注した。
　　　しかし同首相の積極政策は経済の投機的傾向を助長し，激しいインフレも巻き起こした。

E　民政党の浜口雄幸内閣は緊縮財政と軍備縮小を提唱し、補助艦の保有制限条約であるロンドン海軍軍縮条約を調印した。しかし同条約の調印をめぐっては国内で激しい論争が展開され、統帥権干犯問題が惹起されることになった。

問1　A〜Eの文章を年代の古い順に並べたものとして正しいものを、次の①〜⑥のうちから一つ選び、答えなさい。　[1]
①　B→C→E→D→A　　②　B→E→C→A→D　　③　B→E→C→D→A
④　E→B→C→D→A　　⑤　E→B→C→A→D　　⑥　E→C→B→A→D

問2　文中の空欄（　ア　）にあてはまる数字として正しいものを、次の①〜⑥のうちから一つ選び、答えなさい。　[2]
①　50　　②　90　　③　35　　④　70　　⑤　25　　⑥　98

問3　文中の空欄（　イ　）にあてはまる人名として正しいものを、次の①〜⑥のうちから一つ選び、答えなさい。　[3]
①　大平正芳　　②　池田勇人　　③　福田赳夫
④　中曽根康弘　　⑤　三木武夫　　⑥　田中角栄

問4　文中の下線部ⓐに関する説明として正しいものを、次の①〜⑥のうちから一つ選び、答えなさい。　[4]
①　この内閣はすべての国務大臣を政友会党員から採用した。
②　この内閣はいわゆる普通選挙法を制定し、男子普通選挙を実現した。
③　この内閣は緊縮財政政策を実行し、大胆な減税を実現することで国民に支持された。
④　この内閣は軍縮政策によって軍部の反発を招き、原首相は陸軍将校によって暗殺された。
⑤　この内閣は欧米列強との協調を志向し、国際軍縮問題などを話し合うワシントン会議に参加することを決定した。
⑥　この内閣は積極的財政政策を実行したが、政界と軍部を巻き込んだ汚職事件であるシーメンス事件によって退陣した。

問5　文中の下線部ⓑに関する説明として誤っているものを、次の①〜⑥のうちから一つ選び、答えなさい。　[5]
①　経済制裁に苦慮した日本は事態打開のために南進政策を推進することになる。
②　戦争遂行のために国民思想の統一が必要と考えられ、政府は国民精神総動員運動を実施した。
③　職場では労資協調が重視され、産業報国会が組織された。
④　日本は国際的孤立を回避するため、ドイツやイタリアとの提携を模索するようになる。
⑤　アメリカは対日非難を強め、日米和親条約を廃棄して日本との断交を宣言した。
⑥　軍需関連品の生産が優先された結果、国内では日用品が徐々に不足し、配給制度が実施された。

問6　文中の下線部ⓒに関する説明として正しいものを、次の①〜⑥のうちから一つ選び、答えなさい。　[6]
①　中華人民共和国との国交正常化によって日本は台湾（中華民国政府）とは断交した。

② 日中共同声明では戦争賠償問題には一切言及されなかったため，現在でも日中両国間の深刻な外交問題となっている。

③ 日中国交正常化によって日本の国際連盟への正式参加が認められた。

④ 日中国交正常化がきっかけとなり，米国と中国の関係も改善するが，国交正常化には未だに至っていない。

⑤ 日中国交正常化によって LT 貿易が開始され，日本企業は巨大市場である中国大陸に相次いで進出した。

⑥ 日中国交正常化がきっかけとなり，田中角栄首相はソ連との平和条約の調印も実現した。

問7　文中の下線部④に関する説明として正しいものを，次の①〜⑥のうちから一つ選び，答えなさい。　　7

① 統帥権干犯問題とは，国際条約の批准権をもつ帝国議会の同意なしに軍縮条約を調印したことが問題視された事件である。

② 統帥権干犯問題とは，海軍軍令部の反対を押し切って軍縮条約に調印したことが問題視された事件である。

③ 統帥権干犯問題とは，統帥大権をもつ天皇の反対を押し切って軍縮条約に調印したことが問題視された事件である。

④ 野党政友会は憲政擁護の立場から民政党と協力してロンドン海軍軍縮条約を支持し，軍部と対立した。

⑤ 国内での激しい反発の結果，政府は条約の批准を断念した。

⑥ 条約に反発した海軍青年将校は血盟団事件を起こし，浜口雄幸首相を暗殺した。

世界史

（2科目 120分）

〔1〕　次の文を読んで，下記の問いに答えなさい。

　　地中海は重要な交易路であり，人や物が盛んに往来した。古代において，地中海東部では<u>ギリシア人</u>や（　ア　）人が活動し，<u>ローマ人</u>は地中海を中心にした大帝国を築いた。ローマ帝国の衰退後，地中海東部では<u>ローマ帝国の東部を引き継いだ国</u>のもと，商業と貨幣経済は繁栄を続けたが，地中海の北側にあるヨーロッパ大陸では商業が衰退して，<u>農業を中心とした社会</u>となった。ヨーロッパ大陸で商業や貨幣経済が復活し，<u>遠隔地貿易</u>が再び発展し始めたのは，11～12世紀である。遠隔地貿易は，古来の商業圏である<u>地中海</u>だけでなく，<u>北海・バルト海</u>を中心にした商業圏でも盛んになり，さらには二つの商業圏を結ぶ<u>内陸の通商路</u>も発達した。それらの地域では<u>都市が自治権を獲得して独立性を高めた</u>。商業や都市の発達は，<u>荘園</u>にもとづく経済体制に打撃を与え，封建社会は衰退に向かった。

問1　文中の下線部Aについて，古代ギリシア人が形成したポリスについて述べた文として最も適切なものを，次の①～④のうちから一つ選び，答えなさい。　　[1]

①　ポリスの住民は，自由人の市民も奴隷もギリシア人としての同一民族意識で結ばれていた。

②　アクロポリスは，防衛拠点の砦であると同時に神殿がたてられる場所でもあった。

③　ポリスの周辺にある村落は，ポリスとは別の農村共同体を形成していた。

④　中心部の広場であるアゴラ（広場）は，交易と政治の場であり，最も神聖な場所とされていた。

問2　（　ア　）人が使った文字は，アルファベットのもとになった。（　ア　）にあてはまる語句を，次の①～④のうちから一つ選び，答えなさい。　　[2]

①　アラビア　　②　ヘブライ　　③　フェニキア　　④　アラム

問3　文中の下線部Bについて，ローマ帝国の最盛期の領域は地中海沿岸部だけでなく，現在のヨーロッパの各地やトルコもその中に含まれていた。<u>現在の首都がローマ帝国の領域に含まれていなかった国</u>を次の①～④のうちから一つ選び，答えなさい。　　[3]

①　イギリス　　②　ドイツ　　③　オーストリア　　④　スペイン

問4　文中の下線部Cの国について述べた以下の文の，（　イ　），（　ウ　）にあてはまる語句の組み合わせで正しいものを，次の①～④のうちから一つ選び，答えなさい。　　[4]

　　首都の（　イ　）は，ヨーロッパ世界最大の貿易都市として栄え，（　ウ　）の時代には，一時的にではあるが地中海にローマ帝国を復活させた。

【選択肢】

① イ　ローマ　　ウ　コンスタンティヌス帝

② イ　ローマ　　ウ　カール大帝（シャルルマーニュ）

③ イ　コンスタンティノープル　　ウ　ディオクレティアヌス帝

④ イ　コンスタンティノープル　　ウ　ユスティニアヌス１世（大帝）

問5　文中の下線部Dについて，このような社会における独特のしくみを封建的主従関係という。西
　　ヨーロッパの封建的主従関係について述べた文として最も適切なものを，次の①～④のうちから
　　一つ選び，答えなさい。　　5

① 主君と家臣は対等な契約関係にあり，上下関係はなかった。

② 家臣は，主君に臣従を誓い，契約を結んだ主君に絶対的に服従した。

③ 主君と家臣の契約は限定的で，期限を定めた契約関係であった。

④ 主君と家臣の契約は双務的で，双方に契約を守る義務があった。

問6　文中の下線部Eについて，遠隔地貿易が盛んになる契機の一つとされる，十字軍遠征の影響に
　　ついて述べた文として最も適切なものを，次の①～④のうちから一つ選び，答えなさい。
　　　6

① 教皇の権威が上昇し，教皇は各国の国王を隷属させた。

② 遠征先の各地から，先進的な文物やギリシアの古典がもたらされ，西ヨーロッパで学問や文芸
　が大いに発展した。

③ 西ヨーロッパの各地で宗教的情熱が高揚し，世俗化したカトリック教会への批判が高まって修
　道院運動が開始された。

④ 目的が達成されずに終わったことで，キリスト教に対する失望感が広まり，宗教改革が開始さ
　れた。

問7　文中の下線部Fについて，地中海ではムスリム商人が盛んに活動していたが，ムスリム商人の
　　活動領域は西アフリカにも及んだ。サハラ砂漠を縦断して金と塩を交換する，ムスリム商人との
　　交易で栄えた西アフリカの国を，次の①～④のうちから一つ選び，答えなさい。　　7

① モノモタパ王国　　② モロッコ王国　　③ ガーナ王国　　④ アクスム王国

問8　文中の下線部Gについて，北海・バルト海周辺では，8世紀ごろからノルマン人が盛んに活動
　　し，各地に進出するようになっていた。ノルマン人が**建国したのではない**国を，次の①～④のう
　　ちから一つ選び，答えなさい。　　8

① スコットランド王国　　② ノヴゴロド国　　③ デンマーク王国

④ 両シチリア王国

問9　文中の下線部Hについて，内陸の通商路にあるために発展した都市で，ヨーロッパ有数の富豪
　　であったフッガー家の本拠地でもあった都市を次の①～④のうちから一つ選び，答えなさい。
　　　9

① ブリュージュ（ブルッヘ）　　② ミラノ　　③ アウクスブルク　　④ シャンパーニュ

問10　文中の下線部Ⅰについて，この時代の自治都市の性格を述べた文として**誤っているもの**を，次
　　の①～④のうちから一つ選び，答えなさい。　　10

① 君主や諸侯の介入を防ぐため，市壁を築いていた。

② ギルドとよばれる同業者組合が存在していた。

③ 共和政をとり，住民全員が決定に参加する資格をもっていた。

④ ドイツでは，農奴が都市に逃れ一定期間居住すれば自由な身分になることができた。

問11　文中の下線部Jについて，荘園における農民の大半を占めた農奴が領主に対して負っていた義務について，句読点を含めて25字以上30字以内で書きなさい。なお，解答は記述解答用紙に記入しなさい。

〔2〕　次の文を読んで，下記の問いに答えなさい。

中国は国土が広いため，いくつかの地方に区分して，その地方独自の歴史も研究されることが多い。一例として東北地方（遼寧省・吉林省・黒竜江省）の歴史を見てみよう。

遼寧省で発見された牛河梁遺跡からは彩陶（彩文土器）が出土し，黄河中流域の遺跡と同様に前5000年ごろには，この地に人々が生活していたことを物語っている。また吉林省には，朝鮮半島にまたがる5-6世紀の強国であった　ア　の都城と古墳群が残っており，現在は世界遺産に指定されている。414年に建立され，当時の日本との交戦記録が残る　イ　碑が特に有名である。

　ア　の都城や古墳群とほぼ同時代に造成された，遼寧省の万仏堂石窟は，北魏のものとしては最も北，および最も東に位置する。なお同時代の石窟寺院として世界遺産となっている雲崗と竜門は，それぞれ当時の北魏が都をおいたところの近くにある。

黒竜江省には8-10世紀，唐の長安城をモデルにして造営された，　ウ　国の　エ　竜泉府遺跡がある。　ウ　国の領域は現在のロシア沿海州や朝鮮半島北部におよび，日本とも盛んに交流し，9世紀には「海東の盛国」とよばれた。

同省には12世紀に造営された，　オ　の　エ　会寧府の遺跡もある。北宋の都であった　カ　をモデルにしているといわれ，　オ　は現在の北京に遷都するまでここを都城としていた。

　オ　の末裔の国が，1603年に最初に都としたホトアラの古城は遼寧省にある。当時の明の皇帝　キ　は，　ク　の朝鮮出兵に遠征軍を出して財政を破綻させたため，　オ　の末裔の国を討伐する余裕はなかった。その後この国は現在の遼寧省瀋陽市に遷都し，1636年に国号を「清」，民族名を旧来の　ケ　から　コ　に改めた。

19世紀後半期に清の国力が衰えると，北方からロシアが南下してきた。ロシアは清とネルチンスク条約を結んで以降，自由に南下することができなかったが，1856-1860年の戦争後の条約により，現在の沿海州を清から割譲させたため，ここを足がかりにしてさらなる勢力拡大を図ったのである。日露戦争に敗れた後も黒竜江省のハルビンを中心に勢力をもち，ロシア正教の聖ソフィア教会堂を1907年に創建した。この建物は1932年に，ビザンツ様式による大聖堂に改築された。

遼寧省瀋陽市には1914年に創建された「張氏帥府」が現存する。1928年に爆殺された　サ　と，その長男である　シ　父子の官邸兼私邸である。　サ　が爆殺された事件は，日本の在

外駐留軍である　ス　によるものであった。その後の日中関係は悪化し, <u>1931 年に日本がこの
地で起こした鉄道爆破事件により</u>_(h)　シ　は自宅を放棄せざるを得ず, <u>1936 年に自身が起こし,
抗日戦争への突破口を開いた事件</u>_(i)の後は身柄を拘束・監視され, 2001 年に死去するまでについに瀋陽
に帰れなかった。

　終戦後の 1950 年, 遼寧省撫順（ぶじゅん）市には戦犯管理所がおかれ, 日本の傀儡（かいらい）国家の皇帝や, <u>1946-49 年
の内戦後</u>にとらわれた人々が収容された。1945 年 8 月 8 日に<u>ソ連が対日戦に参戦</u>_(k)し, その傀儡国家
にも進攻したため, 同国の関係者はいったんソ連軍にとらわれ, ソ連領内に連れ去られた後, 中ソ友
好同盟相互援助条約などにより中国に送還されたのである。同国皇帝は清朝最後の皇帝としては
　セ　の名で知られ, 著書『わが半生』の内容が, 戦犯管理所での供述がもとになっている。

問1　文中の下線部(a), (b)が示す時代と, (a)を出土した地名に由来する文化の名称の組み合わせで正
　　しいものを次の①〜④のうちから一つ選び, 答えなさい。　　1

　①　旧石器時代, 竜山文化　　②　新石器時代, 仰韶文化　　③　新石器時代, 竜山文化

　④　旧石器時代, 仰韶文化

問2　文中の空欄　ア　,　イ　の組み合わせで正しいものを, 次の①〜④のうちから一つ
　　選び, 答えなさい。　　2

　①　新羅, 親魏倭王　　②　高句麗, 広開土王（好太王）　　③　新羅, 広開土王（好太王）

　④　高句麗, 親魏倭王

問3　文中の下線部(c)を建国した民族の名称を, 次の①〜④のうちから一つ選び, 答えなさい。
　　3

　①　匈奴　　②　羌　　③　鮮卑　　④　氐

問4　文中の下線部(d)について, 北魏は前期と後期とで都をおいた場所が異なる。どこからどこへ遷
　　都したか, 正しいものを次の①〜④のうちから一つ選び, 答えなさい。　　4

　①　平城から洛陽へ　　②　洛陽から平城へ　　③　鎬京から洛邑へ　　④　洛邑から鎬京へ

問5　文中の空欄　ウ　,　エ　の組み合わせで正しいものを次の①〜④のうちから一つ選
　　び, 答えなさい。　　5

　①　楽浪, 上京　　②　渤海, 東京　　③　楽浪, 東京　　④　渤海, 上京

問6　文中の空欄　オ　,　カ　の組み合わせで正しいものを次の①〜④のうちから一つ選
　　び, 答えなさい。　　6

　①　遼, 開封　　②　金, 開封　　③　遼, 臨安（杭州）　　④　金, 臨安（杭州）

問7　文中の空欄　キ　,　ク　の組み合わせで正しいものを次の①〜④のうちから一つ選
　　び, 答えなさい。　　7

　①　洪武帝, 豊臣秀吉　　②　洪武帝, 徳川家康　　③　万暦帝, 豊臣秀吉

　④　万暦帝, 徳川家康

問8　文中の空欄　ケ　,　コ　の組み合わせで, 順も含めて正しいものを次の①〜④のう
　　ちから一つ選び, 答えなさい。　　8

　①　女真, 満州　　②　満州, 女真　　③　契丹, 羯　　④　羯, 契丹

問9　文中の下線部(e)について，この条約を締結した清朝の皇帝とロシアのツァーリ（皇帝）の組み合わせで正しいものを次の①〜④のうちから一つ選び，答えなさい。　9

① 乾隆帝，ニコライ1世　　　　　　　② 康熙帝，ニコライ1世

③ 乾隆帝，ピョートル1世（大帝）　　④ 康熙帝，ピョートル1世（大帝）

問10　文中の下線部(f)について，この部分がさす戦争と最終的な講和条約の組み合わせで正しいものを次の①〜④のうちから一つ選び，答えなさい。　10

① アヘン戦争，北京条約　② アヘン戦争，南京条約　③ アロー戦争，北京条約

④ アロー戦争，南京条約

問11　文中の下線部(g)の特色について述べた文として，正しいものを次の①〜④のうちから一つ選び，答えなさい。　11

① ギリシア式の正十字構造，大きなドーム（円屋根），内部のモザイク壁画を特色とする。

② 石造天井を支える厚い壁，小さな窓を特色とする。

③ 高い塔と尖頭アーチ，ステンドグラスを特色とする。

④ 大理石を使った浮き彫りや，貴石による装飾を特色とする。

問12　文中の空欄　サ　，　シ　の組み合わせで，順も含めて正しいものを次の①〜④のうちから一つ選び，答えなさい。　12

① 張儀，張騫　② 張騫，張儀　③ 張学良，張作霖　④ 張作霖，張学良

問13　文中の空欄　ス　にあてはまる正しい語句を，次の①〜④のうちから一つ選び，答えなさい。　13

① 朝鮮軍　② 台湾軍　③ 関東軍　④ 北伐軍

問14　文中の下線部(h)，(i)の組み合わせで正しいものを次の①〜④のうちから一つ選び，答えなさい。　14

① 柳条湖事件，西安事件　② 盧溝橋事件，西安事件　③ 柳条湖事件，南京事件

④ 盧溝橋事件，南京事件

問15　文中の下線部(j)の内戦で勝った政党と，その政党が主となって中国大陸に建国された国家の名称で正しいものを，次の①〜④のうちから一つ選び，答えなさい。　15

① 中国国民党，中華民国　　　　　② 中国共産党，中華人民共和国

③ 中国国民党，中華人民共和国　　④ 中国共産党，中華民国

問16　文中の下線部(k)について，このことが最初に約束された会談の名称で正しいものを，次の①〜④のうちから一つ選び，答えなさい。　16

① ヤルタ　② ポツダム　③ テヘラン　④ カイロ

問17　文中の空欄　セ　にあてはまる正しい語句を，次の①〜④のうちから一つ選び，答えなさい。　17

① 光緒帝　② 同治帝　③ 正統帝　④ 宣統帝

〔**3**〕　次の文を読んで，下記の問いに答えなさい。

　　アラビア半島西部で生まれたイスラーム教は，預言者ムハンマドにくだされた神のことばの集成である『コーラン（クルアーン）』を聖典とする宗教である。この宗教はムハンマドのもとにアラブ諸部族の統合を実現させた。イスラーム教団はシリア・エジプト・イランにまでその勢力を拡大し，西アジアの勢力図を一変させた。ただしムハンマドが死去すると，その後継者をめぐって内部対立が起こった。スンナ派（スンニー）はシリア総督（　1　）のもとに結集してウマイヤ朝を開き，さらに拡大を続けた。その結果イスラーム教は，西においては北アフリカ・イベリア半島，東においては中央アジアにまで広く伝播した。

　　しかしイスラーム教が他民族にも伝わると，アラブ人は税制上の特権を独占するようになる。このような政策に対しては，他民族の新改宗者のみならず，アラブ人からも批判が強まった。やがて不満分子がアッバース家のもとに集まり，ウマイヤ朝は倒されることとなる。アッバース朝はスンナ派（スンニー）を採用しつつも民族による差別を廃止し，すべてのイスラーム教徒が同様の特権を享受できる体制を整えた。

　　アッバース朝の繁栄により，イスラーム教は世界宗教としての地位を確立したが，やがて各地で独立運動が活発化した。チュニジアではシーア派の勢力が（　2　）を開いた。また，イラン人の軍事政権のブワイフ朝が，首都バグダードを占領した。中央アジアではトルコ人がカラハン朝を開き，セルジューク朝は西方に進出して強力な軍事組織を整えた。こうした中で，アッバース朝の権威は失墜した。しかしセルジューク朝のトゥグリル＝ベクがブワイフ朝を倒し，スルタンとしてスンナ派（スンニー）を復権させる。これ以降，セルジューク朝と（　2　）とが激しく対立する状況が続いた。

　　この両王朝の対立は，結果的に十字軍の呼び水となった。十字軍の侵入によってセルジューク朝は崩壊するが，サラディンが（　2　）を倒してアイユーブ朝を建国し，十字軍を撃破する。これ以降もアイユーブ朝は重なる十字軍の侵入に対処し続けるが，やがて主力のマムルーク軍団の勢力が強大化し，王朝を奪われた。そのような中，今度は西方からモンゴル軍が襲来したが，マムルーク朝がこれを撃退した。度重なる外敵の侵入を防いだイスラーム諸王朝は，カイロを中心に繁栄を続けることとなる。

問1　文中の下線部Aに該当する教えの内容として最も適切なものを次の①～④のうちから一つ選び，答えなさい。　　1

① 「人間の幸福は，神の恩恵を得て，楽園にはいることにある」

② 「全能の神によりアラブ人は選民として特別の恩恵を与えられている」

③ 「唯一神に絶対的な服従を誓わなければならない」

④ 「神の愛は貧富の区別なくおよぼされる」

問2　文中の下線部Bの過程で滅ぶこととなった国ないし王朝を，次の①～④のうちから一つ選び，答えなさい。　　2

①　エフタル　　②　プトレマイオス朝エジプト　　③　ササン朝ペルシア　　④　バクトリア

問3　文中の下線部Cに該当する称号として最も適切なものを，次の①～④のうちから一つ選び，答えなさい。　　3

① イマーム　　② アミール　　③ ウンマ　　④ カリフ

問4　文中の空欄（　1　）にあてはまる最も適切な人物を，次の①～④のうちから一つ選び，答えなさい。　　4

① ムアーウィヤ　　② マンスール　　③ アリー　　④ アブー＝バクル

問5　文中の下線部Dで起こった出来事（あ）～（え）を時代順に並び替えたものとして最も適切なものを，次の①～④のうちから一つ選び，答えなさい。　　5

（あ）ヴァンダル人がヴァンダル王国を建国した。

（い）カルタゴがローマとの戦いに敗れて滅亡した。

（う）アレクサンドロス大王がアレクサンドリアを建設した。

（え）ベルベル人がムラービト朝を開いた。

【選択肢】

① （い）―（あ）―（う）―（え）　　② （あ）―（い）―（う）―（え）

③ （い）―（あ）―（え）―（う）　　④ （う）―（い）―（あ）―（え）

問6　文中の下線部Eについて述べた以下の文（あ）・（い）の正誤の組み合わせとして最も適切なものを，次の①～④のうちから一つ選び，答えなさい。　　6

（あ）ウマイヤ朝において，アラブ人ムスリムは人頭税（ジズヤ）と土地税（ハラージュ）を両方とも免除された。

（い）ムガル帝国の皇帝アクバルは，イスラーム教徒のみならず，ヒンドゥー教徒にも人頭税（ジズヤ）の免除を認めた。

【選択肢】

① （あ）―正　（い）―正　　② （あ）―誤　（い）―誤

③ （あ）―正　（い）―誤　　④ （あ）―誤　（い）―正

問7　文中の下線部Fにおいては，聖典『コーラン（クルアーン）』のみならず，預言者ムハンマドの言行録までもが法として機能した。ムハンマドの言行録を意味する語句を次の①～④のうちから一つ選び，答えなさい。　　7

① ミスル　　② ラマダーン　　③ シャリーア　　④ ハディース

問8　文中の下線部Gについて述べた文として**誤っているもの**を次の①～④のうちから一つ選び，答えなさい。　　8

① アッバース朝に敗れたウマイヤ朝の一族はイベリア半島に逃れ，コルドバに高度なイスラーム文化をうみだした。

② 中国の唐代には，多くのムスリム商人がガレー船で華中・華南の港湾都市を訪れた。

③ 東南アジアの諸島部ではムスリム商人や神秘主義教団が活発に活動し，マラッカ王国の王もイスラーム教に改宗した。

④ ゴール朝の将軍アイバクはインドに遠征し，デリーで奴隷王朝を建国した。

問9　文中の空欄（　2　）にあてはまる最も適切な語句を次の①〜④のうちから一つ選び，答えなさい。　9

① ムワッヒド朝　② ファーティマ朝　③ サーマーン朝　④ ホラズム=シャー朝

問10　文中の下線部Hで導入された，軍人・官僚に土地の徴税権を与えて俸給のかわりとする制度の名称として最も適切な語句を次の①〜④のうちから一つ選び，答えなさい。　10

① ティマール制　② ザミンダーリー制　③ 恩貸地制度　④ イクター制

問11　文中の下線部Iについて述べた文として正しいものを次の①〜④のうちから一つ選び，答えなさい。　11

① あらゆる集団の指導者に与えられる呼称で，地方総督の称号として用いられた。

② 教権の保持者であるカリフに対し，世俗的支配権の保持者を指す。

③ オスマン帝国のメフメト2世はティムール朝との戦いに勝った後，スルタンを名乗るようになった。

④ ミドハト憲法が発布されたことで，スルタンの称号は廃止された。

問12　文中の下線部Jの後，ペルシア語でモンゴル中心の世界史が編纂されたが，その編纂者を次の①〜④のうちから一つ選び，答えなさい。　12

① ニザーム=アルムルク　② ラシード=アッディーン

③ イブン=バットゥータ　④ イブン=ハルドゥーン

〔4〕　次の文を読んで，下記の問いに答えなさい。

第二次世界大戦終結からまもなく，米ソ冷戦の時代が始まった。1946年3月，チャーチルが「鉄のカーテン」演説をおこない，翌年3月にアメリカの大統領が　ア　を発表して，対ソ封じ込めの必要性を唱えた。さらに同年6月には，マーシャル国務長官がマーシャル=プランとよばれる大規模な援助計画を発表した。

ヨーロッパにおける米ソの対立が一段と深まるにつれ，アメリカをはじめ西側12カ国は1949年に，ソ連の軍事的脅威に対抗するため　イ　を結成し，これに対してソ連と東欧諸国は1955年にワルシャワ条約機構を発足させた。冷戦が他の地域にも波及する中でアメリカは，ヨーロッパ以外の国々との同盟締結にも積極的になり，日米安全保障条約，米比相互防衛条約，太平洋安全保障条約（ANZUS）などを相次いで結んだ。

冷戦の影響は，アメリカ国内にも及んだ。1950年代，アメリカは「豊かな社会」を実現したものの，共産主義者らを標的とした　ウ　が吹き荒れるとともに，平時においても巨額の軍事支出がおこなわれたことで，「軍産複合体」の出現が危惧されるようになった。

1962年10月，キューバにおけるソ連のミサイル基地建設が発覚し，米ソは核戦争の瀬戸際まで追い込まれた。米ソの両首脳がこの危機をかろうじて乗り越えると，両国関係は一転して緊張緩和（デタント）へと向かったが，その一方で1960年代半ばを境にアメリカは，ベトナムへの軍事介入を拡大させた。

　1970年代末のソ連によるアフガニスタン侵攻と，レーガン政権の対ソ軍拡によって，米ソ関係は
(h)
「第2次冷戦」とよばれるまでに悪化した。レーガン政権は，第三世界においてもソ連への対決姿勢
を前面に押し出し，1983年にはカリブ海のグレナダに成立した左派政権を打倒するため，軍事介入
(i)
をおこなった。しかし1985年にソ連共産党書記長に就任したゴルバチョフが改革路線を推進すると，
(j)
アメリカもソ連との対話を重視するようになり，1987年に米ソは　エ　の調印に至った。米ソ
関係が劇的に改善する中で，1989年12月に両国の首脳は，40年以上も続いた冷戦の終結を宣言し
(k)
た。

問1　文中の下線部(a)に関して，「鉄のカーテン演説」についての正しい説明を次の①〜④のうちか
　　ら一つ選び，答えなさい。　　1

　①　イギリス首相であったチャーチルは，アメリカ訪問中に「ヨーロッパを横断する鉄のカーテン
　　の存在」を指摘し，ソ連の動きに対して注意を喚起した。

　②　イギリス首相であったチャーチルは，アメリカ訪問中に「ヨーロッパを縦断する鉄のカーテン
　　の存在」を指摘し，ソ連の動きに対して注意を喚起した。

　③　イギリス首相を退任したチャーチルは，アメリカ訪問中に「ヨーロッパを縦断する鉄のカーテ
　　ンの存在」を指摘し，ソ連の動きに対して注意を喚起した。

　④　イギリス首相を退任したチャーチルは，アメリカ訪問中に「ヨーロッパを横断する鉄のカーテ
　　ンの存在」を指摘し，ソ連の動きに対して注意を喚起した。

問2　文中の空欄　ア　にあてはまる語句を次の①〜④のうちから一つ選び，答えなさい。
　　2

　①　マッキンリー＝ドクトリン

　②　フーヴァー＝ドクトリン

　③　ジョンソン＝ドクトリン

　④　トルーマン＝ドクトリン

問3　文中の下線部(b)に関して，「マーシャル＝プラン」についての正しい説明を，次の①〜④のうち
　　から一つ選び，答えなさい。　　3

　①　ヨーロッパのすべての国が参加した。

　②　フランス以外の西欧諸国が参加した。

　③　西欧諸国は参加したが，東欧諸国は参加を拒んだ。

　④　北アフリカ諸国も参加した。

問4　文中の空欄　イ　にあてはまる語句を次の①〜④のうちから一つ選び，答えなさい。

　　4

　①　東南アジア条約機構（SEATO）　　②　バグダード条約機構（中東条約機構，METO）

　③　北大西洋条約機溝（NATO）　　④　中央条約機構（CENTO）

問5　文中の下線部(c)に関して，太平洋安全保障条約についての正しい説明を次の①〜④のうちから
　　一つ選び，答えなさい。　　5

　①　アメリカ，カナダ，メキシコが結んだ条約である。

② アメリカ，チリ，ペルーが結んだ条約である。

③ アメリカ，イギリス，オーストラリアが結んだ条約である。

④ アメリカ，オーストラリア，ニュージーランドが結んだ条約である。

問6　文中の空欄　　ウ　　にあてはまる語句を次の①～④のうちから一つ選び，答えなさい。

　　　　6

① マッカーシズム　② ファシズム　③ コミュナリズム　④ シオニズム

問7　文中の下線部(d)に関して，1950年代末に発生したキューバ革命についての正しい説明を次の
　　①～④のうちから一つ選び，答えなさい。　　7

① カストロ率いる革命運動が，親米的なコルテス政権を打倒した。

② カストロ率いる革命運動が，親米的なゲバラ政権を打倒した。

③ カストロ率いる革命運動が，親米的なバティスタ政権を打倒した。

④ カストロ率いる革命運動が，親米的なヴァルガス政権を打倒した。

問8　文中の下線部(e)に関して，当時の米ソ両首脳の正しい組み合わせを次の①～④のうちから一つ
　　選び，答えなさい。　　8

① ローズヴェルト－スターリン

② タフト－ブラント

③ フォード－ブレジネフ

④ ケネディ－フルシチョフ

問9　文中の下線部(f)に関して，当時の米ソの緊張緩和についての正しい説明を次の①～④のうちか
　　ら一つ選び，答えなさい。　　9

① 米・英・ソの間で，部分的核実験禁止条約が締結された。

② 米・英・仏・ソの間で，部分的核実験禁止条約が締結された。

③ 米・英・ソが，原水爆禁止世界大会を共同開催した。

④ 米・英・仏・ソが，原水爆禁止世界大会を共同開催した。

問10　文中の下線部(g)に関して，ベトナム戦争についての正しい説明を次の①～④のうちから一つ選
　　び，答えなさい。　　10

① アイゼンハワー政権下で，北ベトナムへの爆撃（北爆）を開始した。

② ハーディング政権下で，北ベトナム民族解放戦線の打倒をめざした。

③ ニクソン政権下で，ベトナム和平協定が成立した。

④ カーター政権下で，アメリカはベトナムへの軍事介入をさらに拡大した。

問11　文中の下線部(h)に関して，レーガン政権の経済政策についての正しい説明を次の①～④のうち
　　から一つ選び，答えなさい。　　11

① レーガン政権は，増税や規制強化を通じて，大きな政府の実現をめざした。

② レーガン政権は，減税や規制緩和を通じて，小さな政府の実現をめざした。

③ レーガン政権は，カナダのサッチャー労働党政権を参考とした経済政策を実施した。

④ レーガン政権は，東ドイツのコール中道左派政権を参考とした経済政策を実施した。

問12　文中の下線部(i)に関し，1970年代から1980年代のラテンアメリカについての正しい説明を次
の①〜④のうちから一つ選び，答えなさい。　　　12

① アルゼンチンでは，1982年のフォークランド戦争の勝利によって政権への支持がさらに強
まった。

② チリではアジェンデの左派政権に対して，1973年にピノチェトを中心とする軍部がクーデタ
をおこし，軍部独裁政権が誕生した。

③ ブラジルでは，1976年に大統領になったペロンが，反米主義的な政策を掲げた。

④ キューバは，1979年にアメリカとの国交正常化を実現した。

問13　文中の下線部(j)に関して，ゴルバチョフが主導した改革路線について，ロシア語での名称と意
味との一致も含めて正しい説明を次の①〜④のうちから一つ選び，答えなさい。　　　13

① ゴルバチョフは，ペレストロイカ（改革）と新思考外交を提唱した。

② ゴルバチョフは，グラスノスチ（情報公開）と東方外交を提唱した。

③ ゴルバチョフは，ペレストロイカ（情報公開）と新思考外交を提唱した。

④ ゴルバチョフは，グラスノスチ（改革）と東方外交を提唱した。

問14　文中の空欄　　エ　　にあてはまる語句を次の①〜④のうちから一つ選び，答えなさい。
14

① 核戦争防止協定

② 核兵器現状凍結協定

③ 核拡散防止条約（NPT）

④ 中距離核戦力（INF）全廃条約

問15　文中の下線部(k)に関して，冷戦終結についての正しい説明を次の①〜④のうちから一つ選び，
答えなさい。　　　15

① 地中海のクレタ島沖の船内でおこなわれた会談で，ジャクソン大統領とゴルバチョフ書記長
は，冷戦終結を宣言した。

② 地中海のシチリア島沖の船内でおこなわれた会談で，ミッテラン大統領とゴルバチョフ書記長
は，冷戦終結を宣言した。

③ 地中海のマルタ島沖の船内でおこなわれた会談で，ブッシュ（父）大統領とゴルバチョフ書記
長は，冷戦終結を宣言した。

④ 地中海のコルシカ島沖の船内でおこなわれた会談で，マルコス大統領とゴルバチョフ書記長
は，冷戦終結を宣言した。

政治・経済

（2科目 120分）

〔1〕　次の文を読んで，下記の問いに答えなさい。

　　少子高齢化の日本において，中央から自立した地方の活性化は必須である。そもそも明治憲法には地方自治の規定はなく，高度に中央集権化されていた。しかし，1947 年に（　1　）された日本国憲法により制度として地方自治は保障されるようになった。日本国憲法（　2　）「地方自治」では，第 92 条に地方自治の基本原則として，「地方公共団体の（　3　）及び運営に関する事項は，地方自治の本旨に基いて，法律でこれを定める。」と規定されている。これにもとづき制定
(A)
されたのが地方自治法であるが，国から地方自治体への関与が強いため，地方自治体が独自性の高い政策を行うことは難しかった。

　　しかし，日本では人口減少がますます進むと推計されている。すなわち，共同体としての維持が難しくなるとされる人口の半数以上が満（　4　）歳以上の高齢者が暮らす限界集落も増えている。そこで地方を活性化するために，1990 年代に入ると国と地方自治体の関係が見直されていく。平成の大合併では約 10 年間で地方自治体の数はそれ以前と比較して約（　5　）になった。また，地方自治法などの国と地方に関係する多くの法律が改正された。2000 年に（　1　）され
(B)
た（　6　）により，地方のことは地方で主体的に取り組むことが期待されている。さらに，最近の地方自治の現場では，たとえば非営利組織として法人格をもつ（　7　）法人などによる地域住民の主体的な取り組みが進んでいる。他方で，三位一体の改革で地方自治体の財源はさらに苦し
(C)
くなった。そのため，他の地方自治体の住民が故郷や応援したい地方自治体に寄付をし，その返礼を寄付者に贈るふるさと納税制度に多くの地方自治体が頼るようになっている。しかし，ふるさと納税に関する自治体間の競争が過熱化したため，総務省は，2019 年に返礼品を寄付金の（　8　）以下とし，しかも地場産品に限るように地方自治体を指導している。

問1　文中の空欄（　1　）〜（　8　）について，それぞれにあてはまる最も適切な語句を，次の①〜④のうちから一つ選び，答えなさい。

1	①可決	②公布	③施行	④審議
2	①第 6 章	②第 7 章	③第 8 章	④第 9 章
3	①規則	②財政	③人事	④組織
4	①55	②60	③65	④70
5	①4 分の 3	②3 分の 2	③2 分の 1	④3 分の 1

6	①地方分権推進法	②地方分権一括法
	③地方分権改革推進法	④地方分権大綱

7	①NDP	②NGO	③NPO	④NPT

8	①2割	②3割	③4割	④5割

問2　文中の下線部地方自治の本旨に関連した以下の記述ア～エのうち，正しいものはどれか。あて
　　　(A)
はまる記述をすべて選びなさい。その上で，その組み合わせとして正しいものを，次の①～⓪の
うちから一つ選び，答えなさい。　　9

ア．住民自治とは，地方自治体が国から独立した団体であることを示している。

イ．団体自治とは，地方自治が住民の意思にもとづいて行われる民主主義的な意味合いが強い。

ウ．地方自治の本旨とは，団体自治と住民自治の2つの要素から成り立っている。

エ．地方自治の本旨に関する日本国憲法第92条は，GHQ草案で定められていた。

①アとイ　②アとウ　③アとエ　④イとウ　⑤イとエ　⑥ウとエ　⑦ア　⑧イ
⑨ウ　⓪エ

問3　文中の下線部国と地方に関係する多くの法律が改正されたに関連した以下の記述ア～エのう
　　　　　　　　　　　　　　　　(B)
ち，正しいものはどれか。あてはまる記述をすべて選びなさい。その上で，その組み合わせとし
て正しいものを，次の①～⓪のうちから一つ選び，答えなさい。　　10

ア．この改正により，国と地方自治体の関係を上下・主従関係から対等・協力関係へ転換させよ
うと進められた。

イ．この改正により，団体委任事務は，法定受託事務に包含された。

ウ．これまで地方自治体固有の事務とされてきた機関委任事務が廃止された。

エ．自治事務とは，地方自治体が処理する事務のうち，法定受託事務以外のもののことである。

①アとイ　②アとウ　③アとエ　④イとウ　⑤イとエ　⑥ウとエ　⑦ア　⑧イ
⑨ウ　⓪エ

問4　文中の下線部三位一体の改革に関連した以下の記述ア～エのうち，正しいものはどれか。あて
　　　　　　　　　(C)
はまる記述をすべて選びなさい。その上で，その組み合わせとして正しいものを，次の①～⓪の
うちから一つ選び，答えなさい。　　11

ア．この改革は，国庫支出金の削減，国から地方への税源移譲，国税改革を同時に行うものであ
る。

イ．この改革では，国から地方自治体への税源移譲額よりも国から地方自治体に移転される財源
の削減額のほうが大きかった。

ウ．この改革によって，地方自治体は法定外普通税のほかに法定外目的税も課すことができるよ
うになった。

エ．この改革で対象になった国庫支出金は，自主財源に分類される。

①アとイ　②アとウ　③アとエ　④イとウ　⑤イとエ　⑥ウとエ　⑦ア　⑧イ
⑨ウ　⓪エ

〔２〕　次の文を読んで，下記の問いに答えなさい。

　　20 世紀において国際社会は，国際平和を実現するために集団安全保障にもとづく国際組織をつく
るようになる。第一次世界大戦後には，第 28 代アメリカ大統領の（　１　）の提唱により，国
際連盟が設立されるに至った。その設立文書である国際連盟規約は必ずしも戦争を禁止していなかっ
たが，当時の主要 15 か国は（　２　）を 1928 年に締結し，「国家の政策の手段としての戦争」
を放棄することを約束した。しかし，各国は（　２　）においても自衛権を放棄していなかった
ことから綻びが生じることになった。（　３　）9 月に関東軍は満州事変を起こしたが，日本政
府は関東軍の軍事活動を自衛権で正当化しようとし，最終的には国際連盟を脱退するに至った。ま
た，国際連盟を敵視するナチスが政権をとったドイツやアビシニア（現在のエチオピア）に軍事侵攻
した（　４　）も国際連盟を脱退し，国際連盟の枠組みは次第に骨抜きになった。最終的には国
際連盟は第二次世界大戦の勃発を防げなかった。

　　この経験を経て，第二次世界大戦後に国際連合（国連）が設立された。国連の安全保障理事会（安
保理）は国際の平和と安全の維持に関して主要な責任をもつこととなった。しかし，安保理の常任理
事国は拒否権を有することから，安保理は機能不全を度々起こしている。そのため，国連総会は
「（　５　）」決議を採択し，安保理が機能不全に陥る場合は，安保理に代わって集団安全保障を
担えるようにした。実際，1956 年の（　６　）のときは，2 つの常任理事国の拒否権により安
保理は麻痺したため，第 1 回緊急特別会期が開かれ，平和維持活動として国連緊急軍が戦地に派遣さ
れた。安保理の機能が回復するのは（　７　）で冷戦が終了してからであり，1990 年の
（　８　）のときには安保理は多国籍軍の武力行使を許可した。しかし，2022 年のロシアによる
ウクライナ侵攻により，安保理は再び機能不全を起こすようになっている。

問１　文中の空欄（　１　）〜（　８　）について，それぞれにあてはまる最も適切な語句
　　　を，次の①〜④のうちから一つ選び，答えなさい。

| 　１　 | ①ウィルソン | ②トルーマン | ③ニクソン | ④ローズヴェルト |

| 　２　 | ①ケロッグ＝ブリアン協定 | | ②サイクス＝ピコ協定 | |
| | ③フセイン＝マクマホン協定 | | ④モロトフ＝リッベントロップ協定 | |

| 　３　 | ①1931 年 | ②1933 年 | ③1937 年 | ④1939 年 |

| 　４　 | ①アメリカ | ②イギリス | ③イタリア | ④フランス |

| 　５　 | ①戦争の危険と平和へのアピール | | ②平和原則 14 か条 | |
| | ③平和十原則 | | ④平和のための結集 | |

| 　６　 | ①第一次中東戦争 | ②第二次中東戦争 | ③第三次中東戦争 | ④第四次中東戦争 |

| 　７　 | ①カイロ会談 | ②ポツダム会談 | ③マルタ会談 | ④ヤルタ会談 |

| 　８　 | ①アフガニスタン戦争 | | ②コソボ紛争 | |
| | ③シリア内戦 | | ④湾岸戦争 | |

問2　文中の下線部国際組織に関連した以下の記述ア〜エのうち，正しいものはどれか。あてはまる
　　　(A)
　　記述をすべて選びなさい。その上で，その組み合わせとして正しいものを，次の①〜⓪のうちか
　　ら一つ選び，答えなさい。　　9

　ア．国際連盟理事会における表決の方法は多数決であった。

　イ．国際連盟の本部はアメリカのニューヨークに置かれた。

　ウ．1945年のサンフランシスコ会議において，国連憲章が採択された。

　エ．1946年に国際連盟は解散した。

　①アとイ　　②アとウ　　③アとエ　　④イとウ　　⑤イとエ　　⑥ウとエ　　⑦ア　　⑧イ
　⑨ウ　　⓪エ

問3　文中の下線部自衛権に関連した以下の記述ア〜エのうち，正しいものはどれか。あてはまる記
　　　(B)
　　述をすべて選びなさい。その上で，その組み合わせとして正しいものを，次の①〜⓪のうちから
　　一つ選び，答えなさい。　　10

　ア．自衛権は国連憲章第51条において国家の「固有の権利」として認められている。

　イ．国連憲章第51条には，個別的自衛権のみ明記されている。

　ウ．日本政府は，日本国憲法第9条は日本による集団的自衛権の行使を認めていないとの解釈を
　　　2024年現在も維持している。

　エ．国連憲章第51条では，自衛権を行使する国は直ちに安保理に報告しなければならない。

　①アとイ　　②アとウ　　③アとエ　　④イとウ　　⑤イとエ　　⑥ウとエ　　⑦ア　　⑧イ
　⑨ウ　　⓪エ

問4　文中の下線部安全保障理事会に関連した以下の記述ア〜エのうち，正しいものはどれか。あて
　　　(C)
　　はまる記述をすべて選びなさい。その上で，その組み合わせとして正しいものを，次の①〜⓪の
　　うちから一つ選び，答えなさい。　　11

　ア．2024年現在の安保理の構成は，常任理事国5か国のほか，4年任期の非常任理事国が10か
　　　国である。

　イ．いわゆる朝鮮国連軍は，ソ連が安保理を欠席している間に安保理決議によって設立された。

　ウ．安保理の拒否権は，国連憲章第27条第3項の「常任理事国の同意投票」という文言に求め
　　　られる。

　エ．2024年現在でも，安保理で拒否権を行使した常任理事国は，国連総会においても拒否権を
　　　行使した理由を説明する必要はない。

　①アとイ　　②アとウ　　③アとエ　　④イとウ　　⑤イとエ　　⑥ウとエ　　⑦ア　　⑧イ
　⑨ウ　　⓪エ

〔**3**〕　次の文を読んで，下記の問いに答えなさい。

　　資本主義経済の確立は，18 世紀後半にイギリスで始まった産業革命を契機とする。その後，19 世
紀から 20 世紀にかけて，フランス，ドイツ，アメリカ，日本などにも広がり，世界的に普及するこ
とになった。しかし，同時に資本主義経済は，好況と不況が周期的に発生する景気変動や極度に景気
が悪化する恐慌も経験するようになった。しかし，そのような景気変動の要因やそれに対する政府の
景気対策をどのように評価するかという点についてはさまざまな見解がある。

　　オーストリア出身の経済学者である（　1　）は，1912 年に『経済発展の理論』を著し，経
済発展の原動力は（　2　）にあると説いた。ここで，（　2　）とは，新たな製品や生産
方法，組織の導入などを意味し，これらが旧来の技術にとって代わるプロセスを（　3　）とよ
び，その担い手としての企業家の重要性を指摘した。また，（　2　）は不定期に出現すること
から，これが景気循環の主因であるととらえた。そのため，景気の悪化が深刻化する恐慌期を除き，
通常の景気局面における政府の景気対策を積極的に評価することはなかった。

　　（　2　）の結果，重化学工業を中心に大量生産を可能とし，人々の消費生活を豊かにする一
方，産業の独占や寡占が進行する要因にもなったと指摘されることもある。

　　一方，1929 年にニューヨーク・（　4　）において株価が大暴落したことをきっかけに世界恐
慌が発生し，ソ連など一部を除く全世界の国々が深刻な不況に見舞われることになった。このような
状況の中で，イギリスの経済学者である（　5　）は，1936 年に『雇用・利子および貨幣の一
般理論』を著し，不況や失業の原因は（　6　）の不足にあり，政府が公共投資を通じて
（　6　）を増やす政策をとらない限り，（　7　）を実現することはできないと説いた。つ
まり，景気対策としての政府の役割を重視する主張を展開したのである。

　　（　5　）の主張にもとづく経済政策により，資本主義諸国は景気の安定化を図りながら経済
成長を達成していく一方，財政拡大による「（　8　）」が巨額の財政赤字をもたらしたとの批判
もある。

問1　文中の空欄（　1　）～（　8　）について，それぞれにあてはまる最も適切な語句
　　を，次の①～④のうちから一つ選び，答えなさい。

1	①エンゲルス	②シュンペーター	③ヒックス	④リスト
2	①イノベーション	②価格破壊	③構造改革	④資本蓄積
3	①合成の誤謬	②創造的破壊	③野心的意欲	④見えざる手
4	①ウォール街	②ペンタゴン	③ホワイトハウス	④ロンバード街
5	①ケインズ	②ケネー	③メンガー	④リカード
6	①剰余価値	②税収	③有効需要	④余剰労働
7	①外部経済	②完全雇用	③企業統治	④社会的分業
8	①大きな政府	②ドイモイ	③分権国家	④夜警国家

問２　文中の下線部(A)イギリスで始まった産業革命に関連した以下の記述ア～エのうち，正しいもの
はどれか。あてはまる記述をすべて選びなさい。その上で，その組み合わせとして正しいもの
を，次の①～⓪のうちから一つ選び，答えなさい。　　9

ア．産業革命期には，アークライトの力織機など多くの機械や動力装備が発明された。

イ．産業革命の背景には，地主による土地の囲い込みなどの社会構造上の変容があった。

ウ．産業革命の結果，企業の生産体制が工場制手工業から工場制機械工業へと発展した。

エ．産業革命により，紡績業から電気や石油による重化学工業が発展することになった。

①アとイ　　②アとウ　　③アとエ　　④イとウ　　⑤イとエ　　⑥ウとエ　　⑦ア　　⑧イ
⑨ウ　　⓪エ

問３　文中の下線部(B)大量生産に関連した以下の記述ア～エのうち，正しい記述をすべて選びなさ
い。その上で，その組み合わせとして正しいものを，次の①～⓪のうちから一つ選び，答えなさ
い。　　10

ア．大量生産が実現した要因として，企業立地を一定の地域に集中する規模の利益がある。

イ．大量生産の結果，国内市場のみならず海外市場に販路を求めたことが一因となり，修正資本
主義ともよばれる各国の植民地獲得競争につながった。

ウ．大量生産により，特定の商品が少数の企業によって生産される生産の集中がみられるように
なった。

エ．イギリスでは 19 世紀の産業革命後，自由競争にもとづく産業資本主義がみられたが，19 世
紀末から大量生産により少数の巨大資本による独占資本主義がみられるようになった。

①アとイ　　②アとウ　　③アとエ　　④イとウ　　⑤イとエ　　⑥ウとエ　　⑦ア　　⑧イ
⑨ウ　　⓪エ

問４　文中の下線部(C)世界恐慌に関連した以下の記述ア～エのうち，正しい記述をすべて選びなさ
い。その上で，その組み合わせとして正しいものを，次の①～⓪のうちから一つ選び，答えなさ
い。　　11

ア．アメリカでは，大恐慌の発生を受けて，共和党のフーヴァー大統領が迅速かつ積極的な恐慌
対策をとった。

イ．アメリカでは，大恐慌により生産や投資活動は落ち込んだものの，銀行の倒産はほとんど発
生しなかった。

ウ．アメリカでは，大恐慌の影響により農産物価格が暴落し，農民は苦しい生活を余儀なくされ
た。

エ．大恐慌後なかなか景気が回復しなかったことから，各国は自由貿易を推し進めることにより
景気の早急な回復を図る政策をとるようになった。

①アとイ　　②アとウ　　③アとエ　　④イとウ　　⑤イとエ　　⑥ウとエ　　⑦ア　　⑧イ
⑨ウ　　⓪エ

〔4〕　次の文を読んで，下記の問いに答えなさい。

　　一国の経済の状態を把握するための代表的な指標が物価と景気の指標である。両者を用いて経済を評価することも可能だ。たとえば，物価の上昇と不況が同時に起こることを（　1　）という。これは，物価や景気の指標を用いて判断される。

　　景気を測定するためには，経済活動を測定しなければならない。その代表的な統計が国内総生産（GDP）である。GDPは，ある期間に一国で生み出された（　2　）の合計である。今，ある国Aの名目GDPが下の表1のように整理されていたとする。2025年の名目経済成長率は（　3　）％になる。国Aの各年のGDPデフレーターが下の表1に整理されている。国Aの2026年の実質GDPは（　4　）になる。

　　経済状況の指標として国民所得があり，GDP統計から計算できる。今，GDPが510，中間生産物の額が90，固定資本減耗が100，海外からの純所得が36，間接税が32，補助金が22，企業所得が54のとき，要素費用表示の国民所得は（　5　）になる（数値はすべて名目値）。

表1　国Aの名目GDPとGDPデフレーター

	2024年	2025年	2026年
名目GDP	40	50	60
GDPデフレーター	100	130	125

　　GDPは景気の変動を把握するための一つの指標である。景気循環は期間や変動要因によって分類されている。15〜20年周期の景気循環は（　6　）の波とよばれている。

　　経済状況を把握した上で，現代国家はさまざまな市場への介入を行っている。その政府の役割を，財政の3つの機能とよばれる。政府や中央銀行は，法規制や金融政策などによって金融市場に影響を与えている。金融市場において企業は資金をさまざまな方法で調達する。たとえば，金融機関からの融資によって調達した資金は（　7　）とよばれる。

問1　文中の空欄（　1　）〜（　7　）について，それぞれにあてはまる最も適切な語句を，次の①〜④のうちから一つ選び，答えなさい。

1　①インフレーション　②スタグフレーション　③デフレーション　④デフレスパイラル

2　①国富　②在庫　③実物資産ストック　④付加価値

3　①8　②10　③15　④25

4　①38　②40　③48　④65

5　①436　②446　③546　④600

| 6 | ①キチン | ②クズネッツ | ③コンドラチェフ | ④ジュグラー |
| 7 | ①自己資本 | ②他人資本 | ③直接金融 | ④内部金融 |

問2　文中の下線部財政の3つの機能について，その3つの機能をそれぞれ漢字で，50字以内（句読点を含む，「○○の機能」と書くのは可）で分かりやすく記述しなさい。なお，解答は記述解答用紙に記入しなさい。

数　学

〔注意〕

1　解答は，マークシート解答用紙の問題番号に対応した解答欄にマークしなさい。

2　問題の文中の　ア　，　イウ　などには，特に指示がないかぎり，符号（−，±），数字（0 ～ 9），
　または文字（a ～ d）が入ります。ア，イ，ウ，…の一つ一つは，これらのいずれか一つに対応します。そ
　れらをマークシート解答用紙のア，イ，ウ，…で示された解答欄にマークして答えなさい。

　　例　　アイウ　　に −8b と答えたいとき

ア	⊖	⊕	0	1	2	3	4	5	6	7	8	9	a	b	c	d
イ	⊖	⊕	0	1	2	3	4	5	6	7	8	9	a	b	c	d
ウ	⊖	⊕	0	1	2	3	4	5	6	7	8	9	a	b	c	d

　　なお，同一の問題文中に　ア　，　イウ　などが2度以上現れる場合，原則として，2度目以降
　は，　ア　，　イウ　のように細字で表記します。

3　分数形で解答する場合，分数の符号は分子につけ，分母につけてはいけません。

　　例えば，　$\dfrac{エオ}{カ}$　に $-\dfrac{4}{5}$ と答えたいときは，$\dfrac{-4}{5}$ として答えなさい。

　　また，それ以上約分できない形で答えなさい。

　　例えば，$\dfrac{3}{4}$，$\dfrac{2a+1}{3}$ と答えるところを，$\dfrac{6}{8}$，$\dfrac{4a+2}{6}$ のように答えてはいけません。

4　小数の形で解答する場合，指定された桁数の一つ下の桁を四捨五入して答えなさい。また，必要に応じ
　て，指定された桁まで⓪にマークしなさい。

　　例えば，　キ　.　クケ　に 2.5 と答えたいときは，2.50 として答えなさい。

5　根号を含む形で解答する場合，根号の中に現れる自然数が最小となる形で答えなさい。

　　例えば，$4\sqrt{2}$，$\dfrac{\sqrt{13}}{2}$，$6\sqrt{2a}$ と答えるところを，$2\sqrt{8}$，$\dfrac{\sqrt{52}}{4}$，$3\sqrt{8a}$ のように答えてはいけません。

6　根号を含む分数形で解答する場合，例えば $\dfrac{3+2\sqrt{2}}{2}$ と答えるところを，$\dfrac{6+4\sqrt{2}}{4}$ や $\dfrac{6+2\sqrt{8}}{4}$ のよう
　に答えてはいけません。

◀薬・理工学部▶

（2科目 120分）

〔 1 〕 マークシート解答用紙・1に解答をマークしなさい。

(1) a, b, c を定数とする。$\dfrac{1}{x^3-1} = \dfrac{a}{x-1} + \dfrac{bx+c}{x^2+x+1}$ が x についての恒等式となる

とき，

$$a = \dfrac{\boxed{ア}}{\boxed{イ}}, \quad b = \dfrac{\boxed{ウエ}}{\boxed{オ}}, \quad c = \dfrac{\boxed{カキ}}{\boxed{ク}} \text{ である。}$$

(2) 関数 $y = -3(\log_2 x)^2 + 4\log_2 x^3 - 10$ は $x = \boxed{ケ}$ のときに最大値 $\boxed{コ}$ をとる。

(3) 集合 $A = \{x \mid x \text{ は } 18 \text{ の正の約数}\}$，集合 $B = \{x \mid x \text{ は } 48 \text{ の正の約数}\}$ について，

$A \cap B$ の要素の個数は $\boxed{サ}$ であり，$A \cup B$ の要素の個数は $\boxed{シス}$ である。

(4) $\vec{p} = (4, a)$, $\vec{q} = (2, -3)$, $\vec{r} = \dfrac{1}{6}\vec{p} + \dfrac{2}{3}\vec{q}$ とする。$\vec{r}$ の大きさが 4 のとき，

$$\vec{r} = \left(\boxed{セ}, -\boxed{ソ}\sqrt{\boxed{タ}} \right) \text{ または } \left(\boxed{セ}, \boxed{ソ}\sqrt{\boxed{タ}} \right) \text{ である。}$$

〔**2**〕マークシート解答用紙・2に解答をマークしなさい。

半径 $\sqrt{3}+1$ の円 A，半径 $3-\sqrt{3}$ の円 B と半径 $\sqrt{3}-1$ の円 C が，下図のように

それぞれ他のどの2つの円とも互いに外接している。このとき，次の問いに答えよ。

(1) 3つの円の中心を結んでつくられる三角形の各辺の長さは，

　　大きい順に 〔 ア 〕，〔 イ 〕$\sqrt{\boxed{ウ}}$，〔 エ 〕である。

(2) 3つの円の中心を結んでつくられる三角形の面積は 〔 オ 〕$\sqrt{\boxed{カ}}$ である。

(3) 3つの円で囲まれた図形（斜線の領域）の面積は

$$\boxed{オ}\,\sqrt{\boxed{カ}}\;-\;\frac{2}{3}\left(5-\boxed{キ}\,\sqrt{\boxed{ク}}\right)\pi\;\text{で表される。}$$

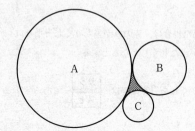

〔**3**〕 マークシート解答用紙・**3**に解答をマークしなさい。

10本のくじがあり，赤が4本，青が5本，黒が1本である。くじを引く前に
サイコロを1回投げる。

(1) 1から4の目が出た場合は，赤のみが当たりくじとなり，5または6の目が出た
場合は，赤と青が当たりくじとなるとする。

　(i) 当たりくじを引く確率は $\dfrac{\boxed{アイ}}{\boxed{ウエ}}$ である。

　(ii) 当たりくじを引いたとき，サイコロの目が5または6であった確率は

　　　$\dfrac{\boxed{オ}}{\boxed{カキ}}$ である。

　(iii) はずれくじを引いたとき，サイコロの目が5または6であった確率は

　　　$\dfrac{\boxed{ク}}{\boxed{ケコ}}$ である。

(2) 1から3の目が出た場合は，赤のみが当たりくじとなり，4から6の目が出た
場合は，赤と青が当たりくじとなるとする。

　　このとき，当たりくじを引く確率は $\dfrac{\boxed{サシ}}{\boxed{スセ}}$ である。

〔**4**〕　以下の問いに答えなさい。解答は記述解答用紙・〔4〕の解答欄に記入しなさい。

分数で解答する場合にはそれ以上約分できない形で答えなさい。

また，根号を含む形で解答する場合は分母を有理化し，根号の中に現れる自然数が

最小となる形で答えなさい。

２つの放物線

放物線 $C_1 : y = -x^2 + 2x + 3$

放物線 $C_2 : y = x^2 - 4x + 3$

と

直線 $\ell : x = 2$

がある。

(1)　C_1 の x 軸との交点の座標は　あ　，　い　，

頂点の座標は　う　である。

ただし，　あ　の x 座標＜　い　の x 座標とする。

(2)　C_2 の x 軸との交点の座標は　え　，　お　，

頂点の座標は　か　である。

ただし，　え　の x 座標＜　お　の x 座標とする。

(3)　C_1 と C_2 の交点の座標は　き　，　く　である。

ただし，　き　の x 座標＜　く　の x 座標とする。

(4)　解答用紙の座標平面に，$-1 \leqq x \leqq 4$ の範囲で C_1 と C_2 を，

$-6 \leqq y \leqq 8$ の範囲で ℓ のグラフを描きなさい。

なお，C_1，C_2，ℓ のどれを描いたか，グラフ中でわかるようにすること。

さらに，C_1 と C_2，ℓ で囲まれた部分のうち $x \leqq 2$ となる領域に斜線をつけなさい。

2024年度　一般Ⅰ期

数学

〔解答欄〕

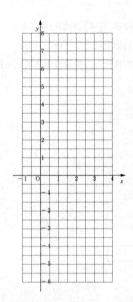

(5)　⑷で斜線をつけた部分の面積は　け　である。

◀経済・法・文・外国語・教育・医療技術・福岡医療技術学部▶

（2科目 120分）

〔 1 〕

(1) $(x-1)(x-2)(x-3)(x-6)-3x^2$ を
因数分解すると $(x^2-4x+\boxed{ア})(x^2-\boxed{イ}x+\boxed{ウ})$ である。

(2) 3進法で表すと5桁となる自然数は $\boxed{エオカ}$ 個あり，そのうち6の倍数は $\boxed{キク}$ 個ある。

(3) 2つのさいころを同時に投げたとき，出た目を a, b とする。$a+b$ を5で割った余りが2である確率は $\dfrac{\boxed{ケ}}{\boxed{コ}}$ であり，$2a-3b=1$ となる確率は $\dfrac{\boxed{サ}}{\boxed{シス}}$ である。

〔 2 〕

(1) 正の整数 A と12と50の最小公倍数が1500であるとき，A は全部で $\boxed{ア}$ 個ある。このうち3の倍数となるような A の最小値は $\boxed{イウエ}$ であり，この最小値を6進法で表すと $\boxed{オカキク}$ (6) である。

(2) a, b を正の整数とする。
$6ab+2a+3b-1499=0$ を満たす a, b の組を (a, b) で表すと
$(a, b)=(\boxed{ケ}, \boxed{コサ}), (\boxed{シスセ}, \boxed{ソ})$ である。

〔**3**〕

(1) x についての 2 つの不等式 $2x-1>6(x-2)$, $x>3k+1$ を同時に満たす解が存在

するような k の値の範囲は $k<\dfrac{\boxed{\text{ア}}}{\boxed{\text{イウ}}}$ である。

また,この 2 つの不等式を同時に満たす解の中に 2 が入るときの k の値の範囲は

$k<\dfrac{\boxed{\text{エ}}}{\boxed{\text{オ}}}$ であり,この 2 つの不等式を同時に満たす解に入る整数が 3 つだけあ

るときの k の値の範囲は $-\dfrac{\boxed{\text{カ}}}{\boxed{\text{キ}}}\leqq k<-\dfrac{\boxed{\text{ク}}}{\boxed{\text{ケ}}}$ である。

(2) a を定数とする。5 つのデータ 1, 3, 4, 7, a の分散が最小となる a の値は

$a=\dfrac{\boxed{\text{コサ}}}{\boxed{\text{シ}}}$ であり,そのときの分散は $\dfrac{\boxed{\text{スセ}}}{\boxed{\text{ソ}}}$ である。

〔**4**〕

(1) $\triangle ABC$ において,$AB=AC$,$\angle BAC=36°$,$BC=2$ のとき,$\angle ABC$ の二等分

線と辺 AC との交点を D とすると,$AD=\boxed{\text{ア}}$,$CD=\sqrt{\boxed{\text{イ}}}-\boxed{\text{ウ}}$ で

ある。

また,CD の中点を M とすると,$\sin\angle CBM=\dfrac{\sqrt{\boxed{\text{エ}}}-\boxed{\text{オ}}}{\boxed{\text{カ}}}$ である。

(2) 記述問題

a, b を実数とする。すべての a に対して $a^2-ab+b+1\geqq 0$ となるための b の必要

十分条件を b の範囲で表しなさい。

物　理

（2科目 120分）

〔1〕 図のように，x 軸の正の向きに速さ v_1 [m/s] で運動する質量 m_1 [kg] の小球と，y 軸の正の向きに速さ v_2 [m/s] で運動する質量 m_2 [kg] の小球が，原点Oで衝突し，衝突後両者は一体となって，x 軸となす角度 θ [rad]，速さ V [m/s] で運動した。以下の各問いに答えなさい。

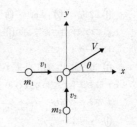

a）x 軸方向および y 軸方向の運動量保存則を以下のように式で表しなさい。なお，解答は記述解答用紙に記入すること。

x 軸方向：$m_1 v_1 = \boxed{}$

y 軸方向：$m_2 v_2 = \boxed{}$

b）衝突後の速さ V は，$[(x 軸方向運動保存則)^2 + (y 軸方向運動保存則)^2]$ から求めることができる。V を m_1, m_2, v_1, v_2 を用いて表したとき，正しいものを①〜⑥のうちから一つ選びなさい。マークシート解答用紙・解答番号　$\boxed{1}$　にマークすること。

① $\dfrac{\sqrt{(m_1 v_1)^2 + (m_2 v_2)^2}}{m_1 + m_2}$　　② $\dfrac{\sqrt{(m_1{}^2 + m_2{}^2)(v_1{}^2 + v_2{}^2)}}{m_1 + m_2}$　　③ $\dfrac{m_1 v_1 + m_2 v_2}{m_1 + m_2}$

④ $\dfrac{(m_1 + m_2) v_1 v_2}{m_1 v_1 + m_2 v_2}$　　⑤ $\dfrac{m_1 v_1{}^2 + m_2 v_2{}^2}{m_1 v_1 + m_2 v_2}$　　⑥ $\dfrac{(m_1 - m_2) v_1 v_2}{m_1 v_1 + m_2 v_2}$

c）$\tan\theta$ の値は，$[(y 軸方向運動保存則) \div (x 軸方向運動保存則)]$ から求めることができる。$\tan\theta$ の値を m_1, m_2, v_1, v_2 を用いて表したとき，正しいものを①〜⑥のうちから一つ選びなさい。マークシート解答用紙・解答番号　$\boxed{2}$　にマークすること。

① $\dfrac{m_2 v_1}{m_1 v_2}$　② $\dfrac{m_1 v_2}{m_2 v_1}$　③ $\dfrac{m_2 v_2}{m_1 v_1}$　④ $\dfrac{m_1 v_1}{m_2 v_2}$　⑤ $\dfrac{v_1 v_2}{m_1 m_2}$　⑥ $\dfrac{m_1 m_2}{v_1 v_2}$

d）衝突によって失われた運動エネルギーの大きさを m_1, m_2, v_1, v_2 を用いて表したとき，正しいものを①〜⑥のうちから一つ選びなさい。マークシート解答用紙・解答番号　$\boxed{3}$　にマークすること。

① $\dfrac{1}{4}\dfrac{m_1 m_2}{m_1 + m_2}(v_1{}^2 + v_2{}^2)$　　② $\dfrac{1}{2}\dfrac{m_1 m_2}{m_1 + m_2}(v_1{}^2 + v_2{}^2)$　　③ $\dfrac{m_1 m_2}{m_1 + m_2}(v_1{}^2 + v_2{}^2)$

④ $\dfrac{2 m_1 m_2}{m_1 + m_2}(v_1{}^2 + v_2{}^2)$　　⑤ $\dfrac{1}{4}(m_1 v_1{}^2 + m_2 v_2{}^2)$　　⑥ $\dfrac{1}{4}(m_1 + m_2)(v_1{}^2 + v_2{}^2)$

〔**2**〕　x軸上を正の向きに進む周期4sの正弦波がある。
図は時刻0sでの波形を示す。以下の各問いに答えな
さい。

a) この波の波長を下記の①～④のうちから一つ選
び，マークシート解答用紙・解答番号 1 に
マークすること。

① 2m　② 4m　③ 6m　④ 8m

b) この波の速さを下記の①～④のうちから一つ選び，マークシート解答用紙・解答番号 2
にマークすること。

① 0.5m/s　② 1m/s　③ 2m/s　④ 4m/s

c) 時刻 t [s] での原点Oの波の変位 y [m] を，tを用いて表すとどうなるか。下記の①～④のう
ちから一つ選び，マークシート解答用紙・解答番号 3 にマークすること。

① $y = 2\sin\dfrac{\pi}{2}t$

② $y = 2\sin\dfrac{\pi}{4}t$

③ $y = 2\cos\dfrac{\pi}{2}t$

④ $y = 2\cos\dfrac{\pi}{4}t$

d) 時刻 t [s] での位置 x [m] の波の変位 y [m] を x, tを用いて表すとどうなるか。下記の①～
④のうちから一つ選び，マークシート解答用紙・解答番号 4 にマークすること。

① $y = 2\sin\left(\dfrac{\pi}{2}t - \dfrac{\pi}{4}x\right)$

② $y = 2\sin\left(\dfrac{\pi}{4}t - \dfrac{\pi}{8}x\right)$

③ $y = 2\cos\left(\dfrac{\pi}{2}t - \dfrac{\pi}{4}x\right)$

④ $y = 2\cos\left(\dfrac{\pi}{4}t - \dfrac{\pi}{8}x\right)$

〔**3**〕　図のように，鉛直上向きの一様な磁束密度 B
〔T〕の磁場内に，l〔m〕の間隔で水平に置かれ
た2本の導線レール ab，cd がある。bd 間を R
〔Ω〕の抵抗でつなぎ，レール上に軽くて抵抗の
無視できる導体棒 PQ を置く。この棒に質量の無
視できるひもを付けて滑車を通して質量 M〔kg〕
の小さなおもりが吊り下げられている。最初は落
下しないようにおもりを手で支え，静かに手を放
したところ，おもりは静かに落下し始めた。導体

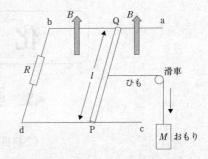

棒はレールと垂直を保ちながらなめらかに動くものとし，また重力加速度の大きさを g〔m/s²〕とす
る。以下の各問いに答えなさい。

a）導体棒の速さが v〔m/s〕になったとき，導体棒を流れる電流 I〔A〕を表す式として正しいも
のを，次の①～⑥のうちから一つ選び，マークシート解答用紙・解答番号 [1] にマークする
こと。ただし，P→Q の向きを正とする。

① $-\dfrac{2vBl}{R}$　② $-\dfrac{vBl}{R}$　③ $-\dfrac{vBl}{2R}$　④ $\dfrac{vBl}{2R}$　⑤ $\dfrac{vBl}{R}$　⑥ $\dfrac{2vBl}{R}$

b）小問 a）で，導体棒が磁場から受ける力 F〔N〕を表す式として正しいものを，次の①～⑥のう
ちから一つ選び，マークシート解答用紙・解答番号 [2] にマークすること。ただし，図の右
向きを正とする。

① $-\dfrac{2vB^2l^2}{R}$　② $-\dfrac{vB^2l^2}{R}$　③ $-\dfrac{vB^2l^2}{2R}$　④ $\dfrac{vB^2l^2}{2R}$　⑤ $\dfrac{vB^2l^2}{R}$　⑥ $\dfrac{2vB^2l^2}{R}$

c）おもりの速さが一定になったとき，導体棒の速さ v_1〔m/s〕を表す式として正しいものを，次の
①～⑥のうちから一つ選び，マークシート解答用紙・解答番号 [3] にマークすること。

① 0　② $\dfrac{MgR}{4B^2l^2}$　③ $\dfrac{MgR}{2B^2l^2}$　④ $\dfrac{MgR}{B^2l^2}$　⑤ $\dfrac{2MgR}{B^2l^2}$　⑥ $\dfrac{4MgR}{B^2l^2}$

化　学

◀薬　学　部▶

（2科目 120分）

〔 1 〕 次の文章を読み，以下の各問いに答えなさい。問 1 ～ 2 および問 4 ～ 6 はマークシート・解答番号 $\boxed{1}$ ～ $\boxed{12}$ にマークすること。

　　　窒素原子では，原子核に陽子が $\boxed{1}$ 個あり，電子はK殻に $\boxed{2}$ 個，L殻に $\boxed{3}$ 個が配置されている。そのため価電子は，$\boxed{4}$ 個になる。価電子は，$\boxed{5}$ 対の $\boxed{6}$ と $\boxed{7}$ 個の $\boxed{8}$ からなり，$\boxed{8}$ が他の原子の $\boxed{8}$ と $\boxed{9}$ となり，原子どうしが結合することができる。

問 1　文中の空欄 $\boxed{1}$ ～ $\boxed{5}$ および $\boxed{7}$ に入る数字を答えなさい。

問 2　文中の空欄 $\boxed{6}$ および $\boxed{8}$ ，$\boxed{9}$ に入る適切な語句を，次の①～④のうちから一つ選び，答えなさい。

　　　① 共有電子対　　② 非共有電子対　　③ 不対電子　　④ 自由電子

問 3　窒素とアンモニウムイオンの電子式を書きなさい。なお，解答は記述解答用紙に記入しなさい。

問 4　窒素とアンモニアに関する記述のうち，正しいものを，次の①～④のうちから一つ選び，答えなさい。$\boxed{10}$

　　　① 窒素は，冷たい水よりも温かい水によく溶解する。

　　　② 窒素の分圧をあげると水に溶解する窒素の物質量が増加する。

　　　③ アンモニア中の窒素原子と 3 つの水素原子は同一平面上にある。

　　　④ 1 mol/L の塩化アンモニウムの水溶液は中性である。

問 5　発生したアンモニアを集めるときの適切な方法を，次の①～③のうちから一つ選び，答えなさい。$\boxed{11}$

　　　① 水上置換法　　② 上方置換法　　③ 下方置換法

問 6　ある不揮発性非電解質 4.8 g をベンゼン 100 g に溶解してベンゼン溶液とした。この溶液の沸点を測定したところ，80.6℃であった。この不揮発性非電解質の分子量に最も近い数値を，次の①～⑦のうちから一つ選び，答えなさい。ただし，純ベンゼンの沸点を 80.1℃，ベンゼンのモル沸点上昇を 2.5 K・kg/mol とする。$\boxed{12}$

　　　① 80　　② 120　　③ 240　　④ 360

　　　⑤ 480　　⑥ 960　　⑦ 1,200

〔2〕　次の文章を読み，以下の各問いに答えなさい。問 1 〜10 はマークシート解答用紙・解答番号 1 〜 10 にマークすること。

400 K において 1.0 L の容器に水素 5.5 mol とヨウ素 4.0 mol を入れた。十分な時間経過した後，ヨウ化水素の量は 7.0 mol で一定となった。このように水素とヨウ素の混合気体を密閉容器に入れて高温を保つと，一部が化合してヨウ化水素を生じる。またヨウ化水素だけを入れて高温に保つと一部が分解して水素とヨウ素を生じる。この反応は次の化学反応式で表される。

$$H_2 + I_2 \rightleftharpoons [\quad A \quad] \quad \cdots ①$$

このように，どちらの方向にも進む反応を[　B　]反応という。一方向にしか進まない反応を[　C　]反応という。[　B　]反応では一定の時間が経過すると反応物や生成物の物質量が一定となる。このような状態を[　D　]状態という。

問 1　文中の空欄[　A　]にあてはまる語句を下記の①〜④から選びなさい。　　1

　　① HI　　② H_2I_2　　③ 2HI　　④ $2H_2I_2$

問 2　文中の空欄[　B　]にあてはまる語句を下記の①〜④から選びなさい。　　2

　　① 可逆　　② 不可逆　　③ 正　　④ 逆

問 3　文中の空欄[　C　]にあてはまる語句を下記の①〜④から選びなさい。　　3

　　① 可逆　　② 不可逆　　③ 正　　④ 逆

問 4　文中の空欄[　D　]にあてはまる語句を下記の①〜④から選びなさい。　　4

　　① 一定　　② 平衡　　③ 停止　　④ 飽和

問 5　①式の反応の濃度平衡定数を表す式はどれか。下記の①〜⑥から選びなさい。　　5

　　① $[HI]/[H_2][I_2]$　　② $2[HI]/[H_2][I_2]$　　③ $[HI]^2/[H_2][I_2]$

　　④ $[H_2I_2]/[H_2][I_2]$　　⑤ $2[H_2I_2]/[H_2][I_2]$　　⑥ $[H_2I_2]^2/[H_2][I_2]$

問 6　下線部の反応で，十分な時間経過してヨウ化水素が 7.0 mol 生成したとき，残存する水素量（mol）として，最も近い値はどれか。下記の①〜⑦から選びなさい。　　6

　　① 0.5　　② 1.0　　③ 1.5　　④ 2.0　　⑤ 2.5　　⑥ 3.0　　⑦ 3.5

問 7　下線部の反応で，十分な時間経過してヨウ化水素が 7.0 mol 生成したとき，残存するヨウ素量（mol）として，最も近い値はどれか。下記の①〜⑦から選びなさい。　　7

　　① 0.5　　② 1.0　　③ 1.5　　④ 2.0　　⑤ 2.5　　⑥ 3.0　　⑦ 3.5

問 8　400 K における下線部の反応の濃度平衡定数として，最も近い値はどれか。下記の①〜⑦から選びなさい。　　8

　　① 1.0　　② 4.9　　③ 9.8　　④ 49　　⑤ 98　　⑥ 149　　⑦ 198

問 9　400 K において 1.0 L の容器に水素 5.0 mol とヨウ素 5.0 mol を入れ十分な時間経過した後，ヨウ化水素の生成量（mol）として，最も近い値はどれか。下記の①〜⑦から選びなさい。

　　9

　　① 0.5　　② 1　　③ 2　　④ 4　　⑤ 8　　⑥ 16　　⑦ 32

問10　窒素と水素からアンモニアが生成する反応において，そこに触媒を添加することによる変化として正しいのはどれか。下記の①～③から選びなさい。　10

　　①　十分な時間が経過した後のアンモニアの生成量が増加する。

　　②　反応熱が低下する。

　　③　反応初期のアンモニアの生成速度が大きくなる。

問11　窒素と水素からアンモニアが生成するとき，その生成熱は 46 kJ/mol である。アンモニアの生成を熱化学方程式で表しなさい。なお，解答は記述解答用紙に記入しなさい。

問12　黒鉛と硫黄から液体の二硫化炭素が 1 mol 生成するとき，90 kJ の熱量が吸収される。この二硫化炭素の生成を熱化学方程式で表しなさい。なお，解答は記述解答用紙に記入しなさい。

〔**3**〕　以下の各問いに答えなさい。

問1　次の記述　1　～　6　に最も適切な第2周期，第3周期の元素を次の①～⓪のうちから一つ選び，答えなさい。

　　　マークシート解答用紙・解答番号　1　～　6　にマークすること。

　　1　天然に存在する同位体の割合は，質量数12のものが最も多い。

　　2　価電子の数が5個で，単体には同素体が存在する。

　　3　地殻中の存在率が金属元素中で最大で，その水酸化物は水には難溶であるが，強酸，強塩基いずれにも溶解する。

　　4　単体の結晶はダイヤモンド型の灰色の結晶で，半導体の原料として用いられる。

　　5　単体には同素体が存在し，この単原子イオンは金属イオンの検出に利用される。

　　6　この元素の酸化物は，火力発電所や自動車などから発生し，大気汚染の一因となる。また，この元素の水素化合物の水溶液はアルカリ性を示す。

　　①　C　　②　N　　③　O　　④　F　　⑤　Na

　　⑥　Mg　⑦　Al　⑧　Si　⑨　P　　⓪　S

問2　第3周期元素の酸化物について，次の記述　7　～　11　に最も適切なものを次の①～⑧のうちから一つ選び，答えなさい。

　　　マークシート解答用紙・解答番号　7　～　11　にマークすること。

　　7　水と反応して強塩基性の水溶液を生じる酸化物である。

　　8　熱水には不溶だが，強塩基性の水溶液にも酸性の水溶液にも溶解する酸化物である。

　　9　酸化数が＋2の元素を含み，元素の単体を空気中で燃焼させて得られる酸化物である。

　　10　吸湿性の高い白色粉末で，熱水と反応させると3価のオキソ酸を生成する酸化物である。

　　11　単体を空気中で燃焼させて得られる酸化物を，酸化バナジウム（V）を触媒としてさ

らに酸化して得られる酸化物である。

① Na₂O　② P₄O₁₀　③ Cl₂O₇　④ MgO　⑤ Al₂O₃
⑥ SiO₂　⑦ SO₂　⑧ SO₃

問3　亜硫酸ナトリウムと希硫酸とを反応させ，二酸化硫黄が生成するときの反応式を書きなさい。なお，解答は記述解答用紙に記入しなさい。

問4　二酸化硫黄と硫化水素とを反応させたときの反応式を書きなさい。なお，解答は記述解答用紙に記入しなさい。

〔4〕　次の文章を読み，以下の各問いに答えなさい。原子量は，H = 1.0，C = 12，N = 14，O = 16とする。問1～3はマークシート解答用紙・解答番号 [1] ～ [9] にマークすること。

　　-CO-NH- の構造は [1] 結合とよばれる。アニリンに [2] を作用させて生成したアセトアニリドは [1] 結合を有し，解熱作用を示すが，赤血球を溶解させるなどの副作用が強く，現在は使用されていない。しかし，アセトアニリドにヒドロキシ基を導入した [3] は副作用の少ない解熱薬として，かぜ薬に配合されている。また，[3] の元素分析で予想される炭素の質量百分率（%）は [4] である。

　　ε-カプロラクタムの環状 [1] が開環重合した化合物は [5] とよばれ，衣料品などに用いられる。酢酸ビニルを付加重合させ，水酸化ナトリウム水溶液で加水分解すると [6] が得られる。これを水に溶けなくするために，ホルムアルデヒドで処理すると [7] ができる。また，アミノ基を二つ以上もつメラミンと [8] を付加縮合させたものなどは総称して [9] 樹脂とよばれる。

問1　[1] ～ [3] に適する語句を，次の①～⑨のうちから一つ選び，答えなさい。

① 亜硝酸ナトリウム　② アセトアミノフェン　③ アセチルサリチル酸
④ アミン　⑤ アミド　⑥ 塩酸
⑦ 酢酸　⑧ サリチル酸メチル　⑨ 無水酢酸

問2　[4] に最も近い数値を，次の①～⑧のうちから一つ選び，答えなさい。

① 25 %　② 35 %　③ 45 %　④ 55 %　⑤ 65 %　⑥ 75 %
⑦ 85 %　⑧ 95 %

問3　[5] ～ [9] に適する語句を，次の①～⓪のうちから一つ選び，答えなさい。

① アクリル　② アジピン酸　③ アミノ　④ エチレングリコール
⑤ ナイロン6　⑥ ナイロン66　⑦ ビニロン　⑧ フェノール
⑨ ポリビニルアルコール　⓪ ホルムアルデヒド

問4　下線部 a) の構造式を書きなさい。なお，解答は記述解答用紙に記入しなさい。

問5　下線部 b) の構造式を書きなさい。ベンゼン環は ⬡ と記すこと。

　　　なお，解答は記述解答用紙に記入しなさい。

問6　下線部 c) の構造式を書きなさい。なお，解答は記述解答用紙に記入しなさい。

◀理工・医療技術・福岡医療技術学部▶

（2科目 120分）

〔注意〕必要に応じて以下の数値を用いなさい。

H = 1.0　　C = 12　　N = 14　　O = 16　　Na = 23　　Cl = 35.5　　Br = 80

気体定数 R = 8.31 × 10³ Pa・L/(mol・K)

〔1〕 次の(1)〜(9)にあてはまる最も適切な数字を下記の【解答群】⓪〜⓪の中から一つずつ選び，解答欄に記入しなさい。ただし，同じ番号を重複して選んでも良い。なお，計算の答えは四捨五入して，整数で答えなさい。〔解答番号　1　〜　9　〕

(1) ^{2}H に含まれる中性子の数。　1

(2) Li^+ の最外殻にある電子の数。　2

(3) 3種類の同位体（^{16}O, ^{17}O, ^{18}O）からできる酸素分子の種類（数）。　3

(4) ある元素の単体の結晶は六方最密構造である。この単体は冷水とは反応しないが，熱水とは反応して水素を発生する。この元素が属する族の番号。　4

(5) 二クロム酸カリウム中のクロムの酸化数（絶対値）。　5

(6) 塩化ナトリウムの結晶の中で，1個の塩化物イオンに最近接しているナトリウムイオンの数。　6

(7) 次の化学反応式中の空欄にあてはまる係数。　7

$$2KMnO_4 + 3H_2SO_4 + \boxed{} H_2O_2 \longrightarrow$$
$$K_2SO_4 + 2MnSO_4 + 5O_2 + 8H_2O$$

(8) 56℃，1.0×10^5 Pa で，1.8 L の乾燥空気を，同じ温度の水に通じた。水蒸気が飽和した後の空気の体積（L）。ただし，56℃ での水の飽和蒸気圧は 1.0×10^4 Pa とし，空気の水への溶解度は考えなくてもよい。　8　L

(9) 5.60 g のアルケン C_nH_{2n} に臭素を完全に付加させると，37.6 g の生成物が得られた。このアルケンの炭素数。　9

【解答群】

① 1　② 2　③ 3　④ 4　⑤ 5

⑥ 6　⑦ 7　⑧ 8　⑨ 9　⓪ 0

〔2〕　次の問いに答えなさい。ただし，ことわりのない限り，溶質は不揮発性の非電解質とする。〔**解答番号** [1]〜[9]〕

問1　半透膜の性質をもつものを，次の①〜④の中から一つ選びなさい。　[1]

　　① 金　箔　　② ろ　紙　　③ 膀胱膜　　④ ポリエチレン膜

問2　希薄溶液の絶対温度 T（K），モル濃度 c（mol/L），気体定数 R（Pa・L/(mol・K)）とするとき，浸透圧 $\varPi$（Pa）を表す式を，次の①〜④の中から一つ選びなさい。　[2]

　　① $\varPi = c/RT$　　② $\varPi = cT/R$　　③ $\varPi = cR/T$　　④ $\varPi = cRT$

問3　ヒトの血液の浸透圧は 310 K で 7.70×10^5 Pa である。この血液と同じ浸透圧のグルコース水溶液（$C_6H_{12}O_6$）のモル濃度（mol/L）として，最も適切なものを次の①〜④の中から一つ選びなさい。　[3]　mol/L

　　① 0.30　　② 0.40　　③ 0.50　　④ 0.55

問4　問3の水溶液を 1.00 L つくるのに必要なグルコースの質量（g）として最も適切なものを次の①〜④の中から一つ選びなさい。　[4]　g

　　① 25　　② 38　　③ 54　　④ 72

問5　310 K で 7.70×10^5 Pa の浸透圧を示す塩化ナトリウム水溶液を 1.00 L つくりたい。必要な塩化ナトリウムの質量（g）として，最も適切なものを次の①〜④の中から一つ選びなさい。ただし，塩化ナトリウムは水溶液中で完全に電離しているものとする。　[5]　g

　　① 4.4　　② 8.8　　③ 10　　④ 18

問6　希薄溶液の溶質のモル質量 M（g/mol）を求める式を次の①〜④の中から一つ選びなさい。ただし，溶質の質量 w（g），溶液の体積 V（L），温度 T（K），浸透圧 $\varPi$（Pa），気体状数 R とする。　[6]

　　① $M = \dfrac{wRT}{\varPi V}$　　② $M = \dfrac{\varPi wT}{RV}$　　③ $M = \dfrac{\varPi V}{wRT}$　　④ $M = \dfrac{wTV}{\varPi R}$

問7　6.00 g の非電解質を溶かした希薄水溶液 1.00 L の浸透圧は，290 K で 2.50×10^5 Pa であった。この溶質の分子量として最も適切な値を次の①〜④の中から一つ選びなさい。　[7]

　　① 44　　② 52　　③ 58　　④ 60

問8　希薄溶液中の溶質の分子量を求めるための別の方法を次の①〜④の中から一つ選びなさい。　[8]

　　① 希薄溶液の電気伝導度を測定する

　　② 希薄溶液の pH を測定する

③　希薄溶液の温度を測定する

④　希薄溶液の沸点上昇度を測定する

問9　浸透圧以上の圧力をかけて，海水から純粋な水を分離する方法を次の①〜④の中から一つ選び
　　なさい。　9

①　接触法　　②　逆浸透圧法　　③　ソルベー法　　④　透析法

〔3〕　化合物A〜化合物Jの構造を決定するために，次の**実験1**〜**実験10**を行った。これらを読んで，
　　下記の問いに答えなさい。〔解答番号　1　〜　10　〕

実験1　化合物Aにフェーリング液を加えて加熱すると赤色の沈殿が生じた。

実験2　化合物Bは塩化鉄(Ⅲ)水溶液を加えると赤紫色を呈した。さらに炭酸水素ナトリウムを加え
　　　　ると気体を発生して溶けた。

実験3　化合物Cに塩化鉄(Ⅲ)水溶液を加えると赤紫色を呈したが，炭酸水素ナトリウムを加えても
　　　　全く反応しなかった。

実験4　化合物Dに水酸化ナトリウム水溶液とヨウ素を加えて加熱すると，黄色沈殿が生じた。

実験5　化合物Eに金属ナトリウムを加えると水素が発生した。

実験6　化合物Eと化合物Fの混合物に濃硫酸を加えて加熱すると，分子式$C_8H_8O_2$の化合物が得ら
　　　　れた。

実験7　化合物Gに臭素水を加えて撹拌すると，臭素水の赤褐色の色が消えた。

実験8　化合物Hにさらし粉水溶液を加えると，赤紫色を呈した。

実験9　化合物Iにアンモニア性硝酸銀水溶液を加えると，白色沈殿が生じた。

実験10　化合物Jの水溶液に臭素水を十分に加えると，臭素が3置換した化合物が得られた。

問　化合物A〜化合物Jにあてはまる最も適切な構造式を，次の①〜⓪から一つずつ選びなさい。

化合物A　1　　　化合物B　2　　　化合物C　3

化合物D　4　　　化合物E　5　　　化合物F　6

化合物G　7　　　化合物H　8　　　化合物I　9

化合物J　10

①　$CH_2=CH_2$　　　②　$CH\equiv CH$　　　③　CH_3-OH

④　$CH_3-\overset{\displaystyle O}{\overset{\|}{C}}-CH_3$　　　⑤　$H-\overset{\displaystyle O}{\overset{\|}{C}}-H$　　　⑥　（ベンゼン環）NH_2

⑦
OH
COOH

⑧
OH
COOCH₃

⑨
COOH

⓪
OH

〔**4**〕　次の文を読んで，下記の問いに答えなさい。なお，解答は記述解答用紙に記入しなさい。

　　1 mol の結晶を分解して，その結晶を構成する粒子を気体状の粒子に分け，ばらばらにするために
必要なエネルギーを格子エネルギーという。

　　たとえば，NaCl の結晶の格子エネルギー Q（kJ/mol）は次式のように表される。

　　なお，下記にはエネルギーの概略図が示されている。

$$NaCl（固）= Na^+（気）+ Cl^-（気）- Q kJ \qquad (1)$$

　　格子エネルギーは直接測定できないので，次の①～⑤の値を用い，ヘスの法則を応用して間接的に
計算できる。

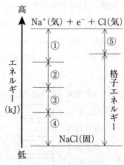

①　Na（気）のイオン化エネルギーは 496 kJ/mol であ
　　る。

②　Na（固）の昇華熱は 107 kJ/mol である。

③　Cl₂（気）の結合エネルギーは 244 kJ/mol である。

④　NaCl（固）の生成熱は 411 kJ/mol である。

⑤　Cl（気）の電子親和力は 349 kJ/mol である。

問1　上記①～⑤に該当する熱化学方程式を書きなさい。

問2　NaCl 結晶の格子エネルギー（式(1)のQの値）を求めなさい。

問3　1 mol の気体状態の Na⁺ が多量の水に溶解すると，420 kJ の発熱がある。これを Na⁺（気）の
　　水和熱といい，次式で表される。ただし，aq は多量の水を表す。

$$Na^+（気）+ aq = Na^+aq + 420 kJ$$

同様に，Cl⁻（気）の水和熱は ＋363 kJ である。これらの水和熱の値と問2で求めた格子エネルギーから，NaCl 結晶の水への溶解熱（kJ/mol）を求めなさい。

問4　市販の瞬間冷却剤の一部には，硝酸アンモニウムが使用されている。反応熱に注目して，この理由を簡単に説明しなさい。

生　物

（2科目 120分）

〔**1**〕　細胞のエネルギー生産に関する【説明文1】,【説明文2】を読んで,各問いに答えなさい。

【説明文1】

　　酵母をグルコースを含む培地で培養する。十分に酸素が存在する条件では,グルコースは<u>細胞質基質で行われる過程</u>と,<u>細胞小器官である　2　で行われる過程</u>を経て分解され,エネルギーが生
(ア)
(イ)
成される。これら全体の反応は,次の式で示される。

　　反応式　$C_6H_{12}O_6 + 6H_2O + 6O_2 \;\rightarrow\; 6CO_2 + 12H_2O +$ (ウ)

　　一方,酸素が少ない条件で酵母を培養すると,発酵を行うようになる。このとき,1分子のグルコースからは細胞質基質で行われる過程によって2分子の　5　が生成し,最終的に2分子の
　6　が生じる。筋肉が急激に収縮して,酸素の供給が間に合わないときには　7　とよばれる反応がおこり,筋肉でグルコースや　8　が分解されて　9　が生成する。

問1　【説明文1】中の下線部(ア)の細胞質基質で行われる過程の名称を＜選択肢＞から一つ選びなさい。　1

　　＜選択肢＞
　　　① 解糖系　② カルビン・ベンソン回路　③ 還元　④ クエン酸回路　⑤ 酸化
　　　⑥ 窒素固定　⑦ 電子伝達系　⑧ 発酵　⑨ 同化

問2　【説明文1】中の　2　に入る最も適切な用語を＜選択肢＞から一つ選びなさい。
　　＜選択肢＞
　　　① 液胞　② 核　③ ゴルジ体　④ 細胞膜　⑤ 小胞体　⑥ 中心体
　　　⑦ ミトコンドリア　⑧ リボソーム

問3　【説明文1】中の下線部(イ)の細胞小器官　2　で行われる過程の名称を＜選択肢＞から二つ選びなさい。ただし,マークの順序は問わない。　3　,　4

　　＜選択肢＞
　　　① 解糖系　② 還元　③ クエン酸回路　④ 酸化　⑤ 窒素固定
　　　⑥ 電子伝達系　⑦ 発酵　⑧ 同化

問4　【説明文1】中の反応式の(ウ)に入る<u>分子数</u>と<u>エネルギーの貯蔵物質の名称</u>を記述解答用紙に記入しなさい。ただし,分子数はこの反応式で合成される最大値を記入しなさい。

〔解答欄〕　　反応式　$C_6H_{12}O_6 + 6H_2O + 6O_2$

$\longrightarrow 6CO_2 + 12H_2O +$

	分子数	エネルギーの貯蔵物質の名称

問5　【説明文1】中の　| 5 |　,　| 6 |　に入る最も適切な用語を＜選択肢＞からそれぞれ一つ選びなさい。

＜選択肢＞

①　エタノール　②　オキサロ酢酸　③　クエン酸　④　グリコーゲン

⑤　コハク酸　⑥　乳酸　⑦　ピルビン酸　⑧　フマル酸　⑨　リンゴ酸

問6　【説明文1】中の　| 7 |　に入る最も適切な用語を＜選択肢＞から一つ選びなさい。

＜選択肢＞

①　解糖　②　解糖系　③　還元　④　クエン酸回路　⑤　酸化

⑥　窒素固定　⑦　電子伝達系　⑧　発酵　⑨　同化

問7　【説明文1】中の　| 8 |　,　| 9 |　に入る適切な用語を＜選択肢＞からそれぞれ一つ選びなさい。

＜選択肢＞

①　エタノール　②　オキサロ酢酸　③　クエン酸　④　グリコーゲン

⑤　コハク酸　⑥　乳酸　⑦　ピルビン酸　⑧　フマル酸　⑨　リンゴ酸

【説明文2】

　図1に示すように酵母の発酵実験をキューネの発酵管を用いて，以下の実験方法で行った。その結果，気体の発生量は図2のグラフ中の(エ)のように変化した。ただし，酵母の発酵において最適温度は37℃とする。

実験方法

　A）酵母を5％グルコース水溶液に加え，よくかき混ぜる。

　B）Aの液をキューネの発酵管の盲管部に空気が入らないように注ぐ。

　C）25℃の恒温槽に静置する。

　D）2分ごとに気体の発生量を記録する。

　E）30分まで計測した後，10％水酸化ナトリウム水溶液2 mLを発酵管の開口部から加え，綿栓のかわりにしぼんだ風船を付けて液をよく混合した。

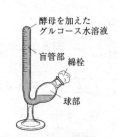

図1　キューネの発酵管を用いた実験

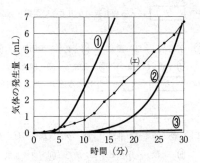

図2　気体の発生量と時間の関係

(エ)━ のグラフは 25℃ の実験データを示す。

問8　【説明文2】中の実験方法C）の温度を 37℃ と 80℃ に変えて行ったとき，気体発生量と時間の関係を示すグラフはどのように変化するか。最も適切なグラフを図2の①～③からそれぞれ一つ選びなさい。

37℃ | 10 | ，80℃ | 11 |

問9　下記の【説明文3】は，【説明文2】の実験方法E）で水酸化ナトリウム水溶液を加えて混合したときに起こる反応を説明したものである。記述解答用紙の空欄(オ), (カ)に適切な語句を入れて，説明文を完成させなさい。

【説明文3】

　　キューネの発酵管の中の（　オ　）と水酸化ナトリウム水溶液が反応する。すると，開口部に付けている風船が（　カ　）。

〔 **2** 〕　植物の環境応答に関する次の【説明文】を読んで，各問いに答えなさい。

【説明文】

　　植物は光合成を行うために，大気から　1　を葉に取り入れ，O_2 を葉から大気に放出する。
このような気体の交換は，気孔を通して行われる。葉の表面の大部分は水がほとんど透過しないクチ
クラ層に覆われており，葉の表面全体からは水分が失われるのを最小限に抑えているが，気孔が開い
ていると気孔から大気へと蒸散によって水分が失われるので，植物には，光や土壌中の水分量などの
環境要因の変化に応じて気孔を閉じたり開いたりするしくみが備わっている。

　　多くの植物では，光の当たらない夜間は気孔が閉じているが，葉に光が当たると，その情報が光受
　　　　　　　　　　　　　　　　　　　　　　　　　　　　　　(ア)
容体である　2　によって感知され，気孔が開き，光合成に必要な　1　が取り込まれる。
一方，乾燥状態に置かれると，植物ホルモンの一種である　3　が葉で合成されて孔辺細胞に作
用し，結果として気孔が閉じられ，蒸散が抑えられる。

　　2　が吸収する光の波長は，主な光合成色素である　4　が吸収する光の波長域と少な
くとも部分的に一致するので，光合成が活発に行われる波長の光が多く当たる環境では，気孔を大き
く開口して　1　を取り入れ，光合成を活発に行うことができる。

　　暗所で発芽させた幼植物に，ある一方向から光を当てると，光に向かって伸びるようになる。この
　　　　　　　　　　　　　　(イ)
応答にも　2　が光受容体として重要な役割を果たしている。

問1　【説明文】中の空欄　1　～　4　に入る最も適切な用語を＜選択肢＞からそれぞれ
　　　一つずつ選びなさい。

解答欄	＜選択肢＞		
1	① CO	② CO_2	③ H_2O
	④ H_2O_2	⑤ N_2	⑥ O_2
2	① クリプトクロム	② クロロフィル	③ フィトクロム
	④ フォトトロピン	⑤ ヘモグロビン	⑥ ロドプシン
3	① アブシシン酸	② エチレン	③ オーキシン
	④ サイトカイニン	⑤ ジベレリン	⑥ フロリゲン
4	① クリプトクロム	② クロロフィル	③ フィトクロム
	④ フォトトロピン	⑤ ヘモグロビン	⑥ ロドプシン

問2　【説明文】中の下線部(ア)に関し，次の(1)，(2)に答えなさい。

(1)　この応答を引き起こすのに最も有効な光の種類はどれか。＜選択肢＞から一つ選びなさい。

　　　5

＜選択肢＞

　　① 遠赤色光　　　　　　　② 紫外光　　　　　　　③ 青色光

　　④ 赤色光　　　　　　　　⑤ 赤色光と遠赤色光　　⑥ 緑色光

(2)　ある植物種Aは，【説明文】中の光受容体　 2 　を１種類だけもっている。その遺伝子を欠損した突然変異体の光に対する応答として，正しいものは①を，間違っているものは⑨をマークしなさい。ただし，光は十分に照射するものとする。　 6 　～　 8

　　　 6 　上記(1)で選んだ光を照射すると気孔は開く。

　　　 7 　太陽の直射光を照射すると気孔は開く。

　　　 8 　白色 LED 光を照射しても気孔は開かない。

問３　図１に示すように，気孔の開閉は孔辺細胞が変形することによって引き起こされる。気孔が閉じた状態から開いた状態になるまでの間に孔辺細胞で生じる反応について記述した＜反応＞①～⑥を，反応が生じる順に左から並べ，前半の反応と後半の反応に分けなさい。それぞれの解答番号に＜反応＞の番号を一つずつ選んでマークしなさい。　 9 　～　 14

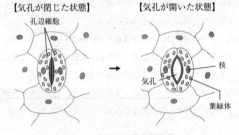

図１　気孔の顕微鏡観察像

＜反応＞

①　膨圧が上昇する。

②　光が光受容体　 2 　によって感知される。

③　K⁺ チャネルが開いて K⁺ が流入する。

④　水が流入する。

⑤　細胞壁の厚さの違いによって孔辺細胞が湾曲する。

⑥　浸透圧が高くなる。

前半の反応			後半の反応		
9 →	10 →	11	12 →	13 →	14

問４　【説明文】中の下線部(イ)に関し，次の(1)，(2)に答えなさい。

(1)　このような応答を何というか。＜選択肢＞から一つ選びなさい。　 15

＜選択肢＞

①　光合成　　　②　光屈性　　　③　光走性

④　光阻害　　　⑤　光中断　　　⑥　光発芽

(2)　この応答は，ある植物ホルモンの作用によって，幼植物体の光の当たらない側の方が光の当たる側より細胞の伸長が大きくなることで引き起こされる。この植物ホルモンの名称を＜選択肢＞から一つ選びなさい。　 16

<選択肢>
① アブシシン酸　　② エチレン　　③ オーキシン
④ サイトカイニン　　⑤ ジベレリン　　⑥ フロリゲン

問5　暗所で発芽させたマカラスムギ（アベナ）の芽生えが約5cmの長さになったときに，図2の
実験1〜実験6に示した操作を行った後に光を一方向から照射し，その条件下に数時間おいた。
この実験では，芽生えの先端から約5mmまでの部分を「先端部」，先端から約4cmの位置か
ら下方の根の発生する部分のすぐ上までを「基部」とよぶ。先端部に被せたキャップは芽生えの
先端部を，基部を覆ったシートは基部を，それぞれすっぽりと覆っており，不透明なキャップや
シートで覆われたところには光は当たらない。実験1〜実験6について，芽生えが光の来る方向
に曲がる場合は①を，曲がらない場合は⑨をマークしなさい。　　 17 　～　 22

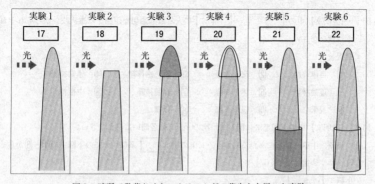

図2　暗所で発芽させたマカラスムギの芽生えを用いた実験

解答欄	図2中のマカラスムギに対し光照射前に行った実験操作
17	実験1：特に操作しない
18	実験2：先端部を切り取る
19	実験3：先端部に不透明なキャップをかぶせる
20	実験4：先端部に透明なキャップをかぶせる
21	実験5：基部を不透明なシートで覆う
22	実験6：基部を透明なシートで覆う

〔**3**〕　神経系に関する【説明文】を読んで，各問いに答えなさい。

【説明文】

　脊椎動物の神経系には，神経細胞がたくさん集まって情報処理センターの役割を果たす $\boxed{1}$ 系と，それ以外の末梢神経系がある。$\boxed{1}$ 系は，脳と $\boxed{2}$ から成っている。脳は，大脳，間脳，中脳，小脳，延髄で構成される。末梢神経は，感覚情報を脳に伝えたり，脳からの運動情報を筋肉に伝える機能を担う $\boxed{3}$ 系と，さまざまな器官や血管に分布して体内環境の維持にはたらく $\boxed{4}$ 系から成っている。

　神経系の反応のうち意識とは無関係に起きる反応を反射とよぶ。例として，熱いものに手を触れたときに思わず手を引っ込める屈筋反射がある。

問1　【説明文】中の $\boxed{1}$ ～ $\boxed{4}$ に入る最も適切な用語を＜選択肢＞からそれぞれ一つずつ選びなさい。

　　＜選択肢＞

　　　① 自律神経　　　② 交感神経　　　③ 副交感神経　　　④ 感覚神経
　　　⑤ 運動神経　　　⑥ 体性神経　　　⑦ 脊髄神経　　　　⑧ 中枢神経
　　　⑨ 視床　　　　　⓪ 視床下部　　　ⓐ 脊髄

問2　【説明文】中の下線部(ア)に関して，次の(A)，(B)の各問いに答えなさい。

(A)　小脳，中脳，延髄にあたるものを，ヒトの $\boxed{1}$ 系についての下図中の①～⑥からそれぞれ一つずつ選びなさい。

　　小脳：$\boxed{5}$

　　中脳：$\boxed{6}$

　　延髄：$\boxed{7}$

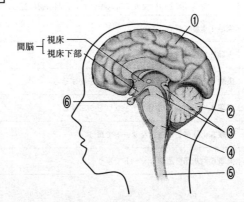

（啓林館　生物改訂版（平成29年検定）p 202 図24 より改変）

図：遠藤孝悦

(B) 中脳および延髄の担う役割として最も適切なものを＜選択肢＞からそれぞれ一つずつ選びなさい。

中脳：　8

延髄：　9

＜選択肢＞

① 体の平衡を保つ中枢であり，随意運動における熟練の獲得にも関わる。

② 学習や経験による行動など，高次の機能に関わる。

③ 視覚や聴覚の情報を処理し，これらの刺激で起こる反射（眼球運動など）の中枢を担う。

④ 自律神経系の中枢を担い，内臓のはたらきを調節する。

⑤ 呼吸運動や循環器官・消化器官のはたらきなど，生命維持に重要な機能の中枢を担う。

⑥ ヒト以外の動物にもみられる本能的な欲求などに関係する。

問3 【説明文】中の下線部(イ)に関して，次の(A)，(B)の各問いに答えなさい。

(A) この反射の中枢はどこにあるか。最も適切なものを＜選択肢＞から一つ選びなさい。

10

＜選択肢＞

① 延髄　　② 中脳　　③ 脊髄　　④ 大脳皮質　　⑤ 視床

(B) 反射の中枢から出て筋肉の動きを支配する運動神経が障害される病気の患者では，この反射はどうなるか。句読点を含め5文字以内で述べなさい。なお，解答は記述解答用紙に記入しなさい。

国　語

（二科目　一二〇分）

〔1〕　次の文章を読んで、後の問いに答えなさい。

　耕すとは、それはいわば地球の表面を引っかきまわすことである。人間たちが引っかいてはじりまわしているのは、陸の土の一部に張りついた玉ねぎの薄皮である。この薄皮のことをわたしたちは土壌と呼んでいる。土壌は、生物が育つため必要な、風化した岩石や分解された生物の遺体の堆積物である。

　農耕を知らない異星人が地球にやってきて土壌を耕す行為を見れば、無意味な戯れにしか見えないかもしれない。しかし、その薄皮がみっついて生きるしかない地球人にとっては、生死を分ける営みにほかならない。耕すとは、自然から食料を持続的に得るために人類が歩んできた歴史の途中、歴史学の用語でいえばいまから約一万年前に始まる新石器時代に発明された基本的なエイ①イである。

　種を蒔くまえに、土を掘り返す耕すことで収穫物の量と質が改善されることを、農業を営む人びとは経験的に知っていた。

　土を耕す行為は、土壌の下部にある栄養を上部にもたらし、土壌内に空隙を作り、保水能力と栄養貯蓄能力を高め、さまざまな生物のはたらきと食物連鎖を活性化させる。土壌の活性化は、そこに根を張る植物の食用部位を、野生植物では不可能なほど栄養価も容量も増やすことにつながる。この事実は、土壌学の発展とともに科学的に裏付けられることになるが　　ａ　　。

　土を掘り返す道具は、農業の開始時には尖った木片や骨片だったが、時代を経るにつれて鉄の刃が主流となっていく。「鉄」の種類も「鋳鉄」から「鋼鉄」へと変化し、靭性を増していった。

　土壌を掘り返す道具の名称として、日本語では、大きく分けて三種類の表現がある。人間が直接手で持つ鍬、シャベル状の鋤、そして牛馬が牽引する犂である。数千年にわたって、犂を牽引していたのは家畜、主に牛と馬で、地域によってはラバやヤク、あるいは人自身でもあった。単数もしくは複数の家畜を犂をロープや鎖で括り付け、犂の柄を手で持ち、ムチで家畜の動きを制御し、土壌を耕す。この数千年間不変のパターンが崩れ、農作業の風景が劇的に変わったのは、まさにここ一〇〇年のことにすぎない。

　（Ⅰ）

　とりわけ重要なのは、牽引のエネルギー源が家畜の喰む飼料から、石油に変わったことである。トラクターの登場以降、農業もまた石油なしには営むことができない。石油がなければ、わたしたちは食べるものを満足に食べることができなくなったのである。

　（Ⅱ）

　一八九二年、アメリカのアイオワ州で、ジョン・フローリッチ（一八四九―一九三三）というドイツ系アメリカ人の技師が内燃機関を搭載したトラクターを開発した。一八五九年にはすでにイギリスで蒸気機関を用いた自走式トラクターは作られてきたが、それより安全で軽量のガソリン機関を搭載したものはこれが初めてであった。

　（Ⅲ）

牛馬のように飼料を必要とせず、燃料を補給することで稼働させることができる。人や馬のように疲れることなく、しかも人や馬の何倍もの力をいつまでも安定して出すことができる。トラクターの誕生によって人類は初めて地面を踏みながら土を耕す必要がなくなった。家畜が歩む方向を手綱で導くことも、家畜の目と足取りを見て今日の調子を見極めることも、やはり必要がなくなった。犂の刃の土壌に対する角度や土壌に挿入されている深さを調整することも、牛馬に牽かせているときのように絶え間なくしなくてもよくなった。

（Ⅳ）

他方で、トラクターを用いた農作業は、さまざまな問題にも直面した。故障、事故、購入のため多額の借金、土壌の圧縮。そんな障害が農民たちの前に立ちはだかった。そして何よりも、家畜と異なって糞尿を排出しないため、大量の肥料を農場から購入しなければならなくなり、農場内の物質循環を断つ役割を果たすことになった。

トラクターは善かれ悪しかれ[c]大地の束縛から人間を解き放とうとした。いまもなおその変化は進行中である。それとともに、農業生産の機械化・合理化と農地内物質循環の弱体化という二つの決定的な影響を、トラクターは二〇世紀の人間たちにもたらしたのである。

（Ⅴ）

トラクターの歴史は、二〇世紀前半に華々しく展開を遂げる。フロリッチの設立した会社は失敗に終わるが、彼の技術はのちにディア＆カンパニー社という世界でももっとも伝統があり、現在世界一のトラクターメーカーに引き継がれていく。またヨーロッパ各国でもトラクターがアメリカよりも一〇年から二〇年遅れて開発される。

第一次世界大戦中に、アメリカのヘンリー・フォード（一八六三―一九四七）の工場で大量生産された廉価のトラクター「フォードソン」を中心に、トラクターは世界各地に普及し、化学肥料、農薬、遺伝学に基づいた改良品種とともに、二〇世紀以降の急速な農業技術発展、そして爆発的な人口増加を支えていく。一方で、トラクターを始めとする農業技術体系の進歩は農作物の過剰生産と価格の急落をもたらし、一九二九年の世界恐慌の間接的な原因となる。それだけではない。機械化は労働力を節約するから、農民の人口は減少する。農業労働力は農村から都市へと流出し、人材の面から工業化を支えていった。

ところで、トラクターにはもう一つの「顔」があった。

一九一六年、イギリスやフランスは、第一次世界大戦の膠着状態を打破するための戦車の開発を始める。が、それは農業用の履帯トラクターから着想を得たものであった。その構造上の類似性ゆえに、第二次世界大戦中には、各国のトラクター工場は戦車工場として転用される。つまり、トラクターと戦車は二つの顔を持った一つの機械であった。トラクターも戦車も産声をあげて一〇〇年を経過したから、[d]二〇世紀の寵児なのである。

やがて、トラクターは、二〇世紀の世界史の決定的な役割を果たすようになる。トラクターは、単に犂を牽いて耕すだけでなく、動力源として、脱穀などさまざまな農作業に利用されていくため、農業技術革新の中心に据えられたのだ。とりわけ、二〇世紀を牽引した二つの大国にとって、それは重視された。

第一次世界大戦後、アメリカでは、各メーカーが競うようにトラクターを開発し、独立自営農業を中心にトラクターが普及し始める。人気の落ちたフォードソンに代わって、ジョン・ディアやファーモールなど、農民の要望にある程度応えたトラクターが勝ましし、アメリカの世界一の農業生産を支えていく。アメリカは、保有台数を世界一で、一九三九年の段階で一五六万七〇五〇台を数えていた。

一方で、ウラジーミル・レーニン[注(1)]（一八七〇―一九二四）は[(e)]農民を共産主義化するためには「第一級のトラクター一〇万台」が必要であると公言し、アメリカからフォードソンを輸入した。ヨシフ・スターリン[注(3)]（一八七八―一九五三）は、機械トラクターステーション（MTS）を核として富農たちから暴力的に奪った土地と零細[注(4)]農の農地を集積し、合理的に農業生産が進められるよう農業集団化を進めていく。

（藤原辰史『トラクターの世界史』による）

注(1)　ロシア十月革命を指導し、世界で初めての社会主義国家であるソビエト連邦を樹立した。

注(2)　私有財産を否定して財産の共有を、共有財産にもとづく社会・政治体制を実現しようとする思想と運動。

注(3)　ソビエト連邦の指導者。レーニンの死後、一国社会主義論を主張、工業化と集団化を推進し、国営企業、労働権と民族の平等、自治権などを定めたいわゆるスターリン憲法を制定した。

注(4)　耕地面積が少なく、賃労働を兼ねるなどして生計を立てる農家。

問一　傍線部(a)「農耕を知らない異星人が地球にやってきて土壌を耕す行為を見れば、無意味な戯れにしか見えないかもしれない」とあるが、なぜか。その理由として最も適切なものを、次の①～⑤のうちから一つ選び、答えなさい。　　**1**

① 異星人には地球の農耕の仕組みを完全に理解することができないため、単に土を掘り返す行為にみえるから。

② 地球上の人間にとって、土壌を耕す行為は食料を得るために欠かせない手段であるが、異星人には農耕の文化がないので関係がないから。

③ 人間が行う農耕の複雑さを、異星人がみても、文明が異なるのでその意味や目的を解釈できるかどうかは想像もつかないから。

④ 農耕を知らない異星人は、土壌を耕す行為の背景にある目的や価値を把握できないから。

⑤ 地球人と異星人の間での土壌耕作に対する価値観は共通ではない可能性があり、異星人には農耕の重要性を理解できない可能性があるから。

問二　傍線部①に相当する漢字を含むものを、次の①～⑤のうちから一つ選び、答えなさい。　　**2**

①　エイイ
　　① 先例にイキョして判断する。
　　② 彼のイキョは挑戦に向けてのものだ。
　　③ イキョを尽くして説明する。
　　④ イセイには志が必要である。
　　⑤ 文集のホイキを編集する。

問三　空欄　a　に入る文として最も適切なものを、次の①～⑤のうちから一つ選び、答えなさい。　　**3**

① それより遠い昔から、耕すことは常に農作業の中心に据えられてきたのだった。

② 多くの人々が耕すことを農作業の中心だと認識していても、実際にはその重要性は時と場合によって変動しているのだった。

③ 耕すことが農作業の中心であったものの、それは他の要素と組み合わせて効果を発揮する一部

かにすぎなかった。

④　耕すとは特定の地域でのみ農作業の中心であり、常にその意味は変わらなかった。

⑤　耕すことだけが作物の成長の鍵であるとは限らなかった。

問四　傍線部(b)「トラクターの登場以降、農業はもはや石油なしには営むことができない」とあるがなぜか。その理由として最も適切なものを、次の①～⑤のうちから一つ選び、答えなさい。　4

①　石油は化学肥料の原料であり、農業の近代化に伴い、化学肥料の使用が一般化し、作物の生産量の増加に寄与しているから。

②　農産物を市場や消費者へ届けるための輸送手段は、主に石油を動力源としており、これらの輸送手段がなければ、農産物の供給が滞る可能性があるから。

③　トラクターの登場は、それまでの農業を一新させ、土を耕す作業の効率と規模を大きく拡大したが、この進展は石油なしでは成り立たないものだから。

④　トラクター以外にも、農業における機械化が進展し、これらの機械が農業の効率化に不可欠であるため、石油なしの農業運営が困難になってきているから。

⑤　石油を用いた機械や設備は、多様な気候や環境条件に対しても作業を行うことが可能となり、これにより、異なる地域や季節に対応する農業が実現するから。

問五　問題文中は次の一文が省かれている。この文が入るべき最も適切な箇所を、問題文中の（I）～（V）のうちから一つ選び、答えなさい。　5

　　　りの変革の担い手こそ、トラクターである。

①　（I）　②　（II）　③　（III）　④　（IV）　⑤　（V）

問六　傍線部(d)「二〇世紀の寵児」とあるが、それはなぜか。その理由として問題文の説明と合致しないものを、次の①～⑤のうちから一つ選び、答えなさい。　6

①　トラクターと戦車は、技術の利用がどのように善悪の問題を引き起こすか、技術が人間の生活に与える影響し、その利用が適切かどうかについての問題を象徴しているから。

②　トラクターは農業の機械化と効率化の象徴であり、戦車は軍事力の象徴であったなど、一つの発明が平和と破壊の戦争の両方の目的に使用されていたから。

③　トラクターは農業の生産の拡大を促進し、戦車は戦争の様相を変えたなど、それらは当時の社会的変化の象徴であるから。

④　トラクターは農業生産性の向上を促し、食糧供給の安定化に寄与した一方、戦車は戦争を変革するなど、経済と社会に大きな影響を及ぼしたから。

⑤　トラクターと戦車、この一連の技術的進展は、平和と戦争、農業と工業、という二つの発明があるから相互作用と一種の矛盾を象徴しているから。

問七　傍線部(e)「農民を共産主義化する」とあるが、どういうことか。その説明としてもっとも適切なものを、次の①～⑤のうちから一つ選び、答えなさい。　7

①　教育や文化活動も共産主義の理念に基づく内容に変革する。

②　個別の農家ではなく、共同体としての形態で農業を組織化する。

③　個人より共同体の利益が優先される社会構造へと変革する。

　④　農民に階級意識を植え付け、自分たちの立場と利益を理解するように導く。

　⑤　農民の意見と要望を政策に反映させ、農業の発展を促進させる。

問八　傍線部(c)「大地の束縛」とはどういうことか。この文にそって二十文字以上三十文字以内で説明しなさい（句読点・記号は字数に合む）。なお、解答は記述解答用紙に記入しなさい。

〔2〕次の文章を読んで、後の問いに答えなさい。

　進化心理学の初期の研究の一部は進化生物学者ロバート・トリヴァースによる理論に触発されたもので、トリヴァースは天才とみなされ、社会進化に関する現代的理解の父として広く知られている。「親の投資理論」と呼ばれるトリヴァースの理論は、生(a)ショクに関して、性別によって生物学的な相違があると考える。

　この考えは単純な経済生物学的原則に基づくものだ。子孫を産むためにより多くの時間と労力を投資する必要があり、産み出せる子の数に生理学的制約が大きいほうの性は、交尾の相手を最も厳しく選択する。投資がより少なくて、はるかに多くの子孫を産み出せる性は、「生物経済学的」価値の点で投資効果の高い性的行為を手に入れるために競う。(Ⅰ)

　哺乳類の場合、投資が大きいのは　A　としてメスであることは簡単にわかる――（微細な精子より大きい）卵子を産み出し、妊娠を維持し、　B　を出すために、多くのエネルギーが必要だ。それに対してオスは、配(b)子である精子を貢献するにすぎない。実際に哺乳類の　C　を見回すと、好みがうるさいのはメスのほうになっている。それに対してオスは、メスを手に入れるため激しく競う傾向があり、パートナーの好みに関してはあまりうるさくない。

　この理論を人間に当てはめると――好みのうるさい女性と、違うのかもしらぬ男性――については激しい議論があり、その理由のひとつに、人間行動の研究の指針となる標準的な仮定に反している点がある（私たちはほかの動物たちとは違うという考え方を覚えているだろうか？）。だが実際には、この考え方を裏づける大量のデータが存在する。たとえば、少々評判の悪い研究が、数十年前にフロリダ州立大学で実施された。その研究では、男性と女性の「共謀者」が自分と異なる性別の同じ大学の学部生に近づき、「キャンパスであなたのことをずっと気にかけていました。あなたはとても魅力的です」と言ってから、次の三つの要求のうちのひとつ（ランダムに割り当てられた）を伝えた――①「今夜いっしょに出かけませんか？」、②「今夜、学校の帰りに私のアパートに来ませんか？」、③「今夜、私と寝てくれませんか？」。

　結果は驚くべきものだ。男性の四分の三が寝ることに同意したのに対し、女性で同意した学生はひとりもいなかった。女性は共謀者のアパートに行くことに同意した者がそれより少なく（ある研究では六パーセント、別の研究では〇パーセント）、男性はほとんどがその要求に応じた。デートの誘いに応じた割合は、男女に差が見られなかった。(Ⅱ)このように、女性は共謀者に無関心ではなかった。初対面の男性との性行為に引きつけられることはまったくなかった。(Ⅲ)この研究はその後何度も同様の結果を出しており、最近では性的に解放されているとみなされている点で世界を指折りの国、デンマークとフランスでも実施されている。

　男女の差に関する最大の研究のひとつには、世界中から一六〇〇人以上が参加し、ほかの研究と同様、男性は「　D　」にたいへん大きな関心を示した。この研究は尋ねた、その後三〇年間に何人のパートナー

をもたらすかとの問いに対し、すべての文化で男性が求めたパートナーの数のほうが女性の場合よりも多く、おおまかに二倍の差があった。さらに同様の研究は山ほど続いている。女性は男性に比べ、性行為に同意する前に候補者に関する情報をより多く必要とするようだ。男性は女性に比べ、短期間の性的機会を求めている。男性は女性より、パートナーを得る機会を競い合う。

これらの行動パターンが、人間の発情期の存在とどのように一致するかを見てみよう。「親の投資理論」では、（投資の多い）女性が性的パートナーを選ぶ際には、非常に好みが激しいということになる。すると、発情期の女性はその時期ゆえに全般的に性行為に対する興味を強めるという考えには、問題が生じる。女性が妊娠可能性のピーク時に男性を追いかける、またはどんな男性でも受け入れるというのは、ほとんど筋が通らない。実際には、女性はこの時期に多くの労力を投入しようとしており、パートナーを注意深く選ぶ必要がある。（Ⅳ）そのため、女性は骨を折って手に入れた子どもの成功に貢献できるような男性を探し求めると、予想することができる。（Ⅴ）

女性が探して手に入れるという使命を帯びているあいだ、いったい何を探すのだろうか。ひとつの可能性として、女性は良質な遺伝子をもっていることを示す特徴を備えた男性を探すよう、進化してきた点をあげられる──たとえば、生まれてくる子どもに健康や魅力を与える可能性のある遺伝子で、そうすれば子どもはまた、質の高いパートナーを競って手に入れることができるだろう。

そうした質のひとつに左右対称がある――体の左右がどれだけ同じかという点だ。これは体を発達させる際の遺伝子の青写真にほとんど欠点がなかったことを意味し、その事実は遺伝子の変異が少ないことや、そして正常な発達を妨げて体をねじれさせ弱らせるかもしれない|自然の乱雑な力(d)|に耐える力があることを表している。

（マーティー・ヘイゼルトン著　西田美緒子訳『女性ホルモンは賢い』インターシフトによる）

問一　傍線部⒜、⒝のカタカナの部分を漢字に改めたものを、次の①～⑤のうちからそれぞれ一つずつ選び、答えなさい。⒜　| 1 |　⒝　| 2 |

　⒜　① 殖　② 食　③ 飾　④ 職　⑤ 植

　⒝　① 偶　② 具　③ 愚　④ 遇　⑤ 隅

問二　問題文中には、次の一文が省かれている。この文が入るべき最も適切な箇所を、問題文中の（Ⅰ）～（Ⅴ）のうちから一つ選び、答えなさい。| 3 |

　　　　だが、男性の場合は違った。

　① （Ⅰ）　② （Ⅱ）　③ （Ⅲ）　④ （Ⅳ）　⑤ （Ⅴ）

問三　空欄| A |～| C |に入るべき言葉として最も適切なものを、次の①～⑤のうちから一つ選び、答えなさい。| 4 |

　① Ａ 依然　Ｂ 精　Ｃ 一部

　② Ａ 依然　Ｂ 誠　Ｃ 一部

　③ Ａ 種　Ｂ 精　Ｃ 一部

　④ Ａ 種　Ｂ 乳　Ｃ 種

　⑤ Ａ 主　Ｂ 乳　Ｃ 種

問四　傍線部(c)の説明として最も適切なものを、次の①～⑤のうちから一つ選び、答えなさい。　　5

① 悪事を企んでいる人

② 実験に参加している人

③ 実験に加担している人

④ インタビューをする人

⑤ インタビューを受ける人

問五　空欄　D　に入るべき言葉として最も適切なものを、次の①～⑤のうちから一つ選び、答えなさい。　　6

① パートナー

② 性的多様性

③ 民主主義

④ 保守主義

⑤ 共謀

問六　傍線部(d)の例として最も適切なものを、次の①～⑤のうちから一つ選び、答えなさい。　　7

① 老化　② 事故　③ 地震　④ 不況　⑤ 伝染病

問七　問題文の題目として最も適切なものを、次の①～⑤のうちから一つ選び、答えなさい。　　8

① 妊娠する女性、競い合う男性

② 選択する男性、選択しない女性

③ 競い合わない女性、競い合う男性

④ 性別の違いから生まれる対立と共謀

⑤ 好みのうるさい女性、違いのわからない男性

〔３〕次の文章を読んで、後の問いに答えなさい。

　言語の発達に（a）オノマトペは果たして役に立つのか。この疑問に対してさまざまな実験を重ねてきたが、さらに「言語の始まりはどうだったのだろう」という問いも生まれた。ヒトは社会的な生き物である。他者とのコミュニケーションはもっとも大事だ。コミュニケーションの媒体として言語は欠かせない。

　　Ａ　、そもそも言語はどのような――つけ、コミュニケーションの手段になったのか。我々の祖先の最初の言語とはどういうものだったのだろうか。言語がまったく通じない外国で現地の人とコミュニケーションを取らなければならないときには、身振り手振りを使って、モノや動作を表す。いわゆるジェスチャーである。言語も、外界のモノや出来事をヒトが写し取るところから始まったのではないか。ただし、声という媒体で。

　　Ｂ　手を媒体にした手話も立派な言語である。しかし、ろう者のコミュニティを除いて、言語はおおむね声を媒体とする。手話と音声言語の共通する部分、違う部分はどこだろうか。

　第５章でも紹介したように、最近、ニカラグア手話が研究者の注目を集めている。ろう者コミュニティで使われる「言語といえる」手話を持たなかったニカラグアで、ろうの子どもを集めて学校教育を始めたところ、数世代にわたり、ジェスチャーのようなコミュニケーションから、音声言語と同じ特徴を持つ手話言語①に成長したケースが見られた。ニカラグア手話の変化――言うなら、　　Ｃ　子どもたちが互いに意思ソツウを始めた当初は、連続的な世界をそのままジェスチャー的に写し取っていた。しかし、世代を経るにつれ、デジタルな世界を分節する「ことば」が使われるようになった。このような手話の進化の過程は、音声言語の進化の過程と共通するのではないか。

　アナログからデジタルへの変化という視点で言語の進化を捉えると、オノマトペは興味深い。オノマトペは一般言語よりも、音で対象を写し取る「アイコン性」を強く持っている。しかし、オノマトペがジェスチャーと同じかというと、そうではない。オノマトペは一般言語と同じデジタル的な特徴を多く持っている。ニカラグア手話の進化で見られたように、私たちの祖先が発声でアナログ的に外界のモノや出来事を模写していたのが、徐々にオノマトペに変わり、オノマトペが文法化され、体系化され――て、現在の記号の体系としての言語に進化していったのではないかという仮説、いわば「オノマトペ言語起源説」を真剣に考えてみたいと思うようになった。

　同時に、現代の言語はなぜオノマトペばかりではないのか、むしろオノマトペは少数派で、大半のことばには、音と意味の間に明らかなつながりが感じられないのはなぜか、という疑問も湧いた。ここで筆者たちが注目したのが、（b）「記号接地問題」である。

　記号接地問題は１９９０年前後に、記号をその定義とともにコンピューターに与え、操作をさせて問題を解決させるＡＩの記号処理アプローチへの批判として提起された。身体感覚経験に裏づけられていない（接地していない）記号同士を操作して言語の本当の「意味」が学習できるのか、という問題がＡＩに投げかけられたのだ。しかし、これは人間の問題でもある。子どももアナログ的な世界から始まり、どのようにデジタルで、一つひとつが抽象的な意味を持つ記号の巨大な体系を、身体の一部のように自然に操作できるようになるのか？

　この問題を解決するためには、人間の持つ知識を自律的に拡張していく学習の力を考える必要があると考えた。人間の子どもには、ものすごい学習能力がある。知覚経験から知識を創造し、作った知識を使ってさらに知識を速く成長させていく学習力が人の子どもにはある。これを筆者たちは「ブートストラッピング・サイクル」と名づけた。そこからさらに、ブートストラッピング・サイクル②をカシカする

はじという推論の力なのかという同じも生まれた。

　筆者たちは、論理を正しく推論する能力ではなく、知識を想像力によって拡張したり、ある現象から遡及して原因を考えたり、一番もっともらしい説明を与えようとする人間の思考スタイルこそが、そのアブダクションの能力をのではないかと考えた。このような推論こそが、アブダクションという推論機式に含まれる。「アブダクション推論」がアナログの世界をデジタルの記号につなげ、記号のシステムを作り、それを成長させ、洗練させていくと筆者たちは考えるのである。

（今井むつみ、秋田喜美『言語の本質』による）

問一　傍線部①・②に相当する漢字を含むものを、次の①～④のうちから、それぞれ一つずつ選び、答えなさい。①　| 1 |、②　| 2 |

①　ソウグウ
　　①　物をソンザイに扱ってはいけない。
　　②　親戚とソエンになる。
　　③　議論のリンカクをのせる。
　　④　シンパイソイナイホウを学ぶ。

②　クドク
　　①　サイクを施した品物。
　　②　クナンの愛を響き合う。
　　③　悪貨は良貨をクチクする。
　　④　クホンプツを参拝する。

問二　空欄　| A |、| B |　に入るべき言葉として最も適切なものを、次の①～⑤のうちからそれぞれ一つ選び、答えなさい。（| A |の解答を| 3 |に、| B |の解答を| 4 |にマークすること。）

　①　しかし　②　なぜなら　③　それ故　④　とりわけ　⑤　もちろん

問三　傍線部(a)の「オノマトペ」とはどのようなものか。次の①～④のうち、オノマトペの説明として正しいものには①を、誤っているものには⓪をマークしなさい。
①は| 5 |、②は| 6 |、③は| 7 |、④は| 8 |

　①　「雨がざあざあ降っている」の傍線部のような言葉のこと。
　②　「にやにや笑うのはやめて」の傍線部のような言葉のこと。
　③　擬音語・擬声語・擬態語を包括的にいう語である。
　④　「まったりした味」の傍線部のような言葉は含まれない。

問四　空欄　| C |　に入るべき文として最も適切なものを、次の①～④のうちから一つ選び、答えなさい。| 9 |

　①　ペントマイムから手話への変化である。
　②　音声言語から手話言語への変化である。
　③　デジタルからアナログへの変化である。
　④　アナログからデジタルへの変化である。

問五　傍線部(b)「記号接地問題」について述べた次の文の①～④のうち、正しくないものはどれか。一つ選び、答えなさい。| 10 |

　①　記号とその定義をコンピューターに与え問題解決させるAI処理の批判として提起された。

② 身体感覚や経験にひもづけられていない記号同士の操作で言葉の本当の意味が学習できるかという問題である。

③ 記号とその定義をコンピュータに与え問題解決させるAIの処理は不可能である。

④ 「記号接地問題」を解決するために「ニューラルネットワーク・モデル」が注目された。

問六　⑴の文章で筆者が主として論じたかったことは何か。最も適切なものを次の①～⑤のうちから一つ選び、答えなさい。　　[11]

① 言語の発達にオノマトペは役に立つ。

② ニカラグア手話は言語の発達を検討するための大きなヒントを与えてくれる。

③ 「記号接地問題」の検討によって言語発達の重要なヒントが得られる。

④ 「アブダクション推論」が音声を言語へと変化させる鍵である。

⑤ 言語は、オノマトペのようなものを論理的に正しく推論することで発達することがわかった。

解　答　編

英　語

英語
2024年度　一般Ⅰ期

① 解答

問1．②　問2．①　問3．③　問4．①　問5．③
問6．④　問7．②　問8．②

問9．彼は4つの名前から，いずれを選ぶこともできたのだ。
問10．全訳下線部参照。

────────────── 全訳 ──────────────

《今や『神よ国王を守り給え』だ》

① 女王の第一子で，王位継承者であるチャールズは，母親が亡くなるやいなや儀式なしで国王となった。以前はプリンス・オブ・ウェールズとして知られていたが，今後はチャールズ3世と呼ばれるようになる。それが新王の治世の最初の決断だった。彼は4つの名前──チャールズ，フィリップ，アーサー，ジョージ──から，いずれを選ぶこともできたのだ。

② 称号の変更に直面するのは彼だけではない。ウィリアム王子は王位継承者だが，自動的にプリンス・オブ・ウェールズになるわけではない。しかし，彼は父のもう一つの称号であるコーンウォール公爵を直ちに継承する。彼の妻キャサリンはコーンウォール公爵夫人として知られるようになる。また，チャールズ国王の妻には新しい称号が与えられ，その正式称号はクイーン・コンソート（王妃）となる──コンソートとは君主の配偶者を指す言葉である。

③ そして予想されているように，英国の国歌は70年という長い年月を経て，現君主の性別を反映するように変わらなければならないであろう。これからは「神よ国王を守り給え」になる。

④ 母親の死後24時間以内に，チャールズは正式に国王として宣言される。これは，ロンドンのセント・ジェームズ宮殿で，王位継承評議会として知

られる儀式機関を前にして行われる。

⑤　バッキンガム宮殿によると，チャールズ国王は金曜日にバルモラルから
ロンドンに戻る予定だ。王位継承評議会は，枢密院（現職・元職の下院議
員幹部のほか，貴族などで構成される）のメンバーと，一部の上級官僚，
イギリス連邦高等弁務官，およびロンドン市長で構成されている。理論上
は 700 人以上に参加する資格があるが，直前での通知であることを考慮す
ると，実際の参加人数ははるかに少なくなる可能性が高い。1952 年のエ
リザベス女王の王位継承評議会には，約 200 人が出席した。国王は伝統的
に出席しない。

⑥　会では，エリザベス女王の死去が公式に発表され，宣言が読み上げられ
る。その際，この宣言に，首相，カンタベリー大主教，大法官など，多く
の高官が署名する。

⑦　王位継承評議会は再び会合を開き――通常は翌日――今度は国王が枢
密院と共に出席する。「宣誓就任式」はないが，新しい国王が宣言する。
トランペット奏者によるファンファーレの後，チャールズを新国王として
宣言する公の布告が行われる。これは，セント・ジェームズ宮殿のフライ
アリーコートの上のバルコニーから，ガーター主席紋章官として知られる
役人によって行われる。彼は「神よ国王を守り給え」と呼びかけ，1952
年以来初めて国歌が演奏される際，その歌詞が「神よ国王を守り給え」と
なる。

⑧　ハイド・パーク，ロンドン塔，海軍艦艇から次々と礼砲が放たれ，チャ
ールズを国王として布告する宣言がエディンバラ，カーディフ，ベルファ
ストで読み上げられる。

⑨　チャールズ国王が正式に戴冠する戴冠式は，即位後すぐには行われない
見通しだ。エリザベス女王は 1952 年 2 月に王位を継承したが，1953 年 6
月まで戴冠しなかった。戴冠式は，カンタベリー大主教によって行われる
英国国教会の宗教儀式だ。儀式のクライマックスでは，チャールズ国王の
頭上に聖エドワード王冠が被せられるが，これは 1661 年に遡る純金製の
王冠で，（普段は）ロンドン塔に置かれている戴冠用宝玉の最も重要なも
のである。君主が戴冠式のわずかな時間にのみ着用する。王室の結婚式と
は異なり，戴冠式は国家行事であり，政府が費用を負担し，最終的に招待
客のリストを決定する。

出典追記：It's 'God save the King' now: King Charles III is UK's reigning monarch, Malta Today on
September 8, 2022 by Kurt Sansone

=========== 解説 ===========

問1．下線部を含む文で，「女王の死後すぐにチャールズが国王に即位した一方，儀式は行われなかった」ことが示されているので，②「チャールズ国王の即位直後に儀式は行われない」が正解。第2段第1〜3文 (He is not … Duke of Cornwall.) にもウィリアム王子が「コーンウォール公爵を直ちに継承する一方，自動的にプリンス・オブ・ウェールズになるわけではない」とあり，（儀式を伴わずに）自動的に継承され空位を作らない制度が適用されるものと，そうでないものが対比して述べられている。④「チャールズを国王として宣言することは儀式よりも重要である」は，第4段にあるように国王の宣言は女王の死後24時間以内に行われる儀式の一つなので不適。

問2．Charles III (the third)「チャールズ3世」。「〜世」は the＋序数の形で読む。

問3．国歌が「神よ国王を守り給え (God save the King)」へ変更となるのは，「神よ女王を守り給え (God save the Queen)」から君主の「性別」を反映するためである。

問4．通知が直前のため「実際の人数は700より少ない」という意味になるように比較級である①と②が候補となるが，②の lesser は限定用法のみの形容詞なので①が正解となる。なお，the number を用いて「数が少ない」という場合は通例 small や tiny を使う。

問5．③が不一致。最終段第1文 (The coronation ceremony, …) にあるように，王冠がチャールズの頭上に被せられるのは戴冠式で王位継承評議会ではない。①「ロンドンのセント・ジェームズ宮殿で行われる」は第4段第2文 (This happens at …)，②「チャールズが正式に国王として宣言される」は第7段第3文 (After a fanfare …)，④「国歌が『神よ国王を守り給え』という歌詞とともに演奏される」は第7段最終文 (He will call : …) に一致。

問6．最終段最終文 (Unlike royal weddings, …) に一致していることから④が正解。

問7．第2段第2〜3文 (Although he is … Duke of Cornwall.) から，ウィリアム王子が直ちにプリンス・オブ・ウェールズとなるわけではない一方，コーンウォール公爵を直ちに継承することがわかるので，②「チャ

ールズ国王の息子であるウィリアム王子は，プリンス・オブ・ウェールズと呼ばれる前にコーンウォール公爵を継承する」が正解。第5段最終文（The King does …）より④は誤り。①・③に関する記述はない。

問8. 文章全体がチャールズ国王による王位継承の話であり，国歌の歌詞変更について何度も記載されていることから②「今や『神よ国王を守り給え』だ。国王チャールズ3世こそが英国に君臨する君主である」が正解。

問9. could have chosen と仮定法過去完了の形で「4つの名前のうちどれを選ぶこともできた（が，チャールズ以外の他の名前は選ばなかった）」ということが示されている。

問10. face「〜に直面する」

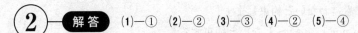

2 解 答 (1)—① (2)—② (3)—③ (4)—② (5)—④

・・・・・・・・・・・・・・・・・・・・・・・・ **全 訳** ・・・・・・・・・・・・・・・・・・・・・・・・

《ヨーロッパの熱波》

　焼けつくような熱波がヨーロッパを覆い，人気の観光地を文字通りのホットスポットに変えた。ギリシャのアテネにあるアクロポリスは，ボローニャ，フィレンツェ，ローマを含むイタリア全土の15都市が華氏100度を超える最高気温を予想する高温注意報を発令したため，土曜日に2日連続で閉鎖された。当局は来週，気温がさらに高くなると警告しており，火曜日にはローマが108度近くに達すると予想されているが，他の都市はさらに高くなる可能性がある。アテネは華氏105.8度に達すると予測されており，チェコ水文気象研究所によると，7月15日のチェコの気温は約102度で記録を更新した。古代ギリシャ神話に登場する3つの頭を持つ犬にちなんで名付けられた高気圧ケルベロスは，ヨーロッパの熱波をもたらし，アンタルヤなどのトルコの都市を華氏111度まで焦げつかせた。

======================= **解 説** =======================

(1) 熱波で文字通り熱い場所に変わった「ホットスポット」が意味する人気の場所となる①が入る。tourist destinations「行楽地」＝resorts

(2) the second day in a row「2日続けて」

(3) 「（108度近くに）達する」となる③を選ぶ。hit「〜に達する」

(4) ローマより気温が「さらに高くなる可能性がある」ので②が入る。

be forecasted to *do*「〜すると予想されている」

(5)　最高気温記録を更新したとなる④が入る。break records「記録を破る」

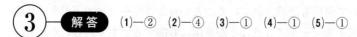③　**解　答**　　(1)—②　(2)—④　(3)—①　(4)—①　(5)—①

━━━━━━━━━━━━ **解説** ━━━━━━━━━━━━

(1)「アイスティーをお願いします」「私もアイスティーをお願いします」
代名詞 one を an iced tea の代わりに使う。

(2)「成功しようが失敗しようが，私たちは挑戦しなければならない」
whether *A* or *B* は副詞節で「*A* であろうが *B* であろうが」。

(3)「誰にも言わないと約束します」
promise not to *do*「〜しないと約束する」

(4)「"knee" においてそうであるように，"k" という文字は時々読まないことがある」
as it is silent in "knee"「"knee" において読まないように」から silent が省略された形になっている。

(5)「リンダ=ジャクソンはミシガン州立大学の心理学の准教授である」
物理的な場所として「ミシガン州立大学の」という際には at を使う。

④　**解　答**　(1)1—③　2—①　(2)3—①　4—⑤
(3)5—③　6—⑥　(4)7—③　8—④
(5)9—⑥　10—①

━━━━━━━━━━━━ **解説** ━━━━━━━━━━━━

(1) I (spent) (what) <u>little</u> (money) (I) <u>had</u>.　(⑤—⑥—③—④—②—①)

関係形容詞 what (little) ＋名詞「(少ないながらも) すべての〜，なけなしの〜」

(2) (His aunt) (is) (his) <u>closest</u> <u>living</u> (relative).　(③—④—②—①—⑤—⑥)

relative は形容詞で「相対的・関係のある」，名詞で「(関係のある人→) 親戚・関係者」。ここでは，relative という名詞を修飾する語句を，

所有格→形容詞の順に並べる。形容詞が複数ある場合は，主観的なものより，客観的なものが名詞に近い位置にくる傾向がある。

(3) It is we who (are) (responsible) <u>for</u> (the decision) <u>to</u> (downsize).
(①—④—③—⑤—⑥—②)

　強調の It ～ that 構文の that は関係代名詞化する際には who, which で代用可。be responsible for ～「～に責任がある」

(4) If someone asks you about children, (get) <u>ready</u> (to) (change) (the) <u>subject</u>.　(②—③—⑥—①—⑤—④)

　get ready to *do*「～する準備をする」

(5) (The reason) <u>why</u> (they) (succeeded) <u>is</u> (obvious). They worked really hard.　(④—⑥—⑤—③—①—②)

　the reason why ～「～の理由」

日本史

① 解答　問1. ④　問2. ⑥　問3. ③　問4. ⑥　問5. ①
問6. <u>倭王</u>が朝貢したのは，朝鮮半島南部における<u>外</u>
<u>交・軍事上の立場</u>を有利に導くため。(30文字以上40文字以下)

━━━━━━━━━━ 解説 ━━━━━━━━━━

《原始文化とヤマト政権下の外交・文化》

問1. 700万年前は，新第三紀の④中新世後期にあたる。

問2. 東日本に広がった落葉広葉樹林にはブナ・ナラなどが，西日本を中心とする照葉樹林にはカシ・シイなどが繁茂した。

問3. 北海道の続縄文文化と南西諸島の貝塚文化はいずれも食料採取に依存する文化である。

問5. ②誤文。横穴式石室は古墳時代後期に一般化した。

③誤文。竪穴式石室は古墳時代前期・中期に一般化した石室である。

④誤文。銅鏡などの副葬品は，古墳時代前期に多く見られた。

問6. 鉄資源を確保するために朝鮮半島南部の加耶（加羅）諸国と密接な関係を持っていたヤマト政権は，中国皇帝の権威をかりて朝鮮諸国に対する外交・軍事上の立場を有利にしようとしたと考えられている。

② 解答　問1. ①　問2. ④　問3. ④　問4. ①　問5. ③
問6. ⑥　問7. ②

━━━━━━━━━━ 解説 ━━━━━━━━━━

《戦国時代～織田信長の時代》

問2. ①武田信玄と③今川義元は，守護大名から戦国大名に成長した。

②上杉謙信は守護代から戦国大名に成長した。

問3. ①『弘仁格式』は嵯峨天皇の時代，820年に成立した。

②『御成敗式目』は1232年，北条泰時が制定した武家最初の成文法。

③『建武式目』は1336年，足利尊氏が制定した政治綱領である。

④『甲州法度之次第』は武田信玄が制定した55条からなる分国法。

問4. ①『塵芥集』は伊達稙宗が制定した171条からなる分国法。

②『落穂集』は徳川家康を中心に武家社会の実情などをまとめたもので，江戸時代中期に成立。

③『沙石集』は鎌倉時代に無住が著した仏教説話集。

④『塵劫記』は江戸時代に吉田光由が著した算術書。

問5. ③比叡山延暦寺は，織田信長が敵視していた浅井・朝倉両軍を支援したために，1571年に焼き討ちにされた。

問7. 朝倉義景は朝倉孝景の子。武田勝頼は武田信玄の子で，1575年の長篠合戦で敗北した後，1582年に天目山の戦いで自刃した。

3 **解答** **問1.** ⑤ **問2.** ⑤ **問3.** ① **問4.** ② **問5.** ⑥
問6. ③ **問7.** ④

━━━━━━━━━━━━━━ **解 説** ━━━━━━━━━━━━━━

《幕末〜明治期の政治・外交》

問2. 近代日本の軍制は，大村益次郎の遺志を⑤山県有朋が受け継ぐ形で実現した。

問4. ②誤文。「相互最恵国待遇」ではなく，「片務的最恵国待遇」が正しい。

問5. ①誤文。和宮降嫁は尊王攘夷派の反発を招き，老中安藤信正が坂下門外の変で襲撃された。

②誤文。坂下門外の変では老中安藤信正が負傷した。

③誤文。八月十八日の政変で薩摩藩と会津藩は，長州藩勢力と急進派の公家らを京都から追放した。

④誤文。大政奉還をした将軍は徳川慶喜である。また江戸幕府は王政復古の大号令によって廃止された。「徳川家茂は太政大臣となって」も誤り。

⑤誤文。松平容保は文久の改革において京都守護職に就任した。

問6. ①誤文。薩長土肥の4藩主が版籍奉還をおこなうと，多くの藩もこれにならった。

②誤文。御親兵は廃藩置県に際して編制された。

④誤文。藩主は知藩事として，引き続き旧領の藩政にあたった。その後，廃藩置県によって知藩事を罷免されると，旧藩主は東京居住を命じられた。

⑤誤文。「版籍奉還に反対して」ではなく，「征韓論を否定されて」が正しい。

⑥誤文。版籍奉還はとくに抵抗もなくおこなわれたが，新政府の財政改善と集権体制強化のため，改めて廃藩置県が断行され，中央から派遣された府知事・県令が地方行政にあたった。

問7．④誤文。天皇大権は憲法の条文にしたがって行使されるものと規定されており，実際の行使にあたっては国務大臣や議会の輔弼・協賛を得ておこなわれるのが通例であった。

 **解答**　**問1．**②　**問2．**④　**問3．**⑥　**問4．**⑤　**問5．**⑤
　　　　　問6．①　**問7．**②

=== 解 説 ===

《大正～昭和期の政治・外交》

問1． A．沖縄返還協定調印は1971年。沖縄の施政権が返還されたのは1972年5月。

B．米騒動は1918年に起こった。

C．盧溝橋事件を機に日中戦争が勃発したのは1937年。

D．日中共同声明を発したのは1972年9月。

E．ロンドン海軍軍縮条約に調印したのは1930年。

問3．⑥田中角栄は「日本列島改造」をスローガンに組閣した。

問4．①誤文。「すべての国務大臣」ではなく，「陸海外相以外」が正しい。

②誤文。普通選挙法は1925年，加藤高明内閣の時に制定された。

③誤文。「緊縮財政政策」ではなく，「積極的財政政策」が正しい。

④誤文。原内閣は軍部と対立していない。また，「陸軍将校」ではなく立憲政友会に反感を持つ暴漢によって刺殺された。

⑥誤文。シーメンス事件で退陣したのは，第1次山本権兵衛内閣である。

問5．⑤誤文。「日米和親条約」ではなく，「日米通商航海条約」が正しい。

問6．②誤文。中国側が戦争賠償の請求を放棄したのであって，「戦争賠償問題には一切言及されなかった」以下が誤り。

③誤文。「日中国交正常化」ではなく，「日ソ国交正常化」が正しい。また「国際連盟」ではなく，「国際連合」が正しい。

④誤文。米中の国交が正常化したのは1979年なので，「未だに至っていない」は誤り。

⑤誤文。LT貿易が開始されたのは1962年。日中国交正常化は1972年な

ので，「日中国交正常化によって LT 貿易が開始され」は誤り。

⑥誤文。ソ連とは 1956 年の日ソ共同宣言で国交正常化を実現した。

問 7.　④誤文。ロンドン海軍軍縮条約に反対したのは，野党の立憲政友会や右翼，海軍軍令部である。

⑤誤文。枢密院の同意を取りつけて，政府は条約を批准した。

⑥誤文。「海軍青年将校は血盟団事件を起こし」は明らかに誤り。浜口雄幸は 1930 年に東京駅頭で右翼の青年に狙撃されて負傷し，翌年死去した。

① **解答** 　問1．② 　問2．③ 　問3．② 　問4．④ 　問5．④

　問6．② 　問7．③ 　問8．① 　問9．③ 　問10．③

問11． 農奴は賦役と貢納に加えて，結婚税や死亡税なども負担した。(25字以上30字以内)

━━━━━━ **解 説** ━━━━━━

《古代～中世のヨーロッパ社会》

問1． ①誤文。例えば，奴隷には，ギリシア人以外の異民族も含まれていた。③誤文。ポリス周辺の村落は，そのポリスに帰属していた。④誤文。ポリスにおける「最も神聖な場所」は防衛の拠点であるアクロポリス。

問5． ④正文。西ヨーロッパの封建的主従関係は，家臣が主君に臣従礼をとって成立した。この関係の下では，主君と家臣の双方が主従契約を守る必要があり，主君がそれを破れば，家臣は臣従を拒否することができた。また，家臣は複数の主君と契約を結べた。

問6． ①誤文。聖地イェルサレムの回復を果たせなかったため，十字軍遠征を提唱した教皇の権威は失墜した。③誤文。910年設立のクリュニー修道院は，教会内の腐敗を正すため，ベネディクト戒律の遵守を訴えて，教会の刷新運動を展開した。④誤文。宗教改革は1517年，ルターが教皇の贖宥状販売を批判したことから始まった。

問8． ①スコットランドでは，紀元前にケルト人が居住し，11世紀頃に王国を成立させ，国家統一を進めた。

問10． ③誤文。イタリアの自治都市コムーネの場合，都市の有力市民層が都市領主から自治権を獲得し，一種の共和政国家を実現させた。しかし，その実態については，有力市民層と手を組んだ都市貴族が，市政を掌握した。

問11． 領主の人身支配に服する農奴は，領主直営地で定期的に労働すると共に，保有地からの生産物を領主に納めた。また，結婚税や死亡税のような，人身支配にかかわる税も負担した。

② **解答**　問1. ②　問2. ②　問3. ③　問4. ①　問5. ④
　　　　　　　　問6. ②　問7. ③　問8. ①　問9. ④　問10. ③
問11. ①　問12. ④　問13. ③　問14. ①　問15. ②　問16. ③
問17. ④

━━━━━━━━━━━━　解　説　━━━━━━━━━━━━

《中国東北地方の歴史》

問4. 北魏の都は，もともと平城にあったが，孝文帝の漢化政策により，洛陽へと遷された。「鎬京から洛邑へ」遷都したのは，古代の周王朝。

問5. 渤海の国都であった上京竜泉府の遺跡は，現在の黒竜江省寧安市にある。

問6. ②正答。遼の都は，現在の内モンゴル自治区にある上京臨潢府。臨安（杭州）は南宋の都。

問8. ①正答。女真族の建州部を統一したヌルハチは，「満州」国を建てた。第2代ホンタイジの治世に，民族名も「満州」族と改称され，女真の名は以後，用いられなくなった。「契丹」は遼を建国した民族，「羯」は4～5世紀の華北で勢力を伸ばした五胡の一つ。

問10. ③正答。清は1858年，アロー戦争をきっかけとして，アイグン条約をロシアと結び，ウスリー川以東の沿海州は両国の共同管理地とされた。しかし，英仏との講和を仲介したロシアの要求を受け入れた清は，60年の北京条約で，沿海州をロシア領として認めた。

問11. ①正文。②誤文。「石造天井を支える厚い壁，小さな窓を特色とする」のはロマネスク様式。③誤文。「高い塔と尖頭アーチ，ステンドグラスを特色とする」のはゴシック様式。

問16. ローズヴェルト，チャーチル，スターリンは1943年11月から12月にかけて，テヘランで首脳会談を開いた。その中で，ソ連がドイツ降伏後の対日参戦を約束した。そして，ソ連の対日参戦は，45年のヤルタ会談での秘密協定にて決められた。

問17. 宣統帝は，後に満州国皇帝となる溥儀と同一人物。

③ **解答**　問1. ③　問2. ③　問3. ④　問4. ①　問5. ④
　　　　　　　　問6. ①　問7. ③　問8. ②　問9. ②　問10. ④
問11. ②　問12. ②

─────────　解　説　─────────

《イスラーム世界の形成と発展》

問1.「唯一神アッラーへの絶対的帰依」を意味するアラビア語を「イスラーム」という。

問2.③ササン朝ペルシアは642年のニハーヴァンドの戦いで，ムスリム軍に敗北し，まもなく滅亡した。

問5. 正しい時代順は，(う)アレクサンドリアの建設（前331年）→(い)カルタゴの滅亡（前146年）→(あ)ヴァンダル王国の建国（429年）→(え)ムラービト朝の成立（1056年）。

問7.④正答。①ミスルは，イスラーム教団の征服・拡大期に，各地に造営された軍団都市。②ラマダーンは，イスラーム暦の第9の月で，断食が行われる。③シャリーアは「イスラーム法」と訳され，ウラマーが『コーラン』や預言者のスンナなどに基づいて下した法解釈の体系。

問8.②誤文。ムスリム商人はダウ船を用いて，「海の道」での交易に従事した。

問11.②正文。③誤文。オスマン帝国では，バヤジット1世が14世紀末，カイロにいたアッバース朝カリフの末裔から，スルタンの称号を与えられた。以降，歴代君主がスルタンを名乗ったとされる。④誤文。ムスタファ=ケマルが1922年，トルコ革命の一環として，スルタン制を廃止した。

問12.②正答。ラシード=アッディーンが編纂した，ペルシア語による「モンゴル中心の世界史」は，『集史』と呼ばれる。

④ **解答** 　問1. ③　問2. ④　問3. ③　問4. ③　問5. ④
　　　　　　　問6. ①　問7. ③　問8. ④　問9. ①　問10. ③
問11. ②　**問12.** ②　**問13.** ①　**問14.** ④　**問15.** ③

─────────　解　説　─────────

《冷戦の始まりから終結まで》

問1.③正文。チャーチル内閣は1945年7月の総選挙で，アトリー率いる労働党に敗れ，下野することとなった。チャーチルは翌年，「鉄のカーテン」演説で，ソ連がバルト海のシュテッティンとアドリア海のトリエステとを結ぶようにして，勢力圏を築いていると批判した。

問5.①誤文。アメリカ，カナダ，メキシコは1992年に，北米自由貿易

協定（NAFTA）を結んだ。しかし，この協定は 2020 年に，米国・メキシコ・カナダ協定（USMCA）に改められた。③誤文。アメリカ，イギリス，オーストラリアは 2021 年に，三カ国間での軍事・安全保障上の協定（AUKUS）を締結した。

問9. ①正文。②誤文。部分的核実験禁止条約に，フランスは加わっていない。③・④誤文。原水爆禁止世界大会の開催は，第五福竜丸事件を契機として日本で始まった原水爆禁止運動の成果であった。

問10. ③正文。①・④誤文。ジョンソン政権が 1965 年に，北爆を始めたことにより，アメリカはベトナム戦争の長期化を招いた。②誤文。ベトナム共和国の親米的なゴ＝ディン＝ディエム政権が倒れると，ケネディ政権は南ベトナム民族解放戦線のゲリラ戦に対抗して，共和国への軍事援助を積極的に進めた。

問11. ②正文。①・③誤文。レーガン政権やイギリスのサッチャー保守党政権は，新自由主義を掲げて，徹底的な歳出削減を図った。④誤文。コールは，キリスト教民主同盟出身の西ドイツ首相で，中道右派連立政権を率いた。

問12. ②正文。①誤文。フォークランド戦争に敗北したアルゼンチンでは，軍事政権が倒れた。③誤文。ペロンは 1946 年に，アルゼンチンの大統領となった政治家。反米独裁政権を築いた。④誤文。キューバとアメリカの国交正常化は，2015 年に実現した。

問13. ①正文。「ペレストロイカ」は国内の政治・経済を立て直すための諸改革を，「グラスノスチ」は言論の自由化をそれぞれ意味する。また，「新思考外交」は各国との協調外交を指す。

政治・経済

① **解答**　問1．1—③　2—③　3—④　4—③　5—③
　　　　　　　6—②　7—③　8—②
問2．⑨　**問3．**③　**問4．**⑧

━━━━━━━━━━━ **解　説** ━━━━━━━━━━━

《地方自治をめぐる諸問題》

問1．1．③が正解。日本国憲法は 1947（昭和 22）年 5 月 3 日に施行された。

4．③ 65（歳）が正解。「高齢者」の定義は 65 歳以上の人を指す。

5．③ 2 分の 1 が正解。地方公共団体数は，「平成の大合併」の期間である 1999 年から 2010 年にかけてほぼ半減した。

7．③ NPO が正解。NGO（非政府組織）と似ているが，NPO の P はプロフィット（儲け，利益）を意味する。リード文には「非営利組織」とあるから，NPO が正解。

問2．⑨が正解。ア．団体自治の説明であり誤文。イ．住民自治の説明であり誤文。ウ．正文。エ．連合国軍総司令部（GHQ）は憲法第 92 条の内容を望んではいなかったため誤文。

問3．③が正解。ア．正文。イ．誤文。2000 年の地方分権一括法による自治法の改正後，団体委任事務は，自治事務に再編された。ウ．誤文。機関委任事務は，国の行う行政の一部を自治体が代行する事務であり，現在は廃止されている。エ．正文。

問4．⑧が正解。ア．誤文。三位一体の改革の一つとして，「国税改革」ではなく地方交付税の見直しが行われた。イ．正文。ウ．誤文。法定外目的税も課すことができるようになったのは，地方分権一括法による地方税法の改正による。エ．誤文。国庫支出金は，依存財源に分類される。

② **解答**　問1．1—①　2—①　3—①　4—③　5—④
　　　　　　　6—②　7—③　8—④
問2．⑥　**問3．**③　**問4．**④

══════════ **解　説** ══════════

《国際安全保障の実情》

問1．2．①が正解。ケロッグ＝ブリアン協定は，戦争放棄に関する条約であり，パリ不戦条約ともいわれる。

5．④が正解。1950年の「平和のための結集」決議は，安保理が常任理事国の拒否権発動により機能しない場合に，緊急特別総会を開いて，代わりに行動することができると宣言した。

8．④の湾岸戦争が正解。安保理は，イラク軍の撤退およびイラクへの経済制裁を決める決議を行った。しかし，イラクは応じなかったため，アメリカを中心とした多国籍軍が武力行使を行った。

問2．⑥が正解。ア．誤文。国際連盟理事会および総会の表決方法は全会一致である。イ．誤文。国際連盟の本部はスイスのジュネーヴにあった。ウ・エ．正文。

問3．③が正解。ア．正文。イ．誤文。国連憲章第51条には，「個別的又は集団的自衛の固有の権利」と明記されている。ウ．誤文。2014年に，政府は憲法第9条の解釈を変更し，集団的自衛権の行使の容認を閣議決定した。エ．正文。

問4．④が正解。ア．誤文。非常任理事国の任期は2年。イ．正文。ウ．正文。エ．誤文。2022年の国連総会で，常任理事国が拒否権を行使した場合，10日以内に総会を開き，理由を説明させることを求めた決議が採択された。

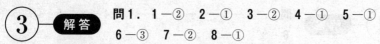

③ 解答 　**問1．** 1—② 2—① 3—② 4—① 5—①
　　　　　　6—③ 7—② 8—①
問2．④　**問3．**⑥　**問4．**⑨

══════════ **解　説** ══════════

《産業革命がもたらした影響》

問1．1．②のシュンペーターが正解。オーストリア出身の経済学者であり，アメリカでも活躍した。『経済発展の理論』が有名だが『資本主義・社会主義・民主主義』にその経済思想が読み取れる。

2．①イノベーションが正解。技術革新の意だが，この語を経済用語として使ったのはシュンペーターが最初であるとされる。

3. ②が正解。シュンペーターは創造的破壊の連続を資本主義の原動力と考え，景気循環の波の一つであるコンドラチェフの波を重ね合わせている。

6. ③が正解。実際に貨幣の支出をともなう需要を有効需要という。

7. ②完全雇用が正解。完全雇用とは，働く意思と能力のある人が全員その時の給与水準を満たす何らかの仕事に就いている状態である。

8. ①大きな政府が正解。「大きな政府」では国民負担率（租税，社会保険料）は大きくなるが，社会保障の整備などが積極的になされ，疾病や障がい，失業時などでも国民は比較的安心して生活ができる。

問2. ④が正解。ア．誤文。力織機の発明はカートライトによるもの。イ・ウ．正文。エ．誤文。イギリスの産業革命当時は石油や電気は用いられず，石炭が熱源，動力源であった。

問3. ⑥が正解。ア．誤文。「企業立地を一定の地域に集中する」は集積のメリットであって，規模の利益とは異なる。イ．誤文。選択肢は独占資本主義段階の説明である。修正資本主義は市場メカニズムがうまく機能しない場合の政府の経済活動への介入を表す語。ウ．正文。大量生産により生産設備が巨大化して寡占，独占となった。エ．正文。

問4. ⑨が正解。ア．誤文。大恐慌の発生を受けて，積極的な恐慌対策をとったのは，民主党のローズヴェルト大統領である。イ．誤文。銀行などの金融機関の倒産が大恐慌時には相次いだ。ウ．正文。エ．誤文。恐慌が自国に及ばないように，各国は通貨ごとの閉鎖的なブロック経済政策をとった。

④　**解答**　問1．1—②　2—④　3—④　4—③　5—①
6—②　7—②

問2．公共財の供給などの資源配分機能，税制などによる所得再分配機能，景気変動などを調整する経済安定化機能。（50字以内）

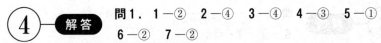

解説

《マクロ経済の考え方》

問1．1．②が正解。スタグフレーションとは，1970年代ごろから使われた造語（インフレーション＋スタグネーション）である。スタグネーションは「停滞」が本来の意味である。

3．④が正解。名目経済成長率なので，物価の変動を考えずに名目GDP

40 が 50 に増えたので 25％になる。

4．実質 GDP は③ 48 が正解。

　　　名目 GDP 60÷デフレーター 125×100＝48

5．① 436 が正解。まず，国民総生産（GNP）＝国内総生産（GDP）510 ＋海外からの純所得 36＝546。そして，国民所得＝国民総生産 546－固定資本減耗 100－間接税 32＋補助金 22＝436。

6．②が正解。クズネッツの波は建築循環ともいわれる。

問2．財政の3つの機能として，資源配分機能，所得再分配機能，経済安定化機能がある。1つ目が，公共財・サービスの供給を行う資源配分機能。2つ目が，税制を通じて，高額所得者などから税を多く集め，低所得者に給付金を配るような所得再分配機能。3つ目が，景気循環の影響をなるべく小さくするための経済安定化機能である。これらをまとめる。

数　学

◀薬・理工学部▶

1　**解答**　(1)**ア.** 1　**イ.** 3　**ウエ.** −1　**オ.** 3　**カキ.** −2
ク. 3

(2)**ケ.** 4　**コ.** 2

(3)**サ.** 4　**シス.** 12

(4)**セ.** 2　**ソ.** 2　**タ.** 3

══════ 解　説 ══════

《小問4問》

(1)　$\dfrac{1}{x^3-1} = \dfrac{a}{x-1} + \dfrac{bx+c}{x^2+x+1}$

両辺に $(x-1)(x^2+x+1)$ を掛けて

$1 = a(x^2+x+1) + (bx+c)(x-1)$

$1 = (a+b)x^2 + (a-b+c)x + a-c$

この等式がすべての実数 x について成り立つので

$$\begin{cases} a+b=0 \\ a-b+c=0 \\ a-c=1 \end{cases}$$

よって

$a = \dfrac{1}{3},\ b = -\dfrac{1}{3},\ c = -\dfrac{2}{3}$　→ア〜ク

(2)　$y = -3(\log_2 x)^2 + 4\log_2 x^3 - 10$

$= -3(\log_2 x)^2 + 12\log_2 x - 10$

$= -3(\log_2 x - 2)^2 + 2$

よって，$\log_2 x = 2$ すなわち，$x=4$ で最大値 2。　→ケ，コ

(3)　$A = \{1,\ 2,\ 3,\ 6,\ 9,\ 18\}$

$B = \{1,\ 2,\ 3,\ 4,\ 6,\ 8,\ 12,\ 24,\ 48\}$

より

$A \cap B = \{1, 2, 3, 6\}$

よって，$A \cap B$ の要素の個数は 4 。　→サ

また，$A \cup B = \{1, 2, 3, 4, 6, 8, 9, 12, 16, 18, 24, 48\}$ より $A \cup B$ の要素の個数は 12。　→シス

(4)　$\vec{p} = (4, a)$, $\vec{q} = (2, -3)$ より

$$\vec{r} = \frac{1}{6}(4, a) + \frac{2}{3}(2, -3)$$

$$= \left(2, \frac{1}{6}a - 2\right)$$

$\vec{r}$ の大きさが 4 より

$$\sqrt{2^2 + \left(\frac{1}{6}a - 2\right)^2} = 4$$

$$\frac{1}{36}a^2 - \frac{2}{3}a - 8 = 0$$

$$a^2 - 24a - 288 = 0$$

$$a = 12 \pm 12\sqrt{3}$$

よって

$\vec{r} = (2, -2\sqrt{3})$ または $(2, 2\sqrt{3})$　→セ〜タ

② 解答

(1)**ア.** 4　**イ.** 2　**ウ.** 3　**エ.** 2
(2)**オ.** 2　**カ.** 3
(3)**キ.** 2　**ク.** 3

=== 解説 ===

《外接する3つの円に関する面積》

(1)　$\sqrt{3} + 1 > 3 - \sqrt{3} > \sqrt{3} - 1$ より

$\sqrt{3} + 1 + 3 - \sqrt{3} = 4$　→ア

$\sqrt{3} + 1 + \sqrt{3} - 1 = 2\sqrt{3}$　→イ，ウ

$3 - \sqrt{3} + \sqrt{3} - 1 = 2$　→エ

(2)　円 A，円 B，円 C の中心をそれぞれ O_A, O_B, O_C とする。

(1)の結果より

$\angle O_B O_A O_C = 30°$

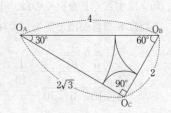

$$\angle O_A O_C O_B = 90°$$

$$\angle O_C O_B O_A = 60°$$

よって，三角形の面積は

$$\frac{1}{2} \times 2\sqrt{3} \times 2 = 2\sqrt{3} \quad \rightarrow オ，カ$$

(3) 3つの円で囲まれた図形の面積は

$$2\sqrt{3} - \pi(\sqrt{3}+1)^2 \times \frac{30°}{360°} - \pi(3-\sqrt{3})^2 \times \frac{60°}{360°} - \pi(\sqrt{3}-1)^2 \times \frac{90°}{360°}$$

$$= 2\sqrt{3} - \frac{1}{12}\pi(4+2\sqrt{3}+24-12\sqrt{3}+12-6\sqrt{3})$$

$$= 2\sqrt{3} - \frac{2}{3}(5-2\sqrt{3})\pi \quad \rightarrow キ，ク$$

 **解 答**　(1)(i)**アイ.** 17　**ウエ.** 30　(ii)**オ.** 9　**カキ.** 17

(iii)**ク.** 1　**ケコ.** 13

(2)**サシ.** 13　**スセ.** 20

—————————— 解 説 ——————————

《サイコロを投げてくじを引く確率》

(1)(i) 当たりくじを引くのは，1から4の目が出て赤を引く場合と，5または6の目が出て赤か青を引く場合である。

　よって，求める確率は

$$\frac{4}{6} \times \frac{4}{10} + \frac{2}{6} \times \frac{9}{10} = \frac{17}{30} \quad \rightarrow ア〜エ$$

(ii) (i)の結果より，求める条件つき確率は

$$\frac{\dfrac{2}{6} \times \dfrac{9}{10}}{\dfrac{17}{30}} = \frac{9}{17} \quad \rightarrow オ〜キ$$

(iii) はずれくじを引くのは，1から4の目が出て青か黒を引く場合と，5または6の目が出て黒を引く場合であるので，求める条件つき確率は

$$\frac{\dfrac{2}{6} \times \dfrac{1}{10}}{\dfrac{4}{6} \times \dfrac{6}{10} + \dfrac{2}{6} \times \dfrac{1}{10}} = \frac{1}{13} \quad \rightarrow ク〜コ$$

(2)　当たりくじを引くのは，1から3の目が出て赤を引く場合と，4から6の目が出て赤か青を引く場合である。

よって，求める確率は

$$\frac{3}{6} \times \frac{4}{10} + \frac{3}{6} \times \frac{9}{10} = \frac{13}{20} \quad \rightarrow サ〜セ$$

④ 　解答　(1)**あ.** $(-1, 0)$　**い.** $(3, 0)$　**う.** $(1, 4)$

(2)**え.** $(1, 0)$　**お.** $(3, 0)$　**か.** $(2, -1)$

(3)**き.** $(0, 3)$　**く.** $(3, 0)$

(4)

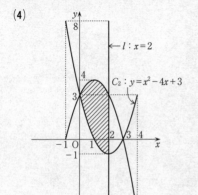

(5)**け.** $\dfrac{20}{3}$

=========== 解　説 ===========

《2次関数のグラフの共有点の座標，囲まれた部分の面積》

(1)　C_1 の x 軸との交点の座標は

$$0 = -x^2 + 2x + 3$$
$$x^2 - 2x - 3 = 0$$
$$(x+1)(x-3) = 0$$
$$\therefore \quad x = -1, \ 3$$

よって

$$(-1, 0), \ (3, 0) \quad \rightarrow あ，い$$

　　C_1 の頂点の座標は

　　　　$y = -x^2 + 2x + 3$

　　　　　$= -(x-1)^2 + 4$

より

　　　　$(1,\ 4)$　→う

(2)　C_2 の x 軸との交点の座標は

　　　　$0 = x^2 - 4x + 3$

　　　　$(x-1)(x-3) = 0$

　∴　$x = 1,\ 3$

よって

　　　　$(1,\ 0),\ (3,\ 0)$　→え，お

　　C_2 の頂点の座標は

　　　　$y = x^2 - 4x + 3 = (x-2)^2 - 1$

より

　　　　$(2,\ -1)$　→か

(3)　C_1 と C_2 の交点の座標は

　　　　$-x^2 + 2x + 3 = x^2 - 4x + 3$

　　　　$2x^2 - 6x = 0$

　　　　$2x(x-3) = 0$

　∴　$x = 0,\ 3$

よって

　　　　$(0,\ 3),\ (3,\ 0)$　→き，く

(4)　問題の指示と(1)～(3)の結果から正確にグラフを描くこと。

(5)　(4)のグラフより，斜線をつけた部分の面積は

$$\int_0^2 \{(-x^2 + 2x + 3) - (x^2 - 4x + 3)\}\, dx$$

$$= \int_0^2 (-2x^2 + 6x)\, dx$$

$$= \left[-\frac{2}{3}x^3 + 3x^2 \right]_0^2$$

$$= -\frac{16}{3} + 12$$

$$= \frac{20}{3}　→け$$

◀経済・法・文・外国語・教育・医療技術・福岡医療技術学部▶

① **解答** (1)**ア**. 6 **イ**. 8 **ウ**. 6
(2)**エオカ**. 162 **キク**. 27

(3)**ケ**. 2 **コ**. 9 **サ**. 1 **シス**. 18

━━━━━━━━━━ 解説 ━━━━━━━━━━

《小問3問》

(1) $(x-1)(x-2)(x-3)(x-6)-3x^2$

$=(x^2-7x+6)(x^2-5x+6)-3x^2$

$=(x^2+6)^2-(x^2+6)\cdot12x+35x^2-3x^2$

$=(x^2+6)^2-12x(x^2+6)+32x^2$

$=(x^2+6-4x)(x^2+6-8x)$

$=(x^2-4x+6)(x^2-8x+6)$ →ア〜ウ

(2) 3進法で5桁となる自然数を N とする。

$3^4 \leq N < 3^5$

よって，N の個数は

$3^5-3^4=243-81=162$ 個 →エオカ

この162個のうち，6の倍数となるものの最小は84，最大は240で

$84=6\times14,\ 240=6\times40$

である。

よって，求める個数は

$40-14+1=27$ 個 →キク

(3) $a+b$ を5で割った余りが2であるのは

$a+b=2,\ a+b=7,\ a+b=12$

の場合である。

これらを満たす $a,\ b$ は

$(a,\ b)=(1,\ 1),\ (1,\ 6),\ (2,\ 5),\ (3,\ 4),\ (4,\ 3),\ (5,\ 2),$
$(6,\ 1),\ (6,\ 6)$

の8通り。

よって，求める確率は

$$\frac{8}{6\times6}=\frac{2}{9}　\rightarrow ケ，コ$$

次に，$2a-3b=1$ となるのは

$$(a,\ b)=(2,\ 1),\ (5,\ 3)$$

の2通り。

よって，求める確率は

$$\frac{2}{6\times6}=\frac{1}{18}　\rightarrow サ～ス$$

(1)ア. 6　**イウエ.** 375　**オカキク.** 1423
(2)ケ. 7　**コサ.** 33　**シスセ.** 187　**ソ.** 1

══════════ 解　説 ══════════

《小問2問》

(1)　　$12=2^2\times3,\ 50=2\times5^2,\ 1500=2^2\times3\times5^3$

A と12と50の最小公倍数が1500となることから，$A=2^k\times3^l\times5^m$（k,
l, m は0以上の整数）とすると

$$0\leqq k\leqq2,\ 0\leqq l\leqq1,\ m=3$$

よって，A の個数は

$$3\times2\times1=6個　\rightarrow ア$$

このうち3の倍数となるのは

$$0\leqq k\leqq2,\ l=1,\ m=3$$

最小値は

$$2^0\times3^1\times5^3=375　\rightarrow イウエ$$

6進法では

$$375=1\times6^3+4\times6^2+2\times6+3$$

より

$$375=1423_{(6)}　\rightarrow オカキク$$

(2)　　$6ab+2a+3b-1499=0$

$$2a(3b+1)+(3b+1)=1500$$

$$(2a+1)(3b+1)=1500$$

$$(2a+1)(3b+1)=2^2\times3\times5^3$$

a, b は正の整数なので，$2a+1$ は奇数，$3b+1$ は3で割った余りが1と

なる数であることを考慮すると

$$(2a+1,\ 3b+1) = (3\times5,\ 2^2\times5^2),\ (3\times5^3,\ 2^2)$$
$$= (15,\ 100),\ (375,\ 4)$$

よって

$$(a,\ b) = (7,\ 33),\ (187,\ 1)\quad →ケ\sim ソ$$

③ 解答

(1)**ア.** 7　**イウ.** 12　**エ.** 1　**オ.** 3
カ. 2　**キ.** 3　**ク.** 1　**ケ.** 3

(2)**コサ.** 15　**シ.** 4　**スセ.** 15　**ソ.** 4

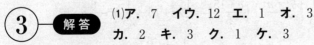

=== 解　説 ===

《小問2問》

(1)　$2x-1>6(x-2)$
$-4x>-11$
$x<\dfrac{11}{4}$

また

$x>3k+1$

よって，求める k の範囲は

$3k+1<\dfrac{11}{4}$

$k<\dfrac{7}{12}\quad →ア\sim ウ$

また，2つの不等式を同時に満たす解の中に2が入るのは

$3k+1<2<\dfrac{11}{4}$

よって

$k<\dfrac{1}{3}\quad →エ，オ$

同時に満たす解に入る整数の最大は2であるから，3つの整数0，1，2のみが解に入ればよいので

$-1\leqq3k+1<0$

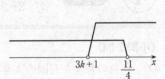

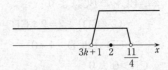

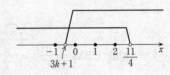

$$-\frac{2}{3} \leqq k < -\frac{1}{3} \quad \rightarrow カ \sim ケ$$

(2)　5つのデータの平均は

$$\frac{1+3+4+7+a}{5} = \frac{a+15}{5}$$

5つのデータの分散は

$$\frac{1^2+3^2+4^2+7^2+a^2}{5} - \left(\frac{a+15}{5}\right)^2 = \frac{1}{5}a^2+15-\frac{1}{25}a^2-\frac{6}{5}a-9$$

$$= \frac{4}{25}a^2-\frac{6}{5}a+6$$

$$= \frac{4}{25}\left(a-\frac{15}{4}\right)^2+\frac{15}{4}$$

よって，分散は

$$a = \frac{15}{4} \text{ で最小値 } \frac{15}{4} \quad \rightarrow コ \sim ソ$$

④　解答　(1)**ア.** 2　**イ.** 5　**ウ.** 1　**エ.** 5　**オ.** 1　**カ.** 4
　　　　　(2)　$2-2\sqrt{2} \leqq b \leqq 2+2\sqrt{2}$

―――――――― 解説 ――――――――

《小問2問》

(1)　各角の角度が右図のようになるので

$$AD = BD = BC = 2 \quad \rightarrow ア$$

△ABC∽△BCD より

$$(2+CD):2 = 2:CD$$

$$CD^2+2CD-4 = 0$$

CD>0 より

$$CD = -1+\sqrt{5} = \sqrt{5}-1 \quad \rightarrow イ，ウ$$

$$CM = \frac{1}{2}CD = \frac{\sqrt{5}-1}{2}$$

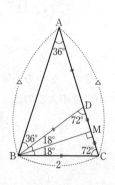

よって

$$\sin\angle CBM = \frac{CM}{BC} = \frac{\dfrac{\sqrt{5}-1}{2}}{2} = \frac{\sqrt{5}-1}{4} \quad \rightarrow エ \sim カ$$

(2)　$f(a) = a^2 - ab + b + 1$ とおく。

すべての a に対して，$f(a) \geqq 0$ となるための必要十分条件は，判別式を D として，$D \leqq 0$ である。

$$D = (-b)^2 - 4(b+1)$$
$$= b^2 - 4b - 4 \leqq 0$$
$$\therefore \quad 2 - 2\sqrt{2} \leqq b \leqq 2 + 2\sqrt{2}$$

物　理

1　**解　答**　　a）x 軸方向：$m_1 v_1 = (m_1 + m_2) V \cos\theta$

　　　　　　　　　　y 軸方向：$m_2 v_2 = (m_1 + m_2) V \sin\theta$

b）—①　**c）**—③　**d）**—②

=== 解　説 ===

《小球の衝突》

b）　$(m_1 v_1)^2 + (m_2 v_2)^2 = \{(m_1 + m_2) V \cos\theta\}^2 + \{(m_1 + m_2) V \sin\theta\}^2$

　　　　　　　　　　　$= (m_1 + m_2)^2 V^2 (\cos^2\theta + \sin^2\theta)$

$$V = \frac{\sqrt{(m_1 v_1)^2 + (m_2 v_2)^2}}{m_1 + m_2}$$

c）　$\dfrac{m_2 v_2}{m_1 v_1} = \dfrac{(m_1 + m_2) V \sin\theta}{(m_1 + m_2) V \cos\theta} = \tan\theta$ だから

$$\tan\theta = \frac{m_2 v_2}{m_1 v_1}$$

d）　（衝突前の運動エネルギーの和）－（衝突後の運動エネルギーの和）

$$= \frac{1}{2} m_1 v_1{}^2 + \frac{1}{2} m_2 v_2{}^2 - \frac{1}{2}(m_1 + m_2) V^2$$

$$= \frac{1}{2} m_1 v_1{}^2 + \frac{1}{2} m_2 v_2{}^2 - \frac{1}{2} \frac{m_1{}^2 v_1{}^2 + m_2{}^2 v_2{}^2}{m_1 + m_2}$$

$$= \frac{1}{2} \frac{1}{m_1 + m_2} \{m_1(m_1 + m_2) v_1{}^2 + m_2(m_1 + m_2) v_2{}^2 - m_1{}^2 v_1{}^2 - m_2{}^2 v_2{}^2\}$$

$$= \frac{1}{2} \frac{m_1 m_2}{m_1 + m_2} (v_1{}^2 + v_2{}^2)$$

②　**解　答**　**a)**—④　**b)**—③　**c)**—①　**d)**—①

════════ **解　説** ════════

《波の式》

a)　グラフより波長は8m。

b)　1周期4sで1波長8m進むので

$$8 \div 4 = 2 \,[\mathrm{m/s}]$$

c)　$x=0$の位置に注目すると，正弦波が右に進んだとき，右図のように，$+y$の方向に変位し始めることがわかる。また周期は4sなので，$x=0$の位置での変位yは

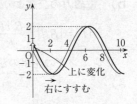

$$y = 2\sin\left(2\pi \times \frac{t}{4}\right) = 2\sin\frac{\pi}{2}t$$

d)　原点での変位が位置xには遅れて届く。波の伝わる速さが2m/sだから$\dfrac{x}{2}$秒だけ遅れるので

$$y = 2\sin\frac{\pi}{2}\left(t - \frac{x}{2}\right) = 2\sin\left(\frac{\pi}{2}t - \frac{\pi}{4}x\right)$$

③　**解　答**　**a)**—②　**b)**—②　**c)**—④

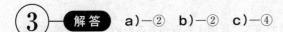

《電磁誘導》

a)　導体棒が速さvで右向きに移動するとき，回路を貫く上向きの磁束は単位時間にBvlだけ増加するので大きさ$Bvl\,[\mathrm{V}]$の誘導起電力が発生する。

　レンツの法則より，その向きは磁束の変化（増加）を妨げようとする磁場を作るような電流を流そうとする向きで，右ねじの法則よりQ→P→d→b→Qの向きの電流を流そうとする向きになる。

　よって，流れる電流は負の値となり

$$I = -\frac{vBl}{R}\,[\mathrm{A}]$$

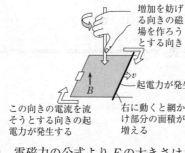

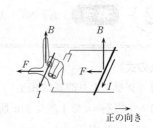

正の向き

b） 電磁力の公式より F の大きさは

$$|F| = |BIl| = \frac{B^2vl^2}{R} \text{〔N〕}$$

フレミングの左手の法則より，力の向きは左向き（導体棒の動きと逆向き）

$$F = -\frac{vB^2l^2}{R} \text{〔N〕}$$

c） 導体棒は軽いので受ける力は常につり合っている。よって，ひもの張力の大きさは $|F|$ である。速さ v のときのおもりの加速度を a〔m/s^2〕とすると，おもりの運動方程式は

$$Ma = Mg - |F|$$
$$= Mg - \frac{vB^2l^2}{R}$$

上式右辺には向きが逆で速さに比例する項があるため，十分な時間が経って速さが大きくなるにつれ加速度は小さくなり，やがて加速度は0となる。このとき上式は

$$0 = Mg - \frac{v_1B^2l^2}{R}$$

となり，これを解くと

$$v_1 = \frac{MgR}{B^2l^2} \text{〔m/s〕}$$

化　学

◀薬　学　部▶

1　**解答**　　問1. 1. 7　2. 2　3. 5　4. 5　5. 1
　　　　　　　　7. 3

問2. 6—②　8—③　9—①

問3. 窒素：:N::N:

アンモニウムイオン：$\left[\begin{array}{c} H \\ \cdot\cdot \\ H\colon N\colon H \\ \cdot\cdot \\ H \end{array}\right]^+$

問4. ②　問5. ②　問6. ③

=========== 解 説 ===========

《Nとその化合物の構造，希薄溶液の性質》

問4. ①誤文。気体は液体の温度が低いほど溶解度は大きくなる。

　N_2 は，水 1L に $1.0×10^5$ Pa で 20℃のとき 0.023L，60℃のとき 0.010 L溶解する。

②正文。一定量の溶媒に溶ける気体の物質量は，その気体の分圧に比例する（ヘンリーの法則）。

③誤文。NH_3 分子は三角錐の形である。

④誤文。NH_4Cl は強酸 HCl と弱塩基 NH_3 からの塩なので，水溶液では次のように加水分解して生成する H_3O^+ によって弱酸性を示す。

$$NH_4Cl \longrightarrow NH_4^+ + Cl^-$$

$$NH_4^+ + H_2O \rightleftharpoons NH_3 + H_3O^+$$

問5. NH_3 は 0℃の水 1L に $1.0×10^5$ Pa で 477L と非常によく溶け，分子量 17 で空気の平均分子量約 29 より小さいため，上方置換での捕集が適切である。

問6. 希薄溶液の沸点上昇度を Δt〔K〕，溶媒のモル沸点上昇を K_b〔K・kg/mol〕，溶液の質量モル濃度を c〔mol/kg〕とすると $\Delta t = K_b c$ と表

される。溶質の分子量を M とすると

$$80.6 - 80.1 = 2.5 \times \frac{\dfrac{4.8}{M}}{\dfrac{100}{1000}}$$

$$M = 240$$

問1. ③ 問2. ① 問3. ② 問4. ② 問5. ③
問6. ④ 問7. ① 問8. ④ 問9. ⑤ 問10. ③

問11. $\dfrac{1}{2}N_2(気) + \dfrac{3}{2}H_2(気) = NH_3(気) + 46\,kJ$

問12. $C(黒鉛) + 2S(固) = CS_2(液) - 90\,kJ$

━━━━━━━━━ 解 説 ━━━━━━━━━

《化学平衡，熱化学方程式》

$$H_2 \ + \ I_2 \ \rightleftharpoons 2HI$$

反応前	5.5	4.0	0	mol
平衡時	5.5−3.5	4.0−3.5	7.0	mol

となっている。

問5. 濃度平衡定数 $= \dfrac{[HI]^2}{[H_2][I_2]}$ と表せる。

問6・問7. HI が 7.0 mol 生成したので化学反応式の係数から H_2 と I_2 はそれぞれ 3.5 mol 反応することがわかる。

問8. 反応容器の体積が 1.0 L なので平衡時の物質量の値がそのまま濃度になるから，問5の式に代入して

$$濃度平衡定数 = \frac{[HI]^2}{[H_2][I_2]} = \frac{7.0^2}{2.0 \times 0.5} = 49$$

問9. 生成する HI の物質量を $2x(mol)$ とすると

$$H_2 \ + \ I_2 \ \rightleftharpoons 2HI$$

反応前	5.0	5.0	0	mol
平衡時	5.0−x	5.0−x	$2x$	mol

$$\frac{[HI]^2}{[H_2][I_2]} = \frac{(2x)^2}{(5.0-x)^2} = 49$$

両辺の平方根をとって

$$\frac{2x}{5-x} = \pm 7$$

よって，$x = 3.89$ または 7.0 となるので，$x \leqq 5.0$ より HI は

$7.78 \fallingdotseq 8$ 〔mol〕

別解　この場合 HI は $10 \geqq [\text{HI}] > 0$ なので⑥と⑦はありえない。

$$\frac{[\text{HI}]^2}{[\text{H}_2][\text{I}_2]} = 49$$

なので分子が分母より大きくなるのは選択肢では $[\text{HI}] = 4$ または 8。平衡定数は 4 では 1.8，8 では 64 となり，近い値を 8 とすることができる。

問10. 触媒を加えても平衡の移動や反応熱の変化は起きないが，反応速度を大きくし平衡状態になるまでの時間を短くすることができる。

③　**解 答**　**問1.**　1―①　2―⑨　3―⑦　4―⑧　5―⓪
　　　　　　　　　　　6―②

問2.　7―①　8―⑤　9―④　10―②　11―⑧

問3.　$\text{Na}_2\text{SO}_3 + \text{H}_2\text{SO}_4 \longrightarrow \text{Na}_2\text{SO}_4 + \text{H}_2\text{O} + \text{SO}_2$

問4.　$\text{SO}_2 + 2\text{H}_2\text{S} \longrightarrow 2\text{H}_2\text{O} + 3\text{S}$

══════════ 解 説 ══════════

《第2，第3周期の元素とその化合物の性質》

問1.　**2.**　価電子が5の15族Pには同素体として赤リンと黄リンがある。

3.　酸とも塩基とも反応し，両性水酸化物を作るのは Al。

5.　S^{2-} は多くの金属イオンと難溶性の塩を作る。

6.　大気汚染の原因は窒素酸化物 NO_x である。また，NH_3 はアルカリ性。

問2.　**7.**　$\text{Na}_2\text{O} + \text{H}_2\text{O} \longrightarrow 2\text{NaOH}$

　NaOH は強塩基である。アルカリ金属元素の酸化物は水と反応して強塩基性の水溶液になる。

8.　両性酸化物なので，Al_2O_3 と推定できる。

9.　選択肢の中で酸化数が $+2$ なのは MgO で，Mg は空気中で激しく燃焼して白色の MgO を生成する。

10.　強い吸湿性と3価の酸の生成から，P_4O_{10} と推定できる。

　$\text{P}_4\text{O}_{10} + 6\text{H}_2\text{O} \longrightarrow 4\text{H}_3\text{PO}_4$ のようにリン酸が生成する。

11.　V_2O_5 は硫酸の工業的製法の触媒なので，SO_3 と推定できる。

$$2SO_2 + O_2 \longrightarrow 2SO_3$$

④ 　**解答**　　問1．1—⑤　2—⑨　3—②
　　　　　　　　問2．⑤

問3．5—⑤　6—⑨　7—⑦　8—⓪　9—③

問4．CH₃-C-O-C-CH₃ との構造（CH$_3$-C-O-C-CH$_3$、各CにO）

問5．

問6．

=========================== 解　説 ===========================

《有機化合物の推定》

問2． アセトアミノフェン $C_8H_9NO_2$ の分子量は 151 なので，炭素の質量百分率は

$$\frac{96}{151} \times 100 = 63.5 \fallingdotseq 64 \,(\%)$$

問3．5． ε-カプロラクタムの開環重合によってナイロン6が生成する。

7． ビニロンは酢酸ビニルを付加重合，加水分解して生成したポリビニルアルコールをホルムアルデヒドで処理し（アセタール化），ヒドロキシ基の 30～40 % をアセタール構造にして合成される。

◀理工・医療技術・福岡医療技術学部▶

① 解答　1—① 2—② 3—⑥ 4—② 5—⑥ 6—⑥
　　　　　　7—⑤ 8—② 9—②

============= 解説 =============

《原子とイオン，化学結合，酸化還元反応，気体の性質，アルケンの反応》

3. 重複組み合わせなので，次の計算式により求められる。

$$_3H_2 = {}_4C_2 = 6$$

5. 組成式は $K_2Cr_2O_7$ で，K（+1），O（−2）なので

$$Cr = +6$$

8. 1.8L の乾燥空気の物質量は

$$\frac{1.0 \times 10^5 \times 1.8}{R \times (273 + 56)} \ [mol]$$

水蒸気が飽和した空気の体積を $V \ [L]$，水蒸気の物質量を $n \ [mol]$ とすると

$$1.0 \times 10^5 \times V = \left(\frac{1.0 \times 10^5 \times 1.8}{R \times (273 + 56)} + n \right) \times R \times (273 + 56) \quad \cdots\cdots ①$$

$$1.0 \times 10^4 \times V = n \times R \times (273 + 56) \quad\quad\quad\quad\quad \cdots\cdots ②$$

②より $n = \dfrac{1.0 \times 10^4 \times V}{R \times (273 + 56)}$ を①に代入すると

$$1.0 \times 10^5 \times V = \frac{1.0 \times 10^5 \times 1.8 + 1.0 \times 10^4 \times V}{R \times (273 + 56)} \times R \times (273 + 56)$$

$$0.9 \times 10^5 \times V = 1.0 \times 10^5 \times 1.8$$

$$V = 2.0 \ [L]$$

9. 付加反応の反応式は

$$C_nH_{2n} + Br_2 \longrightarrow C_nH_{2n}Br_2$$

C_nH_{2n} の分子量は $14n$，$C_nH_{2n}Br_2$ の分子量は $14n + 160$ なので

$$14n : 14n + 160 = 5.60 : 37.6$$

$$n = 2$$

問1. ③　**問2.** ④　**問3.** ①　**問4.** ③　**問5.** ②
問6. ①　**問7.** ③　**問8.** ④　**問9.** ②

===== 解　説 =====

《浸透圧，希薄溶液の性質》

問2. 希薄溶液のモル濃度を c〔mol/L〕，気体定数を R〔Pa·L/(mol·K)〕，絶対温度を T〔K〕とすると，浸透圧 Π〔Pa〕は $\Pi = cRT$ で表せる。

問3. 問2より

$$c = \frac{\Pi}{RT} = \frac{7.70 \times 10^5}{8.31 \times 10^3 \times 310} = 0.298 \fallingdotseq 0.30 \text{〔mol/L〕}$$

問4. グルコースの分子量は180なので，求める質量は

$$180 \times 0.298 = 53.6 \fallingdotseq 54 \text{〔g〕}$$

問5. 浸透圧は溶質粒子のモル濃度に比例する。NaCl〔式量58.5〕は完全に電離するので

$$\frac{0.298}{2} \times 58.5 = 8.71 \fallingdotseq 8.7 \text{〔g〕}$$

よって，最も適切な値は8.8g。

問6. 溶液のモル濃度 c〔mol/L〕は w〔g〕，V〔L〕，M〔g/mol〕を使って $c = \dfrac{w}{MV}$ と表せる。問2より $\Pi = \dfrac{w}{MV}RT$ となり

$$M = \frac{wRT}{\Pi V} \text{〔g/mol〕}$$

問7. 問6より

$$M = \frac{wRT}{\Pi V} = \frac{6.00 \times 8.31 \times 10^3 \times 290}{2.50 \times 10^5 \times 1.00} = 57.8 \fallingdotseq 58$$

問8. 沸点上昇度は溶質の質量モル濃度に比例するため，溶質の分子量を求めることができる。

問9. 逆浸透圧法は，半透膜を隔てた濃度の高い溶液側に浸透圧よりも大きな圧力をかけると溶媒が濃度の低い方に移動することを利用して，海水から真水を作ったり，果汁の濃縮を行ったりする方法のことである。

3 解　答　1—⑤　2—⑦　3—⑧　4—④
5—③　6—⑨　（5と6は順不同）

7—①　8—⑥　9—②　10—⓪

===== 解　説 =====

《有機化合物の構造推定》

選択肢の化合物から次のように推定できる。

実験1：フェーリング液で赤色沈殿 Cu_2O が生成したことより，ホルミル基の存在がわかり，**A**はホルムアルデヒド（⑤）と推定できる。

実験2：塩化鉄(Ⅲ)からベンゼン環に直接結合したヒドロキシ基（フェノール性ヒドロキシ基）が，$NaHCO_3$ を加えると気体（CO_2）が発生したことから，カルボキシ基が存在することがわかり，**B**はサリチル酸（⑦）と推定できる。

実験3：塩化鉄(Ⅲ)からベンゼン環に直接結合したヒドロキシ基（フェノール性ヒドロキシ基）はあるが，$NaHCO_3$ で反応がなかったことからカルボキシ基はないことがわかる。このことから，**C**はサリチル酸メチル（⑧）またはフェノール（⓪）と推測できる。

実験4：ヨードホルム反応が起こるので，**D**はアセトン（④）と推定できる。

実験5：金属 Na と反応し H_2 が発生することから，**E**はヒドロキシ基をもつメタノール（③），サリチル酸（⑦），サリチル酸メチル（⑧），安息香酸（⑨），フェノール（⓪）のいずれかであると推測できる。

実験6：**E**と**F**が縮合して生成する $C_8H_8O_2$ は，選択肢の組み合わせから，メタノール（③）と安息香酸（⑨）から生じる安息香酸メチルと推定できる。

実験7：臭素水の色が消えることから，付加反応または置換反応が起きたと考えられるので，**G**はエチレン（①），アセチレン（②），フェノール（⓪）と推測できる。

実験8：さらし粉で赤紫色変から**H**はアニリン（⑥）と推定できる。

実験9：アンモニア性硝酸銀を加えると白色沈殿が生成することから**I**はアセチレン（②）で，白色沈殿は銀アセチリドと推定できる。

実験10：Br_2 を加えると3置換した化合物が生成することから**J**はフェノール（⓪）で，2,4,6-トリブロモフェノールが生成したと推定できる。

以上のことから

Aはホルムアルデヒド（⑤），**B**はサリチル酸（⑦），**D**はアセトン（④），**H**はアニリン（⑥），**I**はアセチレン（②），**J**はフェノール（⓪）と決ま

る。

　そして，**J** がフェノール（⓪）なので **C** はサリチル酸メチル（⑧），
I がアセチレン（②），**J** がフェノール（⓪）なので **G** はエチレン（①）
と決まる。しかし，メタノール（③）と安息香酸（⑨）は両方が Na と反
応するので，**E** と **F** のどちらかであるがどちらということは決められない。

 **問1．** ① 　Na（気）= Na$^+$（気）+ e$^-$ − 496 kJ

② 　Na（固）= Na（気）− 107 kJ

③ 　Cl$_2$（気）= 2Cl（気）− 244 kJ

④ 　Na（固）+ $\frac{1}{2}$Cl$_2$（気）= NaCl（固）+ 411 kJ

⑤ 　Cl（気）+ e$^-$ = Cl$^-$（気）+ 349 kJ

問2． 787 kJ/mol

問3． − 4 kJ/mol

問4． 硝酸アンモニウムの水への溶解は吸熱反応で，その値が比較的大き
いため。

═══════════ 解　説 ═══════════

《ヘスの法則，結合エネルギー》

問1． イオン化エネルギー：イオン化するのに必要なエネルギー。

昇華熱：固体が気体になるときはエネルギーが必要。

電子親和力：陰イオンになる時に放出されるエネルギー。

問2． 問1の①〜⑤の式を ①+②+$\frac{1}{2}$×③−④+⑤ のように計算すると

　　NaCl（固）= Na$^+$（気）+ Cl$^-$（気）− Q〔kJ〕　……⑥

　　Q = 787〔kJ/mol〕

問3． Na$^+$（気）+ aq = Na$^+$aq + 420 kJ　……⑦

　　Cl$^-$（気）+ aq = Cl$^-$aq + 363 kJ　　……⑧

とすると，⑥+⑦+⑧ より

　　NaCl（固）+ aq = Na$^+$aq + Cl$^-$aq − 4 kJ

　　溶解熱 = − 4〔kJ/mol〕

問4． 日常に使用される反応熱を利用したものとしては，他に鉄の酸化が
発熱反応であることを利用した携帯カイロがある。鉄の場合も，硝酸アン

モニウムの場合も固体の表面積を変えたり触媒を加えたりすることによって反応の速さが変わるので，発熱や冷却の温度や継続時間を調節している。特に硝酸アンモニウムの溶解熱と溶解度はそれぞれ $-25.7\,\text{kJ/mol}$，$0\,℃$ で $118\,\text{g}/100\,\text{g}$ 水 であり，$NaCl$ の $-4\,\text{kJ/mol}$，$37.6\,\text{g}/100\,\text{g}$ 水 と比較して冷却能力が大きいことがわかる。

生　物

① 解答　問1. ①　問2. ⑦　問3. ③, ⑥（順不同）
　　　　問4. 分子数：38
エネルギーの貯蔵物質の名称：ATP（アデノシン三リン酸）
問5. 5—⑦　6—①　問6. ①　問7. 8—④　9—⑥
問8. 37℃：①　80℃：③
問9. オ. 二酸化炭素　カ. 中に吸い込まれる

=====================　解　説　=====================

《呼吸，解糖，アルコール発酵の実験》

問1. 解糖系では酸素を使わずにグルコースがピルビン酸まで分解される。

問2・問3. クエン酸回路と電子伝達系の過程はミトコンドリアで行われる。

問4. グルコース1分子当たり，解糖系で2分子，クエン酸回路で2分子，電子伝達系で最大34分子のATPがつくられる。なお，「エネルギーの貯蔵物質の名称」の解答欄はあまり大きくないのでATPで十分だと思われる（アデノシン三リン酸と書くときは三を3にしてはいけない）。

問5. この過程はアルコール発酵で，反応式は

$$C_6H_{12}O_6 \longrightarrow 2CO_2 + 2C_2H_5OH + 2ATP$$

　アルコール発酵では解糖系もその後の過程も細胞質基質で行われるが，5 の直前にある「細胞質基質で行われる過程」は下線部(ア)のこと，すなわち解糖系を指すと解釈する。

問6. 解糖と解糖系というふうに用語が紛らわしくなっていることには歴史的な理由があるが，高校生物では筋肉で乳酸がつくられる発酵のことを解糖と呼ぶ（乳酸菌が乳酸をつくるのは乳酸発酵である）。

問7. グリコーゲンは筋肉や肝臓などの組織の細胞に貯蔵されている炭水化物である。グルコースが連なってできているので細胞外からのグルコースの供給が追い付かないときはグリコーゲンを分解して解糖に用いる。

問8. 37℃では反応が活発になり二酸化炭素が発生する速度が上がるので①。80℃では酵素タンパク質が変性して失活するため，酵素がないと

きの速度まで下がってしまうので③。

問9. 反応式は

$$CO_2 + 2NaOH \longrightarrow Na_2CO_3 + H_2O$$

Na_2CO_3 は炭酸ナトリウムで水によく溶ける。そのためキューネの発酵管の盲管部にある二酸化炭素がなくなり，盲管部の液面は上昇し，その分球部の液面が下がり，開口部からその分空気が吸い込まれるが，今回はしぼんだ風船を開口部につけているのでその風船が発酵管の内部に吸い込まれる。

問1. 1—② 　2—④ 　3—① 　4—②
問2. (1)—③ 　(2)6—⑨ 　7—⑨ 　8—①
問3. 9—② 　10—③ 　11—⑥ 　12—④ 　13—① 　14—⑤
問4. (1)—② 　(2)—③
問5. 17—① 　18—⑨ 　19—⑨ 　20—① 　21—① 　22—①

=============================== 解　説 ===============================

《フォトトロピンのはたらき，マカラスムギの光屈性》

問1．2． フォトトロピンは，青色光を吸収し，気孔の開口，光屈性，植物細胞内の葉緑体の配列に関わる。

問2. (2)　太陽の直射光には十分に青色光が含まれている。白色 LED には種類があるがすべて青色 LED の青色光を含んでいる。したがってフォトトロピンを正常に発現させている個体であれば，青色光，直射光，白色 LED の全てで気孔は開く。本問ではフォトトロピンが欠損しているので青色光が照射されても気孔の開口が起こらない。したがって6と7は誤りで，8は正しい。

問3. 孔辺細胞で生じる反応は，次のようになる。

　　孔辺細胞のフォトトロピンが青色光を受容する（②）。
→細胞膜のプロトンポンプ（水素イオンを能動輸送する膜タンパク質）が活性化して水素イオンが細胞膜の外側に放出される。
→膜電位が大きくなる（過分極）。
→カリウムチャネルが開いてカリウムイオンが細胞内に流入する（③）。
→細胞内の浸透圧が上昇して（⑥），浸透圧差によって外から水が浸透して入ってくる（④）。

→膨圧が上昇し（①），孔辺細胞が膨らんで湾曲し（⑤），気孔が開口する。

問4.（2） 茎頂部細胞にあるフォトトロピンが青色光を受容すると，受光面の反対側の細胞膜にオーキシン排出輸送体（PIN）が並ぶ。そのため光が当たっていない側に向けてオーキシン（③）が移動していくので，光が当たっていない側が伸長し，結果として植物体は光が来る方向に曲がる。

問5. 屈曲の原因となるオーキシンは先端部でつくられている。また屈曲には先端部に青色光が当たることが必要である。したがって先端部が存在しない実験2と先端部に光が当たっていない実験3では屈曲が起こらない。

③ 解答

問1. 1−⑧ 2−ⓐ 3−⑥ 4−①

問2. (A)5−② 6−③ 7−④ (B)8−③ 9−⑤

問3. (A)−③ (B) 消失する。（5文字以内）

━━━━━ **解 説** ━━━━━

《神経系，脳の構造とはたらき，反射》

問1. 体性神経は運動神経と感覚神経からなる。自律神経は交感神経と副交感神経からなる。

問2. (A) ①は大脳，⑤は脊髄，⑥は脳下垂体である。

(B) ①は小脳，②は大脳，④は間脳，⑥は大脳の一部である辺縁系と言われる部分の役割である。

問3. (A) しつがい腱反射の中枢は脊髄である。これとは別に延髄や中脳が中枢である反射もある。瞳孔反射は中脳が中枢である。

国　語

①

出典　藤原辰史『トラクターの世界史——人類の歴史を変えた「鉄の馬」たち』〈まえがき〉（中公新書）

解答

問一　④
問二　④
問三　①
問四　③
問五　①
問六　⑤
問七　②
問八　持続的に食料を得るには自分で土壌を耕すしかない、ということ。（二十文字以上三十文字以内）

―――――――　**解説**　―――――――

問一　傍線部「農耕を知らない異星人」と直後「地球人にとっては、生死を分ける営み」より〈地球人にとって農耕は生死を分ける営みであるということを、異星人は農耕を知らないからわからない〉と理解して選択肢を選ぶ。②は「関係がない」が誤り。

問三　前部の「土を耕す行為」「土壌の活性化……栄養価を高め容量を増やす」を踏まえて一段落前を見ると、「土を掘り返す」耕すことで収穫物の量と質が改善されることを、農業を営む人びとは経験的に知っていた」とあるので、この「経験的に知っていた（＝昔から経験としてわかっていた）」という意味に近い選択肢を選ぶ。

問四　傍線部「トラクター」「石油」を手がかりにして後部を見る。一段落後に「安全で軽量のガソリン機関を搭載したものはこれが初めて」、二段落後に「燃料を補給することで牽を牽く」「人や馬の何倍もの力を……安定して出す」「トラクターの誕生……人類は……土を耕す必要がなくなった」「導くことも……見極めることも、やはり必要がなくなった」とあるので、これらから〈トラクター→ガソリン（石油）燃料で動く→農業の効率化と負担軽減に欠かせない〉という構図を理解する。

問五　挿入文の「この変革」「トラクター」を手がかりにして本文を確認する。（エ）の直前に「農作業の風景が劇的に変わった」とあり、直後に「トラクターの登場以降」とあるので、この部分に入ると理解する。

問六　⑤を論理的に分析すると〈トラクターの技術的進展は戦車の技術的進展を促したが、トラクターと戦車の発明は、平和と戦争、農業と工業、をはじめとして、その発明がもたらす二つの事柄の相互作用や矛盾を象徴している〉となるが、この「相互作用と矛盾」に該当する内容を本文で確認できない。

問七　傍線部に付された注(2)に着目。「財産の共有」「共有財産にもとづく社会・政治体制」を農業に当てはめて考えると〈農地という財産と農産物という財産を農民が共有する〉となるので、これが②の「共同体としての形態で農業を組織化」に該当すると理解する。そして同じことが後部で「農業集団化」という語で表されていることを確認する。

問八　傍線部の「束縛」とは「行動の自由を制限すること」という意味。この意味に該当する箇所を本文でさがすと、第一段落に「土壌……その薄皮にしがみついて生きるしかない」とあるので、その後にある「耕すことは……人類が歩んできた」という記述を傍線部の内容に即してまとめ直す。

---

②　**出典**　メアリー・ヘイゼルトン『女性ホルモンは賢い──感情・行動・愛・選択を導く「隠れた知性」』〈第2章　発情期って何？　好みのうるさい女性、違いのわからない男性〉（西田美緒子訳、インターシフト）

解答

問一　(a)─①　(b)─①
問二　③

問三　⑤
問四　③
問五　②
問六　⑤
問七　⑤

解説

問二　挿入文「だが、男性の場合は違った」から、「男性」と「女性」の〈対立関係〉を示す記述が近くにあり、「女性」の話が直前にあることが予

想である。（Ⅲ）の前部を見ると「男性の四分の三が寝ることに同意した
のに対し、女性で同意した学生はひとりもいなかった」「女性は……男性
との性行為に引きうけられることはまったくなかった」とあるので、（Ⅲ）
が案件を満たすと理解する。（Ⅱ）は直前の話が「女性」に限定されてい
ない。

問三 A、直前の「投資が大きいのは」と直後の「メスである」より、投
資が大きいのはメスであるということを〈強調〉する語が入ると理解する。
①・②・⑤が該当。③・④の「種」は誤り。男女差は〈性差〉であって
〈種差〉ではない。

B、直前の「卵子」「妊娠」に続く語が入ると理解する。④・⑤が該当。

C、直前の「哺乳類」に属する生き物をそれぞれ想定している文であると
理解する。ちなみに「種」は「類」の下位階層である。④・⑤が該当。
よって正解は⑤。

問四 「共謀」とは〝共同で悪事をたくらむこと〟という意味。ここでは
「評判の悪い研究」に加担しているので③が正解。①は〝共同で〟の意味
が含まれておらず、不適。

問五 後の「男性が求めたパートナーの数のほうが女性の場合より多く」
という記述がヒント。〈数が多い＝多様性がある〉と理解する。

問六 直前の「正常な発達を妨げて体をあとこれ弱らせる」がヒント。健
全な身体に直接悪影響を与える要素は何か、という観点から選択肢を選ぶ。
①・②は「発達」とは無関係。

問七 この文章の構成を確認すると、第一〜第三段落で示される〈生殖に
関する生物学的な相違〉、特に第三段落の「好みがうるさいのはメス」「オ
スは……好みに関してはあまりこだわらない」という主張を、第四段落で
人間に当てはめ「好みのうるさい女性と、違いのわからない男性」とい
うテーマに置き換えて以降の段落で説明を行う、という展開になっている
ことがわかる。

 出典 今井むつみ・秋田喜美『言語の本質──ことばはどう
生まれ、進化したか』〈終章 言語の本質〉（中公新書）

解答 **問一** ①─② ②─③
問二 A─① B─⑤

2024年度　一般　第一期　国語

問三　①—①　②—①　③—①　④—①

問四　④

問五　③

問六　①

<hr/>

解説

問一　A　直前で「コミュニケーションの媒体として言語は欠かせない」と主張し、直後で「そもそも言語はどのようなきっかけでコミュニケーションの手段になったのか」と新たな疑問を提示している。本来なら〈話題転換〉を表す「さて」「ところで」などが入る。通常は〈逆接・対立〉を表す「しかし」も〈話題転換〉の意味で用いられることがある。

B　直前に「言語も、外界のモノや出来事を……写し取る……ただし、声という媒体で」とあり、直後に「手を媒体にした手話も立派な言語である」ので、通常は〈逆接・対立〉を表す「しかし」などが入るが、その直後に「しかし……言語はおおむね声を媒体とする」とあるので、この文脈は〈言語の主たる媒体は声である〉ことを強調するために、対立する立場をいったん受け入れ(てその後に否定する)るという、いわゆる〈譲歩〉の構図を取っていると理解する。この場合、空欄に入るのは〈譲歩〉を示す「たしかに」「もちろん」「むろん」といった語になる。

問二　「オノマトペ」とは〝自然界の音・声・物事の状態や動きなどを「音」を使って表した言葉〟であり、その中には擬音語・擬声語・擬態語が含まれる。よって③は正しい。①は擬音語、②は擬態語なので正しい。④の「まったり」とは〝味にコクがある様子・態度や状態が落ち着いてゆったりしている様子〟などを表す擬態語なのでオノマトペに含まれる。しかし④には「含まれない」と書いてあるので誤りとなる。

問四　直前の「ニカラグア手話の変化」を手がかりに前後を見ると、前部に「ニカラグアで……パントマイムのようなコミュニケーションから、音声言語と同じ特徴を持つ手話言語に成長した」とあり、後部に「当初は連続的な世界をそのままパントマイム的に写し取っていた。しかし……デジタルに世界を分節する『ことば』が使われるようになった」とあるので、ここから〈連続的な世界をパントマイム的に写し取る＝アナログ〉対〈音声言語と同じように世界を分節する＝デジタル〉という〈対比〉を読み取り、選択肢を選ぶ。

問五　①・②は傍線部の一段落後に対応する記述が存在する。④は傍線部の一段落後に対応する記述がある。③について、傍線部の一段落後に「記号をその定義とともにコンピュータに与え、操作をさせて問題を解決させるAIの記号処理アプローチへの批判」とあるので、〈「処理が可能」という前提で、そのやり方に対する批判を行っている〉と理解する。

問六　第一段落の「言語の発達にオノマトペは果たして役に立つのか」という問題提起に着目する。次に第四段落で、「ミカヅキ手話のアナログからデジタルへの変化が「音声言語の進化の過程と共通するのではないか」と述べていることを確認する。第五段落では、このことを踏まえて「『オノマトペ言語起源説』を真剣に考えてみたい」と主張し、第六段落から最終段落にかけては、現代の言語がオノマトペ的ではない（＝つまりオノマトペと言語とのつながりが薄い）という問題に対して、両者の間は「『アートストラッピング・サイクル』、そしてそれを駆動させる『アブダクションという推論様式』によってつながれている」と説明する。つまりこれらを通して著者が主として論じたかったことは「言語の発達にオノマトペは役に立つ」ということだと理解する。

一般選抜Ⅱ期

問 題 編

▶試験科目・配点

学部 学科	科　目	出題範囲	科目選択	配　点
薬	英　語	コミュニケーション英語Ⅰ・Ⅱ・Ⅲ，英語表現Ⅰ・Ⅱ	必須	100 点
	数　学	数学Ⅰ・Ⅱ・A・B		100 点
	化　学	化学基礎・化学		100 点
経済・法・文（社会・心理）・外国語	英　語	コミュニケーション英語Ⅰ・Ⅱ・Ⅲ，英語表現Ⅰ・Ⅱ	必須	各科目 100 点 合計 300 点満点
	日 本 史	日本史B	5 科目から2 科目選択	
	世 界 史	世界史B		
	政治・経済	政治・経済		
	数　学	数学Ⅰ・A		
	国　語	国語総合（古文・漢文を除く）		
文（日本文化・史）・教育	英　語	コミュニケーション英語Ⅰ・Ⅱ・Ⅲ，英語表現Ⅰ・Ⅱ	必須	各科目 100 点 合計 300 点満点
	日 本 史	日本史B	4 科目から1 科目選択	
	世 界 史	世界史B		
	政治・経済	政治・経済		
	数　学	数学Ⅰ・A		
	国　語	国語総合（古文・漢文を除く）	必須	

理工①	英　　語	コミュニケーション英語Ⅰ・Ⅱ・Ⅲ，英語表現Ⅰ・Ⅱ	必須	各科目100点
	数　　学	数学Ⅰ・Ⅱ・A・B	2科目から1科目選択	合計300点満点＊1
	物　　理	物理基礎・物理		
	化　　学	化学基礎・化学		
理工②	英　　語	コミュニケーション英語Ⅰ・Ⅱ・Ⅲ，英語表現Ⅰ・Ⅱ	必須	各科目100点
	数　　学	数学Ⅰ・Ⅱ・A・B	3科目から2科目選択※ただし数学重点型および理科重点型については「数学」を選択必須	合計300点満点＊2
	化　　学	化学基礎・化学		
	生　　物	生物基礎・生物		
医療系①	英　　語	コミュニケーション英語Ⅰ・Ⅱ・Ⅲ，英語表現Ⅰ・Ⅱ	必須	各科目100点
	数　　学	数学Ⅰ・A	5科目から2科目選択	合計300点満点
	物　　理	物理基礎・物理		
	化　　学	化学基礎・化学		
	生　　物	生物基礎・生物		
	国　　語	国語総合（古文・漢文を除く）		
医療系②	英　　語	コミュニケーション英語Ⅰ・Ⅱ・Ⅲ，英語表現Ⅰ・Ⅱ	必須	各科目100点
	日 本 史	日本史B	8科目から2科目選択	合計300点満点
	世 界 史	世界史B		
	政治・経済	政治・経済		
	数　　学	数学Ⅰ・A		
	物　　理	物理基礎・物理		
	化　　学	化学基礎・化学		
	生　　物	生物基礎・生物		
	国　　語	国語総合（古文・漢文を除く）		

理工①：機械・精密システム工，航空宇宙工，情報電子工学科
理工②：バイオサイエンス学科
医療系①：医療技術（視能矯正・看護・診療放射線・臨床検査・スポーツ医療〈救急救

　　　命士〉・柔道整復）・福岡医療技術学部
医療系②：医療技術（スポーツ医療〈健康スポーツ〉）学部

▶備　考

- 試験日自由選択制。２日程分のうち各科目とも代表的な問題を１種類抜粋して掲載。
- 上記のほかに書類審査がある。
- 「数学Ｂ」は「数列，ベクトル」から出題する。
- 理工学部においては，均等配点型，数学重点型，理科重点型にて点数を算出し，高得点を合否判定に採用する。
- 理工学部航空宇宙工学科ヘリパイロットコースは，一次選考（上記の学科試験，書類審査）に合格し，二次選考出願資格を満たした者に限り，二次選考（適性検査，面接）を行い合否を判定する。
- 薬・医療技術・福岡医療技術学部は上記のほかに面接が課される。
- ＊１および＊２については，下記のように傾斜配点を行う。
  - ＊１：数学重点型では「英語」を50点満点，「数学」を150点満点とし，理科重点型では「英語」を50点満点，「物理」「化学」を150点満点とする。
  - ＊２：数学重点型では「英語」を50点満点，「数学」を150点満点とし，理科重点型では「英語」を50点満点，「化学」「生物」を150点満点とする。

英　語

(60分)

〔 1 〕　次の英文を読んで，設問に答えなさい。

We all have our favorite words, even if we don't know it.　When I moved back to *Texas, there were certain Japanese words I really missed being able to use.　But later, I *rediscovered some of my favorite English expressions that I had stopped using in Japan.　It's certainly true that language expresses personality, and that, as many of us know so well, personality often changes as we use different languages.

Sometimes the simplest words are the hardest ones to do without.　I remember my very first day back in Texas when a friend picked me up at the airport.　My suitcase was so full I could barely close it.　I wanted to use the expression *giri-giri* to explain why it was so heavy.　Actually, I did, but of course I had to explain what it meant.　There's something about those Japanese sound-words, *onomatopoeia, that expresses not only the meaning, but exactly the emotion you're looking for.

Two others I still have a hard time living without are *genki* and *otsukaresama*.　We just don't have good English equivalents for these, and they're words you need every day.　When I lived in Japan, people were always asking how to say these kinds of things in English, and now more than ever I believe the answer is you can't.　The *nuances just don't translate well into (　②　) culture.

On the other hand, there's nothing more American than cursing.　The funny thing is I (　③　) using curse words in Japan because they didn't seem to fit the culture, but back in Texas, I realized I need those words!　So little by little, I've worked some favorites back into my vocabulary.　I still don't like to use the really bad ones, but words like *damn* and *hell* can add a lot of good flavor to the language.　Or, if you want to be even milder, you can substitute *darn* for *damn* and *heck* for *hell*.　All these can be added to the beginning of a sentence to show any strong (　④　) as in, "Damn, I sure wish I hadn't missed that bus," or "Hell, he's just about the best friend I ever had."　You can also spice up a plain sentence as in "That was good apple pie," which becomes "That was damn good apple pie."　Now, that's good pie.

My father surprised me the other day by saying, "I like it when you *cuss, Kay," He always laughs when I say things like "How the hell are you!" instead of the more ordinary, "How are you."　The answer, "I'm good," works of course, but if you want to put real feeling into it, "I'm

pretty damn good," works even better.　At least my father thinks so.　Now when I was a kid, my father probably would have threatened to wash my mouth out with <u>soap</u> if I said <u>these</u>
　　　　　　　　　　　　　　　　　　　　　　　　　　　　　　⑤　　　　　　　　⑥
<u>things</u>.　Kids aren't supposed to use any "dirty" words, but most of them do when they're not around their parents.

注) Texas：テキサス州（アメリカ南部の州）　　　rediscover：再発見する

　　onomatopoeia：擬音語　　nuance：微妙な違い　　cuss：curse のくだけた表現

問1　文中の下線部I did で表している筆者の具体的な行動を次の①〜④のうちから一つ選び，答え
　　　　①
　　なさい。　　| 1 |

①　空港に迎えに来た友人に声をかけた。

②　何とかスーツケースを閉じた。

③　日本からテキサスへ引っ越した。

④　「ギリギリ」という日本語を使って話をした。

問2　文中の空欄（　②　）に入る最も適切なものを次の①〜④のうちから一つ選び，答えなさい。
　　| 2 |

①　Japanese　　　②　modern　　　③　American　　　④　common

問3　文中の空欄（　③　）に入る最も適切なものを次の①〜④のうちから一つ選び，答えなさい。
　　| 3 |

①　liked　　　②　started　　　③　stopped　　　④　tried

問4　文中の空欄（　④　）に入る最も適切なものを次の①〜④のうちから一つ選び，答えなさい。
　　| 4 |

①　surprise　　　②　emotion　　　③　effect　　　④　curse

問5　文中の下線部⑤soap について，soap 中の下線部と次の①〜④のうち，単語の下線部の発音が
　　異なるものを一つ選び，答えなさい。　　| 5 |

①　br<u>oa</u>d　　　②　c<u>oa</u>t　　　③　h<u>o</u>me　　　④　r<u>oa</u>d

問6　文中の下線部these things が指示するものを次の①〜④のうちから一つ選び，答えなさい。
　　　　　　　　　　　　　⑥
　　| 6 |

①　"How are you" and "How the hell are you!"

②　"How are you" and "I'm good"

③　"How the hell are you!" and "I'm good"

④　"How the hell are you!" and "I'm pretty damn good"

問7　本文の内容に合致するものを次の①〜⑤のうちから二つ選び，答えなさい。　　| 7 |　,
　　| 8 |

出典追記：Kay Hetherly 『Hamburgers And Other Essays on America and Japan』 NHK 出版

① Whether we know it or not, we all have words that we love.

② Greeting words can sometimes be the most difficult to live without.

③ When she lived in Japan, the author could answer all the questions she was asked.

④ The author used cursing words in Japan because they were her favorite words.

⑤ The author's father enjoys it when the author uses curse words.

問8　文中の下線部(A)を日本語に訳しなさい。なお，解答は記述解答用紙に記入しなさい。

〔 2 〕　次の英文の空欄（　①　）〜（　⑤　）に入る最も適切なものを次の①〜④のうちから一つずつ選び，
答えなさい。

Marie: Will insect spray make *cockroaches stronger?

Shinichi: Oh, why do you think that?

Marie: I know all living things change to become better and stronger to stay (　①　). I read
in a book that cockroaches have been on the earth longer than humans.　The book said when
the environment changed, they changed, too.　So, I thought using insect spray might make
cockroaches change and become stronger.

Shinichi: I love the way you think, Marie!　When a living thing finds a new way to live, it's
called evolution.

Marie: I see.

Shinichi: So, let's say that you use insect spray on 100 cockroaches.　It kills 99 of them but
doesn't work on one cockroach.　That cockroach (　②　) to live, then passes its DNA to its
children, grandchildren, and so on.　In this way, the number of strong cockroaches grows
and grows.

Marie: The cockroaches *evolve!　I knew it!

Shinichi: This is also a process called "co-evolution."

Marie: Another new word!

Shinichi: If two living things make each other stronger, that is called "co-evolution." It's like a
war between humans and cockroaches.　Humans want to kill cockroaches, so we evolved to
make a weapon called insect spray.　But cockroaches don't want to die, so they may evolve to
become stronger (　③　) insect spray.　If both humans and cockroaches get stronger, that's
co-evolution.

Marie: I think I understand.

Shinichi: But Marie, evolution happens over a very long time.

Marie: How long?

Shinichi: Hundreds of millions of years.　So, we will never know if cockroaches become stronger than our insect spray.

Marie: Wow! So, humans and cockroaches will keep (4) for a long time.

Shinichi: Not always. We are learning from them, too. Right now, people are studying how cockroaches move. Did you know cockroaches can change the size of their bodies while moving very quickly?

Marie: No. That's amazing.

Shinichi: It is. Scientists are trying to make a robot to copy their (5).

注) cockroach：ゴキブリ　　　evolve：進化する

	①	②	③	④
1	survival	dead	alive	awake
2	refuses	seems	decides	continues
3	against	for	toward	with
4	cleaning	fighting	running	working
5	appearances	sizes	colors	movements

〔3〕 次の英文の空欄（ 1 ）〜（ 5 ）に入る最も適切なものを次の①〜④のうちから一つずつ選び、答えなさい。

(1) Would you (1) me a favor? I need your help.
① ask　　② do　　③ tell　　④ show

(2) She says (2) me before, but I don't remember her.
① seeing　　② she has seen　　③ to see　　④ she sees

(3) I thanked him for (3) me with my homework.
① help　　② helpful　　③ helped　　④ helping

(4) The class had 32 students. Twenty of them went out to the playground, and (4) stayed in the classroom.
① another　　② most　　③ the rest　　④ the other

(5) This book is written in easy English, so you can read it without (5) trouble.
① any　　② many　　③ no　　④ some

〔**4**〕 次の各文について，与えられた語句を空欄に補って日本文とほぼ同じ意味の英文をつくるとき，空欄(①)～(⑩)に入る最も適切なものを次の①～⑥のうちから一つずつ選び，答えなさい。ただし，文頭にくる語も小文字で表記してあります。

(1) 何か暖かい飲み物はいかがですか。

( ) ( ) (①) ( ) (②) ( ) drink?

① you ② to ③ something
④ like ⑤ hot ⑥ would

(2) 彼女は弟の面倒をみる心優しい少女だった。

She was a ( ) (③) ( ) (④) ( ) ( ) her brother.

① took ② care ③ kind-hearted
④ of ⑤ girl ⑥ who

(3) 3日ぶりに雨が降った。

It rained ( ) ( ) (⑤) ( ) (⑥) ( ).

① time ② for ③ in
④ the ⑤ three days ⑥ first

(4) 彼は私に靴を元の場所に戻すようにいった。

He told me to (⑦) ( ) ( ) ( ) (⑧) ( ).

① where ② they ③ the shoes
④ put ⑤ back ⑥ were

(5) 髪を切ってもらうのにいくらかかりますか。

How much does ( ) (⑨) ( ) ( ) (⑩) ( )?

① cost ② cut ③ have
④ it ⑤ my hair ⑥ to

日本史

（2科目 120分）

〔 1 〕　次の文章を読んで，下記の問1〜問8に答えなさい。

文章

　日本における本格的な宮都は<u>藤原京</u>であると考えられているが，この都は20年を満たずに放棄さ
　　　　　　　　　　　　　a
れ，新たに平城京が建設される。ここでは，内裏や大極殿をはじめ，主要な官庁が宮都の中央北部に
配置されており，こうした形式はその後も継承され，<u>長岡京</u>や平安京もこの形式が採用されている。
　　　　　　　　　　　　　　　　　　　　　　　　　　　b
そして，平安京ではその宮都の名称を付けるにあたって，それまでのように地名を冠するのではな
く，「平安」という吉祥語がつけられ，その後も整備が続けられていった。最も，<u>この宮都の位置す</u>
　　　　　　　　　　　　　　　　　　　　　　　　　　　　　　　　　　　　　　c
<u>る地域は河川の氾濫なども多く</u>，徐々に都市空間は東方へと移動していき，特に院政期になると<u>六勝</u>
<u>寺</u>などの寺院が東山の山麓に建設される一方，右京の地域は荒廃していった。また，特に，承久の乱　d
の後は，<u>朝廷が鎌倉政権から監視される立場</u>ともなり，政治都市としての性格にも変化が現れるよう
　　　　　e
になる。足利尊氏は政権拠点を京においたものの，依然として鎌倉も重要地点として，特別な扱いを
している。さらに，<u>応仁の乱</u>の発生は京を著しく荒廃させるとともに，公家の地方移住も促した。こ
　　　　　　　　f
うした時期，地方社会では新たに実力で政治権力を奪取する者も現れ，そうした勢力は自らの政治拠
点として<u>城下町</u>を建設した。一方，この頃には商品流通の活発化に伴って，有力寺社や<u>湊のある場所</u>
　　　　g　　　　　　　　　　　　　　　　　　　　　　　　　　　　　　　　　　　　　　　h
<u>にも都市の形成がみられた。</u>

問1　文中の下線部aへの遷都が行われた際に在位していた天皇の時代（称制の期間を含む）に行わ
　　れた事柄で正しい組み合わせを，次の①〜④のうちから一つ選び，答えなさい。　　［　1　］
　　① 庚午年籍の作成　白村江の戦　　　　　② 富本銭の鋳造　八色の姓の制定
　　③ 庚寅年籍の作成　飛鳥浄御原令の施行　④ 和同開珎の鋳造　古事記の撰上

問2　文中の下線部bへの遷都が行われた際に在位していた天皇の時代の説明として**誤っているもの**
　　を，次の①〜④のうちから一つ選び，答えなさい。　　［　2　］
　　① 早良親王が処罰された。
　　② 藤原種継の暗殺事件が発生した。
　　③ 諸国に健児を置いた。
　　④ 道鏡が追放された。

問3　文中の下線部cの河川の組み合わせとして正しいものを次の①〜④のうちから一つ選び，答え
　　なさい。　　［　3　］
　　① 秋篠川　桂川　　② 鴨川　桂川

③　鴨川　宇治川　　④　秋篠川　宇治川

問4　文中の下線部dの寺院で最初に建立されたものとして正しいものを次の①〜④のうちから一つ
　　選び，答えなさい。　　4

①　最勝寺　　②　円勝寺

③　法勝寺　　④　尊勝寺

問5　文中の下線部eの行政機関の名称として正しいものを次の①〜④のうちから一つ選び，答えな
　　さい。　　5

①　京都所司代　　②　六波羅探題

③　左右京職　　　④　京都守護職

問6　文中の下線部fの後の京の風景を詠んだ和歌として最も妥当なものを次の①〜④のうちから一
　　つ選び，答えなさい。　　6

①　大君は神にしませば赤駒の腹ばふ田居を都となしつ

②　寂しさに宿を立ち出でて眺むれば何処も同じ秋の夕暮れ

③　見渡せば山もと霞む水無瀬川夕べは秋と何思ひけむ

④　汝や知る都は野辺の夕雲雀上がるを見ても落る涙は

問7　文中の下線部gについて大名と都市との組み合わせで，誤っているものを次の①〜④のうちか
　　ら一つ選び，答えなさい。　　7

①　一乗谷　浅井氏　　②　春日山　上杉氏

③　小田原　北条氏　　④　山口　大内氏

問8　文中の下線部hについて，下の用語をすべて使い，30字以上，35字以内で歴史的に正しい文
　　章をつくりなさい（句読点を含む）。なお，解答は記述解答用紙に記入しなさい。

【用語】

　会合衆　　和泉国　　自治的活動　　堺　　豪商

〔 **2** 〕　次の文章A〜Dは，いずれも江戸時代の何らかの事件や人物・事物等に関する説明文である。これらを読んで，下記の問1〜問10に答えなさい。

A　絵師葛飾北斎は，若年より勝川派・狩野派などの絵を学んでいたが，のちに自ら一派を立て，文化2年に初めて葛飾北斎の号を名乗る。奇行の多い人物としても知られるが，浮世絵では「富嶽（　a　）景」などの傑作群を残している。

B　元禄8年，勘定吟味役（　b　）は従来幕府が発行・流通させていた金銀貨の改鋳を建言した。目的は，その金銀純度を下げることによって，差益を幕府の収入とし，財政補填に充てるためであった。

C　幕政開始後の比較的早い時期から，農村では貧富の格差により耕作地を手放す百姓が現れ，年貢減少の傾向が出てきた。そこで幕府は寛永20年に田畑永代売買禁令を，延宝元年には（　c　）制限令を出したが，効果は限定的であった。

D　将軍の側用人出身の（　d　）は，安永元年に老中に就任し，経済面での幕政改革をめざした。蝦夷地開拓政策と米切手改印制はその代表的なものである。また俵物の専売化，印旛沼・手賀沼の干拓による農地拡大の企図などもあげられる。

問1　Aの文中の（　a　）に入る適切な数字を，次の①〜⑤のうちから一つ選び，答えなさい。

<u>　　1　</u>

① 十二　　② 二十四　　③ 三十六　　④ 五十三　　⑤ 六十九

問2　Aの文中の葛飾北斎に最も関係の深い人物を，次の①〜⑤のうちから1人選び，答えなさい。

<u>　　2　</u>

① 菱川師宣　　② 鈴木春信　　③ 伊能忠敬　　④ 狩野永徳　　⑤ 曲亭馬琴

問3　Bの文中の（　b　）に入る適切な人名を，次の①〜⑤のうちから一つ選び，答えなさい。

<u>　　3　</u>

① 大岡忠相　　② 荻原重秀　　③ 柳沢吉保　　④ 江川英龍　　⑤ 伊奈忠次

問4　Bの文中で改鋳の対象となった金貨の名称を，次の①〜⑤のうちから一つ選び，答えなさい。

<u>　　4　</u>

① 万延小判　　② 安政小判　　③ 天保小判　　④ 享保小判　　⑤ 慶長小判

問5　Cの文中の（　c　）に入る適切な言葉を，次の①〜⑤のうちから一つ選び，答えなさい。

<u>　　5　</u>

① 分割　　② 年貢　　③ 検地　　④ 分地　　⑤ 交換

問6　Cの文中の年代，延宝元年の将軍は誰か，次の①〜⑤のうちから1人選び，答えなさい。

<u>　　6　</u>

① 徳川秀忠　　② 徳川家光　　③ 徳川家綱　　④ 徳川綱吉　　⑤ 徳川家宣

問7　Dの文中の（　d　）に入る適切な人名を，次の①〜⑤のうちから一つ選び，答えなさい。

　　　　　　7

① 松平定信　② 松平信綱　③ 水野忠邦　④ 田沼意次　⑤ 新井白石

問8　Dの文中の側用人の説明として正しいものを，次の①〜⑤のうちから一つ選び，答えなさい。

　　　　　　8

① 将軍の側近として登用され，将軍の命令伝達や取次を任務とした。

② 若年寄が兼任する職務の一つであり，将軍に近侍して秘書として活動した。

③ 譜代大名のみ就任することができ，幕府全体の行政決定に関わった。

④ 幕府の地方役の一つであり，主として各地域の財政・勘定方を担当した。

⑤ 老中に就任するためのステップであり，この役職を経ないと老中になれなかった。

問9　Dの文中の印旛沼・手賀沼がある地域名を，次の①〜⑤のうちから一つ選び，答えなさい。

　　　　　　9

① 武蔵　② 相模　③ 上総　④ 下総　⑤ 常陸

問10　上の文A〜Dを年代順に並べたとき，2番目と4番目にあたる記号の正しい組み合わせは次の

①〜⑤のどれか。一つ選び，答えなさい。　　　10

① A・B　② B・A　③ C・A　④ D・B　⑤ D・C

〔 3 〕　次の文章を読んで，下記の問1〜問7に答えなさい。

　議会の創立をめざす近代の政治運動は，征韓論争をきっかけとして強まった。明治政府の政策に不
①
平をもつ士族らの支持を得た　ア　らは，朝鮮への出兵を唱えて下野すると政府の「有司専制」

を批判し，議会の設置を求める　イ　を提出した。その後，郷里佐賀の不平士族が起こした反乱

の首謀者として　ア　は処刑された。

　議会の設立をめざす自由民権運動を推進する民権派は，1875年に全国組織である　ウ　を大

阪で設立した。明治政府は政府を批判する言論を抑圧する　エ　を制定し，これによって

　ウ　は一度消滅するが，1878年に再興する。さらに士族だけではなく，地方の豪農層や都市商

工業者にも民権運動は広がり，議会開設や憲法制定を求める動きへ発展した。
②
　1881年には，憲法の即時制定と議院内閣制を主張する　オ　が政府を追放された。このとき

10年後の議会開設が公約されたことで，　オ　は政党を結成して，政府への対抗をめざした。

だが政府の弾圧や政党間の紛争，および政党関係者がくわわった激化事件などの発生により，政党の
③
勢力は減退した。

　明治政府の主導者となった伊藤博文は，1885年に内閣制度を創設し，みずから初代の内閣総理大

臣となって政府の強化をはかった。しかし政府の条約改正交渉が批判をうけると民権運動は再び活性

化し，建白運動が盛んに行われた。政府は　オ　の外務大臣任命などによって運動を抑えつつ，

1889年に大日本帝国憲法を発布し，1890年に帝国議会を開設した。
④

問1　文中の空欄　　ア　　イ　　に入る語句の組み合わせとして正しいものを，次の①～④の
　　うちから一つ選び，答えなさい。　　1

　　① ア　板垣退助　イ　民撰議院設立建白書　　② ア　板垣退助　イ　立志社建白

　　③ ア　江藤新平　イ　民撰議院設立建白書　　④ ア　江藤新平　イ　立志社建白

問2　文中の空欄　　ウ　　エ　　に入る語句の組み合わせとして正しいものを，次の①～④の
　　うちから一つ選び，答えなさい。　　2

　　① ウ　愛国社　エ　保安条例　　② ウ　愛国社　エ　新聞紙条例

　　③ ウ　愛国公党　エ　保安条例　　④ ウ　愛国公党　エ　新聞紙条例

問3　文中の空欄　　オ　　の人物が参加した政党として正しいものを，次の①～⑧のうちから二つ
　　選び，答えなさい。　　3　　4

　　① 自由民主党　　② 立憲民政党　　③ 憲政党　　④ 立憲改進党

　　⑤ 立憲政友会　　⑥ 社会民主党　　⑦ 自由党　　⑧ 社会大衆党

問4　文中の下線部①に関連して，明治期における対外関係について述べた次の文Ⅰ～Ⅲについて，
　　古いものから年代順に正しく配列したものを，次の①～⑥のうちから一つ選び，答えなさい。
　　5

　Ⅰ　朝鮮の近代化をはかった金玉均らが，クーデターに失敗した。

　Ⅱ　清国政府が国内の反乱に同調して，日本を含む諸外国に宣戦布告した。

　Ⅲ　日本の軍艦が朝鮮の首都付近で挑発を行い，日朝間の戦闘に発展した。

　　① Ⅰ－Ⅱ－Ⅲ　　② Ⅰ－Ⅲ－Ⅱ　　③ Ⅱ－Ⅰ－Ⅲ

　　④ Ⅱ－Ⅲ－Ⅰ　　⑤ Ⅲ－Ⅰ－Ⅱ　　⑥ Ⅲ－Ⅱ－Ⅰ

問5　文中の下線部②に関連して述べた次の文X・Yについて，その正誤の組み合わせとして正しい
　　ものを，次の①～④のうちから一つ選び，答えなさい。　　6

　X　憲法の草案を作成する動きが民間で起こったが，完成した案はなかった。

　Y　元老院で憲法の草案が作成されたが，反対されて廃案となった。

　　① X　正　Y　正　　② X　正　Y　誤

　　③ X　誤　Y　正　　④ X　誤　Y　誤

問6　文中の下線部③の内容にあてはまる語句として誤っているものを，次の①～⑤のうちから一つ
　　選び，答えなさい。　　7

　　① 加波山事件　　② 大津事件　　③ 福島事件　　④ 大阪事件　　⑤ 秩父事件

問7　文中の下線部④について，正しい文章を次のA～Eのうちからすべて選び，答えなさい。正し
　　い文章の番号には①を，誤っている文章の番号には⑨をマークしなさい。

　A　この憲法の内容は，枢密院で審議された。　　8

　B　この憲法には，主権在民が定められた。　　9

　C　この憲法には，皇位の継承や摂政の制度が定められた。　　10

　D　この憲法では，議会や内閣から独立した統帥権が定められた。　　11

　E　この憲法では，国務大臣は天皇に対して責任を負うものと定められた。　　12

〔**4**〕　次の文章を読んで，下記の問1〜問7に答えなさい。

　　明治維新によって成立した新政府は，初等教育の発展をめざして，男女に等しく学ばせる「国民皆学」の実現をはかり，1872年（明治5）に　　ア　　を公布した。この年に初の女学校が東京で設立され，その後に女子師範学校も開学した。条約改正の予備交渉を目的とした岩倉使節団には，5人の女子留学生が同行した。
①

　　　ア　　の制度のもとで教育をうけた女性のなかには，自由民権運動に身を投じたものもいた。女子師範学校に入学した岸田俊子は，のちに女性民権家として全国を遊説した。その後，明治政府は男女別学の方針に改めて，女性の中学校への入学を認めず，高等女学校を設立した。さらに男性優位を定めた民法や刑法，女性の政治活動を制約する諸法令などで，女性の社会的地位を抑制した。女流作
②
家　　イ　　は，貧しい下町に暮らす女性たちの心理を『にごりえ』『たけくらべ』などの作品で描写した。

　　明治期の軽工業分野では，女性が労働力の中心であった。官営模範工場として1872年に開業した
③
富岡製糸場でも，多数の女性が働いた。一般に女性を含む明治期の工場労働者は，過酷な長時間労働に従事し，劣悪な環境におかれていた。産業革命の進展のなかで労働者の惨状が広く取りあげられ，1894年には紡績工場で女工によるストライキが発生した。1903年には農商務省による工場労働の実態調査が『　　ウ　　』にまとめられた。1911年には　　エ　　が公布され，12才の最低就労年齢，12時間の一日最大労働時間，年少者・女性の深夜業禁止などが定められたが，経済界への配慮から施行は公布の5年後とされた。

　　第一次世界大戦をへて急速に発展した重化学工業は，男性の工場勤務を増加させた。その一方で1920年代には，都市における女性の職場進出も活性化し，電話交換手・百貨店・運転手・タイピストなどの職につく職業婦人が増加した。さらに戦時色が強まると，女性をふくむ一般国民は軍需産業に動員されるようになった。

　　敗戦後，GHQによる占領政策が実施された。GHQの五大改革指令にもとづいて女性参政権が付与
④
され，日本国憲法の施行によって法の下の男女平等が実現した。ただし機械化・重工業化の進展や，男性の終身雇用を中心とする日本的経営の成立などで，女性の職場進出は部分的なものにとどまった。高度経済成長期には，都市への人口移動が盛んになり，夫婦と未婚の子からなる核家族が増え
⑤
て，多くの女性が専業主婦化する。職場における男女平等の試みは，1986年の男女雇用機会均等法の施行後も，なお多くの課題が残されている。

問1　文中の空欄　　ア　　，　　イ　　に入る語句の組み合わせとして正しいものを，次の①〜④のうちから一つ選び，答えなさい。　　1

①　ア　学制　　イ　与謝野晶子　　②　ア　学制　　イ　樋口一葉

③　ア　教育令　イ　与謝野晶子　　④　ア　教育令　イ　樋口一葉

問2　文中の下線部①の使節団一行に含まれる人物として誤っているものを，次の①〜⑤のうちから1人選び，答えなさい。　　2

①　大久保利通　　②　伊藤博文　　③　岩倉具視　　④　西郷隆盛　　⑤　木戸孝允

問3　文中の下線部②に関して，この時期の女性の権利を主張する活動に関して述べた次の文X・Y
について，その正誤の組み合わせとして正しいものを，次の①～④のうちから一つ選び，答えな
さい。　　3

X　友愛会は平塚らいてうらによって結成された団体で，女性労働者の権利を主張した。

Y　新婦人協会は市川房枝らによって結成された団体で，女性参政権や政治参加の権利を主張し
た。

① X　正　Y　正　　② X　正　Y　誤

③ X　誤　Y　正　　④ X　誤　Y　誤

問4　文中の下線部③に関して，この時期の殖産興業に関して述べた次の文A～Dについて，その正
しいものの組み合わせを，次の①～④のうちから一つ選び，答えなさい。　　4

A　群馬県に設けられた富岡製糸場では，イギリスの技術による綿糸生産が行われた。

B　群馬県に設けられた富岡製糸場では，フランスの技術による生糸生産が行われた。

C　北海道に開拓使が置かれ，アメリカ式の大農場・畜産技術の移植が試みられた。

D　北海道に開拓使が置かれ，ロシアへの防備のためアイヌが屯田兵として動員された。

① A・C　　② A・D　　③ B・C　　④ B・D

問5　文中の空欄　ウ　，　エ　に入る語句の組み合わせとして正しいものを，次の①～④
のうちから一つ選び，答えなさい。　　5

① ウ　職工事情　エ　工場法　　② ウ　職工事情　エ　労働基準法

③ ウ　女工哀史　エ　工場法　　④ ウ　女工哀史　エ　労働基準法

問6　文中の下線部④に関連して，正しい文章を下記のA～Eのうちからすべて選び，答えなさい。
正しい文章の番号には①を，誤っている文章の番号には⑨をマークすること。

A　経済民主化を目的に，日本国内の財閥を統合強化した。　　6

B　農村社会の安定を目的に，農地改革で自作農の創設をすすめた。　　7

C　企業経営の安定を目的に，労働組合の結成を禁止した。　　8

D　教育の改革を行い，教育の機会均等や男女共学の原則を定めた。　　9

E　政治の改革を行い，戦争協力者などを対象として公職追放を行った。　　10

問7　文中の下線部⑤に関連して，戦後期の経済・社会について述べた次の文Ⅰ～Ⅲについて，古い
ものから年代順に正しく配列したものを，次の①～⑥のうちから一つ選び，答えなさい。
11

Ⅰ　オリンピック東京大会が開かれ，東海道新幹線が開通した。

Ⅱ　日本生産性本部が設立され，生産性向上運動が展開された。

Ⅲ　第一次石油危機が発生して，狂乱物価とよばれるインフレーションをもたらした。

① Ⅰ－Ⅱ－Ⅲ　　② Ⅰ－Ⅲ－Ⅱ　　③ Ⅱ－Ⅰ－Ⅲ

④ Ⅱ－Ⅲ－Ⅰ　　⑤ Ⅲ－Ⅰ－Ⅱ　　⑥ Ⅲ－Ⅱ－Ⅰ

世 界 史

（2科目 120分）

〔**1**〕　次の文章A・Bを読んで，下記の問いに答えなさい。

A

前7～前5世紀ごろ，ガンジス川流域では商業や手工業が栄え，社会・経済の発展を背景に，ガウタマ＝シッダールタやヴァルダマーナが新しい宗教をひらいた。前4世紀になり，アレクサンドロス大王の東方遠征による混乱から，　　ア　　が南端部を除き，ほぼインド全域を初めて統一した。紀元後1世紀には大月氏から自立したクシャーン人がバクトリア地方からインダス川流域に入ってクシャーナ朝を興し，2世紀中頃に最盛期を迎えた。3世紀，クシャーナ朝はササン朝ペルシアの圧迫により衰亡した。

問1　文中の下線部(a)，(b)がひらいた宗教の教義について述べた文X～Zの組み合わせとして正しいものを，次の①～⑥のうちから一つ選び，答えなさい。　　1

X　禁欲的な苦行の実践と徹底的な不殺生による解脱を説いた。

Y　普遍の真理と知徳の合一を説いた。

Z　八つの正しい実践を通して迷いの道からの解脱を説いた。

①　a－X，b－Y　　②　a－X，b－Z　　③　a－Y，b－X

④　a－Y，b－Z　　⑤　a－Z，b－X　　⑥　a－Z，b－Y

問2　文中の下線部(c)について述べた文として**誤っている**ものを，次の①～④のうちから一つ選び，答えなさい。　　2

①　イッソスの戦いでダレイオス3世の軍勢を打ち破った。

②　アルベラの戦いに勝利してペルシアを滅ぼした。

③　アリストテレスが若きアレクサンドロスの家庭教師を務めた。

④　カイロネイアの戦いでアテネ，スパルタの連合軍を破った。

問3　文中の空欄　　ア　　に入る語句として最も適当なものを，次の①～④のうちから一つ選び，答えなさい。　　3

①　ヴァルダナ朝　　②　ガズナ朝　　③　マウリヤ朝　　④　グプタ朝

問4　文中の下線部(d)について述べた文（あ）・（い）の正誤の組み合わせとして正しいものを，次の①～④のうちから一つ選び，答えなさい。　　4

（あ）前漢の武帝は張騫を大月氏に派遣した。

（い）大月氏の起源である月氏は，鮮卑の圧迫を受けてモンゴル高原西部から中央アジアに逃れた。

① あ―正，　い―正

② あ―正，　い―誤

③ あ―誤，　い―正

④ あ―誤，　い―誤

問5　文中の下線部(e)に関連して，クシャーナ朝の時代に起こった出来事について述べた文として誤っているものを，次の①～④のうちから一つ選び，答えなさい。　　5

① アジャンター石窟寺院の仏像や壁画に代表される仏教美術が誕生した。

② ローマとの交易を盛んに行い，大量の金がインドにもたらされた。

③ カニシカ王は仏教を保護し，仏典結集を行った。

④ ガンダーラ地方では，ヘレニズム文化の影響のもと，仏像が製作された。

問6　文中の下線部(f)について述べた文として正しいものを，次の①～④のうちから一つ選び，答えなさい。　　6

① この王朝の時代に創始されたゾロアスター教は弾圧を受けたが，中央アジアや中国などにも伝わった。

② ニハーヴァンドの戦いでアラブ軍に敗れた。

③ シャープール1世は突厥と結んでエフタルを滅ぼした。

④ ホスロー1世はローマ帝国と戦って，皇帝を捕虜にした。

B

　中央アジアを経由して紀元前後頃に伝えられた仏教が，中国の一般社会に広まったのは，<u>魏晋南北朝の動乱期</u>(g)で，これは戦乱による社会不安を背景としている。仏教の普及には南北で違いがあるものの，その普及過程においては，西域の渡来僧など<u>僧侶</u>(h)が重要な役割を果たした。

　ふたたび中国を統一した隋や唐は，北朝につらなる血統がひらいた王朝であったため，<u>北朝以来の諸制度を継承した</u>(i)。唐は高宗の時代，さらに積極的な対外遠征を進展させたほか，仏教文化も盛えた。<u>則天武后</u>(j)の晩年に朝廷の政治は一時混乱したが，玄宗が即位して立て直しがはかられ，安定期を迎えた。しかし755年，辺境を防衛する指揮官である節度使の<u>安禄山が反乱を起こした</u>(k)。8年におよんだ反乱の後，<u>唐の体制は大きく変容していった</u>(l)。

問7　文中の下線部(g)の時期に起こった出来事について述べた文X～Zを，左から古い順に並べるとどのような順序になるか。次の①～⑥のうちから一つ選び，答えなさい。　　7

X　寇謙之が教団をつくり，道教の国教化や廃仏を推進した。

Y　占田・課田法が実施された。

Z　司馬睿が建康で皇帝に即位した。

① X―Y―Z　② X―Z―Y　③ Y―X―Z

④ Y―Z―X　⑤ Z―X―Y　⑥ Z―Y―X

問8　文中の下線部(h)に関連して，この時代の僧侶について述べた文として誤っているものを，次の①～④のうちから一つ選び，答えなさい。　　8

① インドから来た達磨は中国で禅宗を開いた。

② 仏図澄は中国に多くの仏寺を建立した。

③ インドにおもむいた法顕は，『南海寄帰内法伝』を著した。

④ 鳩摩羅什は長安に招かれて訳経事業に従事した。

問9　文中の下線部(i)に関連して，隋や唐が北朝から引き継いだ土地制度を何というか。次の①～④
　　　のうちから一つ選び，答えなさい。　　9

① 一条鞭法　　② 佃戸制　　③ 均田制　　④ 屯田制

問10　文中の下線部(j)について述べた文として誤っているものを，次の①～④のうちから一つ選び，
　　　答えなさい。　　10

① 科挙官僚を積極的に登用した。

② 中国の歴史上で唯一の女性皇帝である。

③ 府兵制に代えて募兵制を採用するようになった。

④ 国号を周に改めた。

問11　文中の下線部(k)の時期に起こった出来事について述べた文として誤っているものを，次の①～
　　　④のうちから一つ選び，答えなさい。　　11

① 安禄山はソグド系の武将であった。

② チベット高原を統一した吐谷渾が一時，長安を占領した。

③ 書家の顔真卿が義勇軍を率いて反乱軍と戦った。

④ 唐はウイグルの援助を得てようやく反乱を鎮圧した。

問12　文中の下線部(l)に関連して，この時期に採用された両税法について，25字以上30字以内で説
　　　明しなさい。句読点は1字に数える。なお，解答は記述解答用紙に記入しなさい。

〔2〕　次の文章A・Bを読んで，下記の問いに答えなさい。

A

　昨年生誕550周年を迎えたコペルニクスは，地動説の提唱者として名高い。彼は1473年，ポーラ
　　　　　　　　　　　　　　　　　　　　(a)　　　　　　　　　　　　　　　　　　　　　　(b)
ンド王国のトルンという町に生まれた。ポーランドのクラクフ大学で学んだ後，イタリアのボロー
　　　　　　　　　　　　　　　　　　　　　　　　　　　　　　　　　　　　　　(c)
ニャ大学に赴いた際に天文学を，次いで同じくイタリアのパドヴァ大学で医学を修めた。その後，故
　　　　　　　　　　　　　　　　　　　(d)
郷のポーランドに帰ると，カトリック司教座聖堂参事会員（※）の職を務める傍ら，天文学の研究に
勤しむことになった。

　コペルニクスの関心は天文学だけではなく，通貨改革の提言や，ギリシア語の文学作品のラテン語
　　　　　　　　　　　　　　　　　　　　　(e)
訳なども行っている。

　当初コペルニクスは自説である地動説を書物にして世に問う考えはもっていなかったが，彼の噂を
聞いたヴィッテンベルク大学の講師レティクスから強く勧められ，公刊を決意した。コペルニクスの
　　　　(f)
著書『天球の回転について』は，1543年に印刷された。
　　　　　　　　　　　　　　(g)

　（※）カトリック司教座聖堂参事会員……司教を補佐する聖職者で，司教区の行政・司法・立法に関
与する。

問1　文中の下線部(a)「地動説」についての以下の説明のうち，正しいものはどれか。次の①〜④の
　　うちから一つ選び，答えなさい。ただし，年代に関する誤りはない。　[　1　]
　①　古代ローマのプトレマイオスは地動説を唱えていた。
　②　9世紀頃にイスラーム教徒たちはアリストテレス自然学の影響を受け，地動説を発展させた。
　③　中世のヨーロッパでは，聖書の教えにもとづいて，地動説が信じられた。
　④　ガリレイは望遠鏡による月の観察を通じて，地動説を擁護した。

問2　文中の下線部(b)「ポーランド」についての以下の説明のうち，正しいものはどれか。次の①〜
　　④のうちから一つ選び，答えなさい。ただし，年代に関する誤りはない。　[　2　]
　①　13世紀に，キプチャク＝ハン国の一部となった。
　②　14世紀に，ドイツ騎士団に対抗するため，リトアニアと合同して王国を形成した。
　③　16世紀までに，農民の社会的地位が向上し，やがてヨーマンとよばれる独立自営農民に成長
　　していった。
　④　18世紀に，神聖ローマ帝国，ロシア帝国，オスマン帝国の3帝国に領土を奪われ，国家とし
　　ては消滅した。

問3　文中の下線部(c)「イタリア」に関連して，1500年前後のイタリアの状況についての以下の説
　　明のうち，正しいものはどれか。次の①〜④のうちから一つ選び，答えなさい。ただし，年代に
　　関する誤りはない。　[　3　]
　①　教皇領のあるローマを中心にした統一国家が形成されていた。
　②　ミケランジェロがフィレンツェやローマで活躍し，ダヴィデ像を制作した。
　③　ジェノヴァ出身のコロンブスが，ポルトガルの支援を受けて，1492年に大西洋岸から西にむ
　　けて出港した。

④ 1494年にハプスブルク家の軍隊による侵入を受けて以来，イタリア戦争と呼ばれる戦乱が長く続いた。

問4 以下は文中の下線部(d)「ボローニャ大学」，(f)「ヴィッテンベルク大学」およびイングランドのオクスフォード大学のいずれかについての説明である。大学と説明の正しい組み合わせを次の①～⑥のうちから一つ選び，答えなさい。 4

ア 神学研究で発展し，14世紀前半にはこの大学のウィクリフが聖書の翻訳を行った。

イ 最古の大学とされ，法学研究で有名。

ウ この大学の教授であったルターが『95か条の論題』を公表し，宗教改革のきっかけをつくった。

① ア―ボローニャ大学 イ―ヴィッテンベルク大学 ウ―オクスフォード大学
② イ―ボローニャ大学 ウ―ヴィッテンベルク大学 ア―オクスフォード大学
③ ウ―ボローニャ大学 ア―ヴィッテンベルク大学 イ―オクスフォード大学
④ ア―ボローニャ大学 ウ―ヴィッテンベルク大学 イ―オクスフォード大学
⑤ イ―ボローニャ大学 ア―ヴィッテンベルク大学 ウ―オクスフォード大学
⑥ ウ―ボローニャ大学 イ―ヴィッテンベルク大学 ア―オクスフォード大学

問5 文中の下線部(e)「通貨改革」に関連して，貨幣に関する以下の説明のうち，正しいものはどれか。次の①～④のうちから一つ選び，答えなさい。 5

① ローマ帝国時代にはまだ貨幣鋳造技術が十分に発達していなかったため，当時つくられたソリドゥス金貨は品質が一定せず，信頼性が低かった。

② 11～12世紀頃のヨーロッパでは，東方貿易や北海・バルト海交易の発達により，貨幣経済の浸透が進んだ。

③ 中世ヨーロッパを通じて，領主は農民からの地代をもっぱら生産物現物の納付によって受け取っており，貨幣では受け取らなかった。

④ 重商主義とは貿易の拡大によって貨幣獲得をめざす産業政策であるから，貿易促進のため関税の引き下げが図られた。

問6 文中の下線部(g)「1543年」に関連して，前後して起こった出来事についての以下の説明のうち，正しくないものはどれか。次の①～④のうちから一つ選び，答えなさい。ただし，年代に関する誤りはない。 6

① 1511年以来，マラッカ王国がポルトガルの占領下に置かれ，中国とポルトガルの東西交易の中継拠点として発展した。

② 1545年に発見されたポトシ銀山などで採掘された大量の銀が流入したことにより，ヨーロッパの物価が2～3倍に跳ね上がった。

③ プロテスタント諸侯と帝国都市の同盟軍が皇帝軍と戦ういわゆるシュマルカルデン戦争が，1546年に起こった。

④ 1549年にイエズス会所属の宣教師ザビエルが布教活動の一環で日本に来航した。

B

　歴史社会学者のイマニュエル゠ウォーラーステインによると，16 世紀の「ヨーロッパ世界経済」にとって，ポーランド，ベーメン（ボヘミア），ハンガリーは「周辺」と位置づけられるが，ロシア(h)　　　　　　　　　　　　(i)　　　　　　　　　　　　　(j)は「外部」にすぎない。ここでいう「周辺」とは，一次産品などの生産と輸出に特化させられているが全体的な分業体制の不可欠な構成要素をなしている地域をさす。そして，「外部」とは，不況期には貿易を減らしてもよいという意味で，経済システムの存立にとって副次的でしかなかった地域を意味する。ところで，ウォーラーステインによれば，東ヨーロッパ諸国とロシア，さらに北欧のス(k)ウェーデンとの差は，国家機構の強さにも表れている。東ヨーロッパ諸国で国家権力が弱体であったのに対して，ロシアやスウェーデンでは国家機構が強力であった。(l)

問7　文中の下線部(h)「ベーメン」についての以下の説明の空欄　　ア　　，　　イ　　を埋めるのに最も適切な語句の組み合わせを次の①～④のうちから一つ選び，答えなさい。　　7

　　　この地域は 11 世紀には神聖ローマ帝国の一部になっていたが，15 世紀になると，教皇批判をコンスタンツ公会議で咎められ処刑された　　ア　　の教えを奉じる農民軍によって大規模な反乱が起こり，失敗はしたものの独立運動に発展した。17 世紀にも神聖ローマ帝国のカトリック信仰の強制に反対して反乱が起こり，　　イ　　のきっかけになった。

① アーミュンツァー　イー三十年戦争

② アーフス　　　　　イー三十年戦争

③ アーミュンツァー　イー七年戦争

④ アーフス　　　　　イー七年戦争

問8　文中の下線部(i)「ハンガリー」についての以下の説明のうち，正しいものはどれか。次の①～④のうちから一つ選び，答えなさい。ただし，年代に関する誤りはない。　　8

① 16 世紀にセリム 1 世率いるオスマン帝国軍に敗れ，征服された。

② 17 世紀にカルロヴィッツ条約によってオーストリアに割譲され，ロシアに割譲されたトランシルヴァニアと隔てられることになった。

③ 1848 年のいわゆる「諸国民の春」において，独立をめざす民族運動が高揚した。

④ 1956 年にフルシチョフがスターリン批判を行った後，ソ連の影響力の排除を要求するデモが全国的に拡大したが，ナジ゠イムレ首相により鎮圧された。

問9　文中の下線部(j)「ロシア」地域で起こった以下の出来事を古いものから時代順に並べるとき，正しい順番はどれか。下記の選択肢から選びなさい。なお，内容に関する誤りはない。
　　9

A　キエフ公国のウラディミル 1 世が，ギリシア正教に改宗した。

B　リューリクに率いられたノルマン人の一派が，ノヴゴロド国を建国した。

C　ステンカ゠ラージン率いる農民反乱が勃発した。

D　モスクワ大公国のイヴァン 3 世がモンゴル軍を下し，その支配から脱するきっかけとなった。

① A→B→C→D

② A→D→B→C

③ B→A→D→C

④ B→C→A→D

問10 文中の下線部(k)「スウェーデン」についての以下の説明のうち，正しいものはどれか。次の①
～④のうちから一つ選び，答えなさい。ただし，年代に関する誤りはない。 ☐10

① この国の王が主導して，14世紀末にデンマーク，ノルウェーとともにカルマル同盟という同
君連合が形成されたが，デンマークの離反により解体された。

② 17世紀に国王グスタフ＝アドルフは，神聖ローマ皇帝軍の傭兵隊長ヴァレンシュタインと
戦った。

③ 18世紀にロシアとの戦争に勝利し，バルト海の制海権を得た。

④ 第二次世界大戦後は経済復興のための地域統合を掲げ，1967年のEC発足時の加盟国の一つ
となった。

問11 文中の下線部(1)「国家機構」に関連して，16世紀頃からしだいに確立した国家機構の特徴を
表すのに最も不適切なものは次のうちどれか。次の①～④のうちから一つ選び，答えなさい。
☐11

① 官僚制の精緻化

② 常備軍の設置

③ 徴税機構の整備

④ 国民教育の義務化

〔3〕　次の文章を読んで，下記の問いに答えなさい。

　19世紀半ばから20世紀はじめにパリを中心として活躍した女優サラ＝ベルナールは，本年（2023年）に没後100周年を迎える。自らの劇団をもち海外巡業を行って時代を牽引したサラ＝ベルナールに関する次の年表を読んで，以下の問いに答えなさい。

1844年　ユダヤ教徒の母のもと，パリに生まれる。
　　　　　a
　　　　　出生証明が後に焼失したため，正式な生年を確認することができない。
　　　　　b
　　　　　そのため生年を1840年とする説もある。

1851年　オートゥイユにあるフレサール夫人の寄宿学校に入学する。
　c

1860年　国立音楽演劇学校に入学。

1862年　同学校を卒業し，17世紀に創立されたフランスを代表する劇団，
　　　　　コメディ＝フランセーズに入団する。
　　　　　d

1864年　息子モーリスを出産。
　e

1868年　デュマ＝ベールの作品に出演し，好評を博す。

1870年　戦争勃発のため家族を北フランスに疎開させる。オデオン座を野戦病院とする許可をと
　　　　　f
　　　　　り，他の女優とともに市民の看護活動に当たる。

1877年　ヴィクトル＝ユゴー作『エルナニ』に出演，大成功をおさめる。
　　　　　g

1891年　ヨーロッパ，オーストラリア，アメリカ，ロシア，トルコ，タヒチに巡業。

1892年　オスカー＝ワイルドが書いた悲劇『サロメ』の上演がイギリス当局の検閲により上演不可
　　　　　となる。

1894年　画家アルフォンス＝ミュシャが公演のポスターを手掛ける。
　h

1899年　パリ市立劇場を借り上げ，改装したのち，サラ＝ベルナール座と改称する。
　i

1907年　自身も学んだ国立音楽演劇学校で教鞭をとる。

1914年　フランス政府よりレジオン＝ドヌール勲章を受章。
　j

1923年　パリの自宅で死去（享年78）。パリ市により公葬される。
　k

問1　文中の下線部aユダヤ教徒はキリストが処刑された場所であるイェルサレムを聖地としている。他にイェルサレムを聖地としている宗教を，次の①〜⑤のうちから一つ選び，答えなさい。
　　　　[　1　]
　① 仏教　　② イスラーム教　　③ イシス教　　④ ヒンドゥー教　　⑤ ジャイナ教

問2　文中の下線部bの焼失については，後に起きた民衆の蜂起パリ＝コミューンの勃発時であるとされている。パリ＝コミューンの説明としてあてはまらないものを，次の①〜⑤のうちから一つ選び，答えなさい。　[　2　]
　① 革命化したパリ民衆が自治政権を樹立した。
　② 知識人を中心に都市民衆も参加し，労働者による仕事場の自主管理などを打ち出した。
　③ オーストリアとプロイセンの戦争後，ビスマルクによって鎮圧された。

④　民衆や社会生活を力強く描いた写実主義の画家クールベが参加した。

⑤　ドイツの支援を受けた臨時政府との市街戦は「血の週間」と呼ばれた。

問3　文中の下線部cの1851年，各国がその最先端の技術・工業製品・美術工芸品などを出品展示する国際的な催しが開かれた。どこでこの催しが開催されたのかを，次の①～⑤のうちから一つ選び，答えなさい。　　3

①　ニューヨーク　②　パリ　③　シカゴ　④　フィラデルフィア　⑤　ロンドン

問4　文中の下線部dの劇団は同名の劇場をもち，「モリエールの家」という別名がある。劇作家のモリエールはコルネイユ，ラシーヌとともに三大作家とよばれ，古代ギリシア・ローマを模範とする文学を生み出した。この17世紀フランスを中心に展開した形式美の文学は何とよばれているか。あてはまるものを，次の①～⑤のうちから一つ選び，答えなさい。　　4

①　ロマン主義　②　写実主義　③　自由主義　④　ピューリタン文学　⑤　古典主義

問5　文中の下線部eの年に，ジュネーヴ条約により戦時における傷病者の救護を目的に設立された組織がある。その活動内容はその後，捕虜の保護や平時の疾病・災害への対処，衛生思想の普及などへと広がった。この国際組織の創設者の名前を，次の①～⑤のうちから一つ選び，答えなさい。　　5

①　マザー＝テレサ　②　デュナン　③　ナイチンゲール

④　ビスマルク　⑤　キュリー夫妻

問6　文中の下線部fの戦争についての正しい説明を，次の①～⑤のうちから一つ選び，答えなさい。　　6

①　プロイセン王国とオーストリア帝国との戦争。

②　プロイセン主導のドイツ諸邦とフランスの戦争。

③　ヴェストファーレン条約でフランスが興隆し，東部の領土を拡張した。

④　英・仏・サルデーニャの連合軍がオスマン帝国を支援して戦った戦争。

⑤　イギリスがフランスと連合して起こした戦争。

問7　文中の下線部g ヴィクトル＝ユゴーは，ルイ＝ナポレオンのクーデタに反対して18年間の亡命生活を送った。「国民的詩人」として国葬された。この人物と同時代を生きたが，作家・詩人ではない人物を，次の①～⑤のうちから一つ選び，答えなさい。　　7

①　スタンダール　②　シラー　③　フロイト　④　バイロン　⑤　ハイネ

問8　文中の下線部hの1894年には，文学者のゾラを巻き込んだ論争に発展するドレフュス事件が起こった。この事件に関連するできごとの説明として正しくない項目を，次の①～⑤のうちから一つ選び，答えなさい。　　8

①　反ユダヤ主義の根強さを認識したヘルツルによる，シオニズム運動が開始された。

②　ユダヤ系軍人ドレフュス大尉に対する冤罪事件。

③　合法的な政権奪取をめざし，大尉はベルギーに亡命した。

④　フランス国内では共和諸派が結集して急進社会党を結成した。

⑤　カトリック教会の政治介入を排除するため政教分離法が成立した。

問9　文中の下線部iの1899年，ロシア皇帝ニコライ2世が提唱し，ハーグで第1回万国平和会議が

開催される。この皇帝の説明として**正しくない**項目を次の①～⑤のうちから一つ選び，答えなさい。　**9**

① 第一次世界大戦中に起こった二月革命で退位を余儀なくされた。

② ポーランドを抑圧し，クリミア戦争を開始した。

③ シベリア鉄道を完成させ極東進出をはかった。

④ 十月革命でボリシェヴィキが政権を獲得した後，家族とともに革命派によって処刑された。

⑤ ロマノフ朝最後の皇帝であった。

問10　文中の下線部 j <u>フランス政府</u>は，1881 年に北アフリカのチュニジアを保護国にし，さらにサハラ砂漠地域をおさえ，アフリカを横断してジブチ・マダガスカルと連結しようとした。その後，1905 年と 1911 年にモロッコを巡る国際紛争が起こった。この時，フランスと対立した国を次の①～⑤のうちから一つ選び，答えなさい。　**10**

①　イギリス　　②　スペイン　　③　ドイツ　　④　ロシア　　⑤　イタリア

問11　文中の下線部 k の年，1923 年にバイエルン州の州都で武装蜂起事件が起こる。政権獲得を狙ったが失敗し，ヒトラーらが逮捕された。この事件の名称として正しいものを次の①～⑤のうちから一つ選び，答えなさい。　**11**

①　国会議事堂放火事件　　　　　②　二・二六事件　　　③　「水晶の夜」

④　サッコ・ヴァンゼッティ事件　　　⑤　ミュンヘン一揆

〔**4**〕　次の文章A・Bを読んで，下記の問いに答えなさい。

A. <u>1877 年にインド帝国が成立した後</u>，インドではイギリスの利害にあわせた経済開発が進められた。そのなかで，現地の知識人やエリート層を中心にイギリスのインド人差別への不満が高まり，次第に民族意識を強めていった。イギリスは 1905 年にベンガル分割令を出し，ヒンドゥーとイスラームの宗派対立を利用して民族運動の分断をはかった。これに対し，1885 年に成立した<u>国民会議派</u>はボイコット（英貨排斥），　**ア**　（国産品愛用），　**イ**　（自治獲得），民族教育の四つのスローガンを掲げた。イギリスは 1911 年にベンガル分割令を撤回したが，反英運動の中心であった　**ウ**　から　**エ**　に首都を移した。

B. <u>スペインの植民地となっていたフィリピン</u>では，1880 年代に知識人　**オ**　が民族主義の言論活動を展開し，1896 年にはフィリピン革命が始まった。革命指導者であった　**カ**　は，1899 年にフィリピン共和国の独立を宣言して，大統領となった。しかし，<u>アメリカ＝スペイン戦争</u>に勝利したアメリカはこれを認めず，フィリピン＝アメリカ戦争の結果，1902 年からアメリカによる本格的な植民地統治が始まった。

<u>オランダ領東インド</u>では，20 世紀初めに「倫理政策」とよばれる新たな統治政策が実施されたが，新たに誕生した現地の知識人層において次第に民族的自覚が生まれていった。こうした状況の中で 1911 年に設立された民族的な組織が，翌 1912 年にイスラーム同盟と改称され，やがて政治活動に向

かった。

　フランスの植民地となったベトナムでは，1904 年に　　キ　　らがフランスからの独立と立憲君
(f)
主制の樹立をめざす，後に維新会とよばれる組織を結成した。急速に近代化を進めて強国化を果たし
た日本の姿に鼓舞され，日本への留学も推進された。しかし日本政府は，フランスの要請を受けて留
(g)　　　　　　　　　　　　　　　　　　　　　　　　(h)
学生を国外へ追放する措置をとった。

問1　文中の下線部(a)について，インドを直接統治するために 1877 年からインド皇帝を兼任したイ
　　ギリス女王の名前を，次の①～④のうちから一つ選び，答えなさい。　　1

　　①　エリザベス 2 世　　　②　メアリ 2 世　　　③　アン女王　　　④　ヴィクトリア女王

問2　文中の下線部(b)について，国民会議の急進派の指導者としてベンガル分割反対運動を展開した
　　人物の名前を，次の①～④のうちから一つ選び，答えなさい。　　2

　　①　ティラク　　　②　ガンディー　　　③　ラーム＝モーハン＝ローイ　　　④　ネルー

問3　文中の空欄　　ア　　，　　イ　　にあてはまる最も適切な語句の組み合わせを，次の①～④
　　のうちから一つ選び，答えなさい。　　3

　　①　アースワラージ　　　　　　　　　イースワデーシ

　　②　アーブールナ＝スワラージ　　　イースワラージ

　　③　アースワデーシ　　　　　　　　イーブールナ＝スワラージ

　　④　アースワデーシ　　　　　　　　イースワラージ

問4　文中の空欄　　ウ　　，　　エ　　にあてはまる最も適切な語句の組み合わせを，次の①～④
　　のうちから一つ選び，答えなさい。　　4

　　①　ウーデリー　　　　　　エーニューデリー

　　②　ウーカルカッタ　　　エーデリー

　　③　ウーボンベイ　　　　エーデリー

　　④　ウーカルカッタ　　　エーニューデリー

問5　文中の空欄　　オ　　～　　キ　　にあてはまる最も適切な語句の組み合わせを，次の①～④
　　のうちから一つ選び，答えなさい。　　5

　　①　オーアギナルド　　　　　　カーホセ＝リサール　　　キーファン＝ボイ＝チャウ

　　②　オーファン＝ボイ＝チャウ　カーアギナルド　　　　キーホー＝チ＝ミン

　　③　オーホセ＝リサール　　　　カーファン＝ボイ＝チャウ　キーホー＝チ＝ミン

　　④　オーホセ＝リサール　　　　カーアギナルド　　　　キーファン＝ボイ＝チャウ

問6　文中の下線部(c)に関連して，「フィリピン」の名称の由来となったスペイン国王フェリペ 2 世
　　の治世の出来事として適切ではないものを，次の①～④のうちから一つ選び，答えなさい。

　　　　6

　　①　スペインがポルトガルを併合し，「太陽のしずまぬ国」といわれるほどの広大な領土を所有し
　　た。

　　②　スペイン・ローマ教皇・ヴェネツィア連合軍がレパントの海戦でオスマン帝国を破った。

　　③　ピサロがインカ帝国を滅ぼした。

④　アルマダの海戦で無敵艦隊がイギリスに敗北した。

問7　文中の下線部(d)に関連して，アメリカ＝スペイン戦争と同じ年にアメリカに併合された地はどこか，次の①〜④のうちから一つ選び，答えなさい。　　7

①　ハワイ　　②　フロリダ　　③　カリフォルニア　　④　アラスカ

問8　文中の下線部(e)に関連して，1623年のアンボイナ事件を契機として，インドネシアからの撤退を余儀なくされた国はどこか，次の①〜④のうちから一つ選び，答えなさい。　　8

①　ポルトガル

②　ドイツ

③　フランス

④　イギリス

問9　文中の下線部(f)に関連して，ベトナムの宗主権を巡る清仏戦争の結果，1885年に結ばれた講和条約を何というか，次の①〜④のうちから一つ選び，答えなさい。　　9

①　南京条約

②　天津条約

③　ユエ条約

④　サイゴン条約

問10　文中の下線部(g)に関連して，日本は日清戦争の結果，1895年の下関条約によって遼東半島を獲得したが，三国干渉により返還を余儀なくされた。その三国の組み合わせとして最も適切なものを，次の①〜④のうちから一つ選び，答えなさい。　　10

①　ロシア，アメリカ，イギリス

②　フランス，ロシア，ドイツ

③　イギリス，フランス，ドイツ

④　アメリカ，イギリス，フランス

問11　文中の下線部(h)に関連して，この運動は1912年に広東で組織されたベトナム光復会に引き継がれるが，この組織に影響を与えた同時期の中国での出来事は何か，次の①〜④のうちから一つ選び，答えなさい。　　11

①　戊戌の政変

②　洋務運動

③　太平天国の乱

④　辛亥革命

政治・経済

（2科目 120分）

〔 1 〕　次の文を読んで，下記の問いに答えなさい。

　　　19世紀の初め，イギリスの経済学者である（　1　）は，比較生産費説を提唱し，2国間の
(A)
貿易によって両方の国にメリットがあることを示した。これが根拠となって，現代の国際社会では，
自由貿易の考え方が浸透し，さまざまな財の貿易が活発に行われるようになった。これらの国際間の
(B)
経済取引を記録したものが国際収支である。国際収支には，財の貿易だけでなく，2010年代に急増
した訪日外国人観光客による経済取引も記録されている。たとえば，訪日外国人観光客による日本で
の宿泊費や食事代などは，（　2　）として計上される。

　　　日本の国際収支を振り返ると，1981年度から2022年度まで経常収支の黒字が続いている。内訳を
見ると，経常収支の黒字に最も貢献した項目は，2004年度までは（　3　）の黒字だった。し
かし，2005年度以降は，（　4　）の黒字が経常収支の黒字に最も貢献している。

　　　貿易の決済には外国為替という仕組みがとられる。このとき，自国通貨と外国通貨の交換比率であ
る為替レートが問題となる。現在，日本円と外国通貨との為替レートは，外国為替市場における通貨
(C)
の需要と供給によって決まる変動相場制であるが，この制度になったのは約半世紀前のことである。
第二次世界大戦後から1971年まで続いた（　5　）の下では，ドルは金1オンス＝
（　6　）ドルの比率で金との交換が保証され，各国の通貨とドルとの交換比率を一定にする固
定相場制がとられた。このとき，円は1ドル＝（　7　）円に固定された。しかし，1971年に
米国がドルと金の交換停止を発表した（　8　）によって，ドルの価値が急落し，（　5　）
は崩壊した。その後，再び固定相場制の仕組みが模索されたが，1973年に先進諸国は変動相場制に
移行することになった。

問1　文中の空欄（　1　）～（　8　）について，あてはまる最も適切な語句を，次の①
　　　～④のうちから一つ選び，答えなさい。

　　　| 1 |　①アダム・スミス　②ケインズ　　　　③リカード　　　　④リスト

　　　| 2 |　①雇用者報酬の受け取り　　　　　　　②雇用者報酬の支払い

　　　　　　　③サービスの輸出　　　　　　　　　　④サービスの輸入

　　　| 3 |　①サービス収支　②第一次所得収支　③第二次所得収支　④貿易収支

　　　| 4 |　①サービス収支　②第一次所得収支　③第二次所得収支　④貿易収支

　　　| 5 |　①管理通貨制度　　　　　　　　　　②キングストン合意

③スミソニアン体制　　　　④ブレトンウッズ体制

| 6 | ① 25 | ② 28 | ③ 35 | ④ 38 |

| 7 | ① 280 | ② 308 | ③ 360 | ④ 380 |

| 8 | ①ニクソン・ショック | | ②プラザ合意 |
| | ③リーマン・ショック | | ④ルーブル合意 |

問2　文中の下線部(A)比較生産費説に関連して，A国とB国は，ともに小麦と衣料品をそれぞれ1単位ずつ生産している。小麦の生産に，A国は30人，B国は5人，衣料品の生産にA国は20人，B国は10人の労働者を必要とする。A国の総労働者数は50人，B国の総労働者数は15人である。このとき，以下の記述ア〜ウのうち正しいものはどれか。あてはまる記述をすべて選べ。その上で，その組み合わせとして正しいものを，次の①〜⑧のうちから一つ選び，答えなさい。

　9

ア．小麦，衣料品とも1単位の生産に必要な労働者はB国の方が少ないため，小麦生産，衣料品生産の両方でB国に比較優位がある。

イ．衣料品1単位の生産に必要な労働者はB国の方が少ないため，B国は衣料品の生産に特化すべきである。

ウ．A国が衣料品の生産に特化し，B国が小麦の生産に特化すると，両国全体で，小麦の生産量と衣料品の生産量は，ともに増加する。

①アとイとウ　　　②アとイ　　　③アとウ　　　④イとウ　　　⑤ア　　　⑥イ　　　⑦ウ

⑧正しいものはない

問3　文中の下線部(B)自由貿易を推進するため，日本はTPP（環太平洋経済連携協定）の交渉に参加し，2018年3月に11か国でTPP11協定（CPTPP）に署名し，同年12月に発効した。この時点での11か国の加盟国として正しいものを，以下のア〜ウのうちからすべて選べ。その上で，その組み合わせとして正しいものを，次の①〜⑧のうちから一つ選び，答えなさい。　　10

ア．韓国

イ．中国

ウ．米国

①アとイとウ　　　②アとイ　　　③アとウ　　　④イとウ　　　⑤ア　　　⑥イ　　　⑦ウ

⑧正しいものはない

問4　文中の下線部(C)為替レートについて，円高ドル安になった場合の記述として適切なものは，以下の記述ア〜エのうちどれか。あてはまる記述をすべて選べ。その上で，その組み合わせとして正しいものを，次の①〜⑨のうちから一つ選び，答えなさい。　　11

ア．円高ドル安になると，米国人にとって日本株を安く買うことができる。

イ．円高ドル安になると，日本人にとって米国からの輸入品を安く買うことができる。

ウ．円高ドル安になると，日本の賃金をドルに換算した金額が増えるため，米国人にとって日本

ではたらくことの魅力が増す。

エ．円高ドル安になると，日本企業が米国へ投資する際のコストが低下する。

①アとイ　　②アとウ　　③アとエ　　④イとウ　　⑤イとエ　　⑥ウとエ

⑦アとイとウ　　⑧アとイとエ　　⑨イとウとエ

〔2〕　次の文を読んで，下記の問いに答えなさい。

気候変動により，世界各国で異常気象に見舞われている。こうした気候変動の原因としてあげられ
ているのが（　1　）の増加である。（　1　）の中でも二酸化炭素の増加が地球の気温上
昇に影響を及ぼしている。世界各国では，深刻な気候変動の問題への対応を迫られており，
(A)
（　2　）の締約国は，第 26 回締約国会議によって，世界の平均気温の上昇を産業革命前と比べ
て（　3　）℃ に抑えることを目標とすることが示された。

しかし，日本では，依然として主力電源は（　4　）であり，二酸化炭素を大量に放出するこ
とが批判されている。こうした中で，東日本大震災により，（　5　）県の原子力発電所で事故
が発生し，これを契機にエネルギーの見直しがされ，再生可能エネルギーの普及に向けた取り組みも
(B)
進むようになった。特に，消費者の電源選択を可能とするため，（　6　）の自由化や発送電の
分離なども導入されている。2023 年に，原子力発電を重視する方向性が示されたが，（　7　）
の最終処分が未解決であるなど，課題も多く残っている。

国連環境開発会議で人類共通の目標として宣言された持続可能な開発の実現のためには，日本も気
(C)
候変動問題に対応していかなくてはいけない。かつて，（　8　）にもとづく 1990 年比で 6 ％の
削減義務を果たしたように，今後も国際社会の一員としての責任を果たすための検討も重要である。

問1　文中の空欄（　1　）〜（　8　）について，あてはまる最も適切な語句を，次の①
〜④のうちから一つ選び，答えなさい。

1	①温室効果ガス	②LP ガス	③プロパンガス	④天然ガス
2	①京都議定書		②名古屋議定書	
	③パリ協定		④カルタヘナ議定書	
3	①0.5	②1.5	③2.5	④3.5
4	①水力発電	②火力発電	③太陽光発電	④原子力発電
5	①岩手	②茨城	③福島	④宮城
6	①卸売	②価格	③小売	④売電
7	①感染性廃棄物	②災害廃棄物	③管理廃棄物	④放射性廃棄物
8	①京都議定書	②地球サミット	③名古屋議定書	④パリ協定

問2　文中の下線部(A)深刻な気候変動の問題について，今日までの世界各国の対応として以下の記述ア～エのうち，最も正しいものを二つ選べ。その上で，その組み合わせとして正しいものを，次の①～⑥のうちから一つ選び，答えなさい。　　9

ア．国によって実情が異なるため，二酸化炭素の削減の程度は国によって異なる。

イ．一国だけでの二酸化炭素の削減が困難な場合には，他国や企業間でその排出量を取引できる。

ウ．オゾン層が破壊されていることから，その原因となっている二酸化炭素の削減が進められている。

エ．毎年，気候変動への対応について議論するための COP が開催されており，2022 年はイギリス，2023 年はエジプトで行われている。

①アとイ　　②アとウ　　③アとエ　　④イとウ　　⑤イとエ　　⑥ウとエ

問3　文中の下線部(B)再生可能エネルギーについての以下の記述ア～エのうち，最も正しいものを二つ選べ。その上で，その組み合わせとして正しいものを，次の①～⑥のうちから一つ選び，答えなさい。　　10

ア．ウランを核分裂させて熱エネルギーを得て水を沸かし，蒸気の力で蒸気タービンを回転させて電気を起こすもの。

イ．化石燃料を燃やして熱エネルギーを得て水を沸かし，蒸気の力で蒸気タービンを回転させて電気を起こすもの。

ウ．風の力で風車を回し，その回転運動を発電機に伝えて電気を起こすもの。

エ．化石燃料を除く動植物に由来する有機物（バイオマス）で，エネルギー源として利用可能なもの。

①アとイ　　②アとウ　　③アとエ　　④イとウ　　⑤イとエ　　⑥ウとエ

問4　文中の下線部(C)持続可能な開発の実現について，今日，SDGs の考え方が重要視されているが，これについての以下の記述ア～ウのうち，正しいものはどれか。あてはまる記述をすべて選べ。その上で，その組み合わせとして正しいものを，次の①～⑦のうちから一つ選び，答えなさい。　　11

ア．2000 年にミレニアム開発目標として，8つの目標が設定されたのがきっかけとなっている。

イ．2015 年に合意され，すべての国を対象に，11 のゴールと 199 のターゲットが設定されている。

ウ．目標は，人間・豊かさ・地球・平和・環境の5つに整理されている。

①ア　　②イ　　③ウ　　④アとイ　　⑤アとウ　　⑥イとウ　　⑦アとイとウ

〔**3**〕　次の文を読んで，下記の問いに答えなさい。

　国家がその責務を果たすために行う経済作用を，財政という。（　1　）を基本原理とするわが国において，国家の有する財産は，終局的には国民全体に属するものであり，その調達もまた，国民全体の負担に帰せられる。そうすると，財政，すなわち，財源の調達および財産の使用・管理は，国民の意思に基づいて運営されなければならないと考えられる。このような見地から，日本国憲法（以下，単に「憲法」という。）第83条は，（　2　）を規定している。

　国家による資金調達において，基本となる手段は租税である。もっとも，資金調達の必要があるからといって，国民に対する租税の賦課徴収が無制限に許容されるわけではない。租税には，（　3　）の一つである財産権（憲法第29条）の制約として作用する側面がある。そこで，憲法第84条は，法律に基づかない限り，国家は国民に対して租税の賦課徴収を行うことができない旨を規定している。この憲法原則を，<u>租税法律主義</u>という。あわせて，国民の視点に立ち，同様の規定が
(A)
（　4　）というかたちで設けられている（第30条）。

　しかしながら，法律に定められている限り，どのような課税税であっても合憲となる，というわけではない。たとえば，憲法第14条第1項は（　5　）を規定している。これを租税にあてはめれば，<u>租税の公平性</u>，すなわち，租税負担は国民の間に公平に配分されなければならないという原則
(B)
となる。不公平な課税税を規定する法律は，同項に違反するとして無効とされる。

　わが国においてはさまざまな租税があるところ，その性質等に着目すれば，いくつかの分類が考えられる。たとえば，課税主体により，国税と地方税に分けられるし，また，納税義務者と税負担者が合致しているかどうかにより，直接税と間接税に分けられる。これらによれば，（　6　）は，国税であり，かつ，直接税である。他方，入湯税は，地方税であり，かつ，間接税である。

　国民の意思にもとづく財政は，予算にもとづいて執行されるところ，その憲法上の手続を概観すれば，次のようになる。（　7　）の作成した予算案は，国会の審議を受け議決を経なければならない（憲法第86条）。予算案は，先に衆議院に提出され（第60条第1項），衆議院において可決された場合，参議院に送付される。参議院において否決された場合において，両院協議会が開かれても意見が一致しなかったときは，衆議院の議決が国会の議決となる（同条第2項）。また，参議院が，国会休会中を除き，（　8　）以内に議決しなかったときも，同様に，衆議院の議決が国会の議決となる（同項）。このように，憲法上，<u>衆議院の優越</u>が，予算について認められている。
(C)

問1　文中の空欄（　1　）～（　8　）について，あてはまる最も適切な語句を，次の①
　　～④のうちから一つ選び，答えなさい。

　　　1　　①憲法の最高法規性　　　　　　②国民主権

　　　　　③象徴天皇制　　　　　　　　　④平和主義

　　　2　　①基礎的財政収支の均衡　　　　②財政再建

　　　　　③財政民主主義　　　　　　　　④法定手続の保障

　　　3　　①経済的自由権　　②国務請求権　　③社会権　　　④精神的自由権

4	①教育を受けさせる義務		②勤労の義務	
	③憲法尊重擁護の義務		④納税の義務	
5	①公共の福祉	②幸福追求権	③参政権	④法の下の平等
6	①関税	②固定資産税	③酒税	④法人税
7	①国会議員	②財務大臣	③内閣	④内閣総理大臣
8	①10 日	②30 日	③40 日	④60 日

問2　文中の下線部(A)租税法律主義に関連して，次の事項を古いものから順に並べよ。そのうえで，その順番として最も正しいものを，次の①～⑥のうちから一つ選び，答えなさい。　　9

ア．アメリカ独立革命

イ．フランス人権宣言

ウ．マグナ・カルタ

①ア→イ→ウ　　②ア→ウ→イ　　③イ→ア→ウ　　④イ→ウ→ア　　⑤ウ→ア→イ

⑥ウ→イ→ア

問3　文中の下線部(B)租税の公平性に関連した以下の記述ア～エのうち，最も正しいものを二つ選べ。そのうえで，その組み合わせとして正しいものを，次の①～⑥のうちから一つ選び，答えなさい。　　10

ア．最高裁判所によれば，給与所得者が，その所得に係る捕捉率において，事業所得者に比して不公平な取扱いを受けていることを理由に，所得税法は憲法第14条第1項に違反する。

イ．垂直的公平を実現する制度の一つとして，相続税などにおいて採用されている累進税率がある。

ウ．消費税には逆進性があるから，水平的公平を確保する機能をもつことはない。

エ．ふるさと納税は，地方公共団体に寄附をすると控除を受けることができるという制度であって，現実に当該地方公共団体に納税しているわけではない。

①アとイ　　②アとウ　　③アとエ　　④イとウ　　⑤イとエ　　⑥ウとエ

問4　文中の下線部(C)衆議院の優越に関連した以下の記述ア～ウのうち，正しいものはどれか。あてはまる記述をすべて選べ。そのうえで，その組み合わせとして正しいものを次の①～⑦のうちから一つ選び，答えなさい。　　11

ア．法律案について，衆議院と参議院で異なる議決をした場合，衆議院の議決が国会の議決となる。

イ．条約の承認について，衆議院と参議院で異なる議決をした場合，必ず両院協議会が開かれなければならない。

ウ．憲法を改正する旨の発議を行うことができるのは，衆議院のみである。

①ア　　②イ　　③ウ　　④アとイ　　⑤アとウ　　⑥イとウ　　⑦アとイとウ

〔**4**〕次の文を読んで，下記の問いに答えなさい。

　日本の農業総産出額は減少傾向にある。農林水産省の「生産農業所得統計」によれば，1984 年の
およそ 11 兆 7 千億円から 2021 年には 8 兆 8 千億円へと減少している。品目別に見ると，
（　1　）の減少が顕著である。こうした減少の原因の一つとなっているのが，離農化などによ
る農家戸数の減少である。経営耕地面積が 30 アール以上または農産物販売金額が（　2　）万
円以上の農家である販売農家の戸数は 2015 年の 134 万戸から 2021 年には 99 万戸へと急減している。
農家戸数の減少に伴う耕作放棄地の増加に対応するために，法人の農業参入も促進されている。2000
年の農地法改正により，（　3　）の農地取得が認められるようになった。都市部でも，都市農
地の減少に歯止めをかけるために，1992 年に（　4　）が制定され指定された農地について宅
地並みの課税が免除されている。
　農業集落の小規模化も深刻化しており，2020 年には農業集落の 7.8 ％が 9 戸以下となっている。
1999 年に制定された（　5　）では農村の振興と農業の多面的機能の発揮などが規定されてい
る。農業集落の小規模化は（　6　）において顕著であるが，（　6　）は農業産出額のお
よそ 4 割を占めている。（　6　）における耕作放棄防止などのために（　6　）等直接支
払い制度が 2000 年より行われている。2021 年に始動した各地域でのデジタル実装を加速し，地方か
ら全国へのボトムアップの成長をめざす「（　7　）」においても，デジタル実装による高齢化や
人口減少に直面する農村の振興が重視されている。ただし，農村の再生のためには農業の活性化が不
可欠である。近年では，農業・農村の<u>6 次産業化</u>がすすめられている。

問1　文中の空欄（　1　）〜（　7　）について，あてはまる最も適切な語句を，次の①
　　〜④のうちから一つ選び，答えなさい。

| 1 | ①果実 | ②米 | ③畜産 | ④野菜 |

| 2 | ①30 | ②50 | ③70 | ④100 |

| 3 | ①一般法人 | ②自作農 | ③農業協同組合 | ④農業生産法人 |

| 4 | ①景観法 | | ②市民農園整備促進法 | |
| | ③生産緑地法 | | ④都市農業振興基本法 | |

5	①食料・農業・農村基本法
	②農業基本法
	③農業経営基盤強化促進法
	④農業の有する多面的機能の発揮の促進に関する法律

| 6 | ①過疎地域 | ②山間農業地域 | ③中山間地域 | ④特定農山村 |

| 7 | ①デジタル・ガバメント実行計画 | ②デジタル社会の実現に向けた重点計画 |
| | ③デジタル田園都市国家構想 | ④デジタルライフライン全国総合整備計画 |

問 2　文中の下線部<u>6 次産業化</u>について説明をした上で，具体的にありうる形態を考えて，100 字以
　　　内（句読点を含む）で説明しなさい。なお，解答は記述解答用紙に記入しなさい。

数　学

〔注意〕

1　解答は，マークシート解答用紙の問題番号に対応した解答欄にマークしなさい。

2　問題の文中の　ア　，　イウ　などには，特に指示がないかぎり，符号（－，±），数字（0～9），
または文字（a～d）が入ります。ア，イ，ウ，…の一つ一つは，これらのいずれか一つに対応します。そ
れらをマークシート解答用紙のア，イ，ウ，…で示された解答欄にマークして答えなさい。

　　例　　アイウ　に －8b と答えたいとき

ア	● ⊕ ⓪ ① ② ③ ④ ⑤ ⑥ ⑦ ⑧ ⑨ ⓐ ⓑ ⓒ ⓓ
イ	⊖ ⊕ ⓪ ① ② ③ ④ ⑤ ⑥ ⑦ ● ⑨ ⓐ ⓑ ⓒ ⓓ
ウ	⊖ ⊕ ⓪ ① ② ③ ④ ⑤ ⑥ ⑦ ⑧ ⑨ ⓐ ● ⓒ ⓓ

　　なお，同一の問題文中に　ア　，　イウ　などが2以上現れる場合，原則として，2度目以降
は，　ア　，　イウ　のように細字で表記します。

3　分数形で解答する場合，分数の符号は分子につけ，分母につけてはいけません。

　　例えば，$\dfrac{エオ}{カ}$ に $-\dfrac{4}{5}$ と答えたいときは，$\dfrac{-4}{5}$ として答えなさい。

　　また，それ以上約分できない形で答えなさい。

　　例えば，$\dfrac{3}{4}$，$\dfrac{2a+1}{3}$ と答えるところを，$\dfrac{6}{8}$，$\dfrac{4a+2}{6}$ のように答えてはいけません。

4　小数の形で解答する場合，指定された桁数の一つ下の桁を四捨五入して答えなさい。また，必要に応じ
て，指定された桁まで⓪にマークしなさい。

　　例えば，$\boxed{キ}$. $\boxed{クケ}$ に 2.5 と答えたいときは，2.50 として答えなさい。

5　根号を含む形で解答する場合，根号の中に現れる自然数が最小となる形で答えなさい。

　　例えば，$4\sqrt{2}$，$\dfrac{\sqrt{13}}{2}$，$6\sqrt{2a}$ と答えるところを，$2\sqrt{8}$，$\dfrac{\sqrt{52}}{4}$，$3\sqrt{8a}$ のように答えてはいけません。

6　根号を含む分数形で解答する場合，例えば $\dfrac{3+2\sqrt{2}}{2}$ と答えるところを，$\dfrac{6+4\sqrt{2}}{4}$ や $\dfrac{6+2\sqrt{8}}{4}$ のよう
に答えてはいけません。

◀薬・理工学部▶

（2科目 120分）

〔 1 〕 マークシート解答用紙・1に解答をマークしなさい。

(1) $-4 \leqq x \leqq 1$ のとき，関数 $y = -\dfrac{1}{3}x^2 - 2x$ の最小値は $\dfrac{\boxed{アイ}}{\boxed{ウ}}$ であり，

そのときの x の値は $\boxed{エ}$ である。

(2) 次の等比数列の初項から第 n 項までの和は，$\dfrac{\boxed{オ}}{\boxed{カ}}\left(\boxed{キ}^{n}-1\right)$ と表せる。

$$\frac{4}{9},\ \frac{4}{3},\ 4,\ 12,\ \cdots$$

(3) 自然数 n は 5 進法で表すと 3 桁の数 $abb_{(5)}$ となり，6 進法で表すと

3 桁の数 $bba_{(6)}$ となる。この n を 10 進法で表すと $\boxed{クケ}$ である。

(4) $x = \dfrac{3\sqrt{10}}{2} + \sqrt{6}$，$y = \dfrac{3\sqrt{10}}{2} - \sqrt{6}$ のとき，$x^2 + y^2$ の値は $\boxed{コサ}$ である。

〔**2**〕 マークシート解答用紙・**2**に解答をマークしなさい。

(1) $y = |x-1|$ は $x \geq \boxed{ア}$ のとき $y = x - \boxed{イ}$ であり，

$x < \boxed{ア}$ のとき $y = -x + \boxed{ウ}$ である。

(2) 関数 $f(x) = \int_0^2 |t - 2x| \, dt$ とする。

$x > 1$ のとき，$f(x) = \boxed{エ} \, x - \boxed{オ}$ である。

$0 \leq x \leq 1$ のとき，$f(x) = \boxed{カ} \, x^2 - \boxed{キ} \, x + \boxed{ク}$ である。

$x < 0$ のとき，$f(x) = \boxed{ケコ} \, x + \boxed{サ}$ である。

〔**3**〕 マークシート解答用紙・**3**に解答をマークしなさい。

放物線 $y = 2x^2$ を C，点 $(1, -7)$ を A とする。

(1) 点 $\mathrm{B}(p, q)$ に関して点 A と対称な点を $\mathrm{P}(x, y)$ とする。

点 B の座標を x, y を用いて表すと，$\left(\dfrac{x + \boxed{ア}}{\boxed{イ}}, \dfrac{y - \boxed{ウ}}{\boxed{エ}} \right)$ である。

(2) 点 B が C 上を動くとき，点 P の軌跡は放物線 D となる。

D の頂点の座標は $\left(\boxed{オカ}, \boxed{キ} \right)$ である。

(3) C と D の交点のうち，x 座標が小さい方を点 E とし，大きい方を点 F とする。

点 E の座標は $\left(\boxed{クケ}, \boxed{コ} \right)$，点 F の座標は $\left(\boxed{サ}, \boxed{シス} \right)$ である。

(4) C と D で囲まれた領域内（放物線上を含む）を，点 $\mathrm{R}(X, Y)$ が自由に動くとき，

$X + Y$ がとりうる最大値は $\boxed{セソ}$ である。

〔 **4** 〕 以下の問いに答えなさい。解答は記述解答用紙・〔4〕の解答欄に記入しなさい。

分数で解答する場合はそれ以上約分できない形で答えなさい。根号を含む形で

解答する場合は根号の中に現れる自然数が最小となる形で答えなさい。

OB ＝ 3OA を満たす△OAB において，辺 AB の中点を M とし，線分 OM 上に点 N を

ON : NM ＝ 1 : 3 となるようにとる。$\vec{a} = \overrightarrow{\mathrm{OA}}$, $\vec{b} = \overrightarrow{\mathrm{OB}}$, ∠AOB ＝ θ とする。

(1) $\overrightarrow{\mathrm{ON}}$ を $\vec{a}$ と $\vec{b}$ を用いて表せ。

(2) $\overrightarrow{\mathrm{NA}}$ を $\vec{a}$ と $\vec{b}$ を用いて表せ。

(3) $\overrightarrow{\mathrm{ON}}$ と $\overrightarrow{\mathrm{NA}}$ が垂直のとき，$\cos\theta$ を求めよ。ただし，計算の途中経過も記述すること。

(4) $\overrightarrow{\mathrm{ON}}$ と $\overrightarrow{\mathrm{NA}}$ が垂直であり，かつ OA ＝ 3 のとき，△OAB の面積を求めよ。

◀経済・法・文・外国語・教育・医療技術・福岡医療技術学部▶

（2科目 120分）

〔 1 〕

5つの数 x_1, x_2, x_3, x_4, x_5 と 5つの数 y_1, y_2, y_3, y_4, y_5 がある。

$2(x_1+3)$, $2(x_2+3)$, $2(x_3+3)$, $2(x_4+3)$, $2(x_5+3)$ の平均値は 5, 分散は 16 である。

$3(y_1+2)$, $3(y_2+2)$, $3(y_3+2)$, $3(y_4+2)$, $3(y_5+2)$ の平均値は 21 である。

$4(y_1^2+1)$, $4(y_2^2+1)$, $4(y_3^2+1)$, $4(y_4^2+1)$, $4(y_5^2+1)$ の平均値は 140 である。

$4(x_1y_1+1)$, $4(x_2y_2+2)$, $4(x_3y_3+3)$, $4(x_4y_4+4)$, $4(x_5y_5+5)$ の平均値は 20 である。

(1) x_1, x_2, x_3, x_4, x_5 の平均値は，$\boxed{\text{アイ}}$. $\boxed{\text{ウ}}$ である。

(2) x_1^2, x_2^2, x_3^2, x_4^2, x_5^2 の平均値は，$\boxed{\text{エ}}$. $\boxed{\text{オカ}}$ である。

(3) x_1, x_2, x_3, x_4, x_5 の分散は，$\boxed{\text{キ}}$. $\boxed{\text{ク}}$ である。

(4) y_1, y_2, y_3, y_4, y_5 の分散は，$\boxed{\text{ケ}}$. $\boxed{\text{コ}}$ である。

(5) 5つの数値の組 (x_1, y_1), (x_2, y_2), (x_3, y_3), (x_4, y_4), (x_5, y_5) の相関係数は，$\boxed{\text{サ}}$. $\boxed{\text{シス}}$ である。

〔**2**〕

(1) a は $a < -1$ を満たす定数とする。

放物線 $y = (a^2 + 2a + 5)x^2 - (2a + 2)x - 2a^2 + 2a - 5$ ……①

について述べた⓪〜⑧までの文のうち,

正しいものは　ア　,　イ　,　ウ　である。

⓪：y 切片の値は a の値によらず負である。

①：y 切片の値は a の値によらず正である。

②：y 切片の値は a の値によって正・負どちらもありえる。

③：放物線①のグラフは a の値によらず上に凸である。

④：放物線①のグラフは a の値によらず下に凸である。

⑤：放物線①のグラフが上に凸か，下に凸のグラフかは a の値によって異なる。

⑥：頂点の x 座標は a の値によらず負の値をとる。

⑦：頂点の x 座標は a の値によらず正の値をとる。

⑧：頂点の x 座標は a の値によって正・負どちらもありえる。

　また，　ア　,　イ　,　ウ　より放物線①の頂点の座標は第　エ　象限にあることがわかる。

(2) k を定数とする。

放物線 $y = x^2 - 2x - 2k^2 + 2k - 5$ の頂点の y 座標の最大値は $\dfrac{オカキ}{ク}$ である。

〔 3 〕

AB = AC = 2a，BC = a の△ABC において，BC の C 側への延長上に点 D を
∠BAC = ∠DAC となるようにとると，CD = 4 となった。

(1)　AD = | ア | である。

(2)　$\cos\angle\text{BAC} = \dfrac{\boxed{\text{イ}}}{\boxed{\text{ウ}}}$ である。

(3)　$a = $ | エ | である。

(4)　△ABD の面積は $\dfrac{\boxed{\text{オカ}}\sqrt{\boxed{\text{キク}}}}{\boxed{\text{ケ}}}$ である。

(5)　△ABD の内接円の半径は $\dfrac{\sqrt{\boxed{\text{コサ}}}}{\boxed{\text{シ}}}$ である。

〔 4 〕

(1)　$1 < a < b < c < 6$ を満たす整数 a, b, c は | ア | 通りある。

この整数の組 (a, b, c) について，$\dfrac{1}{a}+\dfrac{1}{b}+\dfrac{1}{c}$ の最大値は $\dfrac{\boxed{\text{イウ}}}{\boxed{\text{エオ}}}$ である。

(2)　$\dfrac{(\sqrt{66}+\sqrt{22})^2}{44}+\dfrac{44}{(\sqrt{66}-\sqrt{22})^2} = \boxed{\text{カ}} + \boxed{\text{キ}}\sqrt{\boxed{\text{ク}}}$ である。

(3)　記述問題

不等式 $|x^2+2x+2|-|x^2+4x-5| < x^2$ の解を記述解答用紙に記入しなさい。

物　理

（2科目 120分）

〔1〕 高さ 19.6 m のビルの屋上の端から小石を水平に速さ 15.0 m/s で投げ出した。重力加速度の大き
さを 9.8 m/s² として，以下の各問いに答えなさい。

a）小石の描く軌道を下の①～④のうちから一つ選べ。　　| 1 |
　　① 直線　　② 放物線　　③ 双曲線　　④ 楕円

b）小石が地面に落ちるまでの時間はいくらか。正しいものを下の①～④のうちから一つ選べ。
　　| 2 |
　　① 1 s　　② 2 s　　③ 5 s　　④ 6 s

c）小石はビルから水平に何 m 離れたところに落下するか。正しいものを下の①～④のうちから一
つ選べ。　　| 3 |
　　① 12 m　　② 24 m　　③ 30 m　　④ 60 m

d）小石が地面に落ちる瞬間の速度の鉛直成分の大きさはいくらか。解答は記述解答用紙に記入しな
さい。

〔２〕 長さ L [m] の開管内にある振動数の音を入れたところ，２倍振動が発生した。開口端補正は無視できるものとして，以下の各問いに答えなさい。

a）音の波長はいくらか。正しいものを下の①〜④のうちから一つ選べ。　1

　　　① L　　② $2L$　　③ $3L$　　④ $4L$

b）音の速さを c [m/s] とするとき，音の振動数はいくらか。正しいものを下の①〜⑥のうちから一つ選べ。　2

　　　① $\dfrac{c}{L}$　　② $\dfrac{c}{2L}$　　③ $\dfrac{2c}{L}$　　④ $\dfrac{L}{c}$　　⑤ $\dfrac{L}{2c}$　　⑥ $\dfrac{2L}{c}$

c）音の振動数を徐々にあげていったとき，次に気柱の固有振動が起こるときの振動数はいくらか。正しいものを下の①〜⑥のうちから一つ選べ。　3

　　　① $\dfrac{c}{L}$　　② $\dfrac{c}{3L}$　　③ $\dfrac{3c}{L}$　　④ $\dfrac{3c}{2L}$　　⑤ $\dfrac{3L}{2c}$　　⑥ $\dfrac{2L}{3c}$

〔３〕 20℃ での電気抵抗率が 5.5×10^{-8} Ω m，電気抵抗率の温度係数が 5.0×10^{-3} K^{-1} の金属でつくった断面積 1 mm²，長さ 1 m の抵抗体がある。以下の各問いに答えなさい。

a）この抵抗体の 20℃ における電気抵抗はいくらか。下記の答が成立するよう，マークシート解答用紙・解答番号　1　〜　4　に該当の数字・記号をそれぞれ一つずつ選びマークすること。

　　　答　1　.　2　× 10 $^{\boxed{3}\ \boxed{4}}$ Ω

b）この抵抗体の 0℃ における電気抵抗はいくらか。下記の答が成立するよう，マークシート解答用紙・解答番号　5　〜　8　に該当の数字・記号をそれぞれ一つずつ選びマークすること。

　　　答　5　.　6　× 10 $^{\boxed{7}\ \boxed{8}}$ Ω

c）この抵抗体の 40℃ における電気抵抗はいくらか。下記の答が成立するよう，マークシート解答用紙・解答番号　9　〜　12　に該当の数字・記号をそれぞれ一つずつ選びマークすること。

　　　答　9　.　10　× 10 $^{\boxed{11}\ \boxed{12}}$ Ω

化　学

◀薬　学　部▶

（2 科目 120 分）

〔 1 〕　以下の各問いに答えなさい。

問 1　次の記述 a，b，c にあてはまるものを，以下の選択肢から一つずつ選び，マークしなさい。

　　　　a　水分子と非共有電子対の数が同じもの　　[　1　]

【選択肢】

　　　① Cl_2　　② N_2　　③ NH_3　　④ CO_2　　⑤ HCl

　　　　b　塩化物イオンよりイオン半径が大きいもの　　[　2　]

【選択肢】

　　　① O^{2-}　　② F^-　　③ S^{2-}　　④ Mg^{2+}　　⑤ Al^{3+}

　　　　c　化合物中にイオン結合が含まれないもの　　[　3　]

【選択肢】

　　　① CH_3COONa　　② Na_2SO_4　　③ $NaOH$　　④ HCl　　⑤ NH_4Cl

問 2　アボガドロ数 N を用いて表した場合，$\dfrac{N}{2}$ となるのはどれか。以下の選択肢から一つ選び，
　　　マークしなさい。　　[　4　]

【選択肢】

　　　① リチウムイオン 1 mol 中の電子の数

　　　② ヘリウムガス 1 mol 中のヘリウム原子の数

　　　③ 水素ガス 2 g 中の水素分子の数

　　　④ 重水素 D_2 1 mol 中の中性子の数

　　　⑤ カリウム 1 mol と水が反応したとき発生する水素分子の数

　　　⑥ 炭素 1 mol から二酸化炭素 1 mol を発生させるために必要な酸素分子の数

問 3　次の記述のうち正しいのはどれか。以下の選択肢から一つ選び，マークしなさい。　　[　5　]

【選択肢】

　　　① 遷移元素には，金属元素と非金属元素がある。

　　　② 遷移元素のイオンは，無色のものが多い。

　　　③ 周期表の第 3 周期には，遷移元素は存在しない。

　　　④ 遷移元素には，アルカリ土類金属が含まれる。

　　　⑤ 遷移元素は同じ周期では，原子番号が 1 増加するごとに最外殻の電子も 1 個ずつ増加す
　　　　　る。

問4　次の文章を読み，(1)〜(3)の各問いに答えなさい。

　　硫黄原子を含む気体AとBがある。気体Aは，硫化鉄(Ⅱ)に濃硫酸を加えると発生する。気体Bは，銅に濃硫酸を加え加熱すると発生する。Aの水溶液に気体Bを通じると反応が起こり，生成物Cが得られる。

(1)　気体A，Bの組み合わせとして正しいのはどれか。以下の選択肢から一つ選び，マークしなさい。　 6

選択肢	気体A	気体B
①	H_2S	SO_2
②	H_2S	H_2SO_3
③	SO_2	H_2S
④	SO_2	H_2SO_3
⑤	H_2SO_3	H_2S
⑥	H_2SO_3	SO_2

(2)　気体A，Bの性質として正しいのはどれか。以下の選択肢から一つ選び，マークしなさい。　 7

【選択肢】

①　Aは腐卵臭，Bは無臭の気体である。

②　Aは無色，Bは淡黄色の気体である。

③　A，Bとも，酢酸鉛(Ⅱ)水溶液をしみ込ませたろ紙を黒変させる。

④　A，Bとも，水に溶けると酸性を示す。

(3)　文中の下線部の反応において，観察される現象と，得られる生成物Cの組み合わせとして正しいのはどれか。以下の選択肢から一つ選び，マークしなさい。　 8

選択肢	現象	生成物C
①	白濁する	SO_3
②	黒色沈殿が生じる	SO_3
③	白濁する	S
④	黒色沈殿が生じる	S

問5　次の文章を読み，(1)〜(4)の各問いに答えなさい。

　　Tさんは台所にあった食酢の酢酸濃度を知りたいと思い，以下の操作1〜操作4の実験を行った。

操作1：約0.1 mol/Lの水酸化ナトリウム水溶液を調製した。

操作2：標準溶液として，0.100 mol/Lのシュウ酸水溶液5.00 mLをコニカルビーカーにはかり取り，指示薬を加え，操作1で調製した水酸化ナトリウム水溶液をビュレットで滴下し，水酸化ナトリウム水溶液の正確な濃度を求めた。

操作3：食酢に純水を加えて正確に10倍に希釈した。希釈した溶液を滴定試料とした。

操作4：滴定試料10.0 mLを取り，操作2で濃度を求めた水酸化ナトリウム水溶液で滴定した。

(1)　Tさんが行った操作に関する記述のうち最も適切なものを，以下の選択肢から一つ選び，マークしなさい。　□9□

【選択肢】

① 操作2において，ビュレットを純水で洗浄したのち，ビュレットを乾燥させず，ただちに滴定を開始した。

② 操作2において，0.100 mol/Lのシュウ酸水溶液5.00 mLをよく乾燥させたメスシリンダーではかり取り，コニカルビーカーに移して滴定した。

③ 操作2において，コニカルビーカーを洗浄した際の純水が残っていたが，そのまま滴定に使用した。

④ 操作3において，食酢をホールピペットで正確に10.0 mLはかり取り，メスシリンダーではかり取った純水90.0 mLと混合した。

⑤ 操作4において，中和点に近づいたとき，コニカルビーカーの内壁に付着していた液滴を乾いた布でふき取り，中和点まで滴定を続けた。

(2)　操作2で加えた指示薬として最も適切なものを，以下の選択肢から一つ選び，マークしなさい。ただし，（　　　）内はそれぞれの指示薬の変色域を示す。　□10□

【選択肢】

① メチルオレンジ（pH 3.1〜pH 4.4）

② メチルレッド（pH 4.2〜pH 6.2）

③ ブロモチモールブルー（pH 6.0〜pH 7.6）

④ フェノールフタレイン（pH 8.0〜pH 9.8）

(3)　操作2において，中和点における水酸化ナトリウム水溶液の滴定量は6.25 mLであった。使用した水酸化ナトリウム水溶液のモル濃度を四捨五入して，有効数字3桁で答えなさい。解答は記述解答用紙に記入しなさい。

(4)　操作4において，中和点における水酸化ナトリウム水溶液の滴定量は4.50 mLであった。この結果から，実験に用いた食酢中の酢酸の質量パーセント濃度を四捨五入して，有効数字2桁で答えなさい。解答は記述解答用紙に記入しなさい。ただし，食酢中に含まれる酸は酢酸のみと仮定し，食酢の密度は1.02 g/cm³，酢酸の分子量は60とする。

〔 **2** 〕 以下の各問いに答えなさい。

問1　次の文中の空欄 ┃ 1 ┃ ～ ┃ 7 ┃ にあてはまる語句や分子式を選択肢から一つずつ選
　　　び，マークしなさい。ただし，同じ語句や分子式を繰り返し選んでもよい。
　　　　硝酸の分子式は ┃ 1 ┃ で表される。銅に希硝酸を加えて発生した ┃ 2 ┃ の気体を水上
　　置換法で集めた。この気体は空気に触れると速やかに反応して，赤褐色の気体である ┃ 3 ┃
　　を生じた。また，銅に濃硝酸を加えたところ，┃ 4 ┃ が発生した。2分子の ┃ 4 ┃ が結
　　合すると無色の気体である ┃ 5 ┃ となる。┃ 4 ┃ と ┃ 5 ┃ は常温で平衡状態にあ
　　り，┃ 4 ┃ から ┃ 5 ┃ が生成する反応は発熱反応である。
　　　　無色透明なガラス製シリンダー内に ┃ 4 ┃ と ┃ 5 ┃ の平衡混合物が密閉されていると
　　き，温度を一定に保ちながらピストンを押し込んでシリンダー内の圧力を高くすると，シリン
　　ダー内部の気体の色は ┃ 6 ┃ なる。また，ピストンを調節してシリンダー内の圧力を一定に
　　保ちながらシリンダーを冷却すると，シリンダー内部の気体の色は ┃ 7 ┃ なる。

【選択肢】

① HNO_2 　② HNO_3 　③ H_2NO_3 　④ NO 　⑤ N_2O 　⑥ NO_2
⑦ N_2O_4 　⑧ N_2O_5 　⑨ 濃く 　⑩ 薄く

問2　炭素（黒鉛）の燃焼熱，水素（気体）の燃焼熱，プロパン（気体）の生成熱を表す熱化学方程
　　　式は，それぞれ下記の通りである。

　　　　$C(黒鉛) + O_2(気体) = CO_2(気体) + 394 \, kJ$

　　　　$H_2(気体) + \dfrac{1}{2}O_2(気体) = H_2O(液体) + 286 \, kJ$

　　　　$3C(黒鉛) + 4H_2(気体) = C_3H_8(気体) + 107 \, kJ$

　(1)　プロパンの燃焼熱は ┃ 8 ┃ kJ/mol である。┃ 8 ┃ にあてはまる数値に最も近いも
　　　のを選択肢から一つ選び，マークしなさい。ただし，プロパンの燃焼に伴って発生する水は液
　　　体として考えなさい。

【選択肢】

① 890 　② 1301 　③ 1561 　④ 2219 　⑤ 2505 　⑥ 2878

　(2)　プロパンが完全燃焼する反応の化学反応式を記述解答用紙に記入しなさい。

問3　白金電極を用いて硫酸銅（Ⅱ）水溶液を電気分解した結果，一方の電極に2.54 g の銅が析出し
　　　た。このとき，他方の電極では ┃ 9 ┃ g の気体が発生した。

　(1)　┃ 9 ┃ にあてはまる数値として最も近いものを選択肢から一つ選び，マークしなさい。
　　　　ただし，H = 1.00，O = 16.0，S = 32.0，Cu = 63.5 とする。

【選択肢】

① 2.0×10^{-2} 　② 3.2×10^{-2} 　③ 6.4×10^{-2} 　④ 2.0×10^{-1} 　⑤ 3.2×10^{-1}
⑥ 6.4×10^{-1}

　(2)　「他方の電極」で発生した気体の分子式を記述解答用紙に記入しなさい。

〔**3**〕　以下の各問いに答えなさい。ただし，原子量は H = 1.00, C = 12.0, O = 16.0 とする。

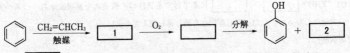

（構造式の例）

問1　下図の合成法によりフェノールを合成する。

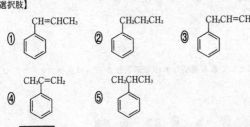

(1)　□ **1** □ にあてはまる化合物の構造式を選択肢から一つ選び，マークしなさい。

【選択肢】

①　CH=CHCH₃　②　CH₂CH₂CH₃　③　CH₂CH=CH₂

④　CH₃C=CH₂　⑤　CH₃CHCH₃

(2)　□ **2** □ にあてはまる化合物の名称を選択肢から一つ選び，マークしなさい。

【選択肢】

①　プロパン　②　プロペン　③　アセトアルデヒド　④　アセトン

⑤　酢酸

問2　次の文章を読み，(1)〜(3)の各問いに答えなさい。

　　フェノールに濃硝酸と濃硫酸の混合物（混酸）を加えて加熱すると，□ **3** □ 反応により強酸性化合物（　A　）が黄色結晶として得られる。（　A　）は爆薬の原料として使用されていた。フェノールのナトリウム塩（ナトリウムフェノキシド）に高温・高圧のもとで二酸化炭素を反応させた後，希硫酸を作用させると化合物（　B　）が得られる。また，フェノールに臭素水を十分に加えると，化合物（　C　）の白色沈殿を生じる。

(1)　文中の □ **3** □ にあてはまる適切な語句を選択肢から一つ選び，マークしなさい。

【選択肢】

①　付加　②　置換　③　脱離　④　還元　⑤　酸化

(2)　水溶液をフェノール類に加えたときに青〜赤紫色の呈色反応を示すのはどれか。選択肢から一つ選び，マークしなさい。□ **4** □

【選択肢】

①　ZnCl₂　②　MgCl₂　③　AlCl₃　④　FeCl₃　⑤　CuCl₂

(3)　化合物（　A　），（　B　），（　C　）の構造式を例にならって書きなさい。解答は記述解答用紙に記入しなさい。

問3　次の文章を読み，(1)，(2)の各問いに答えなさい。

　　分子式 C₄H₁₀O で表されるアルコールには4つの構造異性体がある。各異性体の水溶液を別々

の試験管に入れ，それぞれに過マンガン酸カリウム水溶液を加えたところ， 5 　の入った
試験管には変化がみられなかったが，他の試験管では二酸化マンガンの褐色沈殿が生じた。過マ
ンガン酸カリウムの代わりに，それぞれの試験管にヨウ素と水酸化ナトリウム水溶液を加えて温
水に浸して加温すると， 6 　の入った試験管にのみ沈殿が生じた。また，それぞれの異性
体を濃硫酸と加熱して分子内脱水したところ， 7 　のみ2種類のアルケンが生成した。

(1) 文中の 5 　～ 7 　にあてはまる異性体の構造式を選択肢から一つずつ選び，
マークしなさい。なお，同じ選択肢を繰り返し選んでもよい。

【選択肢】

① $CH_3-CH_2-CH_2-CH_2-OH$　　② $CH_3-\underset{\underset{CH_3}{|}}{\overset{\overset{CH_3}{|}}{C}}-OH$　　③ $CH_3-\underset{\underset{CH_3}{|}}{CH}-CH_2-OH$

④ $CH_3-CH_2-\underset{\underset{CH_3}{|}}{CH}-OH$

(2) 下線部の沈殿の色として最も適切なものを選択肢から一つ選び，マークしなさい。
8

【選択肢】

① 白色　　② 赤色　　③ 青色　　④ 黄色　　⑤ 黒色

問4　分子式 $C_2H_4O_2$ の有機化合物 120 mg を完全燃焼させたところ，二酸化炭素が 9 　mg，
水が 10 　mg 生成した。最も近い値を選択肢から一つずつ選び，マークしなさい。

【選択肢】

① 36　② 72　③ 88　④ 90　⑤ 126　⑥ 152　⑦ 176　⑧ 196

〔**4**〕　以下の各問いに答えなさい。

問1　次の合成高分子化合物(a)〜(e)の合成に用いられる原料はどれか。選択肢から一つずつ選び，

　　　　1　〜　5　にマークしなさい。

(a) ナイロン6　　　1　　　　(b) ビニロン　　　　2

(c) アクリル繊維　　3　　　　(d) ポリスチレン　　4

(e) ポリプロピレン　5

【選択肢】

① HOOC—⟨benzene⟩—COOH

② CH₂=CH—⟨benzene⟩

③ HOOC—(CH₂)₄—COOH

④ CH₂=CH—Cl

⑤ CH₂=CH—CH₃

⑥ CH₂=CH—CN

⑦ CH₂=CH—OCOCH₃

⑧ HO—(CH₂)₂—OH

⑨ CH₂ ⟨CH₂—CH₂—C=O / CH₂—CH₂—NH⟩

問2　高分子化合物に関する記述として，下線部に誤りを含むものはどれか。選択肢から一つ選び，

　　　マークしなさい。　　6

【選択肢】

① レーヨンはセルロースを原料とした再生繊維である。

② ベンゼン環がアミド結合でつながった芳香族アミドの高分子化合物をアラミドという。

③ フッ素樹脂は耐熱性・耐薬品性に優れ，水も油もはじく。

④ ポリエチレンは熱可塑性樹脂である。

⑤ スチレンとp-ジビニルベンゼンの共重合体に，$-N^+(CH_3)_3OH^-$などの塩基性の官能基を
　　導入したものを陽イオン交換樹脂という。

⑥ 天然ゴム（生ゴム）の主成分はポリイソプレン$(C_5H_8)_n$である。

問3　アミノ酸やタンパク質に関する以下の記述のうち，誤っているのはどれか。選択肢から二つ選
　　び，マークしなさい。マークの順序は問わない。　　7　　8

【選択肢】

① すべてのα-アミノ酸には鏡像異性体がある。

② タンパク質のα-ヘリックスやβ-シート構造の安定化には水素結合が寄与している。

③ タンパク質の溶液にフェーリング液を加えて加熱すると，赤色沈殿を生ずる。

④ フィブロインは絹糸やクモの糸に含まれる。

⑤ コラーゲンは繊維状タンパク質である。

⑥ 動物の肝臓片などに含まれるカタラーゼは，過酸化水素の分解を触媒する酵素である。

問4　次の化合物(A)〜(J)を，単糖類，二糖類，多糖類，糖類でないものに分類した場合，正しい組み
　　合わせはどれか。選択肢から一つ選び，マークしなさい。　　9

(A)　グリシン　　　(B)　フルクトース　　(C)　マルトース　　(D)　グリコーゲン

(E)　スクラーゼ　　(F)　セロビオース　　(G)　グリセリン　　(H)　ラクトース

(I)　アミロース　　(J)　グルコース

選択肢	単糖類	二糖類	多糖類	糖類でない
①	A, B	C, E, F, J	D, I	G, H
②	A, C, G	H, J	B, D, F, I	E
③	B, C	D, E, F, G	A, H	I, J
④	B, H, J	C, F	D, I	A, E, G
⑤	B, I, J	C, E, H	D, F	A, G
⑥	B, J	E, H	D, F, I	A, C, G
⑦	B, J	C, F, H	D, I	A, E, G
⑧	C, F	A, B, E, G	H	D, I, J

問5　セルロース $[C_6H_7O_2(OH)_3]_n$ に無水酢酸を作用させて，トリアセチルセルロースを合成する反応の化学反応式を記述解答用紙に記入しなさい。

問6　280 g のセルロース $[C_6H_7O_2(OH)_3]_n$ に無水酢酸を作用させて，完全にアセチル化すると，理論上何 g のトリアセチルセルロースが生成するか。四捨五入して，有効数字2桁で答えなさい。解答は記述解答用紙に記入しなさい。ただし，原子量は H = 1.00，C = 12.0，O = 16.0 とする。

◀理工・医療技術・福岡医療技術学部▶

（2科目 120分）

〔注意〕 必要に応じて以下の数値を用いなさい。

　　　H = 1.0　　C = 12　　N = 14　　O = 16　　S = 32　　Cu = 63.5　　Ag = 108

　　　Pb = 207

　　　気体定数 = 8.31×10^3 Pa・L/(mol・K)，ファラデー定数 = 9.65×10^4 C/mol

〔1〕 10種類の化合物A〜Jをそれぞれ適当な濃度の水溶液とし，次の(ア)〜(コ)の実験を行った。これら
を読んで下記の問いに答えなさい。ただし，反応や分離操作はいずれも完全に行われたものとする。

〔解答番号　| 1 |　〜　| 10 | 〕

(ア) CとFは着色しているが，他はすべて無色であった。

(イ) DとEのみに刺激臭があった。また，DにEを近づけると白煙を生じた。

(ウ) 無色のすべての水溶液にフェノールフタレイン溶液を1滴加えると，EとGのみが赤色を呈し
た。

(エ) A，B，H，JにDを加えると，BとJのみが沈殿を生じた。この沈殿を分離して，それぞれに
Eを過剰に加えると，Bからの沈殿だけが溶解した。

(オ) GにDを加えると，気体が発生した。この気体を水酸化カルシウム水溶液に通じると白濁した。

(カ) Cに少量の希硫酸を加えた後，さらに過酸化水素水を加えると，気体が発生し，Cの色が脱色さ
れた。

(キ) Iに塩素水を加えると，溶液の色は褐色に変化した。さらに四塩化炭素を加えて振り混ぜた後に
静置すると，紫色をした四塩化炭素の層と無色の水の層に分離した。

(ク) BにFを加えると，赤褐色の沈殿を生じた。この沈殿にDを加えると，赤褐色沈殿は溶けたが，
新たに白色沈殿が生成した。一方，HにFを加えると，黄色の沈殿が生じた。この沈殿にDを加え
ると，沈殿は溶解した。

(ケ) A，E，GにHを加えると，AとGのみに白色の沈殿が生じた。それぞれの沈殿にDを加える
と，Gからの沈殿は溶解したが，Aからの沈殿は溶解しなかった。

(コ) HにBを加えると，白色の沈殿が生じた。この沈殿は熱水に溶解しなかった。

問1　化合物A〜化合物Jにあてはまる最も適切なものを，下記の①〜⓪から一つずつ選びなさい。

化合物A　| 1 |　　化合物B　| 2 |　　化合物C　| 3 |　　化合物D　| 4 |

化合物E　| 5 |　　化合物F　| 6 |　　化合物G　| 7 |　　化合物H　| 8 |

化合物I　| 9 |　　化合物J　| 10 |

① クロム酸カリウム　② 硫酸カリウム　③ 炭酸ナトリウム　④ ヨウ化カリウム
⑤ 硝酸銀　⑥ 濃塩酸　⑦ 塩化バリウム　⑧ 酢酸鉛(Ⅱ)
⑨ 濃アンモニア水　⓪ 過マンガン酸カリウム

〔2〕　食酢中の酢酸の濃度を決定するために，**実験1～実験4**を行った。問1～問7に答えなさい。ただ
し，食酢中の酸はすべて酢酸であるとする。〔解答番号 ┃ 1 ┃ ～ ┃ 9 ┃ 〕

実験1　約1 gの水酸化ナトリウムを250 mLの蒸留水に溶かして，水酸化ナトリウム水溶液を調製
した。

実験2　0.100 mol/Lの塩酸10.0 mLをビーカーにとり，フェノールフタレインを指示薬として，
　　　　(a)
実験1で作った水酸化ナトリウム水溶液で滴定すると，9.24 mLの水酸化ナトリウム水溶液が
　　　　　　　　(b)
必要であった。

実験3　市販の食酢 20.0 mLを量りとり，蒸留水を加えて溶液の体積を正確に100 mLにした。
　　　　　　　　　　　　　　　　　　　　(c)

実験4　**実験3**でつくった食酢の希釈液10.0 mLをビーカーにとり，指示薬を加えて**実験1**で調製
　　　　　　　　　　　　　　　　　　　　　　　　　　　　　　(d)
した水酸化ナトリウム水溶液で滴定すると，16.4 mLの水酸化ナトリウム水溶液が必要であっ
た。

問1　下線部(a)～下線部(c)の操作に必要な体積を量るガラス器具として最も適切なものを①～⑤から
選びなさい。ただし，同じ選択肢を繰り返し選んでも良い。

下線部(a) ┃ 1 ┃　　下線部(b) ┃ 2 ┃　　下線部(c) ┃ 3 ┃
① ビュレット　　② ホールピペット　　③ メスシリンダー
④ メスフラスコ　　⑤ コニカルビーカー

問2　水酸化ナトリウム水溶液を調製するときに，水酸化ナトリウムの質量を正確に量らずに，**実験
1**と**実験2**のようにして溶液の濃度を決定する理由として間違っているものを①～④から一つ選
びなさい。 ┃ 4 ┃
① 水酸化ナトリウムは吸湿性が強く，空気中で正確に質量を量るのが難しい。
② 水酸化ナトリウムは塩基性が強く，空気中の酸素と反応して分解してしまう。
③ 市販の水酸化ナトリウムは中和滴定には十分な純度ではない。
④ 市販の水酸化ナトリウムは1粒が大きく，質量を細かく量れない。

問3　**実験2**の結果から，**実験1**で調製した水酸化ナトリウム水溶液のモル濃度（mol/L）として最
も適切なものを①～⑤から一つ選びなさい。 ┃ 5 ┃ mol/L
① 0.092　② 0.11　③ 0.23　④ 0.46　⑤ 0.92

問4　元の食酢中に含まれる酢酸のモル濃度（mol/L）として最も適切なものを①～⑤から一つ選び

なさい。　⬛ 6 ⬛ mol/L

① 0.18　② 0.35　③ 0.90　④ 1.8　⑤ 3.5

問5　元の食酢中の酢酸の質量パーセント濃度（％）として最も適切なものを①～⑤から一つ選びな
　　さい。ただし，食酢の密度は 1.00 g/cm³ であるとする。　⬛ 7 ⬛ ％

① 1.1　② 2.1　③ 5.3　④ 11　⑤ 22

問6　下線部(d)で用いる指示薬として最も適切なものを①～③から一つ選びなさい。　⬛ 8 ⬛

① フェノールフタレインもメチルオレンジも使用できる。

② フェノールフタレインは使用できるが，メチルオレンジは使用できない。

③ メチルオレンジは使用できるが，フェノールフタレインは使用できない。

問7　実験2で滴定が終わったビーカー中の水溶液をそのままかくはんし続けると，水溶液の色が変
　　化した。この理由として最も適切なものを①～⑤から一つ選びなさい。　⬛ 9 ⬛

① 指示薬が分解した。

② 指示薬が空気中に散逸した。

③ 塩化水素が空気中に散逸して pH が上がった。

④ 空気中の酸素が溶け込み，pH が下がった。

⑤ 空気中の二酸化炭素が溶け込み，pH が下がった。

〔**3**〕 次の問1～問3に答えなさい。〔**解答番号** 　1　 ～ 　8　 〕

問1　次の(ア)～(オ)の記述が正しい場合は①を，誤りの場合は⓪を選びなさい。

(ア)　異なる金属を電極に用いた電池では，イオン化傾向のより大きい金属が正極となる。
　　　　　1

(イ)　亜鉛板と銅板をそれぞれの硫酸塩水溶液に浸してできるダニエル電池では，負極は亜鉛板に
なる。　　2

(ウ)　鉛蓄電池とリチウムイオン電池はともに二次電池である。　　3

(エ)　マンガン乾電池では，負極にマンガンが用いられている。　　4

(オ)　水素燃料電池は，生成物が水だけであるため環境へ与える影響が少ない。　　5

問2　鉛蓄電池の両極を外部回路に接続し，1.50 A の電流を32分10秒間放電した。次の(ア)と(イ)に
答えなさい。

(ア)　各電極で起こる反応を表す次の式で，　a　～　d　にあてはまる正しい組み合わ
せのものを，次の①～⑤から一つ選びなさい。　　6

$$負極：\quad Pb + \boxed{\ a\ } \rightarrow PbSO_4 + \boxed{\ b\ }$$
$$正極：\quad PbO_2 + \boxed{\ c\ } \rightarrow PbSO_4 + \boxed{\ d\ }$$

	a	b	c	d
①	$2H^+ + SO_4^{2-}$	H_2	$2H^+ + SO_4^{2-}$	H_2O_2
②	$4H^+ + SO_4^{2-} + 2e^-$	$2H_2$	SO_4^{2-}	$O_2 + 2e^-$
③	SO_4^{2-}	$2e^-$	$4H^+ + SO_4^{2-} + 2e^-$	$2H_2O$
④	$SO_4^{2-} + 2H_2O$	$2H_2 + O_2 + 2e^-$	$4H^+ + SO_4^{2-} + 2e^-$	$2H_2O$
⑤	$SO_4^{2-} + 2H_2O$	$4H^+ + O_2 + 6e^-$	$8H^+ + SO_4^{2-} + 6e^-$	$2H_2 + 2H_2O$

(イ)　負極の質量の変化にあてはまるものを①～⑤から一つ選びなさい。　　7

①　1.44 g 増加　　　②　0.96 g 増加　　　③　0.48 g 増加　　　④　0.96 g 減少

⑤　1.44 g 減少

問3　図のように電解槽1に硫酸銅(Ⅱ)水溶液，電解槽2に硝酸銀水溶液を入れて通電すると，電極
Aからのみ気体が発生し，電極Dの質量は8.00 g 増加した。電極Aで発生する気体の標準状態
における体積（L）として最も適切なものを，次の①～⑤から一つ選びなさい。　　8　 L

①　0.20　　②　0.41　　③　0.62　　④　0.93　　⑤　1.24

〔**4**〕　次の図は，化合物Aを原料として化合物B〜化合物Fを合成する【経路1】とベンゼンを原料として化合物Cを合成する【経路2】を示したものである。図ならびに(1)〜(5)を読んで，下記の問いに答えなさい。なお，解答は記述解答用紙に記入しなさい。

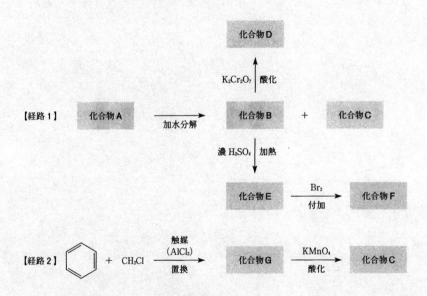

(1)　化合物Aは分子式 $C_{11}H_{14}O_2$ のエステルである。

(2)　化合物Aを酸性条件下で加水分解すると直鎖のアルコールである化合物Bとカルボン酸である化合物Cが得られた。

(3)　化合物Dが生成されていることを確認するために，ある試薬を加えたところ赤色沈殿が生じた。

(4)　化合物Eを臭素と反応させると，1個の不斉炭素原子をもつ化合物Fが得られた。

(5)　化合物Gを混酸で反応させると，爆薬の原料が得られた。

問1　化合物A～化合物Gの構造式を書きなさい。

問2　下線部で用いた試薬の名称と沈殿の化学式を書きなさい。

生　物

（2科目 120分）

〔１〕　生物の体内環境の維持に関する次の文を読み，問いに答えなさい。

　　ヒトの体には，血糖値や体温などの内部環境を一定に保とうとするはたらきがある。血糖値が異常
に低下すると，顔面がそう白となり，けいれんなどの症状があらわれる。これは，グルコースを主要
なエネルギー源とする器官である脳の機能が低下するためである。逆に，糖尿病などで血糖値が正常
値の２倍近くになると，腎臓の　　１　　でのグルコースの再吸収がしきれずに尿中に糖が排出され
る。健康なヒトでは，血糖値の変動が起こると，その上昇あるいは低下は刺激となってすい臓や脳に
作用し，これらの器官から分泌される物質によって血糖値が調節される。食事後，血糖値が急激に増
加すると，すい臓のランゲルハンス島の　　２　　細胞が直接これを感知し，インスリンの分泌が高
まる。また，血糖値の上昇は脳の一部である　　３　　でも感知され，自律神経系の　　４　　神経
を通して　　２　　細胞を刺激する。分泌されたインスリンのはたらきによって，血糖値は正常値ま
で低下する。逆に，運動によって血糖値が低下すると，すい臓のランゲルハンス島から血糖値を上昇
させるホルモンである　　５　　の分泌が高まる。さらに，血糖値の低下は　　３　　を刺激して，
　　６　　神経や　　７　　に指令が出される。　　６　　神経は副腎髄質にはたらいて，　　８　　
を分泌させる。一方，　　７　　から分泌されるホルモンの刺激により副腎皮質から　　９　　が産
生される。このような反応の結果，低下した血糖値が正常値に戻される。

　　体温も自律神経系とホルモンによってほぼ一定に保たれている。外界の温度が下がると，皮膚の温
度受容器が刺激され，その情報は皮膚の　　10　　神経によって脊髄の（　Ａ　）に入り，次に，脳に
情報が伝わる。これにより，　　11　　神経の活動を（　Ｂ　）することにより，立毛筋を（　Ｃ　）さ
せて熱の放散を（　Ｄ　）する。

　　さらに寒さが続くと，　　７　　から　　12　　の分泌が上昇し，これにより甲状腺から代謝に関
わる　　13　　の産生を増加させ，熱の発生が促される。

問１　文中の空欄　　１　　～　　９　　にあてはまる最も適切な語句を次の①～⓺からそれぞれ一
　　　つ選びなさい。

　　　① 交感　　　　　　　② 細尿管　　　　　③ 視床下部　　　　④ 集合管
　　　⑤ 糖質コルチコイド　⑥ 脳下垂体後葉　　⑦ 脳下垂体前葉　　⑧ 副交感
　　　⑨ アドレナリン　　　⓪ グルカゴン　　　ⓐ Ａ　　　　　　　ⓑ Ｂ

問２　文中の空欄　　10　　～　　13　　にあてはまる最も適切な語句を次の①～⑧からそれぞれ一
　　　つ選びなさい。

①　運動　　　　②　感覚　　　③　交感　　　④　甲状腺刺激ホルモン
⑤　成長ホルモン　　⑥　副交感　　⑦　チロキシン　　⑧　パラトルモン

問3　文中の空欄（　A　）～（　D　）にあてはまる語句の組み合わせとして最も適切なものを，次の
①～⑧から一つ選びなさい。　[14]

	A	B	C	D
①	腹根	高く	収縮	促進
②	腹根	低く	弛緩	促進
③	腹根	高く	弛緩	促進
④	腹根	低く	収縮	抑制
⑤	背根	高く	収縮	抑制
⑥	背根	低く	弛緩	抑制
⑦	背根	高く	弛緩	促進
⑧	背根	低く	収縮	抑制

問4　健康なヒトの血糖値は，血液 100 mL あたりおよそ何 mg か。最も近い数値を次の①～④から
一つ選びなさい。　[15]

①　1　　②　10　　③　100　　④　500

問5　インスリンにより血糖値が低下するしくみに関する以下の記述のうち，正しいのはどれか。次
の①～⑥から一つ選びなさい。　[16]

①　筋肉でグリコーゲンの合成を低下させる。

②　筋肉でグルコースの取り込みを低下させる。

③　脂肪組織でグリコーゲンの合成を促進する。

④　脂肪組織でグルコースの取り込みを低下させる。

⑤　肝臓でグリコーゲンの合成を促進する。

⑥　肝臓でグルコースの取り込みを低下させる。

問6　脳の一部である文中の空欄[3]の位置を図の①～⑦から一つ選びなさい。　[17]

図

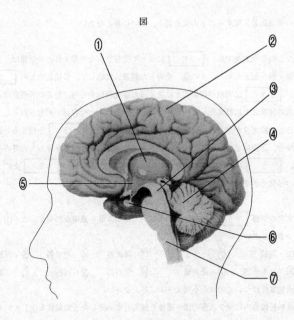

問7　ラットを25℃の実験室から4℃の低温室に移した。4℃の低温室に移す前のラットの体温は37.0℃であったが，1時間後には36.2℃まで低下した。その後，体温は徐々に上昇し，4時間後には37.0℃まで回復し安定した。また，甲状腺から分泌されるホルモンは低温室に移した後上昇し，2時間をピークとして血中濃度が低下した。図は，低温室に移してからの体温（○）と甲状腺から分泌されるホルモンの血中濃度（●）の変化を，時間の経過に沿って模式的に表したものである。4時間後にホルモンの血中濃度がピークから低下している理由について，「フィードバック」という語句を用いて，句読点を含め40文字以内で説明しなさい。なお，解答は記述解答用紙に記入しなさい。

図

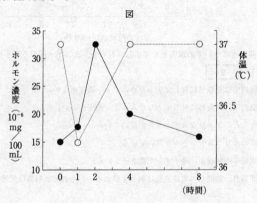

〔2〕　動物の環境応答に関する以下の文を読み，問いに答えなさい。

　ヒトなどの脊椎動物では，│　1　│によって受容された外界や体内の情報は，神経の活動電位として脊髄・脳へ伝えられる。その後，受容した刺激に対応して，骨格筋などの│　2　│を使って反応する。│　1　│は刺激の種類ごとに決まった感覚細胞をもち，特定の刺激だけに反応する。これは，刺激の種類ごとに特殊化した受容体を介して行われる。受容体が刺激されると，刺激の強さに応じた大きさの膜電位が生じる。刺激が強く，膜電位の変化が│　3　│を超えると興奮が発生する。聴覚の場合，音波はまず│　4　│を振動させ，その振動は耳小骨を介して内耳の│　5　│に伝えられる。│　5　│内ではリンパ液を介して│　6　│が振動し，│　6　│上の│　7　│にある聴細胞の感覚毛が振動によって曲がると，聴細胞に興奮が生じる。

問1　文中の空欄│　1　│～│　7　│にあてはまる最も適切な語句を，次の①～⓪からそれぞれ一つ選びなさい。

　　① 閾値　　　② うずまき管　　③ 基底膜　　④ 効果器　　⑤ 鼓膜
　　⑥ コルチ器　⑦ 最大値　　　⑧ 受容器　　⑨ 前庭　　　⓪ 半規管

問2　活動電位についての次の小問(1)～(6)に答えなさい。

　　図は神経細胞内にガラス製の微小電極を挿入して測定した活動電位を示している。

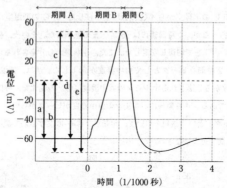

(1)　図中の期間Aについての説明として正しいものを，次の①～⑤のうちから二つ選びなさい。

　　│　8　│，│　9　│

　　① 細胞内では細胞外に対してナトリウムイオン濃度が高い。
　　② 細胞内では細胞外に対してカリウムイオン濃度が高い。
　　③ ほとんどのナトリウムチャネルが開いている。
　　④ 一部のカリウムチャネルが開いている。
　　⑤ 細胞膜の内側表面に陽イオンが集まっている。

(2)　図中の期間B，期間Cの電位変化は何とよばれるか。それぞれ解答は記述解答用紙に記入しなさい。

(3) 図中の期間Bについての説明として正しいものを，次の①～⑤のうちから二つ選びなさい。

　　□10□，□11□

　　① 細胞外から細胞内にナトリウムイオンが流入する。

　　② 細胞外から細胞内にカリウムイオンが流入する。

　　③ 細胞膜の内側表面に陽イオンが集まっている。

　　④ 電位の変化によりカリウムチャネルが開く。

　　⑤ 電位変化が生じるための閾値は0mVである。

(4) 図中の期間Cについての説明として正しいものを，次の①～⑤のうちから二つ選びなさい。

　　□12□，□13□

　　① 細胞内から細胞外にナトリウムイオンが流出する。

　　② 細胞内から細胞外にカリウムイオンが流出する。

　　③ ナトリウムチャネルが閉じる。

　　④ カリウムチャネルが閉じる。

　　⑤ チャネルを介した細胞内外のイオンの移動にはATPが必要である。

(5) 図中のa～eの中で活動電位の最大値を示しているのはどれか，次の①～⑤のうちから選びなさい。　□14□

　　① a

　　② b

　　③ c

　　④ d

　　⑤ e

(6) 静止電位には，陽イオンの細胞内外の濃度差が重要である。この濃度差をどのように維持しているか。「ナトリウムポンプが」で始まる文で句読点を含む40文字以内で答えなさい。なお，解答は記述解答用紙に記入しなさい。

解答欄：「ナトリウムポンプが」を除いて40文字

問3　骨格筋に関する次の小問(1), (2)に答えなさい。

(1) 骨格筋の収縮についての説明として正しいものを，次の①～④のうちから二つ選びなさい。

　　□15□，□16□

　　① ノルアドレナリンが神経伝達物質として使われる。

　　② 筋小胞体からカルシウムイオンが放出される。

　　③ ミオシンフィラメント上のトロポミオシンの構造が変化する。

　　④ ATPが分解される。

(2) 骨格筋の収縮の大きさは何によってきまるか。適切なものを，次の①～④のうちから二つ選びなさい。　□17□，□18□

　　① 興奮を伝える神経線維の数

　　② 興奮を伝える神経線維の長さ

　　③ 骨格筋に伝わる興奮の頻度

　　④ 骨格筋に伝わる興奮の大きさ

問 4　聴細胞の興奮によって聴神経を介して大脳に伝えられる信号は，音の波長や大きさによって違う。その違いは聴細胞および聴神経では何の違いとして現れるか。音の波長と音の大きさについて，次の①〜④のうちからそれぞれ適切なものを音の波長については一つ，音の大きさについては二つ選びなさい。

音の波長　| 19 |

音の大きさ　| 20 |，| 21 |

①　興奮する聴細胞の位置

②　興奮する聴細胞の数

③　聴神経の興奮の大きさ

④　聴神経が興奮する頻度

〔 3 〕　免疫に関する以下の文を読み，問 1 〜 3 に答えなさい。

　　　| 1 |　免疫は生体防御機構の一つであり，物理的・化学的防御，| 2 |　免疫によっても排除されなかった病原体に対して作用する。| 1 |　免疫は，反応するリンパ球の種類によって，| 3 |　免疫と　| 4 |　免疫に分かれる。

　　　| 3 |　免疫は，細胞に侵入した細菌やウイルスに感染した，自己の細胞（感染細胞）に対して，食作用の促進とともに，リンパ球が抗原情報を認識することにより，機能する。その仕組みは次の通りである。

①　| 2 |　免疫の過程によって病原体を認識して活性化した　| 5 |　細胞は，細胞内で病原体を断片化し，リンパ節に移動する。

②　| 5 |　細胞は断片化した病原体を表面に出し，提示された病原体の情報を認識した　| 6 |　細胞や　| 7 |　細胞が活性化して増殖する。

③　増殖した　| 6 |　細胞と　| 7 |　細胞はリンパ管から血管に移り，感染した組織に移動する。| 7 |　細胞は，感染細胞の表面に提示されている病原体の断片を認識し，感染細胞を攻撃して死滅させる。

　　　| 6 |　細胞は，感染組織に移動しマクロファージが提示する病原体の断片を認識してマクロファージを活性化させることで，マクロファージによる病原体の排除機能を促進する。

④　病原体が消失すると，| 6 |　細胞および，| 7 |　細胞の一部は　| 8 |　細胞となって残る。

　　　多くの感染性の病気は，一度かかるとしばらくはその病気にかからない，もしくは軽度の症状で済むことが多い。これは，1)| 8 |　細胞が体内に長期間残り続けるため，再び同じ病原体が体内に侵入した場合すみやかに免疫反応が起こり病原体を排除するためである。2)

問1　文中の空欄　| 1 |　～　| 8 |　にあてはまる最も適切な語句を，次の①～⑥からそれぞれ
一つ選びなさい。

① 感染　　② 記憶　　③ キラーT　　④ 細胞性　　⑤ 自然
⑥ 樹状　　⑦ 体液性　　⑧ 適応（獲得）　　⑨ ヘルパーT　　⓪ ナチュラルキラー
ⓐ B　　ⓑ NK

問2　免疫にかかわる細胞は，造血幹細胞から分化・成熟してつくられる。造血幹細胞はどこに存在
するか。最も適切なものを，次の①～⑤から一つ選びなさい。　| 9 |

① 肝臓　　② 血液　　③ 骨髄　　④ ひ臓　　⑤ リンパ節

問3　文中の下線部1）および2）が説明する免疫のしくみとして最も適切なものを，次の①～⑤か
らそれぞれ一つ選びなさい。

下線部1）　| 10 |
下線部2）　| 11 |

① 一次応答　　② 二次応答　　③ 免疫記憶　　④ 免疫不全
⑤ アレルギー

問4　臓器移植において，文中の　| 1 |　免疫がはたらく仕組みを説明した次の文章について，空
欄にあてはまる適切な語句を，それぞれ漢字4文字で記述解答用紙に記入しなさい。

「一般に，自分のからだの成分については異物とみなさないため，□□□□という免疫反応が起
こらない状態にあるが，他者の臓器では異物とみなすため□□□□が起こる。」

国　語

（二科目　一二〇分）

〔１〕次の文章を読んで、後の問いに答えなさい。

　『福翁自伝[注1]』のなかに「競争」をめぐる面白い話が書かれている。維新前のことだが福沢がイギリスの経済書を手に入れ、その本の語を幕府の勘定方の役人にしたという。内容をぜひ知りたいという。そこで目次を訳して見せると、コンペチションの訳語にあてた「競争」という字にひっかかった。「『争』という字があるぞ、ドウもこれが穏やかでない、どんなことであるか」。福沢自身が苦心して作ったこの訳語の中身をあれこれ説明してきかせるのだが、「ドウも争という文字が穏やかでないから」、これではドウも老中方へ御覧に入れることができない、というではないか。□□□という福沢は競争の二字を削ったというのである。

　この語は維新前のわが国では「競争」という考え方が社会的に認められていなかったことを意味している。「争」といえば、それは「闘争」のことだ。宮本武蔵は『五輪書』のなかで「武士の兵法をおこなふ道、何事に於ても人に勝る所を本とし、或は一身の切合に勝ち、或は数人の戦に勝ち」のことだといっているが、武士の本分はまさに相手と闘う、これを倒し、相手に勝つことにあった。しかし、それは戦国時代から徳川時代の初め頃までの話である。徳川三百年のタイくの時代に、武士は次第に戦闘者であるよりも、家産官僚化してしまう。闘争はむしろ、あってはならないことに変わってしまった。と同時に、それにかわるものとしての競争のほうも、事実上認められていなかった。

　というので闘争と競争とをどう区別するか、むずかしい問題である。社会学者たちによると、それは少なくとも次の二つの点で違うという。第一に闘争も競争も、ある目標の達成をめざして行なわれるという点では同じだが、闘争が相手を排除しようとするのに対して競争の場合にはその必要はない。第二に闘争にはルールはないが、競争は一定のルールに従って行なわれる。つまり剣による果たし合いは闘争だが、剣道の試合とすれば、それは競争（競技）ということになる。しかし「藩士をあらためるの分限が十八を□□まつて、上士は上士、下士は下士、相入れたうにして、その間に少しも融通があらなら」身分制社会に（武芸の試合は別として）ゲームとしての□Ａ□という考え方はとどまる。武芸の試合でも、たとえ御前試合での勝敗が恨みを残し、それがもとで果たし合いが行なわれた、という話はなくない。武士にとっては、それがなんであれ戦い合うということは、相手を倒し、相手に勝つことを、つまり□Ｂ□を意味した。それが、□Ｃ□という言葉が幕府の役人にアレルギーを起こさせた理由であったのだろう。

　しかし幕末になると、こうした闘争と競争のタブーは、さまざまな形で破られるようになった。〔Ⅰ〕幕府と諸藩の間で公然と武力闘争が行なわれるようになり、また藩内部でも権力闘争はげしくなり、「分限」の枠をこえて下級武士が□Ｘ□に権力を握るということも出てきた。〔Ⅱ〕政治にも行政にも実力をもった「人才」の必要とされる時代がやってきたのである。〔Ⅲ〕その人材をどうやって選び出すのか。〔Ⅳ〕たとえば試験制度のように、ルールを決めて能力を競い合わせるのがいちばん効率的ではないか。

方のだが(b)それをすれば維持しようとしている体制そのものの基礎を掘りくずすことになりかねない。

〔Ⅴ〕

そこで競争抜きに人材を選び出す方法としてとられたのが、人材の「登用」であり「抜擢」であった。この場合、人材は家柄や身分によらず、能力にもとづいて選び出される。ただその能力は、ある客観的基準にもとづいてはかられるわけではない。能力を判断するのも、誰を登用し抜擢するかも、すべては将軍や藩主の（あるいはかれらの代行者の）一存にかかっていた。そこには能力を競い合わせ、その高いものを選ぶという「競争」と「選抜」の思想はなかったし、またあってはならなかったのである。

維新後になると状況は一変する。明治維新は下級武士による革命であった。武士集団内部での身分制的な秩序は完全にくずれ、登用や抜擢の時代は終わってしまった。しかし、それでただちに自由な競争の時代がやってきたわけではない。第一に、競争のルールづくりはすぐにはできなかった。その経験がほとんどなかったからである。ルールが未定な政治や行政の組織は大きさでいくらめばならない。その組織で動く人材をどうやって選び出すか。維新後も依然として基本的な集団や人間関係の単位は藩にあった。から、いきおい各藩が人材を選び出す基礎になった。前節でみた「藩士」の例や「貢進生」制度は、まさにそうした前近代から近代への人材の選び方の過渡的な段階をあらわすものとみてよい。

第二に、このことからもわかるように、人材の選び出される母体は特定の身分集団、(c)つまり「士族」に限られていた。神田孝平の「進士及第(注3)」にみられるように、人材の選抜方法として競争的な試験の制度をとりいれるといっても、その競争に参加できるのは「有志ノ士」、つまり士族の子弟に限られていた。「四民平等」とはいえ、高等教育の機会や官僚になる資格を、ただちに「平民」にも開放しようという考え方は、「士族」政府にはなかった。そしてそれは、士族が特権的な身分集団として存続している以上、当然のことであった。競争の時代が始まるためには、なによりも士族の特権が奪われねばならなかった。

そうした点からみると、(d)明治四年という年は重要である。この年の七月にまず、廃藩置県が断行された。八月には廃刀の自由が認められ、士族と平民の結婚が許された。一一月には、在官者をのぞいて士族に農・工・商業を営むことが許可された。先にみた大学南校の「貢進」制度の廃止も、そうした一連の改革のひとつとして行われたとみてよい。自由と能力にもとづく競争と選抜の時代、つまり試験の時代は、そうした一連の改革のあとにはじめて可能になった。

（天野郁夫『試験の社会史』による）

注(1)　幕末から明治にかけて活躍した洋学者・教育者である福沢諭吉の自叙伝。
注(2)　明治維新後、武士階級だった者に与えられた身分の名称。
注(3)　神田孝平は幕末から明治にかけて活躍した洋学者・政治家。中国の科挙を参考にして官僚の試験制度をつくるべきだと提案した。科目（科）による選挙（挙）を意味する「科挙」では試験合格者には「進士及第」の称号が与えられた。

問1　傍線部㋐のカタカナの部分に相当する漢字を含むものを、次の①〜⑤のうちから二つ選び、答えなさい（解答の順序は問わない）。　　| 1 |　| 2 |

①　タイケイのはらしい名画
②　タイメンを保つ努力をする

③ ダイセキに影響はない
④ タイボウの第1子が誕生した
⑤ タイゼンとして揺るがない態度

問11 問題文中には次の一文が省かれている。この文が入るべき最も適切な箇所を文中の〔I〕〜〔V〕から選び、次の①〜⑤のうちから一つ選び、答えなさい。 $\boxed{3}$

変動のはげしい時代になれば、身分や家柄よりも、実際にことに処していく能力のほうが重要になる。

① 〔I〕　② 〔II〕　③ 〔III〕　④ 〔IV〕　⑤ 〔V〕

問三 傍線部(a)の理由として最も適切なものを、次の①〜⑤のうちから一つ選び、答えなさい。 $\boxed{4}$

① 競争が高じて武力闘争に発展することを幕府の役人が警戒したから
② 競争が恨みを残して来たしになることを幕府の役人が心配したから
③ 競争という考え方が新しすぎて幕府の役人にも理解できなかったから
④ 競争の字面が闘争を想い起こさせるため幕府の役人が問題視したから
⑤ 競争が現在の体制を崩壊に導くことを幕府の役人が危険視したから

問四 空欄 $\boxed{A}$ 〜 $\boxed{C}$ に入るべき最も適切な言葉を、次の①〜⑤のうちからそれぞれ一つ選び、答えなさい（すべてが異なる言葉とは限らない）。空欄 A は $\boxed{5}$ 、空欄 B は $\boxed{6}$ 、空欄 C は $\boxed{7}$ 。

① 分限　② 闘争　③ 達成　④ 戦闘　⑤ 争

問五 空欄 $\boxed{X}$ に入るべき最も適切な言葉を、次の①〜⑤のうちから一つ選び、答えなさい。 $\boxed{8}$

① 合法的　② 必然的　③ 実質的　④ 合理的　⑤ 原理的

問六 傍線部(b)の理由として最も適切なものを、次の①〜⑤のうちから一つ選び、答えなさい。 $\boxed{9}$

① 体制の秩序は個人の能力ではなくて家柄や身分を基礎にしているから
② 能力が高い下級武士が主君を無視して政治や行政をおこなうから
③ ルールを決めて能力を競い合っても必ず恨みを残すことになるから
④ 武士が戦闘者としての本分を忘れ試験が得意な官僚ばかりになるから
⑤ 闘争心に目覚めた武士が主君に対して武力闘争を挑むことになるから

問七 傍線部(c)について「明治維新後もしばらく人材が「士族」から選び出されていたのはなぜか。その理由について三十文字以上三十五文字以内で書きなさい（句読点も記号も字数に含める）。ただし「特権」という言葉を使わずに「藩」という言葉を使い「〜から」で終わること。なお解答はマーク解答用紙に記入しなさい。記述解答用紙に記入しなさい。

問八 傍線部(d)の説明として最も適切なものを、次の①〜⑤のうちから一つ選び、答えなさい。 $\boxed{10}$

① 全国統一試験による人材選抜をとり入れた
② 平民からも登用や抜擢を行えるようにした

③　士族にも結婚や職業の自由が認められた

④　藩主による登用や抜擢がなくなった

⑤　士族という身分集団を藩から切り離した

〔2〕次の文章を読んで、後の問いに答えなさい。（注記や参考図も参照すること）

　入管は、正式には出入国在留管理庁という、法務省の外局で、東京都千代田区霞が関にある本庁と、8つの地方出入国在留管理局、そしてその支局や出張所からなる組織だ。その主な役割は、外国人や日本人の出入国審査、外国人の在留管理、外国人材の受け入れ、そして難民認定[1]など。

　本書で扱う入管による人権侵害は、主にこの、入国時の審査や在留管理、難民認定で起きている。そうした人権上の問題の一つが(a)他の先進国と比べても異常に低い難民認定だ。日本も加入している難民条約は、締約国に対し、迫害から逃れてきた難民を受け入れ庇護することを求めている。だが、日本の難民認定率は、コロナ禍で難民認定申請自体が減った2020年を除けば、高い年でも0.5%以下と、他の先進国の2〜5割程度の認定率と比べ桁違いに低い。日本は「難民認定率が低い国」として、国連難民高等弁務官事務所（UNHCR）からも、その年次報告書で名指しされている有様だ。難民として認められなければ、在留資格がなく、後述するように入管施設に収容されてしまう。仮放免[4]が許されて、放免が許されないため、生活は極めて厳しいものとなる。難民として認められなくても、人道上の配慮から在留特別許可[5]が得られることもあるが、これも入管次第であり、その基準も不明確で、近年は在留特別許可が認められにくいという傾向がある。

　もう一つ大きな問題として収容がある。入管は、日本にいる外国籍の人々の在留資格、つまり日本に滞在したり、暮らしたりするための資格を審査する。そして、在留資格が認められなかったり、オーバーステイ（在留許可期限を越えた滞在）になったりした人々を、全国に9つ以上ある入管の収容施設に収容、つまり、その身柄を拘束するのだ。この収容は、全ての在留資格を得られていない「非正規滞在者」を対象に行われ、「全件収容主義」とも言われている。どうしても帰国させるべき人物が帰国を拒み、強く抵抗する場合に収容するというのならともかく、実際には、難民申請中であるといった個別の事情も考慮もせず、逃亡の可能性のあるなしに関係なく、一律に収容というかたちで個人の自由を奪ってしまうからだ。しかも、人身の自由を奪う行為であるにもかかわらず、入管の手続きでは、刑事手続きであれば必要とされる裁判所の令状などなしに、収容が可能だ。これは、人権団体「アムネスティ・インターナショナル日本」が指摘するように、「いわば　Ａ　、Ｂ　、Ｃ　、Ｄ　の役割を入管という行政職員が行っている」という状態であり、チェック機能が働かないまま、入管に大きな権限と裁量が与えられてしまっているのである。しかも、その裁量は、(b)「治安上のリスク」という差別的な外国人観の下で行われているのだ。

　「日本では難民認定申請者への差別が常態化している」──2020年9月にまとめられた国連人権理事会・恣意的拘禁作業部会の意見書は、日本の難民排斥ぶりに極めて厳しい評価をし、改善勧告を行っている。なぜ、日本の難民認定数は、こうも低いのか。筆者が法務省に問い合わせると、「地理的に遠い、言語の壁などの要因から、避難を引き出されている人々が多い国からの難民申請者が少ないためであり、

で、日本が難民を拒絶しているわけではない」と回答する。「難民認定申請者のうち、イラクやシリアな
とUNHCRの報告書『グローバル・トレンズ』での難民発生国の上位五カ国からの申請はいくらか」
「我が国における難民認定申請者の多くが、真の難民ではなく、就労目的の申請なのではないか」(法務
省)

　　　・・・(中略)・・・

(c)　だが、実際に統計を見てみると、日本での難民認定申請者の出身として多くスリランカやトルコ、ネ
パール等の国々からの難民認定申請者に対し、他の先進国での認定率は、日本よりも大幅に高いのだ。全
国難民弁護団連絡会議のまとめによると、二〇〇六〜二〇一八年の統計で、スリランカからの難民申請者
の日本での認定率は〇%、なのに対し、オーストラリアでは三九・一%、カナダでは七八・三%が難民と
して認定されている。同じく、ネパールからの難民申請者は日本の認定率は〇%、なのに対し米国では二
九・七%、カナダでは六一・七%が難民として認定されている。トルコからの難民申請者は、日本での
認定率〇%、なのに対し、ドイツでは二〇・七%、カナダでは五七・三%が難民として認定されてい
る。その他、世界的に見て多くの人々が難民化しているミャンマーの出身者の難民認定申請が日本でも
多いのだが、やはり冷遇されている。つまり「日本は他の先進国と異なり、難民が多く発生する国ではな
いところからの申請者が多いのであって、難民認定率が特に低いというわけではない」という法務省・入
管庁の理屈は、事実に反するのである。

(志葉玲『難民鎖国ニッポン』による)

注(1)　難民とは、人種、宗教、国籍、政治的意見あるいは特定の社会集団に属するなどの理由から、自国
　　に留まっていれば迫害を受ける恐れがあるため、他国に逃れて国際的保護を必要とする人々。
注(2)　自国から逃れてきた難民は、日本の法務省に難民認定申請を行い「難民である」と認められれば、
　　在留資格が付与されて日本国民と同じように国民健康保険への加入資格や国民年金、児童扶養手当な
　　との受給資格を得られるようになるほか、日本での就労も可能となる。
注(3)　日本での中長期滞在を希望する外国人は、外務省が発行するビザ(査証)に加えて法務省が発行す
　　る「在留資格証明」を得る必要がある。在留資格証明には日本で行なう活動(就労・留学など)の制
　　限内容や在留可能期間等が記されており、在留資格をもたずに入国したり、入国後に所定の期間延長
　　手続きを行なわないまま在留期限が過ぎてしまえば「非正規滞在者」即ち不法滞在者として扱われ、原
　　則、帰国するまで入管施設に身柄が拘束される。
注(4)　法務省の判断により、入管施設に収容されている外国人の身柄の拘束を一時的に解くことができる
　　制度。
注(5)　入管施設に収容された外国人について、特別な事情が認められれば、法務省の判断により在留許可
　　を特別に与えて強制退去を免除できる制度。

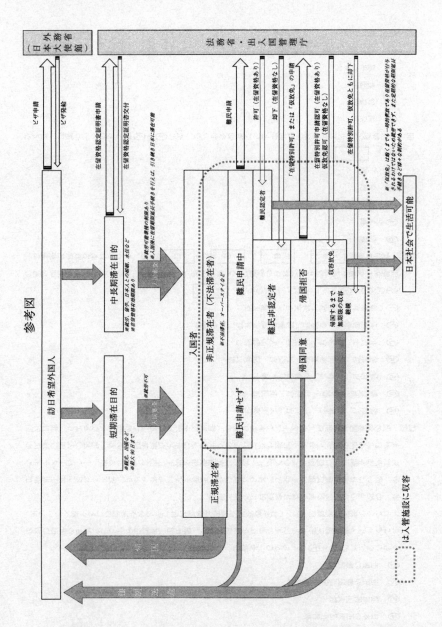

参考図

問一　傍線部㋐に「恣意的」とあるが、これと置き換えることのできる最も適切な類義語を、次の①～⑥のうちから一つ選び、答えなさい。　　1

① 必然的

② 合理的

③ 場当たり的

④ 意図的

⑤ 独善的

⑥ 偶発的

問二　傍線部①のカタカナ部分の漢字として適切なものを、次の①～⑤のうちから一つ選び、答えなさい。　2

① 予議

② 余橡

③ 与儀

④ 余義

⑤ 余儀

問三　文中の空欄 A 、 B 、 C 、 D には、それぞれある職業名が入る。問題文の文意を読み取り、これらの空欄に入る職業の組み合わせ（順序不同）として最も適切なものを次の①～⑦から一つ選び、答えなさい。　3

① 検察官、刑務官、外交官、法務大臣

② 入国審査官、査察官、労働基準監督官、国会議員

③ 弁護士、査察官、自衛官、入国警備官

④ 警察官、入国審査官、外交官、法務大臣

⑤ 裁判官、検察官、刑務官、弁護士

⑥ 警察官、裁判官、検察官、刑務官

⑦ 警察官、弁護士、裁判官、入国審査官

問四　先の参考図は、問題文のテーマである日本の入管制度を理解する上での助けとなるよう、訪日外国人が日本の国内法でどのように扱われているかを大まかに示した概略図である。訪日の入国者は決められた滞在期限内に帰国していくが、一部には在留資格を得すに滞在し続ける者、オーバーステイの者、或いは日本で難民認定を受けて暮らし続けたいと考えている者もおり、近年これらの「非正規滞在者」の処遇の在り方が大きな社会問題になっている。

　ところで筆者は傍線部(a)で「日本の難民認定率は異常に低い」という趣旨のことを述べているが、ここでいう「難民認定率」とはどのような指標なのか。難民認定者数を分子としたときの分母にあたるものを、次の①～⑦のうちから一つ選び、答えなさい。　4

① 世界の難民数

② 世界の難民認定申請者数

③ 訪日外国人数

④ 日本の正規滞在者数

⑤ 日本の非正規滞在者数

⑥ 日本の難民認定申請者数

⑦ 日本の在留資格取得希望者数

問五　傍線部(b)で筆者は「入管業務は外国人に対する差別的視点で行われている」という趣旨のことを述べているが、これは具体的にはどのような意味か。また、そうした外国人観が入管の外国人管理の現場にどのように影響していると考えられるか。問題文の内容に合致する最も適切なものを、次の①〜⑤のうちから一つ選び、答えなさい。　　5

① 日本は「安全な国」として世界によく知られているが、海外では犯罪が多いので国際テロリストが難民と偽って入国する可能性もある。そのため入管はすべての入国外国人を〝性悪説〟に基づいて管理し、厳しく監視している。

② 最近日本には就労目的でやってくる途上国からの入国者が増えており、それによって日本人の就業機会が脅かされている。そのため入管は、途上国からの入国者を持に厳しく管理し排除している。

③ 日本は少子高齢化によって労働力人口が減り続けており、これが日本経済の今後の発展にとって大きなリスクとなっている。そのため入管は、就労目的の入国審査を緩めるなどして優遇している。

④ インバウンド政策を推し進めている日本政府にとって裕福な訪日客の〝爆買い〟は経済上の大きなメリットである。そのため入管は、富裕層の外国人は優遇し、特別に審査・監視を緩めている。

⑤ 「非正規滞在者」は日本の法を犯している者であるから優良な外国人とはいえない。そのため入管は、治安維持の観点から彼ら全員を、人権問題に多目をつぶってでも収容することにしている。

問六　問題文の傍線部(c)から文末にかけて、筆者は法務省の「日本の難民認定率が低い理由」の説明に対し、難民認定率を出身国別に示しながら反論している。この議論を整理するため、次の文章で筆者のアプローチが何故法務省の見解に対する有力な反論材料になるのかを纏めている。この文中の空欄　　X　　〜　　Z　　に入るべき最も適切な語の組み合わせを、後に示す次の①〜⑤のうちから一つ選び、答えなさい。　　6

《法務省の見解を言い換えると、「日本には就労目的の者を含め様々な難民が世界から入国してくるが、本当に母国での迫害から命からがら逃れてきた〝真の難民〟の割合は　　X　　ので、日本全体としての難民認定率は低く出る」という説明になる。当然、どの国からの難民の受け入れが多いかは受入国によってもそれぞれ違うがあるから、もし日本で、世界規模で多くの〝真の難民〟を排出している国からの難民入国割合が　　Y　　のであれば法務省の見解は説得的である。しかし、各受入国の難民認定率を「難民排出国別」に国際比較しても日本の認定率が低ければ　　Z　　となれば、法務省の説明根拠は崩れ、国連人権理事会が懸念を示しているように、日本の入管は難民排除のスタンスをとっているのではないかとの疑いが強まることになる。》

① ｜ X ｜ 低い ｜ Y ｜ 高い ｜ Z ｜ 高い ｜
② ｜ X ｜ 低い ｜ Y ｜ 低い ｜ Z ｜ 低い ｜
③ ｜ X ｜ 高い ｜ Y ｜ 低い ｜ Z ｜ 低い ｜
④ ｜ X ｜ 高い ｜ Y ｜ 低い ｜ Z ｜ 高い ｜
⑤ ｜ X ｜ 高い ｜ Y ｜ 高い ｜ Z ｜ 高い ｜

問七　問題文で、筆者は日本の入管制度の問題点をさまざま指摘しているが、**問題文の内容と合致しない**

ものを、次の①〜⑧のうちから二つ選び、答えなさい。　　7 、 8 （順序不同）

① 訪日外国人は急増しているものの、入管職員は少ないままであるため、訪日外国人の管理や保護が間に合わず、人権問題に発展してしまうことがある。

② 刑事事件については身柄拘束に関する判断は裁判で決められるが、「非正規滞在者」の入管施設への収容・釈放に関する判断は事実上入管の裁量に任せられている。

③ 入管は大きな権限と裁量が認められている反面、第三者による外からのチェック機能が働きにくいことから、入管施設で人権問題が起きやすくなっている。

④ 難民申請手続き中の外国人も「非正規滞在者」とされて、一律に入管施設に収容され身柄を拘束されてしまう。

⑤ 日本では難民認定率が極めて低いため、たとえ難民申請しても殆どが日本政府の保護を受けられずに危険な母国へ強制送還されてしまうが、これは彼らを迫害や拷問などのリスクに晒すことであり人道上の問題である。

⑥ 入管施設の収容者は「在留特別許可」や「仮放免」を申請することで身柄拘束から解放される道はあるものの、その認定基準は不明確かつ非常に厳しく、実際に認定されるケースは少ない。

⑦ 「難民認定」や「在留特別許可」或いは「仮放免」を得て入管施設から出ることができたとしても、日本では外国人に対する差別があるため、なかなか希望する仕事に就くことができない。

⑧ 「仮放免」が認められたとしても、それは一時的な措置であり在留資格が得られたわけではないので仕事に就くことができず、自立した生活を送ることが難しい。

〔3〕次の文章を読み、後の問いに答えなさい。

いまという時代が抱える諸課題の淵源への関心、二度の世界大戦が現代という時代にもつ意味への関心の高まりは、現代を解き明かす出発点です。二度の世界大戦は、戦争のあり方を変えてきただけでなく、植民地を巻き込んで、近代という時代、そして定住のあり方、移動のあり方を変えてきました。「戦争と移動」という課題が、改めて「国家と移動」、そして「在るべき場所」と結びついて問題を提起してきています。さらに3・11によって強制的に移動させられた人々の経験は、日本の敗戦直後のさまざまな移動経験とも重なって表れてきています。（ア）

りのようにどこかが定まった場所に住まうことが、さまざまな状況のなか人々にとっての常態ではなくなりつつあり、移動が改めて場所という問題を想起するようになってきているのです。

† 「非移民国」という神話

では、そうした場所、「戻るべき場所」というのは、どのように創造されたのでしょうか。戻るべき場所を求めるということは、何を意味するのでしょうか。そうした問いは、第二次世界大戦後において、国民（ネイション）そして国民国家がどのように再編されてきたのかを明らかにするものです。近代にソク

⑤テイする場所という課題が、国民国家と植民地主義が溶解するなかで、改めて問われています。（イ）

移動というテーマに関して戦後日本を取り上げる意味というのは、まさに以下の点に関わります（第8

章）。それは、一つには「　Ａ　」という暗黙のコンセンサスがあったからにほかなりません。移民研究と呼ばれてきたものの空白部分が逆に見えてくるのではないか、という期待です。いままで移民にかかわる多くの研究が、移民国であるアメリカやカナダなどを参照項に考えられてきました。しかしいまや移民国／非移民国という区別はあまり意味を持たなくなってきています。かつて移民受け入れ国であったブラジルなどの南米諸国は、いまや多くの移民を送り出しており、かつて移民の送り出し国であったヨーロッパ諸国は、いまや移民や難民の受け入れ国です。

そして改めて言うまでもなく、日本が非移民国であるというのは神話にすぎません。日本は移民を公式には認めていないものの、いまや多くの外国人が居住する国です。むしろ日本は移民国ではないという神話が壊れているからこそ、いわゆる移民国を基準とした研究では見えてこなかった課題、隠されてきた論点が見えてくるのではないか、とも考えられます。(ウ)移民研究というものはアメリカから輸入されたものですが、そこで看過されてきた論点を、日本の事例から見いだすことができるかもしれません。

日本を論じるもう一つの理由は、日本の戦後政治がこれまでの移民の歴史を忘却してきたにもかかわります。第二次世界大戦前において、多くの日本人が海外に居住し、そして朝鮮半島をはじめとして植民地からの多くの人々が日本で生活していました。戦前の日本があらゆる「　Ｂ　」であったことは、多くの人たちによってこれまで指摘されてきたことです。

しかし世界大戦の敗北は、その後の日本の世界とのかかわり、そして知の枠組みを決定的に変えることになりました。(エ)そもそも貴重な他者を管理するための学としての移民研究は、植民地主義の時代の人の移動とは断絶してきました。日本での移民研究の関心はそのことを典型的に示しています。一九八〇年代になって初めて、いわゆる「　Ｃ　」の受け入れの是非をめぐって論争が展開されるのも、それは第二次世界大戦前の移民の歴史を忘却あるいは隠蔽することによって行われたのでした。そこで(オ)ネントウにあるのは中国や植民地くのいわゆる植民です。しかしそれだけでなく、第二次世界大戦後の大陸などからの「引き揚げ」や朝鮮半島への「帰国事業」は、人の移動としては捉えられることなく、「非移民国」という政策を創り上げる装置として機能したのです。(オ)

それはたんに政策的にそうであったというにとどまりません。ということはむしろ第二次世界大戦後の日本における国民国家の再形成が、移民の忘却を消去のうえに行われたことを意味します。外国人労働者と呼ばれる存在が日常化し、グローバルな構造化のなかで外国人の人権が焦眉の課題であるにもかかわらず、移民の受け入れの是非をめぐる議論が、日本においてまともな政治課題として論じられることはありません。これは単なる政治の問題だけではなく、社会あるいは知的状況の問題なのです。第二次世界大戦後の時代というのは、こうした状況を生み出した起点として再検討する必要があります。

（伊豫谷登士翁『グローバリゼーション』による）

問１　傍線部(ア)のカタカナの部分に相当する漢字を含むものを、次の各群の①〜⑤のうちから一つ選び、答えなさい。　　　1

①　間違いをテイセイする

②　テイボウを築く

③　連絡をシュウチテイする

④　砂を搬いてコウテイ差を埋める

⑤　守るべきキテイをつくる

2024年度　一般Ⅱ期　国語

問二　傍線部⑦のカタカナの部分に相当する漢字を含むものを、次の各群の①〜⑤のうちから一つ選び、答えなさい。　2

① 問題がサイネンする
② ネンチャク質な素材
③ ケネンしていたことが現実になった
④ テイネン素材を利用する
⑤ ネンコウ序列の社会

問三　空欄　A　に入るべき最も適切な言葉を、次の①〜⑤のうちから一つ選び、答えなさい。　3

① 日本は難民を受け入れない
② 日本は移民の送り出し国ではない
③ 日本は外国人が居住する国ではない
④ 日本は単一民族国家ではない
⑤ 日本は移民の国ではない

問四　空欄　B　と空欄　C　に入る組み合わせとして最も適当なものを、次の①〜⑤のうちから一つ選び、答えなさい。　4

① B 多文化社会　　C 外国人労働者
② B 移民国家　　　C 引き揚げ者
③ B 植民社会　　　C 移民や難民
④ B 脱植民国家　　C 留学生
⑤ B グローバル社会　C 不法滞在者

問五　傍線部④の意味として最も適切なものを、次の①〜⑤のうちから一つ選び、答えなさい。　5

① 人の移動に関する空白部分を埋める学
② 「在るべき場所」と結びついて問題を提起する学
③ 移民国と呼ばれる国を研究するための学
④ 移民に関する国家の政策を論じる学
⑤ 異質な他者を管理するための学

問六　傍線部⑤の意味として最も適切なものを、次の①〜⑤のうちから一つ選び、答えなさい。　6

① 軽んじられている
② 壮大な共通課題である
③ 重大で切迫な状況である
④ 政治的に時間をかけて取り組むべき課題である
⑤ 主体的な解決が望まれる状況である

問七　問題文中から次の一文が省かれている。この文が入るべき箇所として最も適切な箇所を、文中の〈ア〉〜〈オ〉のうちから一つ選び、答えなさい。　7

　人の移動に関してもそのりとは言えます。

①〈ア〉　②〈イ〉　③〈ウ〉　④〈エ〉　⑤〈オ〉

問八　問題文中で筆者の主張と**異なる**ものを、次の①〜⑤のうちから一つ選び、答えなさい。

8

① 移動というテーマに関して戦後日本を取り上げる意味は、移民研究の空白部分が見えるかもしれないという期待があるからである。

② 旧来の移民研究では、植民や引き揚げ、帰国事業の人の移動は取り上げられにくかった。

③ 日本は第二次世界大戦前もその後も、移民の国ではないことから、グローバルを標準につくりひとができるだろう。

④ 戦後の国民国家の再形成は、移民の忘却や消去のうえに行われ、移民の受け入れの是非に関する政治的議論は遅れている。

⑤ 日本が「非移民国家」であるという政策は創り上げられたものである。

解　答　編

英　語

1 　**解答**　問1. ④　問2. ③　問3. ③　問4. ②　問5. ①
　　　　　　　 問6. ④　問7. ①，⑤　問8. 全訳下線部参照。

·· **全　訳** ··

《それぞれの言語におけるお気に入りの言葉》

① 　たとえ自覚していなくても，私たちには皆，お気に入りの言葉がある。
私がテキサスに戻ったときには，使えないことを本当に不便に感じた特定
の日本語の言葉があった。しかし後に，日本では使うのをやめていたお気
に入りの英語表現をいくつか再発見した。言語は人格を表すというのは確
かにそうだし，私たちの多くがよく知っているように，異なった言語を用
いる際にはしばしば人格も変わるというのは確かに本当だ。

② 　時として，最も単純な言葉が，それなしで済ますことが最も難しい言葉
となる。友人が空港まで迎えに来てくれた，テキサスに戻ったまさに最初
の日のことを思い出す。私のスーツケースは荷物でいっぱいで閉めるのが
大変だった。それがとても重い理由を説明するのに「ギリギリ」という
（日本語の）表現を使いたかった。実際にそうしたのだが，当然，その意
味を説明しなければならなかった。日本語の擬音語については，意味だけ
でなく，求めている感情を正確に表す何かが存在するのだ。

③ 　今でもその不在に不便を感じている他の2つの言葉が，「元気」と「お
疲れ様」だ。これらに相当するよい英語は本当にないし，これらは毎日必
要な言葉なのだ。日本に住んでいたときには，いつも人々がこういった類
の事柄を英語でどう言えばいいのかを尋ねていた。そして今，これまで以
上にその答えは「不可能」であると私は信じている。アメリカの文化には，
そのニュアンスを上手く翻訳することなどとてもできないのだ。

④　その一方で，悪態ほどアメリカ的なものもない。面白いのは，日本ではその文化にそぐわないように思われるため悪態の言葉を使うのはやめていたが，テキサスに戻ると，それらの言葉の必要性を認識したということだ！　だから少しずつ，私は自分の語彙の中にいくつかのお気に入りの言葉を取り戻している。今でも本当にひどいものを使うのは好きではないが，*damn* や *hell* のような言葉は言語に多くのよい味わいを加えてくれるのだ。もしくは，あなたがさらに穏やかなものをお望みなら，*damn* の代わりに *darn* を，*hell* の代わりに *heck* を使うこともできる。これらはすべて，何であれ強い感情を示すために文頭に加えることができる。「くそ (Damn)，バスに乗り遅れていなければ」や「うわっ (Hell)，彼は今までで最高の友人だ」のように。"That was good apple pie（それは美味しいアップルパイだった）"のようなありきたりの文にスパイスを効かせることもできる。"That was damn good apple pie（それはめっちゃ美味しいアップルパイだった）"というように。それでも，それは美味しいパイなのだ。

⑤　先日父が「お前が悪態をつくのはいいね，ケイ」と言って私を驚かせた。より一般的な "How are you（元気にしてる）！" の代わりに "How the hell are you（どう，元気してる）！" のように私が言うと，彼はいつも笑う。答えは "I'm good（元気だよ）" でもちろんいいのだが，あなたがそこに本当の感情を込めたいのなら "I'm pretty damn good（めちゃくちゃ元気だよ）" と言った方がさらによい。少なくとも私の父はそう思っている。しかしながら私が子供の頃であれば，私がこれらの言葉を口にすると，おそらく父はせっけんで口を洗うぞと脅かしたことだろう。子供はいかなる「汚い」言葉も使うべきではないと考えられている。しかしそのほとんど全員が親のいないところでは使っているのだ。

=====　解説　=====

問1．直前の文の「『ギリギリ』という（日本語の）表現を使いたかった」という内容を受けて下線部①「実際にそうした」のだから，④が正解。直後の「説明しなければならなかった」からも，わかる。

問2．主語の the nuances は日本語の「元気」「お疲れ様」のニュアンス。これらが「アメリカの」文化に翻訳できないという内容にする。

問3．直前の文に「悪態はアメリカ的」とあり，空所の文の後ろには「テキサスに戻ったら必要性を認識した」とあるので，筆者がそれらの言葉を

日本では使うのをやめていたと判断できる。

問4.「くそ，バスに乗り遅れていなければ」「うわっ，彼は今までで最高の友人だ」という直後の2つの具体例から，強い「感情」の表現であることがわかる。1つ目だけに気を取られると④「悪態」にひかれるかもしれないが，2つ目は明らかにポジティヴな内容。

問6. 下線部が指すのは hell や damn といった悪態を含む表現。these / this が指す内容は必ず近くにあるので，同段内からそれらを探す。

問7. 第1段第1文（We all have …）が①「それを自覚していようがいまいが，私たちには皆好きな言葉がある」に一致。最終段第1文（My father surprised …）の内容が⑤「筆者の父親は筆者が悪態を含む言葉を使うのを気に入っている」に一致。第2段第1文（Sometimes the simplest …）より，それなしで済ますことが難しい言葉は最も単純な言葉であることはわかるが，挨拶がそれに該当するという記述はないので②は不一致。第3段第3文（When I lived …）より，日本に住んでいたときに「元気」とか「お疲れ様」を英語でどう言えばいいか聞かれて答えられなかったと思われるので③は不一致。第4段第2文（The funny thing …）より，日本では悪態の言葉を使わなくなっていたので④は不一致。

問8. it 〜 that 構文の that 節が2つあることに加えて，2つ目の that 節前半に従属接続詞 as で始まる副詞節が挿入された形。

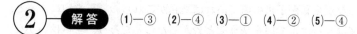

②　**解　答**　　(1)—③　(2)—④　(3)—①　(4)—②　(5)—④

···················· **全　訳** ····················

《人類とゴキブリの共進化》

マリエ　：殺虫剤はゴキブリを強化してしまうのかな？

シンイチ：へえ，どうしてそう思うの？

マリエ　：すべての生物は生き続けるためによりよく，より強くなろうと変化していくでしょう。ゴキブリは人類より長く地球上にいるって本で読んだの。環境が変われば，ゴキブリも変わるってその本には書いてあったわ。だから殺虫剤を使うと，ゴキブリが変化してより強くなるんじゃないかって思ったの。

シンイチ：マリエ，君の考え方は面白いね！　生物が新しい生き方を見つ

帝京大-薬・文系・理工・医療系　　　　　　　　　　　解　答　　207

けると，それは進化と呼ばれるからね。

マリエ　：そうね。

シンイチ：だから，例えば100匹のゴキブリに殺虫剤を使ったとしよう。99匹は死ぬけど1匹にだけ効果がない。そのゴキブリは生き続け，そのDNAを子供，孫などに伝えていく。このようにして，強いゴキブリの数がますます増えていく。

マリエ　：ゴキブリが進化するのね！　わかったわ！

シンイチ：これは「共進化」と呼ばれるプロセスでもある。

マリエ　：また新しい言葉ね！

シンイチ：2つの生物がお互いをより強くするなら，それは「共進化」と呼ばれるんだ。人類とゴキブリの戦いのように。人間はゴキブリを殺したい。だから殺虫剤と呼ばれる武器を作るように進化したんだ。しかしゴキブリも死にたくないから，殺虫剤に対してもっと強くなるように進化するかもしれない。もし人類とゴキブリが共により強くなるなら，それは共進化なんだよ。

マリエ　：わかったわ。

シンイチ：でもマリエ，進化はとても長い時間をかけて起こるんだよ。

マリエ　：どれくらい？

シンイチ：数億年さ。だから，ゴキブリが殺虫剤より強くなるかどうか僕たちが知ることはないだろうね。

マリエ　：わぁ！　そうなると人類とゴキブリは長きにわたって戦い続けることになるわね。

シンイチ：そうとは限らないよ。我々もゴキブリから学んでいるから。現在人類はゴキブリの動き方を研究しているんだ。ゴキブリって速く動くために体の大きさを変えられるって知ってた？

マリエ　：いいえ。凄いわね。

シンイチ：本当だよ。科学者はゴキブリの動きを模倣するロボットを作ろうとしているんだよ。

===== 解説 =====

(1)　生物がよりよく，より強くなるのは生き続けるため。空所にはstayの補語になる形容詞が入るので正解は③。①はsurviveの名詞形。

(2)　殺虫剤が効かないゴキブリは死なずに「生き続ける」ので正解は④。

⑶　死にたくないゴキブリは殺虫剤に「対して」より強くなると考えられるので正解は①。

⑷　直前のシンイチの発言に人類とゴキブリの共進化が数億年続くと書かれていることから，長きにわたって「戦い」続けるということになり，正解は②。

⑸　1つ前のシンイチの発言でゴキブリは速く移動するために体の大きさを変えると書かれているので，科学者がロボットに模倣させようとしているのは「動き」，よって正解は④。

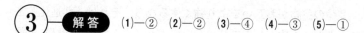

3　解答　　⑴—②　⑵—②　⑶—④　⑷—③　⑸—①

＝＝＝＝＝＝＝＝＝＝＝＝＝　解説　＝＝＝＝＝＝＝＝＝＝＝＝＝

⑴　「お願いがあるのですが。あなたの助けが必要なんです」

do A a favor「A の頼みを聞く」　Can I ask you a favor? も同意の表現。

⑵　「彼女は以前私に会ったことがあると言っているが，私は彼女を覚えていない」

before があることから述語動詞 says より前の内容を表す選択肢を選ぶ。

⑶　「私は彼が宿題を手伝ってくれたことを感謝した」

前置詞 for の目的語になる動名詞を選ぶ。thank A for B「A に B を感謝する」　help A with B「A の B を手伝う」

⑷　「そのクラスには 32 人の生徒がいた。そのうち 20 人は校庭に出て行った。残りは教室に留まった」

残りは 12 人であるから，単数の①と④は不適。残りを表すことができるのは③のみ。④は the others なら可。

⑸　「この本は簡単な英語で書かれている。だからあなたは何の苦労もなくそれを読むことができる」

without any 〜「いかなる〜もなしに」

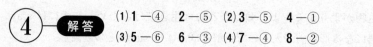

4　解答　　⑴1—④　2—⑤　⑵3—⑤　4—①
⑶5—⑥　6—③　⑷7—④　8—②
⑸9—①　10—⑤

═══════════════ **解 説** ═══════════════

(1) (Would) (you) <u>like</u> (something) <u>hot</u> (to) drink? （⑥—①—④—③ —⑤—②)

something＋形容詞＋*to do*「…な〜するもの」

(2) She was a (kind-hearted) <u>girl</u> (who) <u>took</u> (care) (of) her brother. （③—⑤—⑥—①—②—④)

kind-hearted「心優しい」 take care of 〜「〜の面倒をみる」

(3) It rained (for) (the) <u>first</u> (time) <u>in</u> (three days). （②—④—⑥— ①—③—⑤)

for the first time in 〜「〜ぶりに」

(4) He told me to <u>put</u> (back) (the shoes) (where) <u>they</u> (were). （④ —⑤—③—①—②—⑥)

または④—③—⑤—①—②—⑥（… put the shoes back の語順）でも 成立（指定箇所の答えは同じ）。put back「〜を戻す」 where は接続詞 として副詞節を作り「〜のところへ」。

(5) How much does (it) <u>cost</u> (to) (have) <u>my hair</u> (cut)? （④—①—⑥ —③—⑤—②)

have O *done*「Oを〜してもらう」

日本史

① **解答** 問1．③　問2．④　問3．②　問4．③　問5．②
問6．④　問7．①

問8．和泉国の堺では，会合衆と呼ばれる豪商によって自治的活動が進められた。（30字以上35字以内）

＝＝＝＝ 解説 ＝＝＝＝

《都市の発達》

問1．藤原京遷都の際に在位していた天皇は持統天皇である。①は天智天皇，②は天武天皇，④は元明天皇の時代の出来事である。

問2．長岡京遷都の際に在位していたのは桓武天皇（在位781～806年）である。④道鏡が下野国薬師寺に左遷されたのは770年である。

問4．③法勝寺は六勝寺の最初の寺院で，白河天皇の発願で建立された。

問5．初代の②六波羅探題には北条泰時と北条時房が就任した。

問6．①は現人神思想を詠みこんだ大伴御行の歌で，出典は『万葉集』。②は天台宗の僧良暹の歌で，出典は『後拾遺和歌集』。③は後鳥羽上皇の歌で，出典は『新古今和歌集』。④は応仁の乱後の京都の荒廃ぶりを詠んだ飯尾彦六左衛門尉の歌で，出典は『応仁記』。

問7．①一乗谷は朝倉氏の城下町である。

問8．堺は勘合貿易・南蛮貿易で栄えた港町で，36人の会合衆と呼ばれる豪商の合議によって市政が運営された。

② **解答** 問1．③　問2．②　問3．②　問4．⑤　問5．④
問6．③　問7．④　問8．①　問9．④　問10．②

＝＝＝＝ 解説 ＝＝＝＝

《江戸時代の政治・文化》

問2．葛飾北斎は浮世絵師で，錦絵の風景版画に傑作を残した。②の鈴木春信は18世紀中ごろに多色刷の版画である錦絵を開発した。

問3・問4．勘定吟味役②荻原重秀の建議を取り入れて，1695年にそれ

までの⑤慶長小判を改鋳して元禄小判を鋳造した。

問5. 延宝元年は1673年。1673年の分地制限令では，名主は20石以上，一般百姓は10石以上所持していないと分地は認められないとした。

問7. 蝦夷地開拓，俵物の専売化，印旛沼・手賀沼の干拓などの産業振興策によって幕政改革をめざしたのは④田沼意次である。

問8. ①が正解。③は老中の説明。⑤側用人から老中にステップアップした例もあるが，「この役職を経ないと老中になれなかった」は誤り。

問9. ④下総は現在の千葉県にあたる。

問10. Aは化政期（19世紀前半），Bは元禄期（17世紀後半〜18世紀初頭），Cは寛永期（17世紀前半），Dは安永期（18世紀後半）なので，C→B→D→Aの順となる。

問1．③　問2．②　問3．③・④　問4．⑤
問5．③　問6．②
問7. A—①　B—⑨　C—⑨　D—①　E—①

=========================== **解　説** ===========================

《立憲国家の成立》

問1. ③正答。ア．江藤新平は佐賀の乱の首謀者として1874年に処刑された。イ．民撰議院設立建白書は1874年に太政官左院に提出された。

問2. ②正答。エ．新聞紙条例は讒謗律とともに1875年に制定された。

問3. 空欄オの人物は大隈重信である。③憲政党は1898年に自由党と進歩党が合同して成立した。④立憲改進党は1882年に成立。

問4. Ⅰは1884年の甲申事変。Ⅱは1900年の北清事変。「国内の反乱」とは義和団の乱をさす。Ⅲは1875年の江華島事件。「朝鮮の首都」は漢城。

問5. X．誤文。植木枝盛の『東洋大日本国国憲按』など，多くの私擬憲法が作成された。

Y．正文。元老院で『日本国憲按』が作成されたが，岩倉具視らによって反対され，廃案となった。

問6. ②大津事件は1891年，来日中のロシア皇太子が襲撃された事件で，政党関係者がかかわった事件ではない。①・③・④・⑤はすべて自由党員がかかわった騒擾事件である。

問7. B．誤文。「主権在民」ではなく，「天皇主権」が正しい。

C．誤文。皇位の継承などについては，皇室典範で定められた。

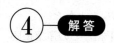　解　答　　問1．②　問2．④　問3．③　問4．③　問5．①
　　　　　　　　　　　　問6．A─⑨　B─①　C─⑨　D─①　E─①
問7．③

============================== 解　説 ==============================

《近現代の政治・経済・社会・文化》

問1．1872年に公布された学制は，フランスの制度に倣い，近代的な学校制度を定めた法令である。教育令は1879年，アメリカの制度に倣ったもので，これによって学制が改正された。

問2．④誤り。西郷隆盛は留守政府を預かった人。

問3．X．誤文。友愛会を組織したのは鈴木文治。平塚らいてうは1911年の青鞜社設立や1920年の新婦人協会設立に関与した。Y．正文。

問4．A．誤文。「イギリス」ではなく「フランス」，また「綿糸」ではなく「生糸」が正しい。

D．誤文。「アイヌ」が誤り。屯田兵は，士族授産の一環として移住した士族や一般平民が農兵として動員され，北海道開拓と対露警備に当たった制度である。

問5．『職工事情』は，工場法立案の際の基礎資料となった。

問6．A．誤文。「財閥を統合強化」ではなく，「財閥を解体」が正しい。

C．誤文。「労働組合の結成を禁止」ではなく，「労働組合の結成を奨励」が正しい。

問7．Ⅰ．オリンピック東京大会の開催と東海道新幹線の開通は1964年。

Ⅱ．日本生産性本部が設立されたのは1955年。

Ⅲ．第一次石油危機が発生し，狂乱物価現象が生じたのは1973〜74年。

世界史

① **解答**　問1．⑤　問2．④　問3．③　問4．②　問5．①
　　　　　　問6．②　問7．④　問8．③　問9．③　問10．③

問11. ②

問12. 土地所有者は夏と秋の2回，その財産額に応じて銭納した。(25字
以上30字以内)

=============== **解　説** ===============

《古代のインド，魏晋南北朝～唐の中国》

問2． ④誤文。アレクサンドロス大王の父フィリッポス2世が，カイロネ
イアの戦いで，アテネとテーベの連合軍を撃破した。

問4． ㋑正文。㋞誤文。月氏は前3世紀前後に，匈奴の攻撃を受けて，パ
ミール高原西方に逃れた。

問5． ①誤文。アジャンター石窟寺院の仏教美術は，グプタ様式の代表的
な事例。

問7． 正しい並び順は，Y．占田・課田法の実施（280年）→Z．司馬睿
の皇帝即位（317年）→X．寇謙之の活躍（5世紀前半）。

問8． ③誤文。法顕の著したインド旅行記は，『仏国記』と呼ばれる。

問10． ③誤文。募兵制は722年，均田制が崩壊する中で，玄宗によって導
入された。

問11． ②誤文。吐谷渾は4～7世紀にかけて，青海・四川地方を勢力にお
さめた遊牧国家。安史の乱に際して，「一時，長安を占領した」のは，チ
ベットを支配した吐蕃である。

問12． 両税法は780年，租調庸制に代わって導入された税制で，これを提
唱したのは宰相の楊炎。農民の土地所有を公認した上で，年2回，その資
産に応じた銭納を彼らに課した。

② **解答**　問1．④　問2．②　問3．②　問4．②　問5．②
　　　　　　問6．①　問7．②　問8．③　問9．③　問10．②

問11. ④

━━━━━━ 解　説 ━━━━━━

《近世ヨーロッパにおける文化・経済》

問1. ①・③誤文。プトレマイオスの唱えた天動説は，中世キリスト教会でも支持された。②誤文。アリストテレスは天動説を打ち出し，プトレマイオスがそれを観察によって実証しようと試みた。

問2. ①誤文。ポーランド王国はワールシュタットの戦いで，モンゴル軍に敗れたものの，その支配下に組み込まれることはなかった。③誤文。ヨーマンは中近世イングランドで成長した独立自営農民のこと。④誤文。18世紀のポーランド分割は，プロイセン・オーストリア・ロシアによって行われた。

問5. ①誤文。高品質のソリドゥス金貨は信頼性が高く，地中海交易での国際通貨として用いられた。③誤文。貨幣経済が浸透してくると，領主は農民に貨幣で地代を納めさせるようになった。④誤文。輸入を抑制し，輸出を増やす重商主義の下で，国家は輸出産業の保護・育成のため，外国製品に高関税を課した。

問6. ①誤文。ポルトガルはマラッカ占領後，同地を訪れるムスリム商人に高関税を課すようになった。そのため，彼らはマラッカを避けて，スマトラ島のアチェやマレー半島南部のジョホールなどを訪れ，交易活動に携わった。

問8. ①誤文。1396年のニコポリスの戦いで，時のハンガリー王が率いる連合軍を，オスマン軍が打ち破った。②誤文。ハンガリー，およびトランシルヴァニアは，オーストリアに割譲された。④誤文。反ソ暴動が起きると，ソ連軍の軍事介入により，ナジ＝イムレが一旦首相に就いた。しかし，ナジ＝イムレ政権が複数政党制の導入やワルシャワ条約からの離脱を掲げると，ソ連軍が再び介入し，彼を逮捕した。

問9. 正しい並び順は，B．ノヴゴロド国の建国（862年）→A．ウラディミル1世のギリシア正教改宗（988年）→D．モスクワ大公国によるモンゴル帝国からの独立（1480年）→C．ステンカ＝ラージンの乱の勃発（1667年）。

問10. ①誤文。カルマル同盟はスウェーデンの離反により解体した。③誤文。北方戦争（1700～21年）で勝利を収めたロシアが，バルト海の制海権を得た。④誤文。スウェーデンは1995年，EUに加盟した。

③**解答**　問1．②　問2．③　問3．⑤　問4．⑤　問5．②
　　　　　　問6．②　問7．③　問8．③　問9．②　問10．③
問11．⑤

━━━━━━━━━━ **解説** ━━━━━━━━━━

《サラ=ベルナールの生涯》

問2．③誤文。パリ=コミューンは，1871年のプロイセン=フランス戦争直後に成立した。

問5．②正答。1864年のジュネーヴ条約によって，「戦時における傷病者の救護を目的に」設立された組織は，国際赤十字である。創設者のデュナンはスイスの銀行家。

問6．②正答。①プロイセン=オーストリア戦争（1866年），③三十年戦争（1618〜48年），④クリミア戦争（1853〜56年）。

問7．③正答。ヴィクトル=ユゴーは1802年に生まれ，1885年に死去。1856年誕生，1939年死没のフロイトは，オーストリアの精神病理学者。

問8．③誤文。ドレフュスは1894年に，ドイツのスパイ容疑で終身刑を宣告され，収監。99年の特別恩赦により出獄した。

問9．②誤文。クリミア戦争を始めたのはニコライ1世。オスマン帝国内のギリシア正教徒保護を理由に，ロシアがオスマン帝国に宣戦した。

④**解答**　問1．④　問2．①　問3．④　問4．②　問5．④
　　　　　　問6．③　問7．①　問8．④　問9．②　問10．②
問11．④

━━━━━━━━━━ **解説** ━━━━━━━━━━

《南アジア・東南アジアの植民地支配》

問2．①正答。③ラーム=モーハン=ローイはベンガル出身の社会活動家で，1810年代にサティー廃止運動を進めた指導者の一人。

問3．④正答。「プールナ=スワラージ」は「完全独立」の意。国民会議派が1929年に開いたラホール大会で採択した目標である。

問6．③誤文。フェリペ2世の治世は1556〜98年。ピサロによるインカ征服は1533年で，フェリペの父カルロス1世の治世における出来事。

問9．②正答。①南京条約はアヘン戦争の講和条約で，イギリス・清の間で締結された。③ユエ条約（1883年，84年）により，ベトナムはフラン

スの保護国となった。④サイゴン条約（1862年）により，阮朝はフラン
スにコーチシナ東部を割譲した。また，1874年の同条約で，コーチシナ
西部もフランスに割譲された。

問11. ④正答。ベトナム光復会は，ファン゠ボイ゠チャウによって組織され
た反仏秘密結社。辛亥革命の影響を受けて，武力革命を目標とした。

政治・経済

① **解答**　問1．1—③　2—③　3—④　4—②　5—④
　　　　　　6—③　7—③　8—①

問2．⑦　**問3．**⑧　**問4．**⑨

━━━━━━━━━━━ 解説 ━━━━━━━━━━━

《貿易と外国為替》

問1．1．③のリカードが正解。アダム＝スミスの影響を受けた古典派経済学の学者である。主著『経済学および課税の原理』のなかで，ワインとラシャ（問2に関連）を例に挙げて，比較優位な財をそれぞれの国が特化して生産し交換（貿易）することのメリットを述べている。

2．③が正解。外国人が日本のサービスを購入することなので，輸出と同じ効果をもつ。

6．③の35ドルが正解。1944年のブレトンウッズ協定調印から1973年に至るまで，ニクソン＝ショック（8の解答）による一時的な変動（1ドル＝308円，金1オンス＝38ドル）の時期を除けば，各国の中央銀行を通じて，安定した貿易が期待できる固定相場制を維持した。

問2．⑦のウが正解。リカードの説に従って表にすると次のようになる。

	A国	B国	
小　麦	30人	5人	計2単位
衣料品	20人	10人	計2単位

　B国は小麦，衣料品とも同じ1単位ずつを少ない労働者数で生産できる「絶対優位」の状態である。しかし，より得意な財の生産に各国の労働者を特化させると，以下のようになる。

	A国	B国	
小　麦	0人	15人	計3単位
衣料品	50人	0人	計2.5単位

　これにより，A国は50人の労働者全員で衣料品2.5単位を，B国では15人の労働者全員で小麦3単位を生産でき，貿易し合えば互いに豊かに

なるので，ウの記述が正しい。それぞれが 1 単位ずつ自給自足するより多くの財が生産でき，自由貿易を前提とすれば少ない労力で互いの国が多くを得られる。

問 3． ⑧が正解。2017 年にアメリカが TPP 交渉から離脱を表明し，11 か国で TPP 11 協定が発行した。韓国，中国は加盟していない（2024 年 4 月時点）。

問 4． ⑨のイ・ウ・エが正解。円高ドル安であれば，円の価値が上がり，日本での経済行動が有利になる。ウ．日本での賃金が変わらなくとも，円高によりドルに換算した金額は多くなる。エ．たとえば，1985 年のプラザ合意後の急激な円高では，日本で生産し製品を輸出するよりも米国で直接生産（直接投資）するほうが有利になった。

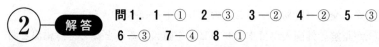

②　解答　　問 1．1—①　2—③　3—②　4—②　5—③
　　　　　　　　6—③　7—④　8—①
問 2．①　**問 3．**⑥　**問 4．**①

――――――――――――――――― **解説** ―――――――――――――――――

《地球環境問題》

問 1．1．①温室効果ガスが正解。リード文で代表例として二酸化炭素が挙げられていることから判断する。

4．②の火力発電が正解。火力発電は，発電量全体の 8 割程度を担っている（2018 年時点）。

6．電力の小売の自由化なので③が正解。背景として，発送電分離政策がある。

問 2．①のアとイが正解。イの内容は排出量取引を表している。温室効果ガスの排出が少ない国には経済的利益が与えられることが京都議定書に明記された（京都議定書 17 条）。ウについて，オゾン層破壊は特定フロンによるものが多いとされるので不適切。エ．COP 会議の 2022 年開催地はエジプト，2023 年はアラブ首長国連邦であった。

問 3．⑥のウとエが正文。再生可能エネルギーとは，太陽光や風力，バイオマスなどの自然界のエネルギーを指す。アは原子力発電の説明，イは火力発電の説明であるため誤文。これらは従来から使用されており，再生可能エネルギーではない。

問4. ①のアが正文。ミレニアム開発目標（MDGs）が設定され，2015年からの SDGs につながっている。イ．誤文。SDGs は，17 のゴールと169 のターゲットが設定されている。ウ．誤文。SDGs の目標は，「人間（People）」「豊かさ（Prosperity）」「地球（Planet）」「平和（Peace）」「パートナーシップ（Partnership）」の 5 つに整理されている。

③ 解答 問1. 1—② 2—③ 3—① 4—④ 5—④
6—④ 7—③ 8—②
問2. ⑤ **問3.** ⑤ **問4.** ②

━━━━━━━━ 解 説 ━━━━━━━━

《日本の財政》

問1. 2. ③財政民主主義が正解。①基礎的財政収支の均衡はプライマリーバランスのこと。④法定手続の保障は身体的自由権についてのことである（日本国憲法第 31 条）。

6. ④法人税が正解。国税であり納税者と担税者が同じ直接税である。①関税は国税であり，間接税である。②固定資産税は地方税（市区町村税）であり，直接税である。③酒税は国税であり，間接税である。

問2. ウ．マグナ=カルタが 1215 年，ア．アメリカ独立革命が成功し，独立宣言が出されたのが 1776 年，イ．フランス人権宣言は 1789 年のものであるから，⑤ウ→ア→イが正解。

問3. ⑤が正解。イとエが正文。ア．誤文。1985 年のサラリーマン税金訴訟（大島訴訟）は，最高裁判決で，所得税法は憲法第 14 条 1 項に違反しないとした。ウについては，消費税は確かに逆進性があるが，同じ消費については同額の税を徴収しているので水平的公平は確保されている。よって，誤文。貯蓄の割合が多い富裕層と貧困層が同じ税率であるという意味で，垂直的公平については疑問があるとされる。エ．ふるさと納税では応援したい地方公共団体への寄付額に応じて住んでいる地域における国税と地方税が控除されるので，実質は当該地方公共団体にお金が配分されるが，納税しているわけでないので正文。

問4. ②のイが正文。アは，法律案の議決は，「衆議院で可決し，参議院でこれと異なつた議決をした法律案は，衆議院で出席議員の三分の二以上の多数で再び可決したときは，法律となる。」（日本国憲法第 59 条 2 項）

ので，誤文。

イ．条約の承認は，予算（60 条）と条約（61 条），内閣総理大臣の指名
（67 条）は衆参の意見が異なるときは両院協議会を開かなければならない
ので，正文。法律案の場合は両院協議会を開くことは任意である。ウ．憲
法改正の発議は，両議院で可能である（96 条）。その後の改正の手続きは
「国民投票法」に記されているので，誤文。

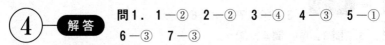

④ 解答 　**問1．** 1 ―② 　2 ―② 　3 ―④ 　4 ―③ 　5 ―①
　　　　　　　6 ―③ 　7 ―③

問2． 6次産業化とは第1次産業と第2次産業，第3次産業を同一の経済
主体が担うことで，1×2×3 に由来した語である。具体的には，イチゴ農
家が収穫されたイチゴをジャムに加工し，販売まで行うことなどが考えら
れる。（100 字以内）

━━━━━━━━━━━━━━ 解　説 ━━━━━━━━━━━━━━

《農業をめぐる諸問題》

問1．1．②が正解。洋食化などにより米の減少が顕著になっている。

2．②が正解。販売農家の定義は耕作面積 30 アール以上または農産物販
売金額が 50 万円以上の農家。1 アールは 100 平方メートルである。

3．④が正解。2000 年の農地法改正により，株式会社形態での農業生産
法人の農地取得が認められた。

4．③が正解。これまでの長期営農維持農地制度にかわって，1992 年に
③の（改正）生産緑地法が公布された。その後，2014 年に④都市農業振
興基本法が公布され，都市農業の振興と，都市環境と農業の共存が図られ
た。①景観法は 2004 年公布，②市民農園整備促進法は 1990 年公布である。

5．①食料・農業・農村基本法（新農業基本法）が正解。②農業基本法は
1961 年に公布された。食料・農業・農村基本法の制定に伴い，1999 年に
廃止された。③農業経営基盤強化促進法は，1980 年に公布された。④農
業の有する多面的機能の発揮の促進に関する法律は，2014 年に公布され
た。

6．③が正解。中山間地域の人口は約1割程度であるが，日本の農業生産
額の約4割を占める。

7．③デジタル田園都市国家構想が正解。2021 年に岸田内閣が打ち出し

たもので，農村分野においても，さまざまなデジタル化の取り組みが構想されている。

問2. 100字の論述である。まず，6次産業化の意味，1次産業（農産物の産出）×2次産業（それを用いた加工）×3次産業（ブランドも含めた販売戦略）についてまとめる。具体例は「公共」の教科書などに挙げられている事例などを取り上げるとよいだろう。

数　学

◀薬・理工学部▶

1  (1)**アイ.** -7　**ウ.** 3　**エ.** 1
(2)**オ.** 2　**カ.** 9　**キ.** 3

(3)**クケ.** 87

(4)**コサ.** 57

═══ 解　説 ═══

《小問4問》

(1)　$y = -\dfrac{1}{3}x^2 - 2x$

$\qquad = -\dfrac{1}{3}(x+3)^2 + 3$

$-4 \le x \le 1$ より，y の最小値は $-\dfrac{7}{3}$ であり，そ

のときの x は $x=1$ である。　→ア〜エ

$y = -\dfrac{1}{3}x^2 - 2x$

(2)　初項 $\dfrac{4}{9}$，公比 3 の等比数列なので，初項から第 n 項までの和は

$\qquad \dfrac{\dfrac{4}{9}(3^n - 1)}{3 - 1} = \dfrac{2}{9}(3^n - 1)$　→オ〜キ

(3)　$n = a \times 5^2 + b \times 5 + b$

$\qquad = 25a + 6b$

$\quad n = b \times 6^2 + b \times 6 + a$

$\qquad = 42b + a$

よって

$\qquad 25a + 6b = 42b + a$

$\qquad 24a = 36b$

$\qquad 2a = 3b$

また，a, b は $1 \le a \le 4$，$1 \le b \le 4$ である自然数なので

$a=3$, $b=2$

よって

$$n=25\times3+6\times2$$
$$=87 \quad \rightarrow クケ$$

(4)　$x=\dfrac{3\sqrt{10}}{2}+\sqrt{6}$, $y=\dfrac{3\sqrt{10}}{2}-\sqrt{6}$ のとき

$$x+y=3\sqrt{10}, \quad xy=\dfrac{90}{4}-6=\dfrac{33}{2}$$

よって

$$x^2+y^2=(x+y)^2-2xy$$
$$=(3\sqrt{10})^2-2\times\dfrac{33}{2}$$
$$=90-33$$
$$=57 \quad \rightarrow コサ$$

2
0
2
4
年
度

一
般
Ⅱ
期

数
学

② 解 答

(1) **ア.** 1　**イ.** 1　**ウ.** 1

(2) **エ.** 4　**オ.** 2　**カ.** 4　**キ.** 4　**ク.** 2

ケコ. -4　**サ.** 2

══════════ 解 説 ══════════

《小問2問》

(1)　$y=|x-1|$

　　　$x-1\geqq0$ すなわち $x\geqq1$ のとき　　$y=x-1$ →ア, イ

　　　$x-1<0$ すなわち $x<1$ のとき　　$y=-x+1$ →ウ

(2)　$2x>2$ すなわち $x>1$ のとき, $0\leqq t\leqq2$ で $t-2x<0$ より

$$\int_0^2|t-2x|\,dt$$
$$=\int_0^2(-t+2x)\,dt$$
$$=\left[-\dfrac{1}{2}t^2+2xt\right]_0^2$$
$$=4x-2 \quad \rightarrow エ, オ$$

$0\leqq2x\leqq2$ すなわち $0\leqq x\leqq1$ のとき

　　　$0\leqq t\leqq2x$ で $t-2x\leqq0$

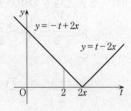

$2x \leq t \leq 2$ で $t - 2x \geq 0$

より

$$\int_0^2 |t - 2x| \, dt$$

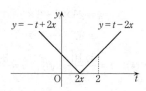

$$= \int_0^{2x} (-t + 2x) \, dt + \int_{2x}^2 (t - 2x) \, dt$$

$$= \left[-\frac{1}{2}t^2 + 2xt \right]_0^{2x} + \left[\frac{1}{2}t^2 - 2xt \right]_{2x}^2$$

$$= (-2x^2 + 4x^2) + (2 - 4x) - (2x^2 - 4x^2)$$

$$= 4x^2 - 4x + 2 \quad \rightarrow \text{カ}\sim\text{ク}$$

$2x < 0$ すなわち $x < 0$ のとき，$0 \leq t \leq 2$ で $t - 2x > 0$ より

$$\int_0^2 |t - 2x| \, dt$$

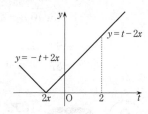

$$= \int_0^2 (t - 2x) \, dt$$

$$= \left[\frac{1}{2}t^2 - 2xt \right]_0^2$$

$$= -4x + 2 \quad \rightarrow \text{ケ}\sim\text{サ}$$

$③$  (1)**ア.** 1 **イ.** 2 **ウ.** 7 **エ.** 2

(2)**オカ.** -1 **キ.** 7

(3)**クケ.** -2 **コ.** 8 **サ.** 4 **シス.** 32

(4)**セソ.** 36

═══════════ 解 説 ═══════════

《2つの放物線に囲まれた領域における最大》

(1) 点Aと点Pの中点が点Bとなるので

$$p = \frac{x+1}{2}, \quad q = \frac{y-7}{2}$$

よって

$$B\left(\frac{x+1}{2}, \frac{y-7}{2} \right) \quad \rightarrow \text{ア}\sim\text{エ}$$

(2) 点Bが C 上を動くので

$$q = 2p^2$$

$$\frac{y-7}{2}=2\left(\frac{x+1}{2}\right)^2$$

$$y=(x+1)^2+7$$

これが，点 P の軌跡 D で，頂点の座標は

(−1, 7)　　→オ〜キ

(3)　C と D の交点の座標は

$$2x^2=(x+1)^2+7$$

$$x^2-2x-8=0$$

$$(x+2)(x-4)=0$$

∴　$x=-2$, 4

$x=-2$ のとき $y=8$，$x=4$ のとき $y=32$。

よって

　　E(−2, 8)，F(4, 32)　　→ク〜ス

(4)　C と D で囲まれた領域は，右図のようになる。領域内の点 R(X, Y) について，$X+Y=k$（k は実数）とおくと

$$Y=-X+k$$

この直線が領域と共有点をもつとき，k が最大となるのは，直線が点 F を通るときである。

よって，$X=4$，$Y=32$ で $X+Y$ の最大値は 36。　→セソ

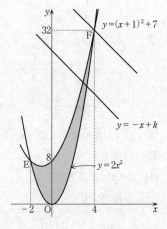

$y=(x+1)^2+7$

$y=-x+k$

$y=2x^2$

　（1）　$\dfrac{1}{8}\vec{a}+\dfrac{1}{8}\vec{b}$

(2)　$\dfrac{7}{8}\vec{a}-\dfrac{1}{8}\vec{b}$

(3)　$\overrightarrow{ON}\cdot\overrightarrow{NA}=0$ より

$$\left(\frac{1}{8}\vec{a}+\frac{1}{8}\vec{b}\right)\cdot\left(\frac{7}{8}\vec{a}-\frac{1}{8}\vec{b}\right)=0$$

$$(\vec{a}+\vec{b})\cdot(7\vec{a}-\vec{b})=0$$

$$7|\vec{a}|^2 + 6\vec{a}\cdot\vec{b} - |\vec{b}|^2 = 0$$

ここで，OB＝3OA であるから $|\vec{b}|=3|\vec{a}|$ より

$$7|\vec{a}|^2 + 6|\vec{a}|\times 3|\vec{a}|\cos\theta - 9|\vec{a}|^2 = 0$$

よって

$$\cos\theta = \frac{1}{9} \quad \cdots\cdots(\text{答})$$

(4) $6\sqrt{5}$

═══════ 解 説 ═══════

《中点，内分点の位置ベクトル，垂直条件》

(1) $\overrightarrow{OM} = \dfrac{1}{2}\vec{a} + \dfrac{1}{2}\vec{b}$

$\overrightarrow{ON} = \dfrac{1}{4}\overrightarrow{OM}$

$\phantom{\overrightarrow{ON}} = \dfrac{1}{8}\vec{a} + \dfrac{1}{8}\vec{b}$

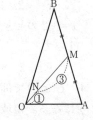

(2) $\overrightarrow{NA} = \overrightarrow{OA} - \overrightarrow{ON}$

$\phantom{\overrightarrow{NA}} = \vec{a} - \left(\dfrac{1}{8}\vec{a} + \dfrac{1}{8}\vec{b}\right)$

$\phantom{\overrightarrow{NA}} = \dfrac{7}{8}\vec{a} - \dfrac{1}{8}\vec{b}$

(3) $\overrightarrow{ON}\perp\overrightarrow{NA}$ より $\overrightarrow{ON}\cdot\overrightarrow{NA}=0$ であるから，(1), (2)の結果を用いて，内積の計算を行う。

(4) $0<\theta<\pi$ より

$\sin\theta > 0$

$$\sin\theta = \sqrt{1 - \left(\dfrac{1}{9}\right)^2} = \dfrac{4\sqrt{5}}{9}$$

よって，△OAB の面積は，OA＝3，OB＝9 より

$$\frac{1}{2}\times 3\times 9\times\frac{4\sqrt{5}}{9} = 6\sqrt{5}$$

◀経済・法・文・外国語・教育・医療技術・福岡医療技術学部▶

（１）**解答**

(1)**アイ.** -0　**ウ.** 5
(2)**エ.** 4　**オカ.** 25
(3)**キ.** 4　**ク.** 0
(4)**ケ.** 9　**コ.** 0
(5)**サ.** 0　**シス.** 75

══════════ 解　説 ══════════

《平均値，分散，相関係数》

(1)　$2(x_1+3),\ 2(x_2+3),\ \cdots,\ 2(x_5+3)$ の平均値が 5 より

$$\frac{1}{5}\{2(x_1+3)+\cdots+2(x_5+3)\}=5$$

$$\frac{1}{5}\times2(x_1+\cdots+x_5)+\frac{1}{5}\times2\times3\times5=5$$

$$2\times\frac{1}{5}(x_1+\cdots+x_5)+6=5$$

$$\frac{1}{5}(x_1+\cdots+x_5)=-0.5$$

　よって，$x_1,\ x_2,\ x_3,\ x_4,\ x_5$ の平均値は

$$-0.5\quad\to\text{ア}\sim\text{ウ}$$

(2)　$2(x_1+3),\ 2(x_2+3),\ \cdots,\ 2(x_5+3)$ の分散が 16 より

$$\frac{1}{5}\{2^2(x_1+3)^2+\cdots+2^2(x_5+3)^2\}-5^2=16$$

$$\frac{1}{5}\times4(x_1^2+\cdots+x_5^2)+\frac{1}{5}\times4\times6(x_1+\cdots+x_5)+\frac{1}{5}\times4\times9\times5-25=16$$

$$4\times\frac{1}{5}(x_1^2+\cdots+x_5^2)+24\times(-0.5)+36-25=16$$

$$\frac{1}{5}(x_1^2+\cdots+x_5^2)=\frac{17}{4}=4.25$$

　よって，$x_1^2,\ x_2^2,\ x_3^2,\ x_4^2,\ x_5^2$ の平均値は

$$4.25\quad\to\text{エ}\sim\text{カ}$$

(3)　$\dfrac{1}{5}(x_1^2+\cdots+x_5^2)-\left\{\dfrac{1}{5}(x_1+\cdots+x_5)\right\}^2=4.25-(-0.5)^2=4.0$

よって，x_1, x_2, x_3, x_4, x_5 の分散は

4.0 →キ，ク

(4) $3(y_1+2)$, $3(y_2+2)$, …, $3(y_5+2)$ の平均値が 21 より

$$\frac{1}{5}\{3(y_1+2)+\cdots+3(y_5+2)\}=21$$

$$\frac{1}{5}\times 3(y_1+\cdots+y_5)+\frac{1}{5}\times 3\times 2\times 5=21$$

$$3\times\frac{1}{5}(y_1+\cdots+y_5)+6=21$$

$$\frac{1}{5}(y_1+\cdots+y_5)=5$$

また，$4(y_1{}^2+1)$, $4(y_2{}^2+1)$, …, $4(y_5{}^2+1)$ の平均値が 140 より

$$\frac{1}{5}\{4(y_1{}^2+1)+\cdots+4(y_5{}^2+1)\}=140$$

$$\frac{1}{5}\times 4(y_1{}^2+\cdots+y_5{}^2)+\frac{1}{5}\times 4\times 1\times 5=140$$

$$4\times\frac{1}{5}(y_1{}^2+\cdots+y_5{}^2)+4=140$$

$$\frac{1}{5}(y_1{}^2+\cdots+y_5{}^2)=34$$

よって

$$\frac{1}{5}(y_1{}^2+\cdots+y_5{}^2)-\left\{\frac{1}{5}(y_1+\cdots+y_5)\right\}^2=34-5^2=9.0$$

したがって，y_1, y_2, y_3, y_4, y_5 の分散は

9.0 →ケ，コ

(5) $4(x_1y_1+1)$, $4(x_2y_2+2)$, …, $4(x_5y_5+5)$ の平均値が 20 より

$$\frac{1}{5}\{4(x_1y_1+1)+4(x_2y_2+2)+4(x_3y_3+3)+4(x_4y_4+4)$$
$$+4(x_5y_5+5)\}=20$$

$$\frac{1}{5}\times 4(x_1y_1+\cdots+x_5y_5)+\frac{1}{5}\times 4\times(1+2+3+4+5)=20$$

$$4\times\frac{1}{5}(x_1y_1+\cdots+x_5y_5)+12=20$$

$$\frac{1}{5}(x_1y_1+\cdots+x_5y_5)=2$$

共分散は

$$\frac{1}{5}\{(x_1+0.5)(y_1-5)+\cdots+(x_5+0.5)(y_5-5)\}$$

$$=\frac{1}{5}(x_1y_1+\cdots+x_5y_5)+\frac{1}{5}\times(-5)(x_1+\cdots+x_5)$$

$$+\frac{1}{5}\times0.5\times(y_1+\cdots+y_5)+\frac{1}{5}\times0.5\times(-5)\times5$$

$$=2+(-5)\times(-0.5)+0.5\times5-2.5$$

$$=4.5$$

よって，相関係数は

$$\frac{4.5}{\sqrt{4.0}\sqrt{9.0}}=0.75 \quad \rightarrow サ～ス$$

②　解　答　(1)**ア・イ・ウ**―⓪，④，⑥（順不同）　**エ.** 3
　　　　　　(2)**オカキ.**　－11　**ク.** 2

━━━━━━━━━━━ 解　説 ━━━━━━━━━━━

《2次関数のグラフの形状，頂点の座標》

(1)　y 切片は $-2a^2+2a-5$ であり

$$-2a^2+2a-5$$

$$=-2\left(a-\frac{1}{2}\right)^2-\frac{9}{2}<0$$

よって，y 切片は a の値によらず負であるので，⓪が正しい。　→ア

x^2 の係数は a^2+2a+5 であり

$$a^2+2a+5$$

$$=(a+1)^2+4>0$$

よって，x^2 の係数は a の値によらず正であるので，グラフは下に凸である。④が正しい。　→イ

$$y=(a^2+2a+5)x^2-(2a+2)x-2a^2+2a-5$$

$$=(a^2+2a+5)\left(x-\frac{a+1}{a^2+2a+5}\right)^2-\frac{(a+1)^2}{a^2+2a+5}-2a^2+2a-5$$

頂点の x 座標は $\dfrac{a+1}{a^2+2a+5}$ であり，$a<-1$ より

　　$a+1<0$

また $a^2+2a+5>0$ より，頂点の x 座標は a の
値によらず負であるので，⑥が正しい。　→ウ

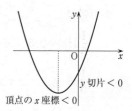

y 切片 <0
頂点の x 座標 <0

　以上より放物線①のグラフは右図のようになる
ので，頂点の座標は第3象限にある。　→エ

(2)　$y=x^2-2x-2k^2+2k-5$

　　$=(x-1)^2-2k^2+2k-6$

頂点の y 座標は $-2k^2+2k-6$ であり

$$-2k^2+2k-6=-2\left(k-\dfrac{1}{2}\right)^2-\dfrac{11}{2}$$

よって，頂点の y 座標は $k=\dfrac{1}{2}$ で最大値 $-\dfrac{11}{2}$ である。　→オ〜ク

3　解答

(1)**ア.** 8
(2)**イ.** 7　**ウ.** 8

(3)**エ.** 3

(4)**オカ.** 21　**キク.** 15　**ケ.** 4

(5)**コサ.** 15　**シ.** 2

━━━━━━━━━━━━ 解説 ━━━━━━━━━━━━

《角の2等分線，余弦定理，面積，内接円の半径》

(1)　AC は $\angle$BAD の2等分線なので

　　$2a:AD=a:4$

よって

　　$AD=8$　→ア

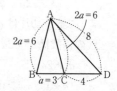

(2)　$\triangle$ABC に余弦定理を用いて

$$\cos\angle BAC=\dfrac{4a^2+4a^2-a^2}{2\times2a\times2a}$$

$$=\dfrac{7}{8}\quad\to\text{イ，ウ}$$

(3)　$\triangle$ABC に余弦定理を用いて

$$\cos \angle ABC = \frac{4a^2 + a^2 - 4a^2}{2 \times 2a \times a}$$

$$= \frac{1}{4}$$

△ABD に余弦定理を用いて

$$8^2 = 4a^2 + (a+4)^2 - 2 \times 2a(a+4) \times \cos \angle ABC$$

$$64 = 4a^2 + a^2 + 8a + 16 - a^2 - 4a$$

$$4a^2 + 4a - 48 = 0$$

$$a^2 + a - 12 = 0$$

$$(a+4)(a-3) = 0$$

$a > 0$ より

$$a = 3 \quad \rightarrow \text{エ}$$

(4)　$\sin \angle BAC > 0$ より

$$\sin \angle BAC = \sqrt{1 - (\cos \angle BAC)^2} = \sqrt{1 - \left(\frac{7}{8}\right)^2}$$

$$= \frac{\sqrt{15}}{8}$$

$$\triangle ABD = \triangle ABC + \triangle ACD$$

$$= \frac{1}{2} \times 6 \times 6 \times \frac{\sqrt{15}}{8} + \frac{1}{2} \times 6 \times 8 \times \frac{\sqrt{15}}{8}$$

$$= \frac{21\sqrt{15}}{4} \quad \rightarrow \text{オ}\sim\text{ケ}$$

(5)　内接円の半径を r とすると，(4)の結果より

$$\frac{21\sqrt{15}}{4} = \frac{1}{2} \times r \times (6+7+8)$$

$$r = \frac{\sqrt{15}}{2} \quad \rightarrow \text{コ}\sim\text{シ}$$

④ 解答　(1)**ア.** 4　**イウ.** 13　**エオ.** 12

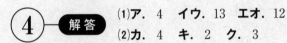

(2)**カ.** 4　**キ.** 2　**ク.** 3

(3)　$x^2 + 2x + 2 = (x+1)^2 + 1 > 0$

$$x^2 + 4x - 5 = (x+5)(x-1)$$

(i) $x < -5$，$1 < x$ のとき

$x^2+4x-5>0$ より，与えられた不等式は

$$x^2+2x+2-(x^2+4x-5)<x^2$$

$$x^2+2x-7>0$$

$$\therefore \quad x<-1-2\sqrt{2}, \quad -1+2\sqrt{2}<x$$

よって

$$x<-5, \quad -1+2\sqrt{2}<x \quad \cdots\cdots①$$

(ii) $-5\leqq x\leqq 1$ のとき

$x^2+4x-5\leqq 0$ より，与えられた不等式は

$$x^2+2x+2+(x^2+4x-5)<x^2$$

$$x^2+6x-3<0$$

$$\therefore \quad -3-2\sqrt{3}<x<-3+2\sqrt{3}$$

よって

$$-5\leqq x<-3+2\sqrt{3} \quad \cdots\cdots②$$

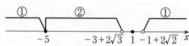

①または②より

$$x<-3+2\sqrt{3}, \quad -1+2\sqrt{2}<x \quad \cdots\cdots(答)$$

========= 解　説 =========

《小問3問》

(1) 整数 a, b, c は 2，3，4，5 の4つの自然数から3つを選べばよいので，その組合せの数は

$$_4C_3=4 \text{ 通り} \quad \rightarrow ア$$

$\dfrac{1}{a}+\dfrac{1}{b}+\dfrac{1}{c}$ が最大となるのは，a, b, c がそれぞれ最小となるときで，$a=2$, $b=3$, $c=4$ のときである。

よって

$$\frac{1}{2}+\frac{1}{3}+\frac{1}{4}=\frac{13}{12} \quad \rightarrow イ\sim オ$$

(2) $\quad \dfrac{(\sqrt{66}+\sqrt{22})^2}{44}+\dfrac{44}{(\sqrt{66}-\sqrt{22})^2}$

$$=\frac{(\sqrt{11})^2(\sqrt{6}+\sqrt{2})^2}{44}+\frac{44}{(\sqrt{11})^2(\sqrt{6}-\sqrt{2})^2}$$

$$= \frac{(\sqrt{6}+\sqrt{2})^2}{4} + \frac{4(\sqrt{6}+\sqrt{2})^2}{(\sqrt{6}-\sqrt{2})^2(\sqrt{6}+\sqrt{2})^2}$$

$$= \frac{(\sqrt{6}+\sqrt{2})^2}{4} + \frac{4(\sqrt{6}+\sqrt{2})^2}{4 \times 4}$$

$$= \frac{(\sqrt{6}+\sqrt{2})^2}{2}$$

$$= \frac{8+4\sqrt{3}}{2}$$

$$= 4+2\sqrt{3} \quad \rightarrow \text{カ}\sim\text{ク}$$

(3) 常に $x^2+2x+2>0$ なので，$x^2+4x-5>0$ と $x^2+4x-5\leqq0$ の場合に分けて絶対値記号をはずし，それぞれの場合で不等式を解き，両方の解の和集合をとる。

物　理

① 解答 **a)**—② **b)**—② **c)**—③ **d)** 20m/s

―――――――― 解説 ――――――――

《水平投射された物体の運動》

a) 　小石には下向きの重力が働くので鉛直方向は等加速度運動を行う。また，水平方向に働く力はないので水平方向は等速度運動を行う。よって小石の描く軌道は放物線となる。

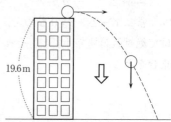

b) 　鉛直下向きの加速度の大きさは9.8m/s² で初速は0m/s だから，地面に落ちるまでの時間を t〔s〕として

$$19.6=\frac{1}{2}\times 9.8\times t^2$$

$$\therefore\quad t=2〔s〕$$

c) 　落下まで2s かかるので，その間の水平移動距離は

$$15.0\times 2=30〔m〕$$

d) 　初速0m/s，加速度の大きさ9.8m/s² なので2s 後の速度の鉛直成分の大きさは

$$9.8\times 2=19.6\fallingdotseq 20〔m/s〕\quad（有効数字2桁）$$

② 解答 **a)**—① **b)**—① **c)**—④

―――――――― 解説 ――――――――

《気柱の共鳴》

a) 　次図中央が2倍振動である。

　　波長を λ〔m〕とすると

$$\lambda=L〔m〕$$

b) 振動数を f〔Hz〕として $c=f\lambda$ より

$$f=\frac{c}{\lambda}=\frac{c}{L}\ \text{〔Hz〕}$$

c) 振動数をあげると波長は短くなっていくので，次に起こる固有振動は3倍振動である。このときの振動数を f_3〔Hz〕，波長を λ_3〔m〕として

$$\lambda_3\times\frac{3}{2}=L,\quad c=f_3\lambda_3$$

これらを連立して

$$f_3=\frac{c}{\lambda_3}=\frac{3c}{2L}\ \text{〔Hz〕}$$

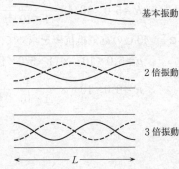

基本振動

2倍振動

3倍振動

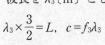 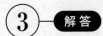

3 解答　**a)** 1.5　2.5　3・4.-2
　　　　　　　b) 5.5　6.0　7・8.-2
c) 9.6　10.0　11・12.-2

=== 解説 ===

《電気抵抗の抵抗率と温度の関係》

a) 電気抵抗を R〔Ω〕，電気抵抗率を ρ〔Ωm〕，抵抗体の長さを l〔m〕，断面積を S〔m²〕とすると

$$R=\rho\frac{l}{S}$$

の関係が成り立つ。ここに数値を代入すると

$$R=5.5\times10^{-8}\times\frac{1}{(1\times10^{-3})^2}=5.5\times10^{-2}\ \text{〔Ω〕}$$

b) 温度が0℃のときの電気抵抗率を ρ_0〔Ωm〕，電気抵抗率の温度係数を α〔K⁻¹〕とする。温度が t〔℃〕のときの電気抵抗率 ρ は

$$\rho=\rho_0(1+\alpha t)$$

と表される。ここに20℃のときの数値を代入して

$$5.5\times10^{-8}=\rho_0(1+5.0\times10^{-3}\times20)$$

$$\rho=5.0\times10^{-8}\ \text{〔Ωm〕}$$

0℃の電気抵抗は

$$R = 5.0 \times 10^{-8} \times \frac{1}{(1 \times 10^{-3})^2} = 5.0 \times 10^{-2} \, (\Omega)$$

c) 40℃の電気抵抗率を求めて，電気抵抗を求めると

$$\rho = 5.0 \times 10^{-8} \times (1 + 5.0 \times 10^{-3} \times 40) = 6.0 \times 10^{-8} \, (\Omega m)$$

$$R = 6.0 \times 10^{-8} \times \frac{1}{(1 \times 10^{-3})^2} = 6.0 \times 10^{-2} \, (\Omega)$$

化　学

◀薬　学　部▶

1 解答　問1．a—②　b—③　c—④
問2．⑤　問3．③
問4．(1)—①　(2)—④　(3)—③
問5．(1)—③　(2)—④
(3)　1.60×10^{-1}〔mol/L〕　(4)　4.2％

================= 解説 =================

《化学結合，物質量，遷移元素の性質，Ｓの化合物，中和滴定》

問1．a. H_2O の非共有電子対は2。選択肢については，それぞれ
$Cl_2(6)$，$N_2(2)$，$NH_3(1)$，$CO_2(4)$，$HCl(3)$ である。

b. 電子の数が多いほど半径は大きくなる。そして，陰イオンでは電子の数が同じであれば価数の大きい方がイオン半径は大きい。また，陽イオンの場合は逆に小さくなる。

$O^{2-}(0.126) > F^{-}(0.1119)$
$S^{2-}(0.170) > Cl^{-}(0.167)$　（単位は nm）

c. 金属元素と非金属の間の結合はイオン結合，非金属間（HCl）では共有結合である。ただし，NH_4Cl では，NH_4^{+} と Cl^{-} がイオン結合で結合している。

問2． ①Li^{+} 1mol 中の電子は $2N$，②He は単原子分子で原子数は同じ N，③H_2（分子量2）2g 中の分子数は N，④重水素原子中の中性子は1個で D_2 1mol では $2N$，⑤$2K + 2H_2O \longrightarrow 2KOH + H_2$ で H_2 は K の物質量と比べて $\frac{1}{2}N$。⑥$C + O_2 \longrightarrow CO_2$ なので，O_2 は C が 1mol なら N。

問3． ①誤文。遷移元素は全て金属元素。②誤文。遷移元素のイオンは有色のものが多い。④誤文。遷移元素には2族のアルカリ土類元素は含まれない。⑤誤文。遷移元素の価電子は1または2個である。

問4． (1)　気体 A は $FeS + H_2SO_4 \longrightarrow FeSO_4 + H_2S$ によって生成する

H_2S。

　気体 B は $Cu + 2H_2SO_4 \longrightarrow CuSO_4 + 2H_2O + SO_2$ によって生成する SO_2。

(3)　$2H_2S + SO_2 \longrightarrow 3S + 2H_2O$ のように反応し，生成する微細な S によって水溶液は白濁する。

問5. (1)　①不適切。付着している水滴によって溶液の濃度が変化する。

②不適切。メスシリンダーでは正確に体積をはかれない。5.00 mL のホールピペットを使うのが適切。

③適切。正確にはかり取った溶液に水滴が加わっても酸そのものの物質量は変化しない。

④不適切。②と同様である。この場合は 100 mL のメスフラスコを使い，ホールピペットではかった 10.0 mL 食酢をメスフラスコに入れて，純水を標線まで加える。

⑤不適切。ふき取った分だけ酸そのものの物質量が変化する。

(3)　NaOH（1価の塩基）のモル濃度を c〔mol/L〕とすると，シュウ酸は 2 価の酸で，（酸の物質量×酸の価数）＝（塩基の物質量×塩基の価数）より

$$\frac{0.100 \times 5.00}{1000} \times 2 = \frac{c \times 6.25}{1000} \times 1$$

$$c = 0.1600 \fallingdotseq 1.60 \times 10^{-1} \text{〔mol/L〕}$$

(4)　酢酸（1価の酸）の濃度を c'〔mol/L〕とすると

$$\frac{c' \times 10.0}{1000} \times 1 = \frac{0.160 \times 4.50}{1000} \times 1$$

$$c' = 0.0720 \text{〔mol/L〕}$$

　元の食酢の濃度は 0.720〔mol/L〕。溶液 1.00 L で考えると質量パーセント濃度は

$$\frac{溶質の質量}{溶液の質量} \times 100 = \frac{60 \times 0.720}{1.02 \times 1000} \times 100 = 4.23 \fallingdotseq 4.2 \text{〔％〕}$$

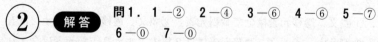

② **解答**　問1.　1—②　2—④　3—⑥　4—⑥　5—⑦

　　　　　　　6—⑩　7—⑩

問2. (1)—④

(2)　$C_3H_8 + 5O_2 \longrightarrow 3CO_2 + 4H_2O$

問3. (1)—⑥　(2)　O_2

======================= **解 説** =======================

《Nの酸化物，熱化学方程式，$CuSO_4$aq の電気分解》

問1. 赤褐色の NO_2 は，$3Cu+8HNO_3 \longrightarrow 3Cu(NO_3)_2+4H_2O+2NO$ のように銅と希硝酸の反応で発生する無色の NO を空気中の O_2 と反応させることによって，また，$Cu+4HNO_3 \longrightarrow Cu(NO_3)_2+2H_2O+2NO_2$ のように銅と濃硝酸の反応によって発生させることができる。

$2NO_2$（赤褐色）$\rightleftharpoons N_2O_4$（無色）は可逆反応で，正反応は発熱反応なので，ルシャトリエの原理より，圧力を高くすると平衡は分子数の減る右方向に移動し，気体の色は薄くなる。温度を下げると発熱反応の方向である右方向に移動し，気体の色は薄くなる。

問2. C（黒鉛）$+O_2$（気体）$=CO_2$（気体）$+394\,kJ$　　……（A）

$$H_2（気体）+\frac{1}{2}O_2（気体）=H_2O（液体）+286\,kJ　……（B）$$

$3C$（黒鉛）$+4H_2$（気体）$=C_3H_8$（気体）$+107\,kJ$　　……（C）

として

C_3H_8（気体）$+5O_2$（気体）$=3CO_2$（気体）$+4H_2O$（液体）$+Q$〔kJ〕

は，（A）$\times 3+$（B）$\times 4-$（C）によって

$Q=2219$〔kJ/mol〕

問3. $CuSO_4$ 水溶液を Pt 電極で電気分解したとき

陽極：$2H_2O \longrightarrow O_2+4H^++4e^-$

陰極：$Cu^{2+}+2e^- \longrightarrow Cu$

のように反応するので，析出する銅（原子量63.5）の 0.5 倍の物質量の O_2（分子量32）が陽極で発生する。よって，求める質量は

$$\frac{2.54}{63.5}\times\frac{1}{2}\times 32=0.640 ≒ 6.4\times10^{-1}〔g〕$$

③ 解答　問1.　(1)—⑤　(2)—④
　　　　　問2.　(1)—②　(2)—④

(3)(A)　(B)　(C)

問3．(1)5 ―②　6 ―④　7 ―④　(2)―④

問4．9 ―⑦　10 ―②

===== 解　説 =====

《フェノールの合成と反応，$C_4H_{10}O$ の構造推定，元素分析》

問2. (A), (B), (C)の関係は次のようである。

$$
\text{(A)} \xleftarrow[\text{混酸}]{} \text{フェノール} \xrightarrow[\text{Br}_2]{} \text{(C)}
$$

（A構造：O_2N, NO_2, NO_2 を持つフェノール（OH）
C構造：Br, Br, Br を持つフェノール（OH））

$$
\text{フェノール} \xrightarrow[\text{NaOH}]{} \text{ONa体} \xrightarrow[\text{高温・高圧}]{CO_2} \text{COONa体（OH）} \xrightarrow[\text{希硫酸}]{} \text{(B)}
$$

(A) 2,4,6-トリニトロフェノール（ピクリン酸）

(B) サリチル酸

(C) 2,4,6-トリブロモフェノール

問3. $C_4H_{10}O$ のアルコールのうち，酸化されにくいのは第三級アルコールの 2-メチル-2-プロパノール（②）である。I_2 と NaOH 水溶液で沈殿を生じるのは，$CH_3-\underset{\underset{OH}{|}}{CH}-$ の構造をもつ 2-ブタノール（④）である（ヨードホルム反応でヨードホルム CHI_3 黄色の沈殿を生成する）。分子内脱水によって 2-ブタノール（④）からは，1-ブテンと 2-ブテンの 2 種類のアルケンが生成する。

$$
\underset{\text{2-ブテン}}{CH_3-CH=CH-CH_3} \longleftarrow CH_3-CH_2-\underset{\underset{OH}{|}}{CH}-CH_3
$$

$$
\longrightarrow \underset{\text{1-ブテン}}{CH_3-CH_2-CH=CH_2}
$$

2-ブテンにはシス-トランス異性体がある。

$$
\underset{\text{シス-2-ブテン}}{\overset{CH_3}{H}>C=C<\overset{CH_3}{H}} \qquad \underset{\text{トランス-2-ブテン}}{\overset{CH_3}{H}>C=C<\overset{H}{CH_3}}
$$

問4. $C_2H_4O_2$（分子量60）から生じる CO_2（分子量44.0）と H_2O（分子

量 18.0）は，それぞれ $C_2H_4O_2$ の 2 倍の物質量となる。

$$CO_2 = \frac{120}{60} \times 2 \times 44 = 176 \, [\text{mg}]$$

$$H_2O = \frac{120}{60} \times 2 \times 18 = 72 \, [\text{mg}]$$

問 1. (a)—⑨　(b)—⑦　(c)—⑥　(d)—②　(e)—⑤
問 2. ⑤

問 3. ①，③（順不同）

問 4. ⑦

問 5. $[C_6H_7O_2(OH)_3]_n + 3n\,(CH_3CO)_2O$
$$\longrightarrow [C_6H_7O_2(OCOCH_3)_3]_n + 3nCH_3COOH$$

問 6. $5.0 \times 10^2 \, [\text{g}]$

──────────── 解　説 ════════════

《合成高分子化合物，天然高分子化合物》

問 2. ⑤誤文。$-N^+(CH_3)_3OH^-$（トリメチルアンモニウム基を NaOH 水溶液などで処理したもの）は陰イオン交換樹脂に使われる。

問 3. ①誤文。α-アミノ酸のうちグリシンには不斉炭素原子がなく鏡像異性体は存在しない。

③誤文。フェーリング液はホルミル基のように酸化されやすい官能基によって還元されて Cu_2O の赤色沈殿を生成する。

問 6. $[C_6H_7O_2(OH)_3]_n$（分子量 $162n$），$[C_6H_7O_2(OCOCH_3)_3]_n$（分子量 $288n$）なので

$$\frac{280}{162n} \times 288n = 497 \fallingdotseq 5.0 \times 10^2 \, [\text{g}]$$

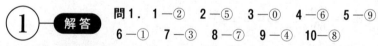

◀理工・医療技術・福岡医療技術学部▶

① 解答　問1．1 —② 　2 —⑤ 　3 —⓪ 　4 —⑥ 　5 —⑨
6 —① 　7 —③ 　8 —⑦ 　9 —④ 　10 —⑧

━━━━━━━━━━━━ 解説 ━━━━━━━━━━━━

《無機化合物の推定》

(ア)選択肢の中で有色物質は K_2CrO_4（黄色）と $KMnO_4$（赤紫色）なので **C**と**F**であると推測できるが，どちらと決めることはできない。

(イ)選択肢から**D**と**E**は NH_3 と HCl で，近づけると NH_4Cl の白煙が生じたと推測できるが，どちらと決めることはできない。

(ウ)**E**と**G**の水溶液は塩基性であることがわかるので，**E**が NH_3，**D**が HCl と推定できる。また，**G**は Na_2CO_3 と推測できる。

(エ)**D**（HCl）と沈殿を生成する物質は，選択肢内では $AgNO_3$（AgCl を生じる）と $(CH_3COO)_2Pb$（$PbCl_2$ を生じる）で，**B**と**J**のどちらかである。**E**（NH_3）を過剰に加えると AgCl は $[Ag(NH_3)_2]^+$ に変化して溶解するので，**B**が $AgNO_3$，**J**が $(CH_3COO)_2Pb$ と推定できる。

(オ)$Ca(OH)_2$ 水溶液は石灰水なので，**G**と**D**（HCl）が反応して CO_2 が発生したことがわかり，**G**は Na_2CO_3 と推定できる。

(カ)H_2O_2 と反応して気体が発生するので酸化還元反応と推測できる。色が脱色される**C**は $KMnO_4$（赤紫色）と推定できる。

(キ)塩素水と反応して生成する物質が四塩化炭素に溶けて紫色になるということから，この物質は I_2 で**I**は KI と推定できる。

(ク)**B**（$AgNO_3$）と**F**から赤褐色の沈殿が生成するので，**F**は K_2CrO_4 で沈殿は Ag_2CrO_4 と推定できる。**F**（K_2CrO_4）と反応して生成する黄色沈殿は $PbCrO_4$ か $BaCrO_4$ である。(エ)から**J**は $(CH_3COO)_2Pb$ なので**H**は $BaCl_2$ と推定できる。

(ケ)**H**（$BaCl_2$）と反応して生じる白色沈殿は $BaSO_4$ と $BaCO_3$ が考えられる。**G**は(オ)より Na_2CO_3 であるので，**A**が K_2SO_4 と推定できる。

(コ)**H**（$BaCl_2$）と**B**（$AgNO_3$）から AgCl の白色沈殿が生成する。

② **解答**　問1．(a)—②　(b)—①　(c)—④
問2．②　問3．②　問4．③　問5．③　問6．②
問7．⑤

===== **解説** =====

《中和滴定》

問1． (a)　液体を決まった量だけ測り取る時には，例えば10mL用のホールピペットを使用する。

問2．②誤文。NaOH は空気中の CO_2 と反応して $NaHCO_3$ などに変化する。

問3． NaOH（1価の塩基）の濃度を c〔mol/L〕とすると，塩酸は1価の酸で，（酸の物質量）×（酸の価数）=（塩基の物質量）×（塩基の価数）より

$$\frac{0.100 \times 10.0}{1000} \times 1 = \frac{c \times 9.24}{1000} \times 1$$

$c = 0.108 \fallingdotseq 0.11$〔mol/L〕

問4． 5倍に希釈した酢酸（1価の酸）の濃度を c'〔mol/L〕とすると

$$\frac{c' \times 10.0}{1000} \times 1 = \frac{0.108 \times 16.4}{1000} \times 1$$

$c' = 0.177$〔mol/L〕

元の食酢の濃度は，その5倍の 0.885 mol/L で，最も近いものは 0.90 mol/L である。

問5． 元の食酢1Lで考えると，酢酸の分子量が60より，質量パーセント濃度は

$$\frac{溶質の質量}{溶液の質量} \times 100 = \frac{60 \times 0.885}{1.00 \times 1000} \times 100 = 5.31 \fallingdotseq 5.3〔\%〕$$

問6． 弱酸である酢酸と強塩基である NaOH の中和滴定では中和点での水溶液は塩基性なので，酸性側が変色域のメチルオレンジは使用できない。

問7． 空気中の CO_2 が溶け込んで赤色になっていたフェノールフタレインの色が薄くなり，ついには透明になる。

③ **解答**　問1．(ア)—⓪　(イ)—①　(ウ)—①　(エ)—⓪　(オ)—①
問2．(ア)—③　(イ)—①

問3．②

═══════════════ 解　説 ═══════════════

《電池の特徴，鉛蓄電池，電気分解》

問1． (ア) 誤文。イオン化傾向の大きい金属は酸化されやすいので負極に
なる。

(エ) 誤文。マンガン乾電池の負極は Zn で，正極が MnO_2 である。

問2． (ア) 鉛蓄電池の各極での反応は

$$負極：Pb + SO_4^{2-} \longrightarrow PbSO_4 + 2e^-$$

$$正極：PbO_2 + 4H^+ + SO_4^{2-} + 2e^- \longrightarrow PbSO_4 + 2H_2O$$

(イ) 負極では Pb が $PbSO_4$ に変化して Pb 極板上に付着するので，電子が
2 mol 流れると SO_4^{2-}（式量 96）1 mol 分，質量が増加する。

$$\frac{1.50 \times (32 \times 60 + 10)}{9.65 \times 10^4} \times \frac{1}{2} \times 96 = 1.44 〔g〕$$

問3． 各電極の反応は

A（陽極）：$2H_2O \longrightarrow 4H^+ + O_2 + 4e^-$

B（陰極）：$Cu^{2+} + 2e^- \longrightarrow Cu$

C（陽極）：$Ag \longrightarrow Ag^+ + e^-$

D（陰極）：$Ag^+ + e^- \longrightarrow Ag$

電極 A で発生する O_2 は Ag（原子量 108）の物質量の $\frac{1}{4}$ なので，求め
る体積は

$$\frac{8.00}{108} \times \frac{1}{4} \times 22.4 = 0.414 ≒ 0.41 〔L〕$$

④ 解答　**問1．**

A：C-O-CH₂-CH₂-CH₂-CH₃
　　　‖
　　　O

B：$CH_3-CH_2-CH_2-CH_2-OH$

C：〔ベンゼン環〕-C-OH　　D：$CH_3-CH_2-CH_2-C-H$
　　　　　　　　‖　　　　　　　　　　　　　　　　　‖
　　　　　　　　O　　　　　　　　　　　　　　　　　O

E：$CH_2=CH-CH_2-CH_3$　　F：$CH_2-CH-CH_2-CH_3$
　　　　　　　　　　　　　　　　　　　　　｜　　｜
　　　　　　　　　　　　　　　　　　　　　Br　Br

G：

問2. 名称：フェーリング液　化学式：Cu_2O

================= **解 説** =================

《エステル $C_{11}H_{14}O_2$ の構造推定》

問1. 経路2のベンゼンからの生成物Gの酸化によって生成するカルボン酸Cが安息香酸であると推定できれば，Gはトルエンと推定でき，直鎖アルコールBの示性式が $C_4H_{10}O$ と決まる。Bの酸化生成物Dが試薬によって赤色沈殿を生成するということから試薬はフェーリング液でDにホルミル基があることがわかり，Bが第一級アルコールと推定できる。Eは脱水生成物Bの1-ブテン，Fは1,2-ジブロモブタン $CH_2\!-\!\overset{*}{C}H\!-\!CH_2\!-\!CH_3$（＊が不斉炭素原子）と推定できる。Gを混酸でニトロ化すると2,4,6-トリニトロトルエンという爆発性の物質が生成する。

生　物

① 解答　問1.　1─②　2─⑥　3─③　4─⑧　5─⓪
　　　　　　6─①　7─⑦　8─⑨　9─⑤
問2.　10─②　11─③　12─④　13─⑦
問3.　⑤　問4.　③　問5.　⑤　問6.　⑤
問7.　ホルモン濃度が高くなると負のフィードバックによりホルモンの分泌が抑制される。（40文字以内）

=== 解　説 ===

《体内環境の調節，脳と脊髄の構造，フィードバック調節》

　問1〜問6は頻出問題であるのでしっかりと演習しておこう。

問1. 副腎は腎臓のすぐ前方（ヒトならば上方）に付着している。血糖値を上げるホルモンには問題に出た3種類の他に脳下垂体前葉から放出される成長ホルモンがある。

問2. ⑧パラトルモンは，甲状腺の背面側に複数ある副甲状腺という小さな器官から分泌されるホルモンであり，血液中のカルシウムイオンの濃度を高めるはたらきをもつ。

問3. 感覚神経は背根を通って脊髄に入り，運動神経と自律神経は腹根を通って脊髄から出ていく。立毛筋が収縮すると毛が逆立って保温の役割を果たすようになる。ヒトでは体毛が薄いため直接の保温効果は薄いが，立毛筋が収縮していることは鳥肌として観察される。

問4. 質量％濃度でいうとおよそ0.1％にあたる。

問5. インスリンは，肝臓の細胞において，グルコースからグリコーゲンを合成する反応を促進する。

問6. ①は間脳の視床，②は大脳，③は中脳，④は小脳，⑥は脳下垂体，⑦は延髄である。

問7. グラフは，低体温を感知したラットの体内でチロキシンが作られ，そのはたらきで各組織の細胞の活動が活発になって体温が戻っていく過程を表している。

　血液中のチロキシンの濃度が上昇すると，脳下垂体前葉がそれを感知し

て甲状腺刺激ホルモンの分泌が抑制される。また，間脳の視床下部でもチロキシンの濃度の上昇は感知されて，視床下部の神経分泌細胞からの脳下垂体前葉に向けての甲状腺刺激ホルモン放出ホルモンの分泌が抑制され，これによっても脳下垂体前葉からの甲状腺刺激ホルモンの分泌が抑制される。

②　解答　**問1．** 1—⑧　2—④　3—①　4—⑤　5—②
　　　　　　　6—③　7—⑥

問2． (1)—②，④（順不同）

(2)期間B：脱分極　期間C：再分極

(3)—①，③（順不同）　(4)—②，③（順不同）　(5)—④

(6) ナトリウムポンプが能動輸送でナトリウムイオンを流出，カリウムイオンを流入させる。（40文字以内）

問3． (1)—②，④（順不同）　(2)—①，③（順不同）

問4． 音の波長：①　音の大きさ：②，④（順不同）

━━━━━━━━━━ **解説** ━━━━━━━━━━

《耳の構造と聴覚，活動電位の発生，興奮の頻度》

問2． (1) ①と②について，静止時ではナトリウムポンプのはたらきによってナトリウムイオンは細胞外の方が濃度が高くなり，細胞内ではカリウムイオンの方が濃度が高くなっている。よって①は誤りで②は正しい。

　③と④について，静止時では特にカリウムチャネルは一部だけが開いているので，カリウムイオンは細胞内から細胞外へ流出している。よって③は誤りで，④は正しい。

　⑤誤り。細胞膜の内側の方が電位が低くなっている。

(2) 期間C（再分極）の直後に電位が静止電位よりもやや下がる（このグラフでは−70mV ぐらいまで）時期がある。この時期は過分極とよばれる。

(3) ①と②と⑤について，期間Bの最初の部分に少しコブになっている部分がある。ここは最初の刺激によって少しだけ脱分極が起きた部分であり，ここでの脱分極が閾値（本問の実験ではグラフより−50mV 程度であることがわかる）を越えると，さらに電位依存性ナトリウムチャネルが開くことで，ナトリウムイオンが細胞外から細胞内に一気に流入する。よって

①は正しく，②は誤り，⑤も誤りである。

　③正しい。細胞内に流入したナトリウムイオンはあまり細胞膜から離れない（電気的に外側から引かれているから）。

　④誤り。期間Bで開くのはカリウムチャネルではなくナトリウムチャネルである。

⑷　①～④について，電位依存性ナトリウムチャネルは期間Cに入るとすぐに閉じて，続いて電位依存性カリウムチャネルが開いてカリウムイオンが細胞外に流出する。よって②と③は正しく，④は誤りである。①であるが，ナトリウムイオンの移動は期間Cに入ってもナトリウムチャネルが閉まるまでは続くが，移動の方向は細胞外から細胞内に向けてである。したがって誤りである。

　⑤誤り。チャネルは受動輸送を行う膜タンパク質なので，エネルギーを必要としない。

⑸　活動電位の最大値は，「静止電位」と「最大に脱分極したときの膜電位」との差なのでdである。

⑹　チャネルでなくポンプなので受動輸送ではなく能動輸送である。Na^+，K^+ という表記は問題文で使われていないので避けた方がよい。

問3. ⑴　②と④が正しい。

　①誤り。筋肉につながる運動神経は神経伝達物質としてアセチルコリンを使う。

　③誤り。トロポミオシンはミオシンフィラメントではなくアクチンフィラメントについている。

⑵　①と②について，神経繊維（神経線維）は神経細胞の軸索のことである。神経は複数本の神経繊維が束になってできているので，興奮している神経繊維の数が多いほど筋肉に与える刺激の頻度が高くなる。なお1本の神経繊維でも与えられた刺激が強いと，高い頻度でたくさんの興奮を起こす。よって①は正しく，②は誤り。

　③と④について，骨格筋は一度だけ刺激を受けると単収縮という0.1秒ほどの短い収縮を起こすが，高い頻度で多数の刺激を受けると大きい収縮を長時間にわたって起こす（強縮）。よって③は正しく，④は誤り。

問4. 音の波長について：基底膜の幅は奥に行くほど広くなっていて，奥に行くほど短い波長（低音）で振動しやすくなる。よって正しいのは①で

ある。

　音の大きさについて：音の大きさは聴神経を伝わる興奮の頻度（④）に
よって伝えられる。聴細胞の興奮は聴神経に伝えられるので，興奮してい
る聴細胞の数（②）が多いと聴神経の興奮の頻度も高くなる。

③ 解答　問1．1—⑧　2—⑤　3—④　4—⑦　5—⑥
　　　　　　　6—⑨　7—③　8—②

問2．③　**問3．**下線部1）：③　下線部2）：②

問4．（順に）免疫寛容，拒絶反応

━━━━━━━━━━ 解説 ━━━━━━━━━━

《細胞性免疫，T細胞のはたらき》

問1．ヘルパーT細胞はB細胞の活性化にはたらくだけではなく，マクロ
ファージの活性化も行う。

問2．胎児のときには①肝臓でも造血を行っている。本問では選ぶ選択肢
が1つだけなので答えは③である。

問3．下線部2）について，2回目だけではなく3回目以降の病原体の侵
入の場合でも二次応答ということが多い。

問4．自己の抗原に対して免疫反応を起こさない状態を免疫寛容という。
「免疫寛容という免疫反応が起こらない状態にある」という表現は免疫寛
容が起こる，起こらないの両方の意味に解釈できなくもないが，免疫寛容
とは反応ではなく状態なので「免疫反応が起きない状態が免疫寛容であ
る」という意味である。

国　語

 出典　天野郁夫『増補 試験の社会史――近代日本の試験・教育・社会』〈3 教育と試験の制度化 2 「学制」と試験制度〉（平凡社ライブラリー）

解答

問一　①・⑤

問二　②

問三　④

問四　A―⑤　B―②　C―⑤

問五　③

問六　①

問七　維新後も「藩」が基本的集団や人間関係の単位であり、人材選出の基礎だったから。（三十文字以上三十五文字以内）

問八　⑤

解説

問一　①は「泰西」、⑤は「泰然」と書く。「泰西」とは〝西洋〟という意味。

問二　挿入文の「変動のはげしい時代」「身分や家柄」「実際にことに処していく能力」を手がかりにして各候補の前後を確認する。〔Ⅱ〕の前部に「幕末」「下級武士」、後部に「政治にも行政にも、実力をもった」があることを確認する。

問三　直前の「『トモ争い』という文字が穏やかならぬ」と一段落後「『争』といえば、それは『闘争』のことであった」という記述を踏まえて選択肢を選ぶ。

問四　A、空欄前後の記述「剣道の試合となれば、それは競争（競技）ということになる。しかし……身分制社会に……ゲームとしての　A　という考え方はなじまない」という関係を理解する。

B、空欄前後の記述「武芸の試合でも……果たし合いが行なわれた」「武士にとって……競い合うということは、相手を倒し、相手に勝つことを「つまり　B　を意味した」という関係を理解する。

問四 ③。直後の「という言葉が幕府の役人にアレルギーを起こさせた」を手がかりにして前部を見ると、第一段落に「幕府の勘定方の役人」「『競争』という字にひっかかった」「『トウモ争い』という文字が穏やかならぬ」とあるので、これらを踏まえて選択肢を選ぶ。

問五 空欄後部の〔Ⅱ〕に同二で入れた一文の内容を思い出す。「実際にことに処していく」人間が「権力を握る」という内容に近い意味を持った語を選ぶ。

問六 直前の「ルールを決めて能力を競い合わせる」を手がかりにして前部を見ると、一段落前に「競争は一定のルールに従って行なわれる」とあるので、その後部を見ると「藩士めいめいの分限がチャントきまって、上士は上士、下士は下士と、箱に入れたようにして」「身分割拠社会」とあるので、これらの記述を踏まえて選択肢を選ぶ。

問七 設問文の「特権」という言葉を使わずに「藩」という言葉を使い」という指示に着目。これが傍線部の後部ではなく前部をヒントにせよという指示であると理解して傍線部前部を見ると、「維新後も依然として基本的な集団や人間関係の単位は藩にあったから、いきおい藩が人材を選び出す基礎になった」とあるので、この部分を踏まえて記述をまとめる。

問八 直前の「そうした点からみると」に着目。一段落前の末尾に「士族の特権が奪われねばならなかった」とあるので、この〈士族の特権剝奪〉という点で明治四年に動きがあったと考える。また直後に「廃藩置県」とあるので、ここから〈藩の廃止＝士族の特権剝奪〉という関係を読み取る。③は「自由」の話であって〈特権剝奪〉の話ではない。

②　**出典**　志葉玲『難民鎖国ニッポン──ウィシュマさん事件と入管の闇』（2章　入管問題とは何か）（かもがわ出版）

解答
問一　③
問二　⑤
問三　⑥
問四　⑥
問五　⑤
問六　②・⑤
問七　①・⑦

解説

問一　「恣意的」とは〝自由で勝手気ままな様子〟という意味。自分のその時の気分や感情、好みで物事を決定するという意味で「場当たり的」に近い。

問三　傍部の「身柄を拘束」「個別の事情も考慮されず、逃亡の可能性のあるなしに関係なく」「裁判所の令状なしに収容」という語がヒント。「身柄を拘束」＝〈警察官でないのに警察官の仕事をしている〉「裁判所の令状なしに」＝〈裁判官の代わりに令状を出しているのと同じ〉、「個別の事情も考慮されず、逃亡の可能性のあるなしに関係なく」＝〈個別の事情をきちんと捜査する検察官の代わりに、入管が一律に「問題あり」と決めている〉、「収容」「身柄を拘束」＝〈刑務官と同じことをしている〉と理解する。

問四　第四段落を参照。「難民申請者が少ない」「難民認定申請者のうち」「我が国における難民認定申請者の多くが」とあるので、ここから難民認定申請者（分母）のうち、難民と認定された人数（分子）が難民認定率であると理解する。また傍線部(a)は「日本の難民認定率」の話なので、②で⑥を選ぶ。

問五　傍線部の「治安上のリスク」という語に着目。「治安上のリスク」という観点を踏まえた選択肢は⑤しかない。①は「安全な国」という語はあるものの、「〝性悪説〟に基づいて」が誤り。「性悪説」とは〝人間の本性は悪である〟という考え方であり、「治安上のリスク」とは無関係である。

問六　X、傍部の「本当に母国での迫害から命からがら逃れてきた〝真の難民〟」を手がかりにして本文を見ると、第四段落に「避難を余儀なくされている人々が多く、国からの難民申請者」とあるので、その後の「少ない」に対応する語が入ると理解する。Y、直後の「法務省の見解は説得的」に着目。「説得的」であるためには日本と同じ状況が世界規模で存在する、つまり〝世界でも〝真の難民〟が存在する国からの難民申請者の割合が「少ない」という事実がなければならない。Z、直後の「法務省の説明根拠は薄れ」に着目。「説明根拠が薄れ」るためには〈各国の難民認定率を「難民排出国別」に国際比較し、各国は「高い」のに対して日本は「低い」という事実がなければならない。よって②が正解。

問七　①「入管職員は少ないままであるため」に対応する記述が本文に存

在しない。②・③・④は第三段落の内容に合致する。⑤・⑥は第二段落の内容に合致する。⑦「日本では外国人に対する差別があるため」に対応する記述が本文に存在しない。⑧は第二段落の内容に合致する。

③

出典　伊豫谷登士翁『グローバリゼーション──移動から現代を読みとく』〈第Ⅱ部　移動とは何か　第５章　移動のなかに住まう　１　近代国家と移動〉（ちくま新書）

解答

問一　③

問二　③

問三　⑤

問四　①

問五　③

問六　③

問七　④

問八　③

━━━━━　**解　説**　━━━━━

問三　直後の「移民研究と呼ばれてきたものの空白部分が逆に見えてくる」を手がかりにして後部を見ると、一段落後に「移民国を基準とした研究では見えてこなかった課題、隠されてきた論点が見えてくる」とあるので、その前にある言葉、すなわち「日本は移民国ではない」が空欄に入ると理解する。

問四　Ｂ。前部の「植民地からの多くの人々が日本で生活」がヒント。これは「植民」つまり〈支配国の人間が被支配国に移住・定住すること〉や「被植民」つまり〈被支配国が支配国の人間の移住・定住を受け入れること〉のいずれにも該当しないので③・④は除外。①・②・⑤が候補。Ｃ。直後の「それは第二次世界大戦前の移民の歴史を忘却あるいは隠蔽することによって行われた」に着目して後部を見ると、一段落後に「第二次世界大戦後の日本における国民国家の再形成が、移民の忘却や消去のうえに行われた」とあるので、その後の「外国人労働者」が入ると理解する。よって①が正解。

問五　傍線部の「移民研究」「アメリカ」を手がかりにして前部を見ると、一段落前に「移民にかかわる多くの研究は、移民国であるアメリカやカナ

タなどを参照軸に考えられてきました」とあるので、この記述を踏まえて選択肢を選ぶ。傍線部の一行前の「いわゆる移民国を基準とした研究では見えてこなかった」と、傍線部直後の「そこで看過されてきた」の対応を考えると、③が正解となる。

問六 「焦眉」とは〝眉毛を焦がすほど火が身近に迫っている〟という意から〝危機が差し迫っている、事態が切迫している〟という意味。

問七 挿入文「人の移動に関してもそのことは言えます。」より、(1)挿入文の前部には「人の移動」の話はない、(2)後部には「人の移動」の話がある、(3)前部と後部で言われていることは〈同じこと〉である、という条件を満たしているはずである。〈エ〉の前後を見ると、(1)(2)(3)を満たしている。前部では〈世界大戦の前後で、日本の世界とのかかわりや知の枠組みが決定的に変化した〉という話がされており、後部では〈日本での移民研究が第二次世界大戦前の移民の歴史を忘却あるいは隠蔽することで行われた＝第二次世界大戦の前後で、人の移動（＝移民）に関する認識が決定的に変化した〉という話がされていると理解できるので、〈エ〉の前後は〈同じこと〉を言っていると判断できる。

問八 ③「日本は第二次世界大戦前もその後も、移民の国ではない」が筆者の主張と異なる。第五・六段落を見ると、日本は第二次世界大戦前もその後も「移民国」であったことが理解できる。

////////////////// · **memo** · //////////////////

2023
年度

問題と解答

■一般選抜Ⅰ期

問題編

▶試験科目・配点

学部学科	科　目	出題範囲	科目選択	配　点
薬	英　語	コミュニケーション英語Ⅰ・Ⅱ・Ⅲ, 英語表現Ⅰ・Ⅱ	必須	100 点
	数　学	数学Ⅰ・Ⅱ・A		100 点
	化　学	化学基礎・化学		100 点
経済・法・文〈社会・心理・外国語〉	英　語	コミュニケーション英語Ⅰ・Ⅱ・Ⅲ, 英語表現Ⅰ・Ⅱ	必須	各科目 100 点
	日 本 史	日本史B	5 科目から2 科目選択	
	世 界 史	世界史B		
	政治・経済	政治・経済		合計 300 点満点 ＊1
	数　学	数学Ⅰ・A		
	国　語	国語総合（古文・漢文を除く）		
文〈日本文化・史・教育〉	英　語	コミュニケーション英語Ⅰ・Ⅱ・Ⅲ, 英語表現Ⅰ・Ⅱ	必須	各科目 100 点
	日 本 史	日本史B	4 科目から1 科目選択	
	世 界 史	世界史B		
	政治・経済	政治・経済		合計 300 点満点 ＊2
	数　学	数学Ⅰ・A		
	国　語	国語総合（古文・漢文を除く）	必須	
理工①	英　語	コミュニケーション英語Ⅰ・Ⅱ・Ⅲ, 英語表現Ⅰ・Ⅱ	必須	各科目 100 点
	数　学	数学Ⅰ・Ⅱ・A・B		
	物　理	物理基礎・物理	2 科目から1 科目選択	合計 300 点満点 ＊3
	化　学	化学基礎・化学		

理工②	英　　語	コミュニケーション英語Ⅰ・Ⅱ・Ⅲ，英語表現Ⅰ・Ⅱ	必須	各科目100点　合計300点満点＊4
	数　　学	数学Ⅰ・Ⅱ・A・B	3科目から2科目選択※ただし数学重点型および理科重点型については「数学」を選択必須	
	化　　学	化学基礎・化学		
	生　　物	生物基礎・生物		
医療系①	英　　語	コミュニケーション英語Ⅰ・Ⅱ・Ⅲ，英語表現Ⅰ・Ⅱ	必須	各科目100点　合計300点満点
	数　　学	数学Ⅰ・A	5科目から2科目選択	
	物　　理	物理基礎・物理		
	化　　学	化学基礎・化学		
	生　　物	生物基礎・生物		
	国　　語	国語総合（古文・漢文を除く）		
医療系②	英　　語	コミュニケーション英語Ⅰ・Ⅱ・Ⅲ，英語表現Ⅰ・Ⅱ	必須	各科目100点　合計300点満点
	日 本 史	日本史B	8科目から2科目選択	
	世 界 史	世界史B		
	政治・経済	政治・経済		
	数　　学	数学Ⅰ・A		
	物　　理	物理基礎・物理		
	化　　学	化学基礎・化学		
	生　　物	生物基礎・生物		
	国　　語	国語総合（古文・漢文を除く）		

理工①：機械・精密システム工，航空宇宙工，情報電子工学科
理工②：バイオサイエンス学科
医療系①：医療技術（視能矯正・看護・診療放射線・臨床検査・スポーツ医療〈救急救
　　　　　命士〉・柔道整復）・福岡医療技術学部
医療系②：医療技術（スポーツ医療〈健康スポーツ〉）学部

▶備　考

- 試験日自由選択制。3 日程分のうち各科目とも代表的な問題を 1 種類抜粋して掲載。
- 上記のほかに書類審査がある。
- 「数学 B」は「数列，ベクトル」から出題する。
- 理工学部においては，均等配点型，数学重点型，理科重点型にて点数を算出し，高得点を合否判定に採用する。
- 理工学部航空宇宙工学科ヘリパイロットコースは，一次選考（上記の学科試験，書類審査）に合格し，二次選考出願資格を満たした者に限り，二次選考（適性検査，面接）を行い合否を判定する。
- 薬・医療技術・福岡医療技術学部は上記のほかに面接が課される。
- ＊1〜＊4については，下記のように傾斜配点を行う。

　＊1：文学部社会学科では「日本史」「世界史」「政治・経済」「数学」のうち高得点 1 科目を 150 点満点とする。なお，合計点は 350 点満点を 300 点満点に換算する。
　　　外国語学部外国語学科英語コース・国際日本学科では「英語」を 150 点満点とする。なお，合計点は 350 点満点を 300 点満点に換算する。

　＊2：文学部日本文化学科・史学科では「国語」を 150 点満点とする。なお，合計点は 350 点満点を 300 点満点に換算する。

　＊3：数学重点型では「英語」を 50 点満点，「数学」を 150 点満点とし，理科重点型では「英語」を 50 点満点，「物理」「化学」を 150 点満点とする。

　＊4：数学重点型では「英語」を 50 点満点，「数学」を 150 点満点とし，理科重点型では「英語」を 50 点満点，「化学」「生物」を 150 点満点とする。

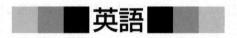

（60 分）

〔 1 〕　次の英文を読んで，設問に答えなさい。

編集部注：問題文中の網掛け部分は個人名を置き換えています。

　　After *airing in Japan for three decades, a reality show covering children running their first errands on their own has gained a big following in Western countries.
①

　　Nippon Television Network Corp.'s "Old Enough!" has created a stir on social media after it started streaming worldwide on Netflix, *prompting U.S. and European media outlets to run features.　In an online story headlined "'Old Enough': the Japanese TV show that abandons toddlers on public transport," *British daily *The Guardian* said: "Part of the appeal . . . is the
②
show's ability to *instill confidence into the children."

　　The long-running show features preschoolers tasked by their parents with running errands, such as grocery shopping.　Staff members consult with experts and police in advance to secure the children's safety on errand routes and pretend to be passers-by to watch over them during the filming process.　But they basically give no help to the children.

　　Nippon Television, which started the program as a *one-shot special in 1991, has aired 74 episodes.　The *broadcaster re-edited the show （　③　） a series with 20 episodes, each running about 10 minutes, before selling it to Netflix.　The streaming service is distributing "Old Enough!" in 190 countries and regions with subtitles in 32 languages.

　　After the series debuted on March 31, Twitter was flooded with feedback from English-speaking viewers, （　④　） said they were *overwhelmed by how cute the children were, that they *were captivated by the show and that they wanted another 100 seasons.　When Netflix introduced the show with *highlight footage on its official Twitter account on April 12, it attracted about 30,000 likes.　Western media were quick to respond.　In an article titled "Why 'Old Enough' Is the Show You Should Be Watching Right Now," U.S. magazine Time said: "It's also a nice reminder that wonder can be found in even the most basic of activities — if we only take the time to look for it."

　　（　A　） The show has also sparked controversy over parenting.　ABC News of the United States aired a feature titled "Would You Send Your Toddler to the Store Alone?" While the broadcaster cited opinions from viewers *skeptical about sending children to run errands alone, an expert commented, "Children are far more capable than what we think." Trevor Noah, the host of "The Daily Show," a popular U.S. *satirical news program, said "Old Enough!" is one of his favorite Netflix shows.　He said children should have more freedom as American parents ⑤put leashes on their kids while they let their dogs run around free.

（　B　）"We have been making the show, hoping to cheer up viewers as they watch children doing their best," said producer 　　A　　.　"It is also our show's theme to record the scenes of the country from coast to coast.　I think viewers are enjoying it （　⑥　） they can see the natural features and everyday lives in Japan."

（　C　） The broadcaster has sold the program format for "Old Enough!" to companies mainly in Asia, and the show has been remade in Vietnam, China and elsewhere.　"We were confident it would be popular ⑦abroad," a staff member in charge of overseas business said.　"We want to *bolster our efforts to sell programs and formats and co-produce shows with foreign broadcasters because our production capabilities have begun to win recognition outside Japan."

（　D　） A Netflix *public relations representative said, "We strongly feel once again that only programs that are unique in the truest sense can cross cultural and language barriers and be loved by fans across the world."

注）air：放送する　　prompting U.S. and European media outlets to run features：米国やヨー
　　ロッパのメディア支局に特集を組ませるまでになる　　British daily：英国の日刊新聞
　　instill：植え付ける　　one-shot special：特別番組　　broadcaster：放送局
　　overwhelm　圧倒する，打ちのめす　　be captivated by～：～に心を奪われる
　　highlight footage：ハイライト映像　　skeptical：懐疑的な，疑いを抱いている
　　satirical：風刺や皮肉を好む　　bolster：てこ入れをする，増強する
　　public relations representative：広報担当者

問1　文中の下線部 errands の語を正しく用いた文として最も適切なものをア～エから一つ選び，
　　　①
　　　記号で答えなさい。
　　ア．Anne's brother borrowed her car for some errands.
　　イ．His restaurant has an excellent reputation for fine errands.
　　ウ．She goes to that errands school every Friday and Saturday.
　　エ．They are afraid that new errands will break out in Europe.

問2　文中の下線部 toddlers とほぼ同じ意味を表す本文中の語として最も適切なものをア～エから
　　　②
　　　一つ選び，記号で答えなさい。
　　ア．parents　　　　　　イ．passers-by　　　ウ．police　　　　　エ．preschoolers

問3　文中の空欄（　③　）に入る最も適切なものをア～エから一つ選び，記号で答えなさい。
　　ア．from　　　　　　　イ．into　　　　　　ウ．since　　　　　エ．till

問4　文中の空欄（　④　）に入る最も適切なものをア～エから一つ選び，記号で答えなさい。

出典追記：The Asahi Shimbun Asia & Japan Watch, June 18, 2022

　　　　ア．what　　　　　　　イ．when　　　　　　ウ．where　　　　　　エ．who

問5　文中の下線部 <u>put leashes on</u> の意味として最も適切なものをア～エから一つ選び，記号で答
　　　⑤
　　えなさい。

　　　　ア．いっしょに遊ぶ　　　　　　　　　　　イ．いっしょに散歩をする

　　　　ウ．鎖（リード）でつなぐ　　　　　　　　エ．自由にさせる

問6　文中の空欄（　⑥　）に入る最も適切なものをア～エから一つ選び，記号で答えなさい。

　　　　ア．because　　　　　　イ．lest　　　　　　ウ．so　　　　　　　エ．though

問7　文中の下線部 <u>abroad</u> を含む以下のア～エの語のうち，発音したときに第一アクセント（第一
　　　　　　　　　⑦
　　強勢）の位置が異なるものを一つ選び，記号で答えなさい。

　　　　ア．a・broad　　　　　　　　　　　　　イ．ef・fort

　　　　ウ．for・eign　　　　　　　　　　　　　エ．for・mat

問8　次の英文を入れるのに最も適切な箇所を文中の空欄（　A　）～（　D　）の中から一つ選び，ア
　　～エの記号で答えなさい。

　　Nippon Television has been amazed by responses generated by "Old Enough!"

　　　　ア．（　A　）　　　　　イ．（　B　）　　　　ウ．（　C　）　　　　エ．（　D　）

問9　文中の下線部 <u>if we only take the time to look for it</u> を，it がさす内容を明確にしたうえで，
　　25文字程度の日本語に訳しなさい（句読点も文字数に含まれます）。　　　〔解答欄〕30 文字

〔**2**〕　次の英文の空欄（　1　）〜（　5　）に入る最も適切なものをそれぞれア〜エから一つ選び，記号で答えなさい。

Resistance!

My friend Jack has lived in Japan for many years but still can't speak Japanese.　He can order food or ask for directions but not much more.

Jack is embarrassed（　1　）this.　He tells me he *should* study more . . . maybe he'll take a class . . . or get a new *app for his phone . . . but he doesn't.　Some barrier ― some psychological resistance ― holds him back.　I also see students like this.　They may say that they like English but they struggle to stay *motivated.　Often they feel stuck ― that they are bad students.

*Cognitive psychology can help us understand this phenomenon.　Jack and these "（　2　）" students suffer from unconscious *resistance*.　Resistance is a psychological defense mechanism.　It's an unconscious form of *negative *motivation* ― we seek to avoid an unpleasant experience and remain in our comfort zone.

The human *nervous system has two motivational systems ― approach motivation (e.g. *I want that!*), and avoidance motivation (e.g. *Stay away from that!*).　These two systems operate （　3　）.　For example, we may want the apple we see on the tree (approach motivation) but be afraid to reach out on the branch to get it (avoidance motivation).

This *mixed motivation* is common in language learners.　Jack wants to be able to speak Japanese (surface engagement) but has unconscious negative feelings about learning (deep resistance).　Similarly, English learners may feel that English is cool but get "turned off" by unpleasant experiences in school.　Often, such learners feel like a failure.

Psychologically speaking, resistance is normal.　By nature, human beings（　4　）to stay in their comfort zone and seek to avoid wasted effort.　This is why Jack is an eternal tourist and why many learners have trouble staying motivated in English class.　Having a bad experience can turn us off to a language or even to a whole country.

Language learning creates resistance because it is a foreign experience.　We must adapt ourselves to a different way of thinking and communicating.　By understanding the psychology of resistance, we can help learners find strategies to（　5　）these negative feelings.　We must help them avoid becoming like Jack ― an eternal tourist on the journey to language learning.

注）app：（スマートフォンなどの）アプリ　　motivated：やる気，動機のある

　　cognitive psychology：認知心理学　　motivation：やる気，動機付け

　　nervous system：神経系

出典追記：Part 1 Deep Culture Insights ［12・最終回］ Resistance!, The English Teachers' Magazine, March 2022 by Joseph Shaules

（ 1 ）　ア．by　　　　　イ．from　　　　　ウ．in　　　　　エ．to
（ 2 ）　ア．comfort　　　イ．demotivated　　ウ．foreign　　　エ．motivated
（ 3 ）　ア．alternative　イ．either　　　　ウ．independently　エ．in order
（ 4 ）　ア．avoid　　　　イ．happy　　　　　ウ．hate　　　　　エ．prefer
（ 5 ）　ア．increase　　　イ．reduce　　　　ウ．talk　　　　　エ．update

〔 **3** 〕　次の英文の空欄（　　）に入る最も適切なものを，ア～エから一つ選び，記号で答えなさい。

(1) I would (　　) to go abroad in three years.

3 年後，海外に行きたいのです。

　　ア．like　　　　　　イ．rather　　　　　ウ．talk　　　　　　エ．visit

(2) You are not (　　) only person who feels like this.

そんなふうに感じているのはあなただけではありません。

　　ア．an　　　　　　　イ．never　　　　　ウ．other　　　　　エ．the

(3) So, how (　　) longer do we have to wait?

それで，私たちはあとどれくらい待たなければいけないの？

　　ア．is　　　　　　　イ．more　　　　　ウ．much　　　　　エ．very

(4) I have my own opinion, (　　) or not my father likes it.

父がどう思おうが，僕にだって自分の考えというものがあるのだ。

　　ア．although　　　　イ．if　　　　　　ウ．still　　　　　エ．whether

(5) If I (　　) missed that train, I wouldn't have been late for work.

あの電車を逃さなければ，仕事に遅れていなかったのに。

　　ア．had　　　　　　イ．hadn't　　　　ウ．have　　　　　エ．haven't

〔**4**〕　次の各文について，与えられた語を空欄に補って日本文とほぼ同じ意味の英文をつくるとき，2 番目と 5 番目に入る最も適切なものを，ア～カからそれぞれ一つ選び，記号で答えなさい。

(1)　そのニュースをいつ聞きましたか？

When （　　　）（　＊　）（　　　）（　　　）（　＊　）（　　　）?

ア．about　　　イ．did　　　ウ．hear　　　エ．news　　　オ．the

カ．you

(2)　彼のお別れパーティで君がスピーチをしてくれるとうれしいのだけれど。

I'll be （　　　）（　＊　）（　　　）（　　　）（　＊　）（　　　）speech at his farewell party.

ア．a　　　イ．happy　　　ウ．if　　　エ．make　　　オ．you

カ．will

(3)　テスト中は，携帯電話，タブレット端末，その他すべての電子機器は使用禁止です。

Mobile phones, tablets, and all other electronic devices （　　　）（　＊　）（　　　）（　　　）（　＊　）（　　　）examination.

ア．be　　　イ．during　　　ウ．must　　　エ．not　　　オ．the

カ．used

(4)　医者は，その患者にできるだけたくさんの水を飲ませた。

The doctor （　　　）（　＊　）（　　　）（　　　）（　＊　）（　　　）water as possible.

ア．as　　　イ．drink　　　ウ．had　　　エ．much　　　オ．patient

カ．the

(5)　5 時までに私に返してくれるなら，彼に車を貸してあげよう。

He can borrow the car, （　　　）（　＊　）（　　　）（　　　）（　＊　）（　　　）back by five o'clock.

ア．can　　　イ．have　　　ウ．I　　　エ．it　　　オ．providing

カ．that

■日本史■

（2科目 120分）

〔1〕 次の文を読んで，下記の問1〜問5に答えなさい。

　　　称徳天皇のもとで権力を握った道鏡は，称徳天皇が亡くなると下野薬師寺に追放された。次の皇位
には，<u>天武天皇系</u>の皇統にかわって，（　A　）天皇の孫である光仁天皇が即位し，仏教政治の弊害を
①
改め，律令政治の再建をめざした。次に即位した<u>桓武天皇</u>は光仁天皇の政策方針を継承し，都を移し
②
て新たな政治を開始した。784年，山背国の（　B　）京に都を移し，ついで794年に平安京に移し
た。桓武天皇の政策の中には東北地方の経営があった。すでに東北地方の日本海側や太平洋側に城柵
を設置し，蝦夷地域の支配を進めていたが，780年に蝦夷の豪族（　1　）が乱をおこし，以後，蝦夷
との戦争が続いた。それに対して政府は789年に（　2　）を征東大使として北上川中流域の蝦夷を鎮
圧しようとしたが，蝦夷の族長（　3　）の活躍により政府軍は大敗した。その後，（　4　）を征夷大
将軍として蝦夷征討を行わせた。802年に（　3　）を帰順させ，鎮守府を胆沢城に移した。桓武天皇
の政治改革は平城天皇・<u>嵯峨天皇</u>に引き継がれた。嵯峨天皇は即位後，平城太上天皇と対立し，政治
③
的混乱が生じた。そこで，嵯峨天皇は天皇の命令をすみやかに太政官組織に伝えるために蔵人頭を設
け，（　5　）らを任命した。

問1　文中の空欄（　1　）〜（　5　）にあてはまる語句を，下の【語群】の中から選び，その記号で
　　答えなさい。
【語群】
　ア．阿倍比羅夫　　イ．藤原冬嗣　　ウ．藤原緒嗣　　　エ．紀古佐美　　オ．菅野真道
　カ．阿弖流為　　　キ．惟宗直本　　ク．坂上田村麻呂　　ケ．文室綿麻呂　　コ．伊治呰麻呂
問2　文中の空欄（　A　），（　B　）にあてはまる語句を，それぞれ漢字2文字で答えなさい。
問3　文中の下線部①の時代に始められた国史編纂事業で，稗田阿礼によみ習わせた内容を太安万侶
　　が筆録した国史は何か。漢字で答えなさい。
問4　文中の下線部②が地方政治の改革として設置した，国司の交替に際する事務の引継ぎを厳しく
　　監督する官職を，漢字4文字で答えなさい。
問5　文中の下線部③は法制の整備を進め，格式を編纂させた。この格式を，漢字2文字で答えなさ
　　い。

〔**2**〕　次の文を読んで，下記の問 1 ～問 4 に答えなさい。

　　1180 年に反平氏の挙兵を行った源頼朝は，武家政権としての鎌倉幕府を形成していく中で，1184 年に裁判事務を担当する（　1　）を設置した。

　　1221 年に承久の乱で後鳥羽上皇に勝利した鎌倉幕府は，京都に新たに（　2　）を置き，朝廷の監視などを行わせるとともに，西国に関する裁判を担当させた。また，上皇方についた貴族や武士の所領 3000 余か所に，新たに地頭を任命した。

　　こうして鎌倉幕府の権力の及ぶ範囲が拡大する中で，第 3 代執権となり鎌倉幕府の実権を握った北条泰時は，叔父の北条時房を連署に任じて補佐役とすると，<u>合議制にもとづいた裁判の仕組みを整え，御家人にかかわる紛争を公平に裁くための基準となる法令を定めた</u>。また，第 5 代執権（　A　）は，引付衆を任命し，御家人たちの所領をめぐる訴訟を担当させ，裁判の公平・迅速を図った。さらに，第 9 代執権（　B　）は，元軍の来襲に備える九州の御家人たちのために鎮西探題を設置し，九州の御家人にかかわる訴訟の裁決を行わせた。

　　1333 年に鎌倉幕府を滅ぼした後醍醐天皇も，所領問題などの訴訟を裁決する（　3　）を新たに設置したが，すべての土地所有権の確認を天皇の（　C　）によって行うという方針にもとづいた政策は，武士たちの不満や抵抗を引き起こした。

問 1　文中の空欄（　1　）～（　3　）にあてはまる語句を，空欄（　1　）は漢字 3 文字で，空欄（　2　），（　3　）は漢字 5 文字で答えなさい。

問 2　文中の下線部について，北条泰時が行った具体的な政策を，合議制および法令という 2 点から，10 文字以上 20 文字以内で答えなさい（句読点も文字数に含む）。

問 3　文中の空欄（　A　），（　B　）にあてはまる人物を，下の【語群】の中から選び，その記号で答えなさい。

【語群】
　ア．北条時宗　　イ．北条義時　　ウ．北条時政　　エ．北条貞時　　オ．北条高時
　カ．北条時頼　　キ．北条時行　　ク．北条氏政

問 4　文中の空欄（　C　）にあてはまる語句を，下の【語群】の中から選び，その記号で答えなさい。

【語群】
　ア．院宣　　イ．起請文　　ウ．太政官符　　エ．綸旨　　オ．朱印状

〔**3**〕 次の文を読んで，下記の問1〜問4に答えなさい。

　　江戸幕府10代将軍徳川家治の時代になると，側用人出身の老中（　A　）が実権を握って政治を主導した。（　A　）は幕府財政の再建のため，商人・職人による（　1　）を積極的に公認することで，運上・冥加といった（　2　）の増収を図った。また商人の財力を利用して手賀沼・印旛沼の干拓などの新田開発を試みた。（　A　）の手法は勃興した商業経済に注目した意欲的なものであったが，他方では，賄賂の横行などに対する批判も高まり，家治の死後に失脚する。

　　（　A　）の失脚後，11代将軍家斉の下で幕政を取り仕切ったのが老中（　3　）である。（　3　）は疲弊した農村の再興による幕府財政の再建をめざし，正業をもたない都市部の元農民に資金を与えて帰農を促す（　4　）を発した。また飢饉に備えて各地に米穀を蓄えさせる（　5　）を命じた。他方，（　3　）は紊乱した風紀を引き締めるため，寛政異学の禁を発して，湯島聖堂の学問所で（　6　）以外の講義を禁じた。また洒落本や幕政批判につながる書物の出版を厳しく制限し，『海国兵談』で知られる（　B　）も処罰された。（　3　）の改革に対してはその峻厳さゆえに反発も多く，また朝廷との間で尊号一件とよばれる対立事件を起こしたこともあって失脚した。

　　この時代は日本近海での外国勢力の動きが活発になり，幕府の鎖国政策が徐々に揺らぎだした時期でもあった。特にロシア艦船の出没が頻繁化し，幕府はロシアに対抗して北方の探検を進め，1808年には（　7　）に樺太を調査させた。同年にはイギリス軍艦フェートン号が長崎に乱入する事件も起きている。相次ぐ外国船とのトラブルを受け，1825年，幕府は（　8　）を発して，外国船に対する対応を定めた。

問1　文中の空欄（　1　）〜（　8　）にあてはまる最も適切な語句を，下の【語群】の中から選び，その記号で答えなさい。

【語群】

　ア．寄場組合　　　イ．無宿人改令　　ウ．水野忠邦　　　エ．通行税
　オ．伊能忠敬　　　カ．陽明学　　　　キ．無二念打払令　ク．旧里帰農令
　ケ．国学　　　　　コ．株仲間　　　　サ．間宮林蔵　　　シ．糸割符仲間
　ス．薪水給与令　　セ．海舶互市新例　ソ．大岡忠相　　　タ．朱子学
　チ．上げ米　　　　ツ．人頭税　　　　テ．人返しの法　　ト．営業税
　ナ．松平定信　　　ニ．近藤重蔵　　　ヌ．夫役米　　　　ネ．囲米

問2　文中の空欄（　A　）にあてはまる人名を，漢字4文字で答えなさい。

問3　文中の空欄（　B　）にあてはまる人名を，漢字3文字で答えなさい。

問4　文中の下線部の事件に際して，幕府はある役職にあった公家を処罰した。この役職に就いた公家は，幕府から役料を受け取り，幕府と朝廷の連絡窓口の役割を果たしていた。このある役職とは何か。漢字4文字で答えなさい。

〔**4**〕 次の文を読んで，下記の問1〜問4に答えなさい。

　　1945 年 8 月，日本は（　1　）を受け入れて太平洋戦争が終結した。日本は<u>連合国軍最高司令官総司令部</u>の間接統治下に置かれた。同最高司令官（　2　）は日本政府に徹底的な民主化・非軍国主義化を命じた。また軍首脳や政府関係者を戦犯容疑で次々に逮捕した。その一方で，（　2　）は（　3　）の圧倒的権威を占領統治に利用するため，（　3　）を戦犯容疑者には指定しなかった。

　　10 月，総司令部は（　4　）内閣に憲法改正を命じた。しかし，日本側の憲法改正案が保守的なものであったため，総司令部は独自に改正草案を作成し，この草案を基にした政府案が日本国憲法として翌年公布されることになる。

　　終戦直後，日本経済は混乱を極めていた。1946 年，第一次（　5　）内閣は乏しい資金や資材を重要産業に優先的に投入する（　A　）を採用したが，経済の回復は容易ではなかった。1947 年には新憲法下で初の衆参両院議員選挙が行われ，大衆の生活不安を背景にして，（　6　）が衆議院第一党となり，同党の（　7　）が内閣を組織した。

　　苦境の日本経済の大きな転換点となった出来事が 1950 年に勃発した（　8　）であった。日本は特需に沸き，経済は好転した。他方，（　8　）は日本の安全保障上の課題も浮き彫りにした。総司令部の指令により（　B　）が新設され，やがて自衛隊へと発展していくことになる。

問1　文中の空欄（　1　）〜（　8　）にあてはまる最も適切な語句を，下の【語群】の中から選び，
　　　その記号で答えなさい。

【語群】

　ア．ヤルタ宣言　　　イ．マッカーシー　　ウ．幣原喜重郎　　エ．自由民主党

　オ．吉田茂　　　　　カ．近衛文麿　　　　キ．片山哲　　　　ク．鳩山一郎

　ケ．華族　　　　　　コ．マッカーサー　　サ．日本進歩党　　シ．ダレス

　ス．三木武夫　　　　セ．朝鮮戦争　　　　ソ．モンロー宣言　タ．日本社会党

　チ．芦田均　　　　　ツ．皇族　　　　　　テ．東久邇宮稔彦　ト．国共内戦

　ナ．浅沼稲次郎　　　ニ．ポツダム宣言　　ヌ．東西冷戦　　　ネ．天皇

問2　文中の下線部の組織は一般に略称でよばれることが多い。その略称をアルファベット 3 文字
　　　（大文字）で答えなさい。

問3　文中の空欄（　A　）にあてはまる産業政策名を，漢字 6 文字で答えなさい。

問4　文中の空欄（　B　）にあてはまる組織名を，漢字 5 文字で答えなさい。

■世界史■

（2科目 120分）

〔**1**〕　次の文を読んで，下記の問いに答えなさい。

　　神聖ローマ帝国は 962 年に（　1　）が教皇から皇帝位を授けられたことにより成立した。このた
め，教皇とつかず離れずの関係を結ぶことが，歴代の皇帝にとって，<u>叙任権闘争</u>や十字軍の時期を含
　　　　　　　　　　　　　　　　　　　　　　　　　　　　　A
め，大きな課題となった。15 世紀から皇帝位を独占したハプスブルク家は，18 世紀半ばまで
（　2　）王家とヨーロッパの覇権をめぐって激しい争いを繰り広げ，特に 15 世紀末から 16 世紀半ば
にかけては他の国々を巻き込んで数次にわたる（　3　）戦争が行われた。16 世紀の神聖ローマ皇帝
（　4　）は，ルターが開始した宗教改革の動きのもとで領内の分裂を終結させるには至らなかった。
しかし，（　5　）王も兼ね，強大な権力を誇った。17 世紀になって神聖ローマ帝国内の大小の領邦
が諸外国と同盟を組みつつ相争う<u>大規模な戦乱</u>が起こると，帝国内の混乱はさらに深刻化することに
　　　　　　　　　　　　　　　　　　　　B
なった。

問1　文中の空欄（　1　）～（　5　）にあてはまる人名または国名を，下の【語群】の中からそれぞ
　　れ一つ選び，記号で答えなさい。

【語群】

　　あ．フェリペ 2 世　　　　　い．カール 5 世　　　　う．オットー 1 世　　　え．イヴァン 3 世

　　お．アレクサンドル 1 世　　か．スペイン　　　　　き．デンマーク　　　　く．イタリア

　　け．イングランド　　　　　こ．フランス

問2　文中の下線部Ａの「叙任権闘争」にかかわる出来事として適切なものを以下の選択肢から選
　　び，記号で答えなさい。なお，出来事の説明に誤りはない。

　　ア．フィリップ 4 世が教皇ボニファティウス 8 世を捕らえさせた。

　　イ．ハインリヒ 4 世が教皇グレゴリウス 7 世に破門された。

　　ウ．レオン 3 世が聖像禁止令を発布した。

　　エ．教皇ウルバヌス 2 世がクレルモン宗教会議を招集した。

問3　文中の下線部Ｂの「大規模な戦乱」に関連して，以下の問いに答えなさい。

　(1)　このときの一連の戦争の講和条約は 1648 年に結ばれ，それ以降のヨーロッパの国際秩序に大
　　　きな影響を与えた。和平交渉の行われた地域の英語名称から，この条約は何条約とよばれている
　　　か。カタカナ 8 文字で答えなさい。

　(2)　この条約によって，神聖ローマ帝国内の領邦君主と皇帝の関係はどのように変化したか。句読
　　　点を含めて 25 文字以上 30 文字以内で述べなさい。なお，領邦君主側，皇帝側のそれぞれの視点
　　　から明らかにすること。

〔2〕　次のⅠ〜Ⅲの各文は，ユーラシアの東西を結ぶ交易路を通じて伝えられた3つの宗教に関する記述である。これらを読んで，下記の問いに答えなさい。

Ⅰ．古代のイランには，世界を光明神と暗黒神の闘争の場と見なし，最終的には光明神であるアフラ=マズダが勝利し，これを信奉する者は最後の審判の後に楽園に入る，とする信仰があった。この教えはササン朝時代に国教とされ，その聖典として『リグ・ヴェーダ』が文書として編纂され，あわせて教義や祭儀も整備された。この宗教はマニ教とともに，「オアシスの道」を通じてソグド人商人により東方にもたらされ，中央アジアにおいて信奉された。さらに唐代の中国にも伝えられ，都の　　A　　には寺院が建立されたが，その教えはポロ競技や唐三彩などのイラン系風俗が流行したのとは対照的に，多くの信者を獲得することはなかった。

Ⅱ．431 年のニケーア公会議で，三位一体説のキリストの位格を神格と人格に分ける立場が異端として退けられると，その信奉者たちは東方に逃れて布教を続けた。このキリスト教の一派はササン朝のもとで保護を受け，さらに「オアシスの道」を通じて唐代の中国にも伝えられて景教とよばれた。13 世紀，ペルシアの領域を支配したイル=ハン国がその初期にこの一派を保護し，教皇庁とも良好な関係を維持していた。教皇庁側も，　　B　　の率いるモンゴル軍のヨーロッパ遠征に脅威を感じ，「草原の道」を通じてプラノ=カルピニを直接大モンゴル国（モンゴル帝国）に派遣し，その動向を探ろうとした。こうした経緯もあって 13 世紀末，大ハンの要請で元の都・大都に派遣された修道士が布教をゆるされ，活動を続けることができた。

Ⅲ．出家による個人的修行を通じて悟りに至ることをめざす従来の仏教に代わって，紀元前後に新しい仏教の運動が起こった。この教えは，カニシカ王の保護のもと，クシャーナ朝のインドでさかえたが，この王朝が「オアシスの道」を支配したこともあって，このルートを通じて東西に伝わった。2世紀以降，クシャーナ朝や中央アジアのさまざまな仏僧が中国に渡り，従来の仏教のものも含めてさまざまな経典を翻訳した。特に鳩摩羅什の仏典翻訳，仏図澄の布教による貢献は大きく，4 世紀後半以降，中国においてこの教えが本格的に広まっていった。中国側からも経典の原典を求めてインドに旅する僧が現れ，玄奘が「オアシスの道」を，法顕が「海の道」を往復してインドの　　C　　僧院に学び，帰国後，翻訳と布教に努めるとともに，訪問地の事情を中国に伝えた。後者の僧が著した『南海寄帰内法伝』はルート上のスマトラ島にあったシュリーヴィジャヤ王国における仏教の隆盛について伝えている。

問1　Ⅰ〜Ⅲの各文中の下線部a〜dには，それぞれ誤った語句が一つある。その記号を選び，正しい語句を答えなさい。

問2　文中の二重下線部(1)〜(5)に関する以下の問いに答えなさい。

1．文中の二重下線部(1)に関連する説明文として，**誤りを含むもの**を次のア〜エの中から一つ選び，記号で答えなさい。

ア．マニ教はウイグルの保護下で，仏教とともに盛んに信仰された。

イ．マニ教は，西方にも伝わり，ローマ帝国下でも一時的に流行した。

ウ．ソグド人はイラン系の民族で，「オアシスの道」を支配する遊牧国家を形成した。

　　エ．西方のアラム文字から派生したソグド人の文字は，のちにモンゴル文字や満州文字の元と
　　　なった。

　2．文中の二重下線部(2)について，ササン朝はキリスト教正統派を国教とするローマ帝国と，西方
　　で国境を接していたため，これに対抗する意図もあってこの一派を保護した。ローマ帝国におい
　　てキリスト教を国教とした皇帝の名として適切なものを次のア～エの中から一つ選び，記号で答
　　えなさい。

　　ア．コンスタンティヌス　　　イ．ディオクレティアヌス
　　ウ．テオドシウス　　　　　　エ．ユリアヌス

　3．文中の二重下線部(3)について，この理由として共通の敵であるイスラーム王朝に，協力して対
　　抗する意図があったことがあげられる。この共通の敵であるイスラーム王朝の説明として適切な
　　ものを，次のア～エの中から一つ選び，記号で答えなさい。

　　ア．トルコ人奴隷の軍団が先王朝を倒して樹立された。

　　イ．東西交易にたずさわるカーリミー商人を保護することで潤い，その都バグダードは繁栄し
　　　た。

　　ウ．サラディンが十字軍を破り，聖地イェルサレムを奪回した。

　　エ．カリフにより初めてスルタンの称号を与えられ，世俗的支配権を保持した。

　4．文中の二重下線部(4)について，この新しい仏教に関連する説明文として**誤りを含むもの**を次の
　　ア～エの中から一つ選び，記号で答えなさい。

　　ア．この教えの基本にあったのは，大衆の救済を優先する菩薩信仰であった。

　　イ．この教えを信奉するさまざまな集団は，それぞれ独自の経典をもつため，部派仏教とも呼ば
　　　れた。

　　ウ．この教えは，ヘレニズム文化の影響を受けて盛んにつくられた仏像とともに広まった。

　　エ．この教えは後にチベットにも伝えられ，現地の民間信仰と融合して独自の発展をとげた。

　5．文中の二重下線部(5)について，中国におけるこの仏教の広まりに関連する説明文として，**誤り
　　を含むもの**を次のア～エの中から一つ選び，記号で答えなさい。

　　ア．北魏時代に雲崗・竜門に石窟寺院が造営され，ブッダの巨大な石像・石彫がつくられた。

　　イ．遣唐使のもち帰った仏教文化の影響を受けて，日本で奈良時代に天平文化が栄えた。

　　ウ．禅宗が唐の時代以降盛んになり，宋の時代には士大夫層に支持されて中国仏教の主流となっ
　　　た。

　　エ．浄土宗の流れをくむ全真教が宋の時代に起こり，仏教の革新を唱えた。

問3　文中の空欄　　 A 　～　 C 　それぞれに入る最も適切な語句を答えなさい。

〔**3**〕　次の文を読んで，下記の問いに答えなさい。

　　ナポレオン失脚後に再建されたヨーロッパの国際秩序をウィーン体制とよぶ。ウィーン体制は正統
主義を基調とし，フランス革命以前への復帰をめざし，1814 年にフランスでは（　1　）を国王とす
　　　　　　　　A
るブルボン朝が復活した。また，ウィーン体制は勢力均衡という考えにもとづき，新国家の独立や一
　　　　　　　　　　　　　　　　　　　　B
国のみの覇権を避けることをめざした。しかし，ヨーロッパ各地でナショナリズムが広がり，国民国
　　　　　　　　　　　　　　　　　　　　　　　　　　　　　　　C
家の創出がめざされると，次第にウィーン体制は不安定となっていった。
　　　　　　　　　　　　　D
　　第一次世界大戦後の国際秩序をヴェルサイユ体制とよぶ。ヴェルサイユ体制では，国際秩序の安定
を担うために国際連盟が創設され，1928 年にはフランス外務大臣（　2　）が提唱した不戦条約に
　　　　　　　E
よって，戦争の違法化も進んだ。しかし，1930 年代に入り，世界恐慌の影響を受けて，各国でファ
　　　　　　　　　　　　　　　　　　　　　　　　　　　　F
シズムが台頭すると，こうした国際協調路線は放棄されていった。
　　第二次世界大戦後に築かれた戦後国際秩序は今日の国際関係の土台を形成した。国際連合に加え
て，ブレトン＝ウッズ国際経済体制が築かれ，自由貿易体制がめざされた。しかし，1946 年に早くも
　　　G
（　3　）が「ヨーロッパ大陸を横切って鉄のカーテンが降ろされた」と述べたように，戦後国際秩序
は資本主義陣営と社会主義陣営に分断されることになった。
　　　　　　　　　H

問 1　文中の下線部 A〜H に関する以下の問いに答えなさい。

　A．文中の下線部 A に関連して，フランス革命に影響を与えた思想家とその著作に関する適切な説
　　　明を以下の選択肢の中から一つ選び，記号で答えなさい。

　　あ．ロックは『法の精神』において，三権分立を唱えた。

　　い．ルソーは『リヴァイアサン』において，個人から国王への権力の移譲を正当化した。

　　う．ディドロらは『百科全書』を編集し，当時の学知を結集し，信仰ではなく科学にもとづく世
　　　　界像を示した。

　　え．カントは『社会契約論』において，国家を個人間の契約にもとづく存在と主張した。

　B．文中の下線部 B の考えに依拠するかたちで，ウィーン体制の下ではヨーロッパ諸国間で領土の
　　　譲渡が行われた。以下の選択肢の中から，適切な説明を一つ選び，記号で答えなさい。

　　あ．オランダはセイロン島とケープ植民地を失ったが，南ネーデルラントを得た。

　　い．ロシアはフィンランドを失ったが，ポーランドを得た。

　　う．オーストリアはハンガリーを失ったが，ロンバルディア地方とヴェネツィアを得た。

　　え．プロイセンはアルザス・ロレーヌ地方を得た。

　C．文中の下線部 C に関連して，ナショナリズムは民族文化の伝統を尊重するロマン主義とよばれ
　　　る文化の一潮流を築いた。以下の選択肢の中から，ロマン主義に**属さない**人物を一人選び，記号
　　　で答えなさい。

　　あ．ヴィクトル＝ユゴー　　い．ショパン　　う．ドラクロワ　　え．ゴッホ

　D．文中の下線部 D に関連して，1848 年にヨーロッパ各地で 1848 年革命とよばれる状況が発生し
　　　たことで，ウィーン体制は大きな打撃を被った。以下の選択肢の中から，1848 年革命の一部で
　　　ある出来事を一つ選び，記号で答えなさい。

あ．七月革命によって，フランスが共和政国家へと移行した。

い．ハンガリーでコシュートを中心とする独立運動が発生した。

う．ギリシア独立戦争を経て，ギリシアがオスマン帝国から独立した。

え．イタリアでカルボナリが蜂起を起こしたが，オーストリア軍によって鎮圧された。

E．文中の下線部Eに関連して，国際連盟の加盟・離脱に関する適切な説明を以下の選択肢の中から一つ選び，記号で答えなさい。ただし，年号に誤りはない。

あ．ソ連は日本とドイツが脱退した翌年に国際連盟に加盟したが，フィンランド侵攻を非難され，1939年に除名された。

い．サン=ジェルマン条約にもとづき，ドイツは1926年に国際連盟に加盟した。

う．イタリアはアルバニア侵攻への非難に反発して，1937年に国際連盟を脱退した。

え．アメリカ合衆国は，民主党が支配する議会が共和党出身の大統領に反発した結果，国際連盟に加盟しなかった。

F．文中の下線部Fの世界恐慌に関する適切な説明を以下の選択肢の中から一つ選び，記号で答えなさい。

あ．世界恐慌は農産物価格を高騰させ，庶民の生活を苦しめた。

い．アメリカ大統領フランクリン=ローズヴェルトは，自由放任政策を基調とするニューディール政策により恐慌からの脱却を試みた。

う．イギリスはマクドナルド挙国一致内閣の下で，金本位制を停止した。

え．ドイツはフーヴァー=モラトリアムとよばれる賠償支払いの猶予を得たことで，世界恐慌の影響を受けるのを免れた。

G．文中の下線部Gのブレトン=ウッズ国際経済体制に関連する組織として1945年に新設された国際機関を以下の選択肢の中から一つ選び，記号で答えなさい。

あ．国際復興開発銀行（IBRD）　　い．国際労働機関（ILO）　　う．世界貿易機関（WTO）

え．ユネスコ（UNESCO）

H．文中の下線部Hに関連して，フーリエ，プルードン，マルクスの三人の社会主義者と関連の深い用語の組み合わせとして適切な選択肢を一つ選び，記号で答えなさい。

あ．フーリエ「ファランジュ」，プルードン「無政府主義」，マルクス「共産党宣言」

い．フーリエ「ファランジュ」，プルードン「共産党宣言」，マルクス「無政府主義」

う．フーリエ「無政府主義」，プルードン「ファランジュ」，マルクス「共産党宣言」

え．フーリエ「無政府主義」，プルードン「共産党宣言」，マルクス「ファランジュ」

お．フーリエ「共産党宣言」，プルードン「無政府主義」，マルクス「ファランジュ」

か．フーリエ「共産党宣言」，プルードン「ファランジュ」，マルクス「無政府主義」

問2　文中の空欄（　1　）～（　3　）にあてはまる人物名を答えなさい。

〔**4**〕　次のⅠ・Ⅱの各文を読んで，下記の問いに答えなさい。

Ⅰ．中国の近代化は，西洋文明との衝突をきっかけに進展した。18 世紀，<u>清</u>は乾隆帝のもとで繁栄
し，イタリア出身のイエズス会士（　1　）が西洋風庭園の<u>円明園</u>を設計するなど，西洋の芸術を取
り入れたきらびやかな文化が栄えた。だが子の嘉慶帝の時代には 1796 年に（　2　）の乱が起こり，
その鎮圧に苦心した清は財政難や社会不安に悩まされるようになる。その頃，イギリスでは中国産
の茶への需要が高く，結果，貿易赤字により中国に<u>銀</u>が流出していた。このため，イギリスは禁制
品のアヘンを中国に売ることで収益を得，このことへの反発から起きた<u>アヘン戦争</u>にも勝利して，
貿易上有利な立場を得た。それまで自らを世界の中心と考えていた清はこの敗戦から，西洋列強に
学ばなくてはならないという危機感を抱いた。そこで，<u>洋務運動</u>によって近代化を進展させたが，
改革は表面的なものにとどまった。

Ⅱ．19 世紀後半，中国では近代化が一定程度進展したが，そのきっかけとなった軍事的な弱さは解
消されることがなかった。日清戦争の講和条約である下関条約で清は台湾や（　3　）を失った。清
滅亡後に成立した中華民国は 1915 年の二十一カ条の要求によってドイツのもつ（　4　）権益を日
本が継承することを認めることとなった。こうした状況を背景に，中国では国民の団結の必要性が
盛んに唱えられ，1919 年，ヴェルサイユ条約に反対する人々によって起こされた<u>五・四運動</u>につ
ながった。こうした<u>民族主義運動</u>は中国のみならず当時日本統治下にあった朝鮮でも起こってい
る。

問1　文中の空欄（　1　）～（　4　）にあてはまる最も適切な語句を，下の【語群】の中からそれぞ
　　　れ一つ選び，記号で答えなさい。

【語群】

あ．義和団	い．九竜半島	う．ブーヴェ	え．山東
お．カスティリオーネ	か．紅巾	き．マカートニー	く．ツヴィングリ
け．遼東半島	こ．白蓮教徒	さ．フェルビースト	し．南京
す．香港	せ．東学	そ．太平天国	

問2　文中の下線部Aについて，以下の説明文を読み，空欄　ア　，　イ　にあてはまる語
　　　の組み合わせとして最も適切なものを次のa～dから一つ選び，記号で答えなさい。

　　　清時代の文化における重要なことがらとして，学問の発達をあげることができる。明末期に生ま
れた　ア　は最初，滅亡した明への忠義を唱え清に反対する活動を行っていたが，挫折して学
問に専念し，実証的な考証学の祖となった。清の支配者の側も，漢族知識人の不満を和らげるた
め，大規模な書籍編纂事業を行って彼らに仕事を与えた。康熙帝の命により編纂が始まり，雍正帝
の時代に完成した百科事典　イ　はその代表例の一つである。

　　a．ア　王守仁（王陽明）　　イ　『四書大全』
　　b．ア　王守仁（王陽明）　　イ　『古今図書集成』
　　c．ア　顧炎武　　　　　　　イ　『四書大全』
　　d．ア　顧炎武　　　　　　　イ　『古今図書集成』

問3　文中の下線部Bについて，この庭園は 1860 年，清とイギリス・フランスとの戦争で破壊された。同年結ばれた北京条約で開港した中国の都市の名として適切なものを次のア～エから一つ選び，記号で答えなさい。

ア．天津　　イ．青島　　ウ．上海　　エ．大連

問4　文中の下線部Cについて，歴史上の銀の役割を説明した次のア～エのうち**誤りを含むもの**を一つ選び，記号で答えなさい。なお年代には誤りはない。

ア．16 世紀後半からラテンアメリカの銀が中国に流入した。

イ．明代後期には人頭税を土地税に繰り込んで一括して銀で納める簡略な税制が定められた。

ウ．西アジアでは，すでにアケメネス朝ペルシアの時代に金貨とともに銀貨が発行されていた。

エ．ポトシ銀山などで採掘された銀がヨーロッパに流入すると，物価が高騰し，価格革命が起きた。

問5　文中の下線部Dについて，この戦争の講和条約によって廃止された広州の特権商人団体の名を漢字で答えなさい。

問6　文中の下線部Eについて説明した次のア～エのうち**誤りを含むもの**を一つ選び，記号で答えなさい。なお年代には誤りはない。

ア．1861 年，総理各国事務衙門（総理衙門）を設置し，朝貢体制とは異なる近代的な外交を開始した。

イ．国内の安定を背景に同治帝の強いリーダーシップのもと改革が推進されたことから，この時代は同治の中興とよばれる。

ウ．改革にあたっては曾国藩・李鴻章らの漢人官僚が活躍した。

エ．「中体西用」を基本思想とし，西洋の科学技術を受け入れる一方で根本的な部分では中国の伝統を保存しようとした。

問7　文中の下線部Fについて，五・四運動で主導的な役割を果たし，後の中国共産党の設立に当たっても，マルクス主義者として陳独秀とともに中心メンバーとなった，当時の北京大学教授の名を答えなさい。

問8　文中の下線部Gについて，東アジア諸国の民族主義運動を触発する十四カ条の平和原則を発表した当時のアメリカ合衆国大統領の名を答えなさい。

■政治・経済■

（2 科目 120 分）

〔 1 〕　次の文を読んで，下記の問いに答えなさい。

　　かつてソビエト社会主義共和国連邦（以下，ソ連）という国があった。1917 年に（　1　）が指導者としてロマノフ朝を革命で倒した共産党が支配する（　2　）の共和国からなる中央集権的な連邦国家であった。しかし，1980 年代にはその経済はほとんど破綻していた。そこで，当時のソ連共産党書記長であった〈　A　〉は，ロシア語で「再構築」を意味する（　3　）を実施した。また 1991 年 8 月には〈　A　〉は各連邦構成国と新たな連邦条約を締結し，ソ連をまさしく「再構築」しようとした。しかし，その締結直前にソ連共産党守旧派がクーデターを起こした。当時はロシア共和国大統領だった〈　B　〉をリーダーとして市民がクーデターに抵抗し，共産党のクーデターは失敗した。その結果，ソ連共産党は活動停止に追い込まれ，1991 年 12 月にソ連が崩壊する。

　　ソ連崩壊で誕生した国は（　2　）か国あったが，そのうちロシア共和国がロシア連邦（以下，ロシア）としてソ連の国際法上の地位を承継することとなった。第二次世界大戦でソ連に違法に併合された（　4　）を除いて，旧ソ連構成国はロシア連邦を中心に当初は独立国家共同体，略称〈　C　〉として緩やかな国家連合を形成するはずであった。しかし，現実にはそうはならなかった。ロシアと旧ソ連構成国との間で対立が生じるようになったからである。

　　2004 年に（　5　）に加盟した（　4　）は，そもそもロシアへの警戒感を隠さない。2008 年に（　6　）は，南オセチアとアブハジアという地域をめぐってロシア軍と衝突した。このときは，フランスの（　7　）大統領の仲介もあって停戦となった。（　6　）は〈　C　〉を脱退した。2014 年にロシアに（　8　）を違法に併合されたウクライナも〈　C　〉からの脱退を表明している。しかし（　5　）への加盟を希望していたウクライナを勢力圏に取り戻したいロシアは，2022 年 2 月にウクライナへ軍事侵攻を開始した。

問 1　文中の空欄（　1　）～（　8　）にあてはまる最も適切な語句を下の【語群】の中から選び，その記号を解答欄に丁寧に記入しなさい。

【語群】

あ．13	い．14	う．15
え．アゼルバイジャン	お．アルメニア	か．オランド
き．北大西洋条約機構	く．グラスノスチ	け．クリミア半島
こ．サルコジ	さ．集団安全保障条約機構	し．ジョージア
す．ドイモイ	せ．ドネツク州	そ．バクーニン

た. バルト三国	ち. ベラルーシ	つ. ペレストロイカ
て. マクロン	と. モルドバ	な. リトヴィノフ
に. ルガンスク州	ぬ. レーニン	ね. ワルシャワ条約機構

問2　文中の空欄にある〈　A　〉と〈　B　〉はカタカナで，〈　C　〉はアルファベットで，それぞれ最も適切な語句を解答欄に丁寧に記入しなさい。

〔 2 〕　次の文を読んで，下記の問いに答えなさい。

　　　1980 年前半，アメリカは経常収支赤字と財政赤字の「双子の赤字」に苦しんでいた。その一因は極端なドル高であった。そこで 1985 年 9 月に先進（　1　）ヵ国蔵相・中央銀行総裁会議が開催され，協調介入によりドル安への誘導を行うこととなった。これを一般に（　2　）という。この（　2　）の結果，日本経済は円高不況に苦しむことになった。そこで，日本政府と日本銀行は積極財政政策と低金利政策を実施した。そのため，大量の資金が市場に流入し，不動産や株式などへの投資が活発化することとなった。いわゆる（　3　）である。

　　　（　3　）で地価や株価が高騰したため，1990 年 3 月に（　4　）は不動産融資総量規制を金融機関に通知した。その結果，金融機関が一斉に不動産向け融資を制限したことにより，（　3　）は 1990 年代前半に崩壊した。その結果の一つは，地価の暴落であり，不動産を担保に融資をしていた金融機関は多額の〈　A　〉に苦しむことになる。また企業への融資が制限された結果，中小企業を中心に企業の倒産があいついだ。そのため，失業率は上昇し，個人所得が減少したことから消費も停滞し，（　3　）の崩壊は日本経済が長期の不況に陥るきっかけとなった。

　　　ただ，長引く経済の低迷を打開するため，大胆な改革を推し進めようとする政治的動きもあった。2001 年に成立した〈　B　〉内閣の下で「聖域なき構造改革」が進められた。その一つである「金融再生プログラム」，通称（　5　）では金融機関の〈　A　〉処理が進められた。また法案が参議院で否決されたために衆議院を解散するという「荒業」でもって，（　6　）も実施した。しかし，一連の構造改革は格差社会をもたらしたとの批判もある。

　　　さらに，2012 年に発足した第二次安倍晋三内閣は，一般に〈　C　〉とよばれる経済政策を打ち出した。〈　C　〉の「第一の矢」として，日本銀行も，（　7　）総裁の指揮の下で「異次元の金融緩和」を実施している。しかし，これら一連の政策は，円安や株価の上昇にはつながったものの，日本経済が長期低迷から脱出するほどの成果は今のところ得られていない。このような（　3　）以降の長期の経済低迷は，「（　8　）」ともよばれている。

問1　文中の空欄（　1　）〜（　8　）にあてはまる最も適切な語句を下の【語群】の中から選び，その記号を解答欄に丁寧に記入しなさい。

【語群】

あ. 5	い. 6	う. 7	え. いざなぎ景気

お．	いざなみ景気	か．	失われた 30 年	き．	大蔵省	く．	金融庁
け．	金融ビッグバン	こ．	黒田東彦	さ．	公務員改革	し．	財閥解体
す．	財務省	せ．	白川方明	そ．	第一次平成不況	た．	第二次平成不況
ち．	竹中プラン	つ．	バーゼル合意	て．	バブル景気	と．	福井俊彦
な．	プラザ合意	に．	マーシャルプラン	ぬ．	郵政民営化	ね．	ルーブル合意

問2　文中の空欄にある〈　Ａ　〉は漢字 4 文字で，〈　Ｂ　〉は漢字 5 文字で，〈　Ｃ　〉はカタカナ 6
　　文字で，それぞれ最も適切な語句を解答欄に丁寧に記入しなさい。

〔**3**〕　次の文を読んで，下記の問いに答えなさい。

　　現代の市場経済では，商品に関する十分な知識をもたない消費者が，悪質商法などのトラブルに遭
　うケースが多発している。この消費者問題はアメリカでも認識され，1962 年には当時の〈　Ａ　〉大
　統領が消費者の四つの権利を提示した。すなわち，「安全である権利」，「知らされる権利」，「選択で
　きる権利」，「（　1　）」である。
　　日本では 1968 年に制定された（　2　）にこの四つの権利は取り入れられた。また睡眠薬として妊
　婦に処方された結果，胎児に奇形を引き起こす（　3　）事件などを契機として，1970 年には
　（　4　）が設立された。これは，消費者への情報提供や商品の調査研究などを行う組織で，現在は
　（　5　）である。
　　そもそも消費者と企業は契約自由の原則の下で，制約のない取引ができる前提である。しかし，ネ
　ズミ算式に販売会員を増やす連鎖販売取引，いわゆる（　6　）など悪徳業者による消費者の被害が絶
　えなかったことから，消費者を保護する法律が 1976 年に制定された。この法律は 2000 年に（　7　）
　として改正された。（　7　）では，一定期間内であれば無条件で契約を解除できる〈　Ｂ　〉制度が設
　けられた。また業者が不当な勧誘を行った場合には契約を取り消すことができる（　8　）も 2000 年
　に制定された。さらに，出資法の上限金利と利息制限法の上限のはざまにあった年利 15 ％から 20 ％
　までのいわゆる〈　Ｃ　〉金利も 2010 年に撤廃された。

問1　文中の空欄（　1　）～（　8　）にあてはまる最も適切な語句を下の【語群】の中から選び，そ
　　の記号を解答欄に丁寧に記入しなさい。

【語群】

あ．	意見を聞いてもらえる権利	い．	かたり商法
う．	割賦販売法	え．	救済を求める権利
お．	行政機関	か．	金融商品取引法
き．	国民生活センター	く．	サリドマイド
け．	消費者委員会	こ．	消費者基本法
さ．	消費者教育推進法	し．	消費者契約法

　　　す．消費者庁　　　　　　　　せ．消費者保護基本法

　　　そ．スモン　　　　　　　　　た．生活の基本的なニーズが保障される権利

　　　ち．製造物責任法　　　　　　つ．特殊法人

　　　て．特定商取引法　　　　　　と．独立行政法人

　　　な．ヒ素　　　　　　　　　　に．訪問販売法

　　　ぬ．マルチ商法　　　　　　　ね．霊感商法

問2　文中の空欄にある〈　A　〉〜〈　C　〉にカタカナでそれぞれ最も適切な語句を解答欄に丁寧に
　　　記入しなさい。

〔 4 〕　次の文を読んで，下記の問いに答えなさい。

　　<u>紛争，大災害，気候変動などによって食料の輸入がとだえる事態に備えた食料安全保障の観点から
は，高い水準の《食料自給率》が維持されることが望ましい。</u>しかし，日本のカロリーベースの食料
自給率は 1960 年代からほぼ一貫して減少しており，今日では（　1　）％程度にまで落ち込んでいる。

　　1952 年に制定された（　2　）は地主制の復活を防止するために農地の所有，賃貸，売買に厳しい
規制が加えられており，農家の平均規模を縮小させることにつながった。1961 年に制定された
（　3　）では機械化などの農業経営の近代化とともに，所有権移転による農家の規模拡大が図られた
が，経営規模拡大には結び付かなかった。

　　さらに，食糧管理制度の下での生産者物価と消費者物価の二重価格制と食生活の変化による過剰米
を解消するために，政府は 1970 年から 2018 年まで〈　A　〉をとらざるを得なかった。その一方で，
多様化した農産物への需要をまかなうために，不足する農産物の海外からの輸入が拡大した。さら
に，米についても〈　B　〉（関税および貿易に関する一般協定）の（　4　）ラウンドの交渉の結果と
して，1999 年から約 77 万トンのいわゆる〈　C　〉米を日本政府は国家貿易として輸入しつつ，その
枠外の米については 1 キログラム当たり 341 円の（　5　）を課すこととなった。

　　こうした状況をうけて，1999 年に制定された（　6　）では，食料の安定供給の確保，農業の多面
的機能の発揮，農業の持続的発展および農村の振興などが目標とされている。2000 年の（　2　）改
正によって農業生産法人による農地取得が認められるようになった。また 2009 年には一般法人でも
農地を借用できるようになるなど，法人の農業参入も促進されている。

問1　文中の空欄（　1　）〜（　6　）にあてはまる最も適切な語句を下の【語群】の中から選び，そ
　　　の記号を解答欄に丁寧に記入しなさい。

【語群】

　　　あ．20　　　　　　　　い．30　　　　　　　　う．40

　　　え．ウルグアイ　　　　お．関税　　　　　　　か．耕地整理法

　　　き．持続農業法　　　　く．消費税　　　　　　け．食料・農業・農村基本法

　　こ．地力増進法　　　　さ．東京　　　　　し．ドーハ

　　す．農業改良助長法　　せ．農業基本法　　そ．農業経営基盤強化促進法

　　た．農地法　　　　　　ち．法人税　　　　つ．みどりの食料システム法

問2　文中の空欄にある〈　A　〉は漢字4文字で，〈　B　〉はアルファベットで，〈　C　〉はカタカ
　　ナで，それぞれ最も適切な語句を解答欄に丁寧に記入しなさい。

問3　文中の下線部にある《食料自給率》について，40字以内（句読点を含む）で説明しなさい。

■数学■

◀薬 学 部▶

（2 科目 120 分）

〔1〕 以下の記述の ☐ にあてはまる数を解答欄に記入しなさい。

(1) AB = 3, BC = 5, CA = 6 である △ABC の外接円の半径は │ ア │, △ABC の面積は │ イ │ である。ただし，分母を有理化して答えなさい。

(2) 9 個のデータ 2, 1, 4, 9, 10, 3, 1, 7, 8 の四分位範囲は │ ウ │ であり，標準偏差は │ エ │ である。ただし，小数第 1 位までの小数の形で答えなさい。このとき，必要に応じて，小数第 2 位を四捨五入しなさい。

(3) x の 3 次方程式 $x^3 + ax^2 + bx + c = 0$ の解が $x = -17$, 7, 17 であるとき，定数 a, b, c の値は，$a = $ │ オ │ ，$b = $ │ カ │ ，$c = $ │ キ │ である。

(4) 2 点 $(-2, 2)$, $(2, 4)$ を通り，中心が直線 $y = -\dfrac{1}{2}x$ 上にある円の中心の座標は │ ク │ で，半径は │ ケ │ である。

〔 2 〕　A さんと B さんを含む 7 人が 1 列に順番に並ぶとき，以下の記述の　□□□□　にあてはまる数を解答欄に記入しなさい。

(1)　7 人が 1 列に並ぶ方法は全部で　□ア□　通りある。

(2)　A さんと B さんが隣り合わないで，7 人が 1 列に並ぶ方法は　□イ□　通りある。

(3)　A さんも B さんも両端に並ばないように，7 人が 1 列に並ぶ方法は　□ウ□　通りある。

(4)　A さんと B さんの間にちょうど 1 人入るように，7 人が 1 列に並ぶ方法は　□エ□　通りある。

(5)　A さんと B さんの 2 人が 1 番目から 4 番目までのいずれかに並ぶように，7 人が 1 列に並ぶ方法は　□オ□　通りある。

〔 3 〕　x の関数 $y = (\log_2 x)^3 - 3(\log_2 x)^2$ …… ① について，以下の記述の　□□□□　にあてはまる数を解答欄に記入しなさい。

(1)　関数①の値が 0 となるような x の値は $x =$　□ア□　，　□イ□　である。ただし，　□ア□　＜　□イ□　とする。

(2)　$t = \log_2 x$ とおき，関数①を t の式で $y = f(t)$ と表す。このとき，$f(t)$ は $t =$　□ウ□　で極小値　□エ□　をとる。$t =$　□ウ□　のとき，$x =$　□オ□　である。

〔 **4** 〕 a を定数とする。$y = |2x+a|$ のグラフを ℓ, $y = -x^2+6x-1$ のグラフを C とするとき,以下の記述の □ にあてはまる数または式を解答欄に記入しなさい。

(1) ℓ と x 軸の共有点の x 座標は, □ ア である。

(2) ℓ と C が共有点をもつような a の値の範囲は □ イ である。

(3) $a = -6$ のとき,ℓ と C の共有点の x 座標は □ ウ , □ エ で,ℓ と C に囲まれた部分の面積は □ オ である。ただし, □ ウ < □ エ とする。

◀理 工 学 部▶

（2 科目 120 分）

〔**1**〕　以下の記述の 　　　　　 にあてはまる数を解答欄に記入しなさい。

(1)　30 個の値からなるデータがある。そのうち 10 個の値の平均値が 5，分散が 10 であり，残り 20 個の値の平均値が 8，分散が 12 であるとき，データ全体の平均値は 　ア　 ，分散は 　イ　 である。ただし，小数第 1 位までの小数の形で答えなさい。このとき，必要に応じて，小数第 2 位を四捨五入しなさい。

(2)　当たりくじが 1 本入っている 7 本のくじがある。このくじを初めに A が 1 本引いた後，引いたくじを元に戻さずに B が 1 本引く。A が当たる確率は 　ウ　 ，B が当たる確率は 　エ　 である。

(3)　$\sqrt{16} \times \sqrt[4]{\dfrac{1}{64}} \times \sqrt[8]{16}$ を計算すると 　オ　 であり，$\log_4 2 + \log_4 6 \times \log_6 8$ を計算すると 　カ　 である。

(4)　平面上のベクトル $\vec{a} = (3,\ -1)$，$\vec{b} = (7-2s,\ -5+s)$ が平行になるような s の値は 　キ　 ，垂直になるような s の値は 　ク　 である。

〔**2**〕　a を定数とする。x の 2 次関数 $y = x^2 + 2ax + 2a^2 + 2a - 8$ のグラフを G とするとき，以下の記述の 　　　　　 にあてはまる数または式を解答欄に記入しなさい。

(1)　$a = 1$ のとき，G と x 軸の交点の x 座標は 　ア　 と 　イ　 で，G と x 軸で囲まれた図形の面積の値は 　ウ　 である。ただし，　ア　 ＜ 　イ　 とする。

(2)　G が x 軸と共有点をもたないような a の値の範囲は 　エ　 である。

(3)　G を x 軸方向に a，y 軸方向に $-a^2$ だけ平行移動したグラフの方程式は $y =$ 　オ　 である。

〔**3**〕座標平面上の 3 点 A (3, 3)，B (4, 2)，C (4, 0) を通る円について，以下の記述の ☐ にあてはまる数を解答欄に記入しなさい。

(1) 円の中心の座標は ☐ ア ☐ であり，円の半径は ☐ イ ☐ である。

(2) 点 (1, 4) を通る円の接線の傾きは ☐ ウ ☐ と ☐ エ ☐ で，このときの
傾き ☐ エ ☐ の接線と円の接点は ☐ オ ☐ である。
ただし， ☐ ウ ☐ ＜ ☐ エ ☐ とする。

〔**4**〕関数 $y = (\sin x + \cos x)(\sin 2x - 2)$ $(0 \leqq x < 2\pi)$ と $t = \sin x + \cos x$ について，以下の記述の ☐ にあてはまる数または式を解答欄に記入しなさい。

(1) y を t の式で表し降べきの順に整理すると $y = $ ☐ ア ☐ である。

(2) y は $t = $ ☐ イ ☐ のとき最大値 ☐ ウ ☐ をとる。

(3) $t = $ ☐ イ ☐ のとき，x の値は $x = $ ☐ エ ☐ ， ☐ オ ☐ である。
ただし， ☐ エ ☐ ＜ ☐ オ ☐ とする。

◆経済・法・文・外国語・教育・医療技術・福岡医療技術学部▶

（2科目 120分）

〔 1 〕　次の □□□□ にあてはまる数を求め，解答のみを解答欄に記入しなさい。ただし，
　　解答が分数となる場合は既約分数で答えること。

(1)　$x = 2\sqrt{3} + \sqrt{7}$，$y = 2\sqrt{3} - \sqrt{7}$ のとき，

$$\frac{\sqrt{x} - \sqrt{y}}{\sqrt{x} + \sqrt{y}} = \frac{2\sqrt{\boxed{ア}} - \sqrt{\boxed{イ}}}{7}$$ である。

(2)　整数 a, b, c $(0 < a < b < c)$ について，a と b と c の最大公約数が 7，a と b の最小公倍数が 2205，b と c の最大公約数が 35，b と c の最小公倍数が 3675 であるとき，$a = \boxed{ウ}$，$b = \boxed{エ}$，$c = \boxed{オ}$ である。

〔 2 〕　次の □□□□ にあてはまる数を求め，解答のみを解答欄に記入しなさい。ただし，
　　解答が分数となる場合は既約分数で答えること。

(1)　a, b を自然数とする。2次方程式 $x^2 + 2ax + 6a - 3b = 0$ が重解をもつとき，$a = \boxed{ア}$，$b = \boxed{イ}$ である。

(2)　a, b, c を定数，$a \neq 0$，$b \neq 0$ とする。x の2次関数 $y = ax^2 + bx + c$ のグラフが点 $(1, 2b-1)$ を通り，x の2次関数 $y = -3x^2 + 12bx$ のグラフと同じ軸をもつとき，$a = \boxed{ウ}$ である。さらに $b > 0$ のとき，$0 \leq x \leq b$ における関数 $y = ax^2 + bx + c$ の最小値が $-\dfrac{1}{4}$ であるとき，$b = \boxed{エ}$，$c = \boxed{オ}$ である。

〔**3**〕　次の ▭ にあてはまる数を求め，解答のみを解答欄に記入しなさい。ただし，解答が分数となる場合は既約分数で答えること。

(1)　△ABC において，AB = 4，AC = 5，∠A = 60° とする。∠A の二等分線が BC と交わる点を D とし，△ABC の内接円の中心を I とすると，線分 AD の長さは ア $\sqrt{3}$ であり，線分 BD の長さは イ $\sqrt{21}$ である。また，線分 AI と線分 ID の長さの比を求めると，AI : ID = 9 : $\sqrt{\boxed{\text{ウ}}}$ である。

(2)　1 辺の長さが 1 である立方体 3 つが図のように積まれているとき，3 つの点 A，B，C を通る平面で切ると切り口の面積は エ $\sqrt{3}$ であり，切り口より下の部分（点 D を含む部分）の体積は オ である。

〔**4**〕　次の　　　　　　　にあてはまる数を求め，解答のみを解答欄に記入しなさい。ただし，解答が分数となる場合は既約分数で答えること。

　　1 から 5 まで 1 枚ずつ書かれたカードがあり，A が 1，B が 2，C が 3，D が 4，E が 5 と書かれたカードをそれぞれ 1 枚ずつもっている。このカードをすべて集めて，よく混ぜた後，再びこの 5 人に 1 枚ずつカードを配る。このとき，

(1)　カードの配り方は全部で　　ア　　通りある。

(2)　A が最初にもっていたカードを受け取る配り方は　　イ　　通り，A と B がともに最初にもっていたカードを受け取る配り方は　　ウ　　通りある。

(3)　A，B ともに最初にもっていたカードと異なるカードを受け取る配り方は　　エ　　通り，A，B，C が 3 人とも最初にもっていたカードと異なるカードを受け取る配り方は　　オ　　通りある。

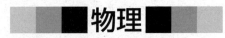

（2科目 120分）

（注） 解答欄には答えのみを記入してください。

〔 **1** 〕 図のように，質量 m [kg] の一様な棒 AB を水平であらい床と θ [rad] の角をなすように立てかけたところ，棒は滑らずに静止した。鉛直な壁はなめらかである。棒にはたらく重力は，すべて棒の中点Oに加わるものとする。重力加速度の大きさを g [m/s²] とする。以下の各問いに答えなさい。

a）壁が棒の上端Aを垂直方向に押す力の大きさを求めなさい。

b）床が棒の下端Bを垂直方向に押す力の大きさと，棒の下端Bが床面から受ける摩擦力の大きさを求めなさい。

c）棒と床の間の静止摩擦係数を μ としたとき，棒の下端Bが床をすべらない条件を θ と μ を用いて表しなさい。

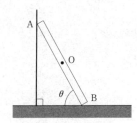

〔2〕　気体中を伝わる音の速さは，気体の種類によって異なる。長さ 100 m のホースに 1 気圧の気体を充填し，その一端（入り口）でクラッカーを鳴らし，他端（出口）でその音が伝わるのを高性能マイクで計測する。2 つの音をオシロスコープで観測すると，図のような波形が得られた。時間 T_1 [ms] での波形が入り口での音，T_2 での波形が出口での音である。ホースに充填する気体を，ヘリウムガス，空気，炭酸ガスと変えて，T_1 と T_2 の差 ΔT [ms] を計測したところ，それぞれ，100 ms，290 ms，370 ms であった。以下の各問いに答えなさい。

a）ヘリウムガス中を伝わる音の速さを求めなさい。

b）空気中を伝わる音の速さを求めなさい。

c）炭酸ガス中を伝わる音の速さを求めなさい。

d）以上の結果から分かることを述べなさい。

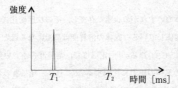

〔3〕　図の回路において，E_1 [V]，E_2 [V] は電池の起電力であり，r_1 [Ω]，r_2 [Ω] はその内部抵抗である。以下の各問いに答えなさい。

a）回路に流れる電流の大きさはいくらか。

b）電池 E_1 の端子電圧（電池 E_1 の端子間の電圧）はいくらか。

c）BD 間の電位差はいくらか。

d）電池 E_2 の端子電圧（電池 E_2 の端子間の電圧）はいくらか。

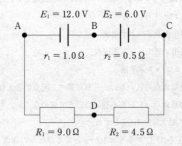

■■■化学■■

◆薬　学　部▶

（2 科目 120 分）

〔**1**〕 次の文章を読み，以下の各問いに答えなさい。

　　物質は固体・液体・気体のいずれかの状態で存在し，その状態変化には，粒子間の引力の強さと粒子の［　A　］の激しさが関係している。固体の溶解度は高温になるほど一般に［　B　］なり，気体の溶解度は高温になるほど［　C　］なる。「一定温度で，溶解度の小さい気体が一定量の溶媒に溶けるとき，気体の溶解量はその気体の圧力に比例する。」これは，発見者の名前から［　D　］の法則という。また，「希薄溶液の浸透圧は，溶媒や溶質の種類によらず，溶液のモル濃度と絶対温度に比例する。」ことを，［　E　］の法則という。

問 1　文中の空欄［　A　］～［　E　］にあてはまる最も適切な語句を以下の(ア)～(コ)から選び，記号で答えなさい。ただし同じ記号を複数回用いてもよい。

　　(ア) 熱運動　　(イ) 浸透圧　　(ウ) ブラウン運動　　(エ) 大きく　　(オ) 小さく
　　(カ) ボイル　　(キ) シャルル　　(ク) ファントホッフ　　(ケ) ヘンリー　　(コ) ラウール

問 2　0℃の氷 36 g を加熱して，すべて 50℃の水にするとき，水が吸収した熱量（kJ）を四捨五入して，有効数字 2 桁で求めなさい。ただし，水 1 g の温度を 1 K 上げるのに必要な熱量（比熱）を 4.2 J/(g・K)，水の融解熱を 6.0 kJ/mol，原子量は H = 1.0，O = 16 とする。

問 3　(ア)～(ウ)の水溶液の凝固点について，以下の各問いに答えなさい。ただし，電解質は水溶液中で完全に電離しているものとする。

　　(ア)　0.04 mol/kg 塩化ナトリウム水溶液
　　(イ)　0.03 mol/kg 塩化マグネシウム水溶液
　　(ウ)　0.07 mol/kg グルコース水溶液

　(1)　(ア)～(ウ)の水溶液を凝固点の低いものから順に並べ，記号で答えなさい。

　(2)　(ア)～(ウ)の水溶液の凝固点（℃）を小数第 2 位まで求めなさい。ただし，水の凝固点は 0℃，モル凝固点降下は 1.85 K・kg/mol とする。

問 4　ヒトの体液の浸透圧を 37℃で 7.5×10^5 Pa とする。ヒトの体液と同じ浸透圧となる(1)グルコース水溶液と(2)塩化ナトリウム水溶液のモル濃度（mol/L）を小数第 2 位まで求めなさい。ただし，気体定数 $R = 8.3 \times 10^3$ Pa・L/(mol・K) とする。

〔**2**〕　以下の各問いに答えなさい。原子量は，H = 1.0，C = 12，O = 16，Al = 27，Cl = 35.5，Zn = 65 とし，気体定数 $R = 8.3 \times 10^3$ Pa・L/(K・mol)とする。

Ⅰ.
問1　プロパンと酸素が反応して完全燃焼したときの化学反応式を書きなさい。

問2　プロパン 3.0 mol が完全燃焼すると，生成する二酸化炭素は何 mol か，四捨五入して，有効数字 2 桁で答えなさい。

問3　標準状態で，プロパン 7.0 L を完全燃焼させるのに酸素は何 L 必要か，四捨五入して，有効数字 2 桁で答えなさい。

問4　プロパン 33 g が完全燃焼すると，生成する水は何 g か，四捨五入して，有効数字 2 桁で答えなさい。

Ⅱ.
問5　亜鉛と塩酸（塩化水素の水溶液）が反応したときの化学反応式を書きなさい。

問6　亜鉛 2.0 mol と塩化水素 8.0 mol を含む塩酸を反応させたところ，亜鉛はすべて溶解した。残った塩化水素は何 mol か，四捨五入して，有効数字 2 桁で答えなさい。

問7　亜鉛 5.2 g と 0.20 mol/L の塩酸 500 mL を反応させると，亜鉛と塩化水素のうちどちらが残るか。また，残る物質の物質量は何 mol か，最も近いものを(ア)～(キ)から選び，記号で答えなさい。

　　(ア)　2.0×10^{-3}　　(イ)　1.6×10^{-2}　　(ウ)　2.0×10^{-2}　　(エ)　3.0×10^{-2}　　(オ)　4.8×10^{-2}
　　(カ)　6.5×10^{-2}　　(キ)　8.3×10^{-2}

Ⅲ.　不純物を含むアルミニウムの粉末がある。この粉末 6.0 g に希硫酸を加えてアルミニウムをすべて溶かしたところ，0.30 mol の水素が発生した。不純物は希硫酸と反応しないものとする。

問8　この粉末に含まれるアルミニウムは何 mol か，最も近いものを(ア)～(キ)から選び，記号で答えなさい。

　　(ア)　6.6×10^{-2}　　(イ)　1.3×10^{-1}　　(ウ)　2.0×10^{-1}　　(エ)　6.2×10^{-1}　　(オ)　1.8
　　(カ)　2.7　　(キ)　5.4

問9　この粉末のアルミニウムの純度は質量パーセントで何 % か，最も近いものを(ア)～(キ)から選び，記号で答えなさい。

　　(ア)　70　　(イ)　75　　(ウ)　80　　(エ)　85　　(オ)　90　　(カ)　95　　(キ)　100

〔**3**〕　Ⅰ．次の文を読んで，以下の各問いに答えなさい。

・単体の銅は（　1　）色の光沢のある金属で，空気中で加熱すると（　2　）色の酸化銅（Ⅱ）になる。これを，さらに 1000 ℃以上で加熱すると（　3　）色の酸化銅（Ⅰ）となる。

・無水物の硫酸銅（Ⅱ）は（　4　）色であるが，水に触れると（　5　）色の硫酸銅（Ⅱ）五水和物になるので，水の検出に使われる。

・硫酸銅（Ⅱ）五水和物の水溶液に水酸化ナトリウム水溶液を加えると水酸化銅（Ⅱ）の沈殿が生じ，沈殿を含む水溶液を加熱すると（　6　）に変化する。

・熱濃硫酸で銅を溶かすと気体である（　7　）が発生する。

問1　文中の空欄（　1　）～（　5　）にあてはまる色を(ア)～(カ)から選び，記号で答えなさい。ただし，同一の記号を複数回用いてもよい。

　　(ア) 青　(イ) 赤　(ウ) 黄　(エ) 黒　(オ) 白　(カ) 緑

問2　文中の空欄（　6　）にあてはまる化学式を書きなさい。

問3　文中の空欄（　7　）にあてはまる化学式を書きなさい。

Ⅱ．次の文を読んで，以下の各問いに答えなさい。

　　アミノ基とカルボキシ基が同一の炭素原子に結合しているアミノ酸は（　1　）といわれ，一般式は $R-CH(NH_2)-COOH$ で表される。そのうち，置換基 R が $HO-C_6H_4-CH_2-$ のアミノ酸は（　2　）とよばれる。アミノ酸の水溶液に，右下の構造式(ア)で示される（　3　）水溶液を加えて温めると $-NH_2$ と反応して（　4　）色～青紫色を呈する。アミノ酸の（　2　）は水溶液の pH が低い方から高い方へ動くと，順に C：1 価の陽イオン，D：双性イオン，A：1 価の陰イオン，A2：2 価の陰イオンへと変化し，以下のような電離平衡の式が成立する。

　　K_1

　　$C \rightleftharpoons D + H^+ \quad (K_1 = 1.0 \times 10^{-2.3})$

　　K_2

　　$D \rightleftharpoons A + H^+ \quad (K_2 = 1.0 \times 10^{-9.1})$

(ア)

　　K_3

　　$A \rightleftharpoons A2 + H^+ \quad (K_3 = 1.0 \times 10^{-10.1})$

問4　文中の空欄（　1　）～（　4　）にあてはまる語句を答えなさい。

問5　水溶液の pH が 6.0 のとき，D の濃度は C の濃度の何倍か，$1.0 \times 10^{(\ )}$ の式で答えなさい。

〔**4**〕 次の文章を読み，各問いに答えなさい。原子量は，H＝1.0，C＝12，O＝16，Na＝23，
K＝39，I＝127 とする。

　　エタノールは，ぶどうに含まれる（　a　）やお米に含まれる（　b　）から得られる（　a　）を
（　c　）させて製造される。工業的には，石油から得られる（　d　）に，リン酸を触媒にして，高
圧・高温下で水蒸気を（　e　）させても製造される。エタノールを二クロム酸カリウムで酸化すると
（　f　）が生成する。さらに，酸化すると酢酸が生じる。エタノールと酢酸の混合液に濃硫酸を加え
て温めると，（　g　）反応が起きて（　h　）が生じる。また，濃硫酸を約 170℃ に加熱しながらエ
<u>タノールを加えると（　i　）が生じ</u>，加熱温度を約 130℃ にすると（　j　）が生じる。（　f　）は，
　　　　　　　　　　　　　(1)
塩基性条件下でヨウ素を反応させるとヨードホルム反応が起こり，<u>黄色の沈澱</u>が生じる。
　　　　　　　　　　　　　　　　　　　　　　　　　　　　　　(2)

問1　文中の空欄（　a　）～（　j　）に入る最も適切な語句を(ア)～(ト)から選び，記号で答えなさい。
　　　ただし，同じ記号を複数回用いてもよい。

　　(ア) アセチレン　　(イ) アセトアルデヒド　　(ウ) アセトン

　　(エ) エチレン　　　(オ) エタン　　　　　　　(カ) ギ酸

　　(キ) グルコース　　(ク) 酢酸エチル　　　　　(ケ) ジエチルエーテル

　　(コ) でんぷん　　　(サ) ホルムアルデヒド　　(シ) メタノール

　　(ス) 還元　　　　　(セ) エステル化　　　　　(ソ) けん化

　　(タ) 酸化　　　　　(チ) 重合　　　　　　　　(ツ) 中和

　　(テ) 発酵　　　　　(ト) 付加

問2　文中の下線部(1)の反応の反応式を書きなさい。

問3　エタノールに金属ナトリウムを加えると気体が発生する。エタノール 20.0 mL と金属ナトリ
　　　ウム 0.115 g を用いて，反応がすべて進行したとすると標準状態で何 mL の気体が発生するか，
　　　四捨五入して，有効数字 2 桁で答えなさい。

問4　文中の下線部(2)の黄色の沈澱の化学式を書きなさい。

問5　ヨードホルム反応が起こる化合物を(ア)～(ケ)から三つ選び，記号で答えなさい。

　　(ア) アセチレン　　　　(イ) アセトン　　　　(ウ) エタノール　　　(エ) エチレン

　　(オ) ジエチルエーテル　(カ) 1-ブタノール　　(キ) 2-ブタノール　　(ク) メタノール

　　(ケ) 酢酸

問6　オレイン酸（$C_{17}H_{33}COOH$，分子量 282）とリノール酸（$C_{17}H_{31}COOH$，分子量 280）を 1：2 で
　　　含む油脂がある。

　(i)　この油脂の平均分子量を整数で答えなさい。

　(ii)　この油脂 100 g をけん化するのに必要な水酸化カリウムの質量は何 g か，四捨五入して，有
　　　効数字 2 桁で答えなさい。

　(iii)　この油脂 100 g に付加するヨウ素の質量は何 g か，四捨五入して，有効数字 2 桁で答えなさ
　　　い。

◀理工・医療技術・福岡医療技術学部▶

（2 科目 120 分）

〔注意〕必要に応じて以下の数値を用いなさい。

H = 1.0　　C = 12　　N = 14　　O = 16　　Cu = 63.5
気体定数 = 8.31 × 10³ Pa・L/(mol・K)

〔 **1** 〕　次の(1)～(12)が正しければ○，間違っていれば×を解答欄に記入しなさい。

(1)　ある原子の原子番号と陽イオンに含まれる電子の数は等しい。

(2)　¹³C と ¹⁴N の中性子の数は等しい。

(3)　H_2S と CH_3OH がもつ非共有電子対の数は等しい。

(4)　二酸化ケイ素に含まれる電子の総数は 32 である。

(5)　ハロゲンの単体はいずれも二原子分子である。

(6)　液体の水の密度は 0℃ で最大となる。

(7)　単体のハロゲンの酸化力は，原子番号が大きいほど弱くなる。

(8)　アルミニウムを濃硝酸に浸すと，二酸化窒素が発生する。

(9)　銅の表面にできる緑青（ろくしょう）の主成分は，酸化銅（Ⅱ）である。

(10)　pH 4 の塩酸と pH 12 の水酸化ナトリウム水溶液とを同体積ずつ混合すると，その溶液は塩基性になる。

(11)　赤熱したコークスに 0.50 mol の水蒸気を通じると，水素と一酸化炭素が同じ物質量ずつ生じた。この反応で消費された炭素は 12 g である。

(12)　ある金属 M の酸化物 MO_2 中に含まれる M の割合は，質量パーセントで 60 % である。したがって，M の原子量は 72 である。

〔 **2** 〕　次の文を読んで，下記の問いに答えなさい。

　　理想気体は分子の　①　と　②　がなく，状態方程式に厳密に従う気体のことである。実在気体の場合，低温では分子の熱運動が弱くなり，　①　の影響が大きくなるので，実際の気体の体積は　③　なる。一方，高圧では，単位体積あたりの分子の数が増えるため，分子固有の　②　の影響が無視できなくなり，実際の気体の体積は　④　なる。

問1　文中の空欄　①　～　④　にあてはまる最も適切な語句を次の(ア)～(キ)から一つ選び，記号で答えなさい。

　　　(ア) 大きく　　(イ) 小さく　　(ウ) 質　量　　(エ) 体　積　　(オ) 共有結合

　　　(カ) 分子間力　　(キ) 振　動

問2　次の図は0℃におけるメタンの理想気体からのずれ Z と圧力 P の関係を示したものである。次の(1)と(2)に答えなさい。

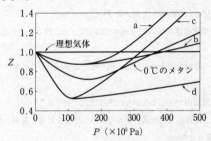

(1)　気体定数を R とし，絶対温度 T における気体1 mol の圧力を P，体積を V とし，Z を表わす式を書きなさい。

(2)　メタンの温度を0℃ より高くしたときの Z と P の関係を表す最も適切な曲線を，図中のa ～dの中から一つ選び，記号で答えなさい。

問3　次の図は体積一定の条件で，実在気体を高温のB点から冷却していくとき，気体の圧力 P と絶対温度 T の関係を示したものである。次の(1)と(2)に答えなさい。

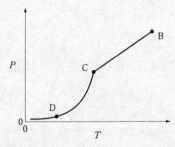

(1)　図中のCにおける状態の変化を簡単に説明しなさい。

(2)　C－Dの曲線の名称を答えなさい。

〔**3**〕　次の文を読んで，下記の問いに答えなさい。ただし，実験はすべて 1.0×10^5 Pa で行い，気体はすべて理想気体としてふるまうものとする。また，計算の答えは四捨五入して，有効数字 2 桁で求めなさい。

【実験 1】　銅粉に　①　を加え，発生する一酸化窒素を　②　で集めた。

【実験 2】　200 mL の注射筒に，**実験 1** で集めた気体を 27 ℃ で 50 mL 入れた。さらに，この注射筒に 50 mL の酸素を入れ，栓をして 27 ℃ で十分な時間放置した。

問 1　文中の空欄　①　，　②　にあてはまる最も適切な語句を，次の(ア)～(キ)から選び，それぞれ記号で答えなさい。

　　(ア)　希硫酸　　　(イ)　濃硫酸　　　(ウ)　希硝酸　　　(エ)　濃硝酸　　　(オ)　上方置換

　　(カ)　下方置換　　(キ)　水上置換

問 2　**【実験 1】**の反応を化学反応式で書きなさい。

問 3　**【実験 1】**で一酸化窒素を 27 ℃，1.0×10^5 Pa で 1.0 L 得るために必要な銅粉の質量（g）を求めなさい。

問 4　**【実験 2】**の後の注射筒の中の気体は着色しているが，その色の原因である物質の化学式を答えなさい。

問 5　問 4 の物質が注射筒内で生じる反応を化学反応式で書きなさい。

問 6　**【実験 2】**で問 5 の反応だけが進行するとして，十分な時間が経過したときの注射筒内の気体の体積（mL）を求めなさい。

問 7　**【実験 2】**の後の体積は問 6 で計算した体積より小さくなる。この理由を簡単に説明しなさい。

〔 **4** 〕　次の文を読んで，下記の問いに答えなさい。

　　化合物Aと化合物Bは炭素，水素および酸素からなるエステルである。2 種の化合物について元素
分析を行った結果，どちらも質量パーセントで炭素 48.6 %，水素 8.1 %であり，分子量は 74 であっ
た。化合物Aと化合物Bについて，以下の図に示した実験を行った。

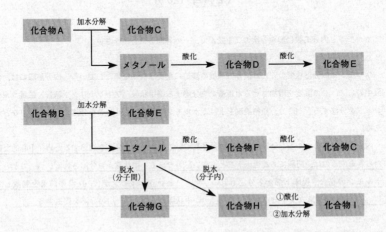

　　化合物A～化合物Ⅰのうち，化合物Dと化合物Fはフェーリング液を加えて加熱すると，赤色沈殿
が生じた。

問 1　化合物Aと化合物Bに共通する分子式を求めなさい。

問 2　化合物A～化合物Ⅰの構造式を【例】に示したような示性式で書きなさい。

　　　【例】　　CH₃COCH₃

■生物■

（2科目 120分）

〔**1**〕　ホルモンと内分泌腺に関する次の文を読んで，下の各問いに答えなさい。

　　ホルモンは内分泌腺でつくられ，体内環境の調節に重要な役割を果たしている。内分泌腺には，血液中の（　a　）の濃度を増加させるホルモンを分泌する副甲状腺，アドレナリンや糖質・鉱質コルチコイドを分泌する（　b　），血糖濃度を上げるホルモンや下げるホルモンを分泌する（　c　）などがある。

　　内分泌腺からのホルモン分泌は厳密に調節されている。ホルモン分泌を調節するために中心的なはたらきをするのは，間脳にある視床下部と，（　d　）である。甲状腺から分泌される（　e　）というホルモンの場合，視床下部から分泌される（　f　）というホルモンが（　d　）の前葉を刺激して（　g　）というホルモンを分泌させ，（　g　）が甲状腺からの（　e　）の分泌を促進する。

問1　文中の空欄（　a　）～（　g　）に入る最も適切な用語を答えなさい。なお，図1中の（　d　）
　　　～（　g　）は，文中の（　d　）～（　g　）に対応する。

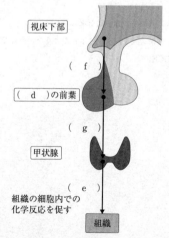

図1　ホルモン分泌の調節(1)

（啓林館生物基礎改訂版　p 133 図 31 を改変）

問2　文中の下線部(1)に関して，次の(イ)，(ロ)の各問いに答えなさい。

(イ)　視床下部には，毛細血管内へホルモンを分泌する神経細胞（図2中に※で示す）が存在する。このような神経細胞を何というか。なお，図2中の（　d　）は，本文中および図1中の（　d　）に対応する。

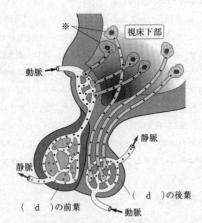

図2　ホルモン分泌の調節(2)

（啓林館生物基礎改訂版　p 132 図 30 を改変）

図：遠藤孝悦

(ロ)　（　d　）の前葉から分泌され，身長を伸ばす働きをもつホルモンを何というか。

問3　文中の下線部(2)に関して，次の(イ)，(ロ)の各問いに答えなさい。

(イ)　分泌されたホルモンは血液によって運ばれ，それぞれ特定の器官に作用する。ホルモンが作用する特定の器官を何というか。

(ロ)　文中の（　b　）からの糖質コルチコイドの分泌も，甲状腺から分泌される（　e　）と同様に，視床下部から分泌されるホルモンAと（　d　）の前葉から分泌されるホルモンBによって促進される。（　d　）の前葉からホルモンBが制限を受けることなく大量に分泌されてしまう病気があるが，この病気の患者では，視床下部から分泌されるホルモンAと，（　b　）から分泌される糖質コルチコイドの分泌量は，健康な人の場合と比べてどうなるか。句読点を含め 40 文字以内で答えなさい。

〔2〕　記憶・学習に関する次の＜説明文1＞および＜説明文2＞を読んで，下の各問いに答えなさい。

＜説明文1＞

　1981 年に神経科学者のモリスらによって考案されたマウスの水迷路実験は，現在においても記憶・学習を調べる重要な実験の1つになっている。

　図1に示すように，直径 150 cm，深さ 30 cm の円形のプールに水深 20 cm 程度の温水（20 〜 22 ℃）を入れ，直径 10 cm，高さ 16 cm の避難用プラットホーム(G)を置いた。プールの壁4か所にそれぞれ目印となる異なるマーク（ビジブルキュー）を貼った。次に，温水に無害の白色の水性絵具を入れて，避難用プラットホームが見えないように隠した。(S)の場所をスタート地点としてマウスをプールに放つと，マウスは泳ぎまわり，偶然避難用プラットホーム(G)を見つけることができる。(S)と(G)の場所を固定し，この実験を1日に10回，4日間連続でおこない，避難用プラットホームに到達するまでの時間を測定した。図2に各実験日における避難用プラットホームまでの平均到達時間を示す。なお，実験には同じ週齢の雄のマウスを5匹使用し，到達時間は5匹の平均で示した。また，70秒以上経ってもプラットホームに到達しなかった場合は，実験者がマウスをプラットホームに誘導した。

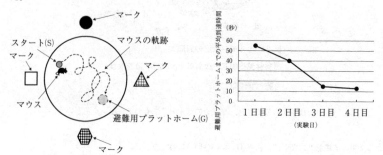

図1　実験装置の模式図　　　　　　　　　図2　避難用プラットホームまでの平均到達時間

問1　図2に示すように，日数を経るとマウスがプラットホームに到達するまでに要する時間が短くなった。このような現象は，試行錯誤という学習の1つである。次の①〜⑥の動物の行動の記述のうち，学習によっておこなわれる行動を3つ選んで番号で答えなさい。

　　①　イヌに肉片を与えると唾液が出るが，肉片を与える直前にベルを鳴らすとベルの音だけで唾液が出る。

　　②　ゾウリムシが重力に逆らって上方に集合する。

　　③　ミツバチが青色の紙の上の蜜に集まるようになった後に蜜を取り除いて紙のみにしても，しばらくの間青色の紙にミツバチが集まる。

　　④　チンパンジーがシロアリの塚（巣）の穴に植物の枝を差し込んで，シロアリを食べる。

　　⑤　カイコガの雄は雌のフェロモンによって激しく雄に羽ばたく婚礼ダンスをおこなう。

　　⑥　イトヨ（トゲウオの1種）の雄は繁殖期になると婚姻色を示す腹の赤い雄に対して攻撃する。

問2　＜説明文1＞に示した実験を4日間おこなったマウスを用いて，実験5日目に，図3の(1)〜(3)に示すような，プールの壁のマークとスタートの位置を変えて，避難用プラットホームをなくした実験をおこなった。図3中の×印は実験に用いたマウスの実験開始から60秒後の滞在位置を示す。この結果から，マウスの行動に関して最も適切と考えられる考察を，【選択肢】から1つ選び記号で答えなさい。

【選択肢】

　(A)　マウスは壁のマークと避難用プラットホームの位置関係を記憶している。

　(B)　マウスは泳いでいる時間の長さで場所を記憶している。

　(C)　マウスはスタートの位置のみ記憶している。

　(D)　マウスはスタートの位置からみた避難用プラットホームの位置のみ記憶している。

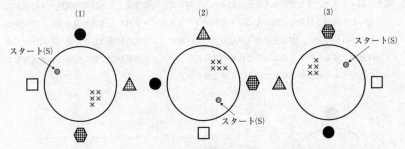

図3　プールの壁のマークとスタート位置を変えた場合のマウスの滞在位置の記録

問3　記憶・学習には，脳の大脳辺縁系に存在する脳領域が重要であることが分かっている。この脳領域の名称を答えなさい。

問4　問3の脳領域のみを遺伝子組換えで機能不全にした変異型マウスを用いて，＜説明文1＞と同様の実験をおこなった。野生型マウス（○）と変異型マウス（▲）が，避難用プラットホームまでに到達する時間を調べてグラフに表すとどのようになるか。次のグラフ(ア)〜(ウ)より最も適切なグラフを1つ選び，記号で答えなさい。ただし，グラフの縦軸は避難用プラットホームまでの平均到達時間（秒），横軸は訓練試行の実施日である。

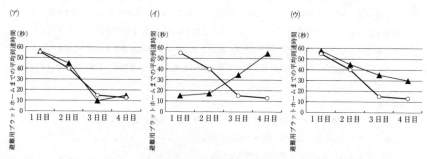

図4　野生型マウスと変異型マウスの避難用プラットホームまでの平均到達時間

問5　問4で調べた野生型マウスと変異型マウスを用いて，＜説明文1＞と同様の実験を4日間おこなった。実験5日後に，図5左に示す避難用プラットホームを外した実験装置を使い，実験開始から100秒の間に，図5左中のA～Dの4つの区画のどこに何秒間滞在したか時間を調べた。その結果，図5右のグラフに示した結果が得られた。グラフ中の黒棒は，野生型マウスと変異型マウスのどちらの結果を示しているかを答えなさい。

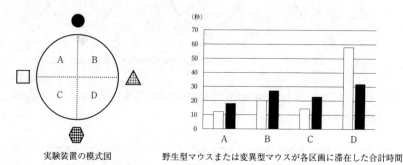

　　　　　実験装置の模式図　　　　　　　　野生型マウスまたは変異型マウスが各区画に滞在した合計時間

図5　野生型マウスと変異型マウスの各区画に滞在した合計時間

＜説明文2＞

　記憶・学習は，神経細胞同士の接合部である（　Ⅰ　）間の伝達効率の変化によるものである。神経細胞が興奮すると軸索末端から（　Ⅱ　）と総称される化学物質が分泌される。興奮を受け取る側の神経細胞の神経突起である（　Ⅲ　）突起には，特定の（　Ⅱ　）を受け取る容体が存在している。記憶・学習に重要な（　Ⅱ　）はグルタミン酸であり，特に，CA1とよばれる領域の神経細胞の（　Ⅰ　）にはNMDA受容体とよばれるイオンチャネル型の受容体が多数存在している。刺激を繰り返すと（　Ⅰ　）後電位といわれる膜電位の変化が生じる。

問6　＜説明文2＞中の空欄（　Ⅰ　）～（　Ⅲ　）に入る最も適切な用語を答えなさい。

〔**3**〕　植物の環境応答に関する＜説明文１＞および＜説明文２＞を読んで，下の各問いに答えなさい。

＜説明文１＞

　日長や暗期の長さに反応して生物の生理現象が起こる性質のことを，（　ア　）という。植物では，連続した暗期の長さが一定以下になると花芽を形成する（　イ　）植物と，連続した暗期の長さが一定以上になると花芽を形成する（　ウ　）植物がある。日長や暗期の長さに関係なく，植物体が一定の大きさになると花芽を形成する植物を中性植物という。花芽の形成が誘導される境界となる暗期の長さを（　エ　）暗期とよび，この長さは植物種によって異なる。暗期の途中で光照射を行って，連続した暗期の長さを（　エ　）暗期以下にすることを（　オ　）という。（　オ　）に有効な光の種類は（　カ　）色光であり，（　キ　）が光受容体である。また，植物は「頂芽優勢」とよばれる性質をもっており，このしくみは，より多くの光を受容するうえで有利にはたらくと考えられる。

問１　＜説明文１＞中の空欄（　ア　）～（　オ　）に入る最も適切な用語を答えなさい。

問２　＜説明文１＞中の下線部(a)および下線部(b)に相当する植物の組み合わせとして最も適切なものを，以下の【選択肢】から１つ選び，番号で答えなさい。

【選択肢】	下線部(a)の植物	下線部(b)の植物
①	キク	トマト
②	コムギ	アサガオ
③	ホウレンソウ	シロイヌナズナ
④	アサガオ	キク
⑤	イネ	コムギ

問３　＜説明文１＞中の空欄（　カ　），（　キ　）に入る語句の組み合わせとして正しいものを以下の【選択肢】から１つ選び，番号で答えなさい。

【選択肢】	(カ)	(キ)
①	赤	フィトクロム
②	赤	クリプトクロム
③	赤	フォトトロピン
④	青	フィトクロム
⑤	青	クリプトクロム
⑥	青	フォトトロピン

問４　＜説明文１＞中の下線部(c)の「頂芽優勢」の説明として適切なものを，以下の【選択肢】からすべて選び，番号で答えなさい。

【選択肢】

①　頂芽を切り取ると，側芽の成長が促進される

②　側芽を切り取ると，頂芽の成長が促進される

③　頂芽を切り取り，切り口にサイトカイニンを与えると，側芽の成長はおこらない

④　側芽にサイトカイニンを与えると，頂芽があっても側芽の成長が促進される

⑤　頂芽にサイトカイニンを与えると，頂芽があっても側芽の成長が促進される

問5　植物は日長や暗期の長さを感じ取り，フロリゲンとよばれる花芽形成誘導物質をつくる。以下
　　の＜フロリゲンの説明文＞のうち，正しい説明文の組み合わせを【選択肢】から1つ選び，番号
　　で答えなさい。

　　＜フロリゲンの説明文＞

　　　a：葉で合成される

　　　b：道管を通って茎頂に移動する

　　　c：タンパク質である

　　　d：シロイヌナズナではHd3a，イネではFTとよばれる物質である

　　【選択肢】

　　　①　a，b　　②　a，c　　③　a，d　　④　b，c　　⑤　b，d　　⑥　c，d

＜説明文2＞　植物は，2つの孔辺細胞からなる気孔を通じて気体の交換を行っており，気孔の開閉
にはさまざまな環境要因が関わっている。光は，気孔の開口を誘導する。気孔の開口に関わる光は
（　ク　）色光であり，（　ケ　）が光受容体としてはたらく。また，植物が乾燥状態になると気孔は閉
鎖する。この調節には，植物ホルモンである（　コ　）が関わっている。

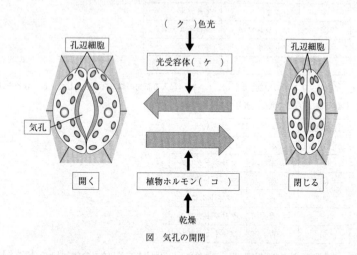

図　気孔の開閉

問6　＜説明文2＞中および図中の空欄（　ク　），（　ケ　）に入る語句の組み合わせとして正しいも
　　のを，以下の【選択肢】から1つ選び，番号で答えなさい。なお，＜説明文2＞中の（　ク　），
　　（　ケ　）と図中の（　ク　），（　ケ　）は同じである。

【選択肢】	(ク)	(ケ)
①	赤	フィトクロム
②	赤	クリプトクロム
③	赤	フォトトロピン
④	青	フィトクロム
⑤	青	クリプトクロム
⑥	青	フォトトロピン

問7　＜説明文2＞中および図中の空欄（　コ　）の植物ホルモンの名称を答えなさい。なお，＜説明文2＞中の（　コ　）と図中の（　コ　）は同じである。

国語

(二科目 一二〇分)

〔問題Ⅰ〕 次の文章を読んで、後の問いに答えなさい。

ヨーロッパのひとびとが色に禁欲的であるというは、キナドに感じられるかもしれない。モードの発信地が多極化したとはいえ、今日なおオートクチュールというモードの牽引役を担えるのは女性ファッションの中心であるし、イタリアやミラノも伝統的なファッション発信地である。前衛的なデザイナーを生んだベルギー・アントワープも現代モードを牽引する。そして女性モードというえば色を抜きにしては考えられないし、その年のトレンドの色はファッションがもっとも重視する要素である。〔1〕

ゆえにⅢで色に禁欲的であるというのは、色に関心がないという意味なのではない。むしろ色に関心があり、そうであれば色の使うかたに慎重であるというのである。たとえばヨーロッパに行けば、どの国のどの町に行っても街並みの色は統一され、わたしたち日本の街のうち多彩な色があふれかえっているなら、街の景観を守るため色彩設計が行き届いているといわれる通りである。その落ち着いた街並みを歩くひとたちの服装や色味という点では日本人よりはるかに地味である。ヨーロッパの人びとは、わたしたちのように色を野放図に使うことはしない。色数を制限し、少ない色数で街並みでも服装でも統一する意識が、彼らにはきわめてはっきりしている。〔2〕

ヨーロッパの人びとはなぜ色に厳しく向き合うのか。ヨーロッパ中世の服飾の色について調査していた筆者は、多彩な色使うが、芸人や道化など社会から疎まれた人びとのらはユニフォームとして使われ、それが彼らのしるしとして機能した過去の習慣が、カラフルな色使うを危険視する、今日なお残る色彩観を生み育てたのではないかと考えたことがある。中世末期の一四世紀から一五世紀には、芸人や楽師や道化師など、宮廷や街中で気晴らしや娯楽を提供し、祝祭の気分を盛り上げる役割のひとたちが、複数の派手な色を組み合わせた服を着たことは、それを示す写本挿絵や壁画、あるいは記録がいくらでも残っていることからよく知られている。〔3〕

遊興の任務を負う彼らは、社会の序列からも排除され疎外された人びとである。ゆえに彼らがわらおしき着せこしして着た多彩な色使うは、祭りの場を盛り上げる目的に適ったゆえの選択であったのが本来であったにしても、結果としてのような色使うが疎まれることになったのではないかと思われる。道化服の典型というえば、赤と黄と緑の三色の組み合わせである。緑が青に置き換えられることもあり、またれらのなかの二色、あるいは四色が選択されることもあるが、いずれにしても対照的な色相の複数の色を縞柄や市松模様に並べるのが、道化や芸人たちに与えられたらはユニフォームであった。楽器を奏する楽師も同様である。一六世紀後半に書かれた女性向けの教育書は、服に緑と黄、または赤と黄という組み合わせを使うと大道芸人や香具師のようにみえるから、このような配色を避けるよう注意するうがし、その上で服装に使う色を多くても二、三色に限るよう論じている。〔4〕

｜ A ｜ 同じ中世には、街の組織に、複数の色の縞柄や徽章のようにして付けさせることがあったが、れもまたポジクローくの忌避を育てただろう。一六世紀以降の絵画は、改悛したマグダラのマリアを

描く際に、それまでの彼女の淫蕩な暮らしを暗示するかのように多色の縞柄を装うのでどりかに描きいれるアトリビュートを生じているが、これも売春と多色の縞柄が結びつく中世以来の色の観念に由来する。娼婦のしるしとして機能した多色は、一方で中世文学に登場する運命女神のドレスの多彩さも使うらにも通じる。ひとつの運命を司る女神がたくさんの色の付いたドレスを着び登場するのは、こうしたらに運命を分からら与える、彼女の気まぐれな性格や脈絡のなさを示すためである。

たとえばボッカッチョの『王侯の没落』の翻案である一五世紀イングランドの作家リドゲイトの作品は、運命女神の服をさまざまな色でできていると述べ、青・金・緑・赤・白・黒などの色名を挙げて、からも中世らしくそれその色の意味を述べ連ねている。そのテキストに添えられた挿絵に、目隠しをきれ彼女の姿が描かれることが多いのは、彼女が気まぐれであることを、つまりわたしたちが運命を予見できないことを表すためである。あるいは千手観音のようにたくさんの手が描かれることがあるのは、かことそれぞれに運の運命を与えるからで、テキストにはば彼女は一〇〇の手をもっている。そしてドレスの多色使うらまた(a)女神ののうよな性格と結びつけられているのだろう。ただし、テキストは多数の色などのように配置されているのかは言及していないのだが、挿絵に彼女の姿が描かれるとき、そのドレスが縞柄であるのは、この模様に危険のしるしを感じとる時代であったからである。〔5〕

多色使いは危険のしるしであり、不合理のしるしである。複数の色を同一平面上に並べるといく忌避は、このような中世の習慣にかかわり、多色使いを危険視する観念が歴史のなかでヨーロッパに刻まれたよう②に思われる。

ウンベルト・エーコが一四世紀のイタリアの修道会を舞台として書いた『薔薇の名前』は、映画化もされてよく知られているが、そこにある次のようなエピソードも中世のらしい色に対する観念を示すためであった。物語は禁断の写本をめぐる相克のなかで起こる連続殺人事件である。その謎を解くべく文書庫に潜入した若い修道士ドソは、けばけばしい色を塗られた写本挿絵の絢爛や女の姿 B 不安からされてしまたたまれなくなり、大慌てで文書庫を後にする。修道院のモノクロームの世界で若い修道士が出会った鮮やかな彩色写本の世界は、欲望の世界へ誘惑する罠であり、 X のサインである。

少ない色数で色を C しようとするヨーロッパの意思は、日本人の D に対する態度と比較してみればわかりやすいかもしれない。それは自然の色に対する彼我の態度の違うでもある。わたしたちの街が E であふれているのは、都市計画の遅れのせいでも色彩設計の意識の欠如のせいでもあるのかもしれない。おそらく日本人は、色に(b)寛容的な文化をもっているのである。それは季節の色を楽しむ文化を育ててきたからであり、四季折々の風物に恵まれた自然環境がそれを育んできたからだろう。季節の色をまとう平安朝の配色の好みすなわち重ね色目はその代表である。また藍、紅、紫など古い日本の色名には染料となる植物に由来するが多く、色を抽象的に取り出そうとをしたヨーロッパ人と違い、日本人は色をもの色としてとらえる傾向が強いというのもその証しであろう。日常生活から季節感は確実に減ってしまった今日ではあるが、それでもなお、季節感に乏しい寒冷の地域に住む北ヨーロッパの人びとに比べれば、わたしたちはまだかに季節を意識して衣服の色を選んでいる。

（徳井淑子『黒の服飾史』による）

問一　傍線部①・②のカタカナの部分を漢字に改めなさい（漢字は楷書ではっきりと書きなさい）。

問二　空欄　A　に入るべき言葉として最も適切なものを次の中から一つ選び、記号で答えなさい。

　　ア　そもそも　　イ　むしろ　　ウ　たとえば　　エ　ゆえに　　オ　むしろ

問三　空欄　B　に入るべき言葉として最も適切なものを次の中から一つ選び、記号で答えなさい。

ア　に魅せられながらも、しだいに感覚を取り戻し

イ　に魅せられて、つうに感覚を失い

ウ　に魅せられるが、しだいに感覚を失い

エ　を魅せるが、しだいに感覚を失い

問四　空欄　X　に入るべき言葉として最も適切なもの（漢字二文字）を問題文中から抜き出して書きなさい。

問五　空欄　C　～　E　に入るべき言葉の組み合わせとして最も適切なものを次の中から一つ選び、記号で答えなさい。

ア　C＝統一　D＝色　E＝もの

イ　C＝統一　D＝色　E＝色

ウ　C＝忌避　D＝自然　E＝自然

エ　C＝制限　D＝色　E＝もの

オ　C＝制限　D＝自然　E＝色

問六　傍線部(b)の反対語として最も適切なものを漢字二文字で書きなさい。

問七　問題文中から次の一文が省かれている。この一文が入るべき最も適切な箇所を、問題文中に示された〔１〕～〔５〕から一つ選び、番号で答えなさい。

　　おそらくこのような色に対する禁欲的な態度は、ヨーロッパの人びとが黒い服を着る歴史をつくってきたこととも重なり合うだろう。

問八　傍線部(a)の「女神のこのような性格」とは具体的にどのような性格を指しているか。十五文字以上二十五文字以内で説明しなさい（句読点も字数に含める）。

〔問題三〕次の文章を読んで、後の問いに答えなさい。

一九九〇年代に入ると、多様性を求める人々の声は、アメリカ発の、よりわかりやすい新自由主義に取り込まれてしまいます。

それは、ミルトン・フリードマン（一九一二〜二〇〇六）の経済理論や、哲学者ロバート・ノージック（一九三八〜二〇〇二）のリバタリアニズム（自由至上主義）を背景とする立場です。要するに、個人の自由を重視し、国家による介入をなるべくなくしてしまうという主張です。「消極国家」や「夜警国家」という言葉を高校の「現代社会」で学んだ人もいるかもしれません。そうした国家観にもとづく思想です。たとえばフリードマンは、政府が経済政策をするのは有害無益で、市場のメカニズムにまかせておくのがもっとも効率的だと考えました。ノージックは、国家の役割は治安維持などごく少数に限定するべきで、国家が税金をチョウシュウして社会福祉を行うことは個人の財産権の侵害だと主張しました。

こうした主張は、フランス現代思想の哲学者たちの思想とはまったく異質です。かれらは、自由を尊重しつつも、どちらかというと平等の理念を重視していたと思われます。　Ａ　、社会の中で抑圧されている少数者に平等な権利を保証しようというのが、かれらのモチーフだったのではないかと思います。それは、六〇年代の学生運動や市民運動の理念を引き継ぐものでした。また、資本主義社会の中で抑圧されている労働者の解放を目指したカール・マルクス（一八一八〜一八八三）の社会主義思想を引き継ぐものでもありました。

しかし一九九一年にソビエト社会主義共和国連邦が崩壊すると、資本主義に代わる体制としての社会主義を支援する国がなくなります。もちろん、一九八〇年代にはすでに、ソ連が「労働者の楽園」などではなく、　Ｂ　非民主的な国であることは知られていましたが、それでもその崩壊は、社会主義を背景とする思想の説得力を減じるものだと考えられたのです。

それに対して、新自由主義はその名のとおり自由を偏重し、平等を軽視します。個々人の自由な活動の結果、貧富の格差が拡大しても仕方がないと考えます。アメリカ資本主義を代弁するような立場だということもかもしれません。ソ連をあると、アメリカが唯一の超大国となり、アメリカ的な価値観が世界を席巻することになったのです。

自由と平等とは、近代における民主的な価値観の基本であり、どちらも尊重しなくてはならないのですが、この両者は矛盾します。人々が自由にふるまえば平等は失われ、人々を平等にしようとすれば自由を制限しなければならないからです。自由と平等を何とか両立させるためには、常に繊細なバランスを取りつづけなくてはなりません。そのための理論はどうしても難解になりがちです。

それに対して新自由主義は、個々人の自由を偏重して平等を軽視します。個々人は、他人に迷惑をかけない限りは何をしてもよいと考えます。リベ（一見すると他人を尊重しているように見えるかもしれませんが、要するに他人と関わらなくなりというリアリズムです。矛盾する自由と平等のバランスを取るとか、他人の立場を考え理解して貧しき者たちとの連帯を広めていくとか、そういう面倒なことを一切しないで済ませてしまうので、非常にわかりやすいのです。つまり、新自由主義リベが「人それぞれ」の思想だといってもよいでしょう。

このように、フランス現代思想と新自由主義は、まったく相反するというよりむしろ、ほどに異質な立場なのですが、両方とも政府に対して批判的な姿勢を取るという点では類似していました。また、一見すると新自由主義は多様性を尊重する立場のように見えてしまうこともあるのでしょう。一九八〇年代にフランス現代思想に影響された人たちのけっこう多数が、それと同じような思想だと思って新自由主義を受け入

れてしまうだろうと思われます。しかし、一九八〇年代以降、日米英など各国の政府は新自由主義的な政策を推進します。新自由主義による「政府批判」は、社会福祉や公共事業などの役割を政府が切り離せと要求するものだったので、[C]に苦しむ各国政府にとって都合のよいものだったのです。ついでに言うと、「人それぞれ」といって個々人が連帯せずバラバラでいてくれた方が、国家にとっては支配しやすいので都合がよいという側面もあるでしょう。

日本では、それまで政府が運営していた鉄道を民営化し、国家公務員の数を削減して政府の規模を小さくしてしまおうとしました。教育については、「個性尊重」と「自己責任」を旗印にした改革を進めます。ある意味、「人それぞれ」を国家主導で推し進めたのです。そうしたとき、政府に対して批判的な人たちも「人それぞれ」をうたう新自由主義に取り込まれてしまっていた。そうつられもう、「人それぞれ」が爆発的に広がるのは必然でしょう。

一九六年には「みんなちがって、みんないい」という一節で有名な、金子みすゞの詩「私と小鳥と鈴と」が小学校の国語の教科書に掲載されます。同じころ、「正しい生き方なんて決まってるのか」とか「答えは一つではない」とか「正しいかどうかは自分の感じ方で決まる」というような感覚を②カヨウキョウするものも多く作られるようになります。

こうして「正しさは人それぞれ」というフレーズが、急速に日本中に蔓延していきました。①の言葉は、一見すると[D]という言葉のように見せかけておいて、その実、個々人を連帯から遠ざけて国家にとって支配しやすいバラバラの存在にとどめておくのに都合のよいものだったのです。多様性を求める一九六〇年代の学生や市民の声は、権力にとってまりにに都合のよい「正しさは人それぞれ」という形に骨抜きされて広まったのです。

（山口裕之『「みんな違ってみんないい」のか？　相対主義と普遍主義の問題』による）

問一　傍線部①・②のカタカナの部分を漢字に改めなさい（漢字は楷書ではっきり書くこと）。

問二　空欄　A　に入るべき言葉として最も適切なものを次の中から一つ選び、記号で答えなさい。
　ア　しかし　イ　つまり　ウ　そして　エ　というで

問三　空欄　B　・　C　に入るべき言葉として最も適切なものを次の中からそれぞれ一つずつ選び、記号で答えなさい。

　B　ア　原理主義　　　イ　行動主義　　ウ　権威主義　　　　エ　新自由主義

　C　ア　支持率の低迷　イ　財政難　　　ウ　資本主義との関係　エ　連帯

問四　空欄　D　に入るべき言葉として最も適切なものを次の中から一つ選び、記号で答えなさい。
　ア　小さな政府を志務する　イ　他人の立場を理解する
　ウ　多様性を尊重する　　　エ　平等を重視する

問五　問題文中から次の一文が省かれている。この一文はある段落の末尾に入るべきものであるが、それは第何段落（形式段落）か。次の中から一つ選び、記号で答えなさい。

　　フランス現代思想が難解であったのには、そういう理由があるのでしょうか。

　ア　第二段落　イ　第四段落　ウ　第六段落　エ　第八段落

問六　問題文の内容に照らして適切でないものを次の中から一つ選び、記号で答えなさい。
　ア　多様性を尊重しているように見えてバラバラであるという考え方は、連帯の意識が欠けている。

イ 「答えは一つでない」という考えは、フランス現代思想に影響を受けた人たちにとっても親和的であった。

ウ 「夜警国家」という主張と「正しさは人それぞれ」というフレーズの蔓延は、同じ考え方の影響を受けている。

エ 自由と平等の関係は難しいが、自由と連帯の両立であれば容易に可能である。

[問題三] 次の文章を読んで、後の問いに答えなさい。

　むかしの人々も落書きをしたい衝動にかられたようで、古い建築物の壁や柱などに落書きが残っていることがあります。国宝や重要文化財となっているような建物に落書きが書かれている事例もあるのです。

　たとえば、奈良時代の初めに再建された法隆寺の五重塔には、「難波津の歌」の落書きが書かれています。「難波津の歌」とは『古今和歌集』仮名序で、紀貫之が「手習いの歌」として紹介している「難波津に咲くやこの花 冬ごもり いまは春べと 咲くやこの花」
という歌です。

　この「難波津の歌」は、法隆寺だけでなく、発掘調査で出土する木簡に書かれている例もあります。しかも7世紀末の藤原京や8世紀末の平城京といった都からだけでなく、徳島県徳島市の観音寺遺跡からも出土した7世紀末の木簡にも書かれていたことが確認されています。

　つまり7世紀末から8世紀にかけて、この歌が相当数多くの各地に広まり、［　A　］の歌としてよく知られていたことがわかります。

　当時はまだひらがながありませんでしたので、漢字の音を借りて日本語の音を表記する「万葉仮名」が用いられ、「奈尓波都尓佐久夜己乃波奈（なにわづにさくやこのはな）…」というふうに書かれていました。

　古代においては、役人になろうとする人たちが必死に文字を学ぼうとしていました。落書きや木簡からは、そうした人たちが歌を通じて［　B　］と格闘していた様子がうかがえます。

　時代は下って、16世紀後半、戦国時代頃になると、観音信仰の広まりとともに各地の観音堂に参詣者たちが落書きを書くようになりました。その多くは、そこを訪れたしるしに自分の名前や居住地を書き付けたものですが、歌を書き付けたものもあります。

　「書きおくもかみとそれや筆のあと我はいづくの土となるらん」
という歌です。この歌は、歌集に収められているような有名なものではなく、なぜか観音堂の落書きにこのみられるのです。

　自分の書いた文字が、形見となって残ってほしい、自分としても最期を迎えようとも、といった意味の歌です。この当時の人々は、生きた証として自分の書いた文字を残すために、観音巡礼をしながら、各地の観音堂に同じ歌を書き付けていたのです。

　観音巡礼に訪れた人たちは、下級の武士など、文字にある程度習熟している人たちでした。彼らはこの歌を覚えて、訪れた観音堂の壁に書き付けていたのです。それは、歌というよりも、呪文のような感覚だったのではないでしょうか。

　江戸時代初期の狂歌に

　観音の堂にうちふる［　C　］を形見に残す諸国巡礼（池田正式）

という歌があります。これは観音巡礼に明け暮れる人々の様子を見事にカラッとした歌です。巡礼者たちは「形見に残す」つまり生きた証を残すため落書きを書くと、リリは歌っています。

「落書」ではなく「楽書」と書かれているのが面白いですね。

もともと中世には「落書」という言葉があり、一般的には「匿名の投書・掲示等。時の政情や社会風潮を風刺・批判したり、犯罪の告発、特定個人に対する攻撃などの目的で作成し、公衆の目に曝すために人目につく場所に落としたり、門や壁に掲示するなどしたもの」(岩波日本史辞典) を意味しました。

世相を風刺・批判したものを特に「落書」と呼んでいたのです。いまでいう「落書き」とはちょっとニュアンスが違いますね。私たちがイメージする落書きは、むしろ「楽書」と呼べるものかも知れません。

さて、リリまでみていると、同じ落書きといっても、戦国時代の人々が観音堂に「かたみの歌」を書き付ける行為は、いまの[　a　]不心得な人たちが観光地でいたずら書きをする行為とは、ちょっと意味が違う感じがするということに気づくでしょう。自分がそこを訪れた証、もういうなれば生きた証として、自分の筆跡を残すために文字を書き付けたのです。

もしかすると、文字という表現手段を獲得したばかりの人たちが、文字に特別な力を感じて、自分の身代わりとして残そうとしたものが、リリの当時の落書きの意味だったのかもしれません。

(三上喜孝「むかしの落書きにはどんなことが書かれているのですか」
国立国語研究所編『日本語の大疑問』幻冬舎新書による)

問一　傍線部①、②のカタカナの部分を漢字に改めなさい (漢字は楷書ていねいに書くこと)。

問二　空欄[　Ａ　]～[　Ｃ　]にはそれぞれどのような言葉が入るか。入るべき最も適切な言葉を問題文中から抜き出して書きなさい。

問三　傍線部(a)の「不心得」とはどのような意味か。同じ意味となる言葉として最も適切なものを次の中から一つ選び、記号で答えなさい。

　ア　不信心　イ　無関心　ウ　不用心　エ　無差別　オ　不謹慎

問四　問題文中からは、次の一文が省かれている。この一文が入るべき最も適切な箇所を問題文から探し、その箇所の直前にある文の文末八文字を句読点も含めて書きなさい。

　　不思議なことに、各地の観音堂には、同じ歌が書き付けられています。

問五　傍線部(b)に「文字に特別な力を感じて、自分の身代わりとして残そうとしたもの」と書かれているが、筆者はそれを端的にどのような言葉で言い換えているか。最も適切な言葉を問題文中から漢字三文字で抜き出して書きなさい。

解答編

■ 英語 ■

1 　**解答**　問1．ア　問2．エ　問3．イ　問4．エ　問5．ウ
　　　　　　　問6．ア　問7．ア　問8．イ　問9．全訳下線部参照。

◆全　訳◆

≪「はじめてのおつかい」の世界進出≫

　日本で 30 年間放映された後に，初めて自分でおつかいに行く子どもを扱ったリアリティショーが西洋諸国で絶大な支持者を得ている。

　日本テレビ放送網の「はじめてのおつかい！」は，ネットフリックスにて世界中でストリーミング開始後，ソーシャルメディアで大騒ぎになり，アメリカやヨーロッパのメディアが特集を組むまでになった。「『はじめてのおつかい！』――公共交通機関に幼児を置き去りにする日本のテレビ番組」という見出しのオンライン記事で，英国の日刊紙ガーディアンは「その魅力の一部は…子どもに自信を植え付ける番組の力である」と伝えた。

　その長寿番組は，食料の買い物などのおつかいを両親から課せられた未就学児を主役にしたものである。おつかいの経路上での子どもの安全を確保するために，番組スタッフは専門家と警察と事前に打ち合わせを行い，撮影の間は子どもたちを見守るために通行人のふりをする。しかし，スタッフは基本的に子どもたちを助けることはしない。

　日本テレビは，その番組を 1991 年に特別番組として開始し，これまでに 74 回を放映してきた。放送局はその番組を 1 回約 10 分で 20 回のシリーズに再編集して，ネットフリックスに販売した。そのストリーミング・サービスは「はじめてのおつかい！」を 32 言語の字幕付きで，190 の国と地域で配信している。

　3 月 31 日にシリーズが初公開されると，ツイッターは英語話者の視聴者からの反響であふれた。視聴者が書いていたのは，彼らが子どもたちの可愛さに圧倒され，番組に心を奪われ，そしてさらに 100 シーズンを見た

い，といったものであった。4月12日，ネットフリックスがツイッターの公式アカウントにハイライト映像と共に番組を紹介した際には，およそ3万件の「いいね」がついた。欧米のメディアはすぐに反応した。「なぜ『はじめてのおつかい』は今見るべき番組なのか」という記事で，米国の雑誌タイムは「また，驚きは最も基本的な行動にさえ見つけることができる——我々が驚きを見つけるための時間をかけさえすれば——ということを，上手に思い起こさせる」と述べた。

　番組はまた子育てについての論争を巻き起こした。米国のABCニュースは「あなたは子どもを独りで店に送り出すか」という題の特集を放送した。出演者は子どもを独りでおつかいに行かせることについて懐疑的な視聴者からの意見を引用した一方で，「子どもたちは我々が考えているよりはるかに能力がある」と専門家が意見を述べた。米国で人気の，風刺を好む報道番組「ザ・デイリー・ショー」で司会を務めるトレバー=ノアは，「はじめてのおつかい！」はネットフリックスの番組で最も好きなものの1つだと述べた。彼は，アメリカの親は犬を自由に走り回らせる一方で，子どもたちを鎖（リード）でつないでいるので，子どもたちはもっと自由をもつべきだと語った。

　日本テレビは「はじめてのおつかい！」から生まれた反応に驚いていた。「子どもたちが頑張っているのを見て，視聴者が元気になるのを願って，私たちは番組を作ってきました」とプロデューサーAが語った。「全国津々浦々の光景を記録するのも我々の番組のテーマです。視聴者はそれを楽しんでいると思います。なぜなら，日本の風土や日常生活の様子を彼らは見ることができるからです」

　放送局は「はじめてのおつかい！」の番組フォーマットを主にアジアの会社へ販売してきたので，番組はベトナム，中国やその他でもリメイクされている。「我々はそれが海外で人気がでるだろうと確信していた」と海外営業を担当するスタッフは述べた。「我々は番組とフォーマットを売るための努力を増強し，そして海外の放送局と番組を共同制作したい。なぜなら，我々の制作能力が日本の外で認知され始めたからだ」

　ネットフリックスの広報担当者は述べる。「我々が今一度強く感じているのは，本当の意味で他に類をみない番組だけが文化と言語の壁を越えることができ，世界中のファンに愛されるということです」

■━━━━━━ ◀解　説▶ ━━━━━━■

問1．errands は「使い走り，おつかい」の意味である。ア「アンの弟はおつかいのために，彼女の車を借りた」は文意が理解でき，適切である。他の選択肢は意味を成していない。

問2．toddler は「よちよち歩きの幼児」という意味。エ「未就学児」が一番近い意味をもつ。

問3．番組を再編集して，20話のシリーズに変えたことから，「～に変化して」という意味合いをもつイ．into が適切である。

問4．空所後に動詞 said があることから，その発言者は誰かと考える。関係代名詞 who を補うことで，空所前にある English-speaking viewers がその発言者と判断できるので，エが適切である。

問5．leash は「鎖，リード」の意味であるので，ウが正解である。

問6．空所前には「視聴者がそれを楽しんでいる」とあり，空所後は「日本の風土や日常生活を彼らは見ることができる」とあるので，これらを結びつけるのは因果関係を示すア．because である。

問7．ア．a-bróad　イ．éf-fort　ウ．fór-eign　エ．fór-mat

問8．「日本テレビは『はじめてのおつかい！』から生まれた反応に驚いていた」は番組の反応が記述されている前後に入ると考えられる。第5・6段でアメリカにおける反響が述べられ，第7段の最初に番組プロデューサーのコメントがあることから，イが適切である。

問9．it は wonder を示している。take the time「時間をかける」

2　解答　1－ア　2－イ　3－ウ　4－エ　5－イ

∽∽∽∽∽∽∽━━ ◆全　訳◆ ━━∽∽∽∽∽∽∽

≪言語学習における抵抗≫

　抵抗！

　私の友人ジャックは日本に長年住んでいるが，未だに日本語を話せない。彼は食べ物を注文でき，道を尋ねることはできるが，それ以上はあまりできない。

　ジャックはこのことが恥ずかしい。彼が私に言うには，彼はもっと勉強すべきだ…たぶん，授業を受けたり，彼の携帯に新しいアプリを入れたり

…しかし，彼はしない。何らかの壁，つまり，心理的な抵抗が彼を思いとどまらせる。私もこのような生徒たちを見ている。彼らは英語が好きだが，やる気を保つのに苦労していると言うかもしれない。しばしば，彼らは行き詰まりを感じて，自分たちはダメな生徒だと思う。

認知心理学は我々がこの現象を理解するのに有効である。ジャックとこのような意欲のない生徒たちは無意識の「抵抗」に苦しんでいる。抵抗は心理学的防衛機制である。それは「負の動機付け」の無意識な形である，つまり，我々は不快な経験を避けようとし，我々の快適な空間に留まろうとする。

人間の神経系には 2 つの動機付けシステムが備わっている。接近動機付け（例，私はそれが欲しい！）と回避動機付け（例，それから離れて！）である。これらの 2 つの体系は別々に機能する。例えば，我々は木になっているリンゴが欲しいかもしれない（接近動機付け）が，それを取るために枝に腕を延ばすのは怖いかもしれない（回避動機付け）。

この「混合動機」は言語学習者においては一般的である。ジャックは日本語を話せるようになりたい（表面エンゲージメント）が，学習に対して無意識に負の感情をもっている（根強い抵抗）。同様に，英語学習者は，英語はかっこいいが，学校での不快な経験によって「興味を失った」と感じているかもしれない。しばしば，そのような学習者は失敗のように感じる。

心理学的にみれば，抵抗があるのは普通のことである。人間は生まれつき，快適な空間にいるのを好み，無駄な努力を避けようとする。こういうわけで，ジャックは永遠の旅行者であり，多くの学習者は英語の授業でやる気のあるままでいるのが難しいのである。苦い経験をすることで，我々は言語，あるいは国全体に対する関心さえも失うことがある。

言語学習は抵抗を生む，それは馴染みのない体験だからである。我々は思考と伝達の異なる方法に我々自身を適応させなければならない。抵抗という心理を理解することで，これらの負の感情を軽減する戦略を学習者が見つけられるように，我々は支援できる。我々は彼らがジャックのようになるのを——つまり，言語習得という旅をする永遠の旅行者になるのを——回避できるように支援しなければならない。

━━━━━━━━ ◀解　説▶ ━━━━━━━━

１．be embarrassed by 〜 で「〜で恥ずかしく思う」の意味。

２．these＋名詞は前文の内容を言い換えている場合が多い。この場合はどのような学生かというと，第２段第５文（They may say …）より，「やる気を保つのに苦労している」学生と捉えることができる。イ．「意欲のない」が適切である。

３．空所に入るのは副詞（句）と考えられるため，アは消去できる。空所後の文から，接近動機付けと回避動機付けは個別に機能することが理解できるので，ウが適切である。

４．空所の前文（Psychologically speaking, …）には，抵抗は普通のことだとある。また，第３段最終文（It's an unconscious …）の後半（we seek to … our comfort zone.）からも，我々には快適な空間に留まろうとする傾向があることがわかる。よって，エが適切である。

５．最終段最終文（We must help …）から，抵抗を理解して，学習者がジャックのようになることを避けるためには，負の感情をどうすればよいかを考える。イが適切。

3　解答　(1)—ア　(2)—エ　(3)—ウ　(4)—エ　(5)—イ

━━━━━━━━ ◀解　説▶ ━━━━━━━━

(1) would like to *do*「〜したい」　go abroad「海外へ行く」

(2) person が可算名詞のために，冠詞が必要となる。only を伴うだけでなく，関係詞節も伴うのでエが適切である。

(3) 副詞 long の比較級 longer を用いた疑問文で「どれぐらい長く」を表す場合，How much longer 〜? になる。

(4) whether or not Ｓ Ｖ「ＳがＶであろうとなかろうと」

(5) 主節が助動詞の過去形＋have＋過去分詞となっているので，仮定法過去完了と理解できる。

4 解答

（2番目・5番目の順に）(1)—カ・オ　(2)—ウ・エ
(3)—エ・イ　(4)—カ・ア　(5)—カ・イ

◀解　説▶

(1)イ—カ—ウ—ア—オ—エ　hear about 〜「〜について聞く」

(2)イ—ウ—オ—カ—エ—ア　make a speech「スピーチをする」　if you will *do*「あなたが〜するつもりなら」　時と条件の副詞節中ではあるが，この will には意志の意味がある。

(3)ウ—エ—ア—カ—イ—オ　must not *do*「〜してはいけない」

(4)ウ—カ—オ—イ—ア—エ　have *A do*「*A*（人）に〜させる」　as much ＋不可算名詞＋as possible「できるだけたくさんの〜」

(5)オ—カ—ウ—ア—イ—エ　providing that S V「もしSがVならば」

■日本史■

1 **解答**　問1．1－コ　2－エ　3－カ　4－ク　5－イ
　　　　　　　問2．A．天智　B．長岡　問3．古事記
問4．勘解由使　問5．弘仁

◀解　説▶

≪古代の政治・文化≫

問1．1．伊治呰麻呂は蝦夷の首長で，780 年に多賀城を焼き打ちした。

2．紀古佐美は伊治呰麻呂の乱の際に征東副使として活躍した。

3．阿弖流為は蝦夷の族長で，802 年に坂上田村麻呂と戦って敗れた。

4．坂上田村麻呂は 802 年に胆沢城，803 年に志波城を築いた。

5．蔵人頭に最初に任命されたのは，藤原冬嗣・巨勢野足である。

問2．B．長岡京の造営長官には藤原種継が任じられた。

問3．『古事記』は 712 年に成立した。神代から推古天皇までの天皇系譜や天皇家の伝承などを内容とする最古の歴史書である。

問4．勘解由使は令外官。国司交替の際の不正防止のために，解由状の監査にあたった。

2 **解答**　問1．1．問注所　2．六波羅探題　3．雑訴決断所
　　　　　　　問2．評定衆を設け，御成敗式目を制定した。(10 字以
上 20 字以内)
問3．A－カ　B－エ　問4．エ

◀解　説▶

≪中世の政治≫

問1．1．問注所の初代執事には，三善康信が就任した。

2．初代の六波羅探題には，北条泰時・北条時房が就任した。

3．雑訴決断所は建武の新政における中央政務機関の一つで，鎌倉時代の引付に相当する。

問2．合議制の基盤となったのは評定衆で，法令は御成敗式目（貞永式目）である。字数の関係でこれらを簡潔にまとめることになる。

問4．エ．綸旨とは天皇の命令や意思を，蔵人が出す形式の文書のこと。

3 解答
問1．1－コ　2－ト　3－ナ　4－ク　5－ネ
6－タ　7－サ　8－キ
問2．田沼意次　問3．林子平　問4．武家伝奏

◀解　説▶

≪近世の政治・外交≫

問1．3．松平定信はもと白河藩主で，引退後は「白河楽翁」と号した。

4．旧里帰農令は農村再建策の一つで，資金を与えて帰農を奨励した。

5．囲米は備荒対策で，1万石につき50石の割合で糘米の貯蔵を命じた。

6．寛政異学の禁令は，古学や陽明学など，朱子学以外の儒学を聖堂学問所で講義することを禁止した法令である。

7．間宮林蔵は樺太が離島であることを発見した。

8．無二念打払令（異国船打払令）は，1824年におこったイギリス人捕鯨船員の常陸大津浜上陸事件や薩摩宝島上陸事件などを機に発布された。

問3．林子平は『海国兵談』で海防論を主張したが，人心を惑わすという理由で版木が没収され，1792年に禁錮刑となった。

問4．武家伝奏とは，朝幕間の連絡役を務めた2名の公家のこと。

4 解答
問1．1－ニ　2－コ　3－ネ　4－ウ　5－オ
6－タ　7－キ　8－セ
問2．GHQ　問3．傾斜生産方式　問4．警察予備隊

◀解　説▶

≪現代の政治・外交≫

問1．1．1945年8月14日，鈴木貫太郎内閣の時，日本はポツダム宣言の受諾を決定した。

4．幣原喜重郎はかつて外相として協調外交政策を推進した。

5．公職追放処分となった鳩山一郎に代わり，日本自由党の吉田茂が日本進歩党の協力を得て，第1次内閣を組織した。

6・7．片山哲内閣は，新憲法下で成立した最初の内閣であると同時に，社会主義政党が政権の座についた最初の例でもある。

8．朝鮮戦争を機に，1951年には工業生産などが戦前の水準を回復し，

1950〜53 年にかけて，日本経済はいわゆる特需景気を謳歌した。

問3．傾斜生産方式は鉄鋼・石炭・電力など基幹産業の増産を図るための政策で，その導入を建議したのは経済学者の有沢広巳である。

問4．1950 年に創設された警察予備隊は，1952 年に保安隊，1954 年に自衛隊に改組・発展した。

世界史

1 解答

問1．1－う　2－こ　3－く　4－い　5－か
問2．イ

問3．⑴ウェストファリア
⑵領邦君主はほぼ完全な主権が認められ，皇帝は有名無実となった。(25字以上30字以内)

◀解　説▶

≪神聖ローマ帝国と三十年戦争≫

問1．2．ハプスブルク家とフランス王家（ヴァロワ朝・ブルボン朝）の対立は，オーストリア継承戦争（1740〜48年）後の「外交革命」により終結した。

問2．ア．不適。フィリップ4世は聖職者への課税に反発した教皇ボニファティウス8世を捕らえた。ウ．不適。ビザンツ皇帝レオン3世はイスラーム勢力の拡大に対抗して，聖像の禁止と破壊を命じた。エ．不適。教皇ウルバヌス2世はクレルモン宗教会議を開いて，聖地イェルサレムの奪回を提唱した。

問3．「大規模な戦乱」とは三十年戦争（1618〜48年）を指す。ウェストファリア条約によって，ドイツ諸邦の独立主権が認められ，神聖ローマ皇帝のハプスブルク家も家領のオーストリアを中心とした地域を支配するにとどまった。神聖ローマ帝国は名目だけの存在となり，帝国の分裂を決定的とした同条約は，「神聖ローマ帝国の死亡診断書」と評された。

2 解答

問1．Ⅰ．記号：c　正しい語句：アヴェスター
Ⅱ．記号：a　正しい語句：エフェソス
Ⅲ．記号：c　正しい語句：義浄

問2．1－ウ　2－ウ　3－ア　4－イ　5－エ

問3．A．長安　B．バトゥ　C．ナーランダー

━━━━◀解 説▶━━━━

≪「オアシスの道」を通じての宗教の伝播≫

問1．Ⅰ．古代イランで信仰されていたのはゾロアスター教。c．『リグ・ヴェーダ』は古代インドに進出したアーリヤ人の信仰をまとめた最古の宗教文献。

Ⅱ．325 年の a．ニケーア公会議で，キリストを神と同一視するアタナシウス派が，正統と認められた。

Ⅲ．c．法顕は陸路でインドを訪れ，海路で中国に戻った。その間をまとめた旅行記を『仏国記』という。

問2．1．ソグド人は「オアシスの道」での交易活動に従事した商業民で，遊牧国家をつくることはなかった。

3．イル=ハン国の対抗したイスラーム王朝とは，マムルーク朝を指す。イ．誤文。マムルーク朝の都はカイロ。ウ．誤文。サラディンは，マムルーク朝が倒したアイユーブ朝の開祖。エ．誤文。スルタンの称号がアッバース朝カリフより初めて与えられたのは，セルジューク朝の創始者トゥグリル=ベクとされる。

4．「この新しい仏教」は，大乗仏教と呼ばれる。部派仏教は，仏教教団の分裂によって成立した諸部派の総称で，上座部と大衆部に大きく分けられる。

5．儒・仏・道教の調和を図る全真教は，金代に王重陽によって開かれた。

3 解答 問1．A—う　B—あ　C—え　D—い　E—あ
　　　　　　　F—う　G—あ　H—あ

問2．1．ルイ 18 世　2．ブリアン　3．チャーチル

━━━━◀解 説▶━━━━

≪近現代における国際秩序の変遷≫

問1．B．い．誤文。ロシアはスウェーデンからフィンランドを得た。う．誤文。ウィーン体制下（1815～48 年）においてハンガリーはオーストリアの支配下にあった。オーストリアはプロイセンとの戦争に敗れた後，ハンガリー王国との二重君主体制を成立させている（1867 年）。

C．ゴッホは，19 世紀後半に活躍した後期印象派の画家。なお，後期印象派とは，自分の感覚や心理を重視して，独自の画風をつくりあげた画家

たちの総称である。

D．あ．誤文。七月革命と立憲王政の樹立は 1830 年。う．誤文。ギリシア独立戦争は 1821〜29 年。え．誤文。カルボナリの革命運動は主に 1820 年代。

E．い．誤文。ドイツはロカルノ条約の締結により，国際連盟への加盟が実現した。う．誤文。イタリアはエチオピア侵攻への非難に反発して，国際連盟を脱退した。え．誤文。共和党の優勢な上院が，民主党のウィルソン大統領への反発と孤立主義外交の堅持とを理由に，国際連盟への加盟を否決した。

F．あ．誤文。それまでの過剰な農業生産が，恐慌発生後に，農産物価格を暴落させた。い．誤文。フランクリン＝ローズヴェルト大統領は，連邦政府による積極的な介入策により，経済の立て直しを図った。え．誤文。フーヴァー＝モラトリアムはドイツの恐慌を食い止めることはできなかった。

G．国際復興開発銀行（IBRD）は国際通貨基金（IMF）と共に，ブレトン＝ウッズ国際経済体制を支えるために 1945 年に設立された。

4　解答

問1．1−お　2−こ　3−け　4−え
問2．d　問3．ア　問4．イ　問5．公行　問6．ア
問7．李大釗　問8．ウィルソン

◀解　説▶

≪19 世紀〜20 世紀初めの中国の近代化≫

問2．『四書大全』は，明の永楽帝の命で編さんされた四書（『大学』，『中庸』，『論語』，『孟子』）の注釈書。

問4．人頭税を土地税に一本化して銀納させた地丁銀制は，清代前期に確立した。

問6．洋務運動は，西洋の科学技術導入に基づく，富国強兵のための諸改革を指す。

問7．李大釗は陳独秀の刊行した雑誌『新青年』の主な寄稿者の一人で，旧弊の打破を訴える新文化運動の担い手でもあった。

政治・経済

1 解答

問1．1—ぬ　2—う　3—つ　4—た　5—き
　　　6—し　7—こ　8—け

問2．A．ゴルバチョフ　B．エリツィン　C．CIS

◀解　説▶

≪ソ連邦の成立・崩壊とロシアの現在≫

問1．3．つ．ペレストロイカが正解。ペレストロイカは再構築（世直し）の意味で，空欄Aのゴルバチョフの行った改革として，秘密主義のソ連の財政その他の情報を国民に知らせる，く．グラスノスチ（情報公開）とともに覚えておきたい。

4．た．バルト三国が正解。エストニア・ラトヴィア・リトアニアのバルト海に面する3つの国は第二次世界大戦中にソ連に併合された。現在は3カ国とも，き．北大西洋条約機構（NATO），欧州連合（EU）に加盟し，ロシアとは距離を置いている。

6．し．ジョージアが正解。ジョージア領内の南オセチアを巡って2008年にロシアとの間に南オセチア紛争（ロシア・ジョージア戦争）が起こった。当時のロシア大統領はメドベージェフであったが，こ．サルコジ仏大統領（当時）の仲介で，停戦となった。

問2．A．ゴルバチョフが正解。改革者（革新者）であり，ヤナーエフ副大統領らの保守派（守旧派）と対立していた。

B．エリツィンが正解。ヤナーエフらの勢力に市民運動の中心となって立ち向かった。それにより守旧派のクーデターは失敗した。

C．CISが正解。CIS（独立国家共同体）はソ連が崩壊してから，ロシアを中心としてかつてのソ連邦の共和国が緩やかに結びついて成立した国家連合である。ウクライナはCISからの脱退を表明している。

2 解答

問1．1—あ　2—な　3—て　4—き　5—ち
　　　6—ぬ　7—こ　8—か

問2．A．不良債権　B．小泉純一郎　C．アベノミクス

◀━━━━ **◀解　説▶** ━━━━▶

≪バブル景気の背景とその後≫

問1．1・2．1はあ．5が正解。G5（グループ・オブ・ファイブ）であり，当時の5カ国とはアメリカ，（西）ドイツ，イギリス，フランスと日本である。米ドルが日本円だけではなく他の通貨に対しても高く，例えば日本との関係では，円安ドル高に悩まされてアメリカの輸出に不利だったのをどう打開するかについて，アメリカのプラザホテルで非公開で話し合われた。この話し合いでの合意を，な．プラザ合意と呼ぶ。

3・4．4はき．大蔵省（現在の財務省）が正解。行きすぎた円高ドル安円高不況への対策として金融緩和が実施されたが，そこで生じた余剰資金が土地や株式に流れたことにより，実体経済とはかけ離れた地価や株価の上昇を招いてしまったことへの対策（財政政策など）の結果が，て．バブル景気の終結につながっている。地価は下がらないという神話が背景にあった。

5．ち．竹中プランが正解。2000年代に長く首相を務めた小泉純一郎のブレーンであった竹中平蔵の名前からこのように言われる。

6．ぬ．郵政民営化が正解。小泉は首相になる前から郵政民営化を唱え，在任中の2005年8月に郵政民営化法案が参議院で否決されたのを機に，国民の信を問いたいとのことで，衆議院を解散した。

7．こ．黒田東彦が正解。当時の日本銀行総裁黒田東彦は，それまでの量的金融緩和政策に加えて質にも配慮する量的・質的金融緩和政策を行うことで，「異次元の金融緩和」を実行した。

8．か．失われた30年が正解。バブル経済の崩壊から数えて，失われた10年，失われた20年という語も用いられ，おおむね平成時代が「失われた30年」に相当する。

問2．A．不良債権が正解。例えば，銀行が土地を担保に資金を貸し，その資金で土地を買うということが繰り返されたが，リード文中にあるような不動産融資総量規制などもあり，地価が急激に下がったため借金を返せない（貸した銀行は資金を取り戻せない）事態となった。

B．問1の解説でも触れた小泉純一郎が正解。改革なくして成長なしのキャッチフレーズがしばしば使われた。

C．アベノミクスが正解。安倍晋三首相（当時）の経済学（エコノミク

ス）を意味する。レーガン元米国大統領の経済政策がレーガノミクスと呼ばれたことにちなむ造語で，安倍元首相自らが使ったのが始まり。

3 　**解答**　問1．1—あ　2—せ　3—く　4—き　5—と
　　　　　　　 6—ぬ　7—て　8—し

問2．A．ケネディ　B．クーリング・オフ　C．グレーゾーン

◀解　説▶

≪消費者問題≫

問1．1．あ．意見を聞いてもらえる権利が正解。ケネディ大統領の1962 年における消費者保護特別教書に4つの権利が記されている。これらが後に消費者主権の具体的内容とされるようになった。

3．く．サリドマイドが正解。鎮静・催眠薬サリドマイドをつわり止めとして服用していた妊婦に，より多くの被害が認められた。ドイツでの重大な副作用の報告があったにもかかわらず，日本政府は対応が遅れ，被害が拡大した。

4・5．き．4は国民生活センターが正解。現在は，と．独立行政法人であり，消費者庁が管轄している。

7・8．7はて．特定商取引法が正解。1976 年制定の訪問販売法が改正されたもので，し．消費者契約法制定と同年の 2000 年に改正されている。消費者契約法では悪意のある契約について，「だまされた」とわかった場合に契約を取り消すことが認められる。

問2．B．クーリング・オフが正解。頭を冷やして考える期間が必要として制定されている。

C．グレーゾーン（金利）が正解。出資法で定められた年利 29.2％と利息制限法で定められた上限の 20％との間の金利のことであるが，出資法の高金利が事実上，黙認されていた状況をいう。2006 年の最高裁判決で利息制限法の 20％を超える金利は無効とされ，さらに，2010 年には出資法の上限金利が 20％に引き下げられて，グレーゾーン金利は撤廃された。

4 　**解答**　問1．1—う　2—た　3—せ　4—え　5—お
　　　　　　　 6—け

問2．A．減反政策（生産調整）　B．GATT　C．ミニマム・アクセス

問3．自国で消費する食料のうち国内生産の割合で，日本では主として熱量で公表している。（40字以内）

◀解　説▶

≪日本の農業≫

問1．1．う．40（％）である。農林水産省の 2022 年 12 月の発表によると，2022 年度の日本の食料自給率はカロリーベースで 38％，生産額ベースで 63％となっている。

2．た．農地法が正解。戦前～戦中まで地主に土地が集中し，実際に耕作している人の農地が少なかったため，寄生地主制と呼ばれていた。財閥解体などと同じく，経済の民主化の一環として農地改革が実施された。

3．せ．農業基本法が正解。1961 年に施行され，生産性の向上などが目指された。

4．え．ウルグアイが正解。ウルグアイ-ラウンドは，現在の WTO（世界貿易機関）の前身 GATT の最後のラウンド（多角的交渉）である。

5．お．関税が正解。外国米に 1kg あたり 341 円の輸入関税をかけ，国内のコメ農家を保護しようとするものである。コメを輸入しなければならなくなった 1993 年の冷夏を契機に外国米の輸入が GATT での話題となった。

6．け．食料・農業・農村基本法（新農業基本法）が正解。1999 年に，農業基本法に代わる法律として制定され，国土の自然環境の維持など農業の目的が多面的に捉えられるようになっている。

問2．A．年代から減反政策（生産調整）と判断する。コメの作付面積（反数）を各農家ごとに割り当て，コメの生産量を調整することである。食糧管理制度の下では，コメ農家から公定価格で政府が買い取り，それより安い金額で消費者に販売する。そのことで生じる赤字（＝逆ざや）を解消することも目的であった。

C．ミニマム・アクセスが正解。最低（輸入義務）数量の意である。高関税政策で農家を保護する一方，毎年のミニマム・アクセス米の輸入も日本は遵守している。

数学

◀薬 学 部▶

1 **解答** (1)ア. $\dfrac{45\sqrt{14}}{56}$　イ. $2\sqrt{14}$

(2)ウ. 7.0　エ. 3.3

(3)オ. -7　カ. -289　キ. 2023

(4)ク. $(2, -1)$　ケ. 5

◀解 説▶

≪小問 4 問≫

(1) 余弦定理より

$$\cos\angle\text{BAC}=\frac{3^2+6^2-5^2}{2\times3\times6}=\frac{5}{9}$$

$$\sin\angle\text{BAC}=\sqrt{1-\left(\frac{5}{9}\right)^2}=\frac{2\sqrt{14}}{9}$$

正弦定理より，△ABC の外接円の半径を R として

$$\frac{5}{\frac{2\sqrt{14}}{9}}=2R$$

$$R=5\times\frac{9}{2\sqrt{14}}\times\frac{1}{2}$$

$$=\frac{45\sqrt{14}}{56}\quad(\to\text{ア})$$

△ABC の面積は

$$\frac{1}{2}\times3\times6\times\frac{2\sqrt{14}}{9}=2\sqrt{14}\quad(\to\text{イ})$$

(2) 9 個のデータの第 1 四分位数は $\dfrac{1+2}{2}=1.5$, 第 3 四分位数は $\dfrac{8+9}{2}$

$=8.5$ なので，四分位範囲は

$$8.5 - 1.5 = 7.0 \quad (→ウ)$$

また，9個のデータの平均は

$$\frac{1}{9}(2+1+4+9+10+3+1+7+8) = 5$$

分散は

$$\frac{1}{9}\{(2-5)^2 + (1-5)^2 + (4-5)^2 + (9-5)^2 + (10-5)^2 + (3-5)^2$$

$$+ (1-5)^2 + (7-5)^2 + (8-5)^2\} = \frac{100}{9}$$

標準偏差は

$$\sqrt{\frac{100}{9}} = \frac{10}{3} ≒ 3.3 \quad (→エ)$$

(3) $x = -17,\ 7,\ 17$ を3つの解とする3次方程式で，x^3 の係数が1のものは

$$(x+17)(x-7)(x-17) = 0$$

$$x^3 - 7x^2 - 289x + 2023 = 0$$

よって

$$a = -7,\ b = -289,\ c = 2023 \quad (→オ～キ)$$

(4) 円の中心は2点 $(-2,\ 2)$，$(2,\ 4)$ の垂直2等分線上にある。

2点の中点は $(0,\ 3)$，2点を結んだ線分の傾きは $\dfrac{1}{2}$ なので，2点の垂直

2等分線の傾きは -2 となり，垂直2等分線の方程式は

$$y - 3 = -2(x - 0)$$

$$y = -2x + 3$$

これと，$y = -\dfrac{1}{2}x$ との共有点が円の中心

なので

$$\begin{cases} y = -2x + 3 \\ y = -\dfrac{1}{2}x \end{cases}$$

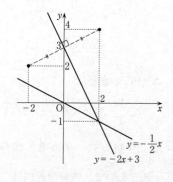

$$-2x + 3 = -\frac{1}{2}x$$

$$x = 2,\ y = -1$$

円の中心は　　$(2, -1)$　$(→ク)$
また，半径は $(2, -1)$ と $(-2, 2)$ の距離なので

$$\sqrt{(2+2)^2+(-1-2)^2}=5 \quad (→ケ)$$

別解　円の中心が $y=-\dfrac{1}{2}x$ 上にあるので，中心の座標を $\left(a, -\dfrac{1}{2}a\right)$, 半径を r とすると，円の方程式は

$$(x-a)^2+\left(y+\frac{1}{2}a\right)^2=r^2$$

2 点 $(-2, 2)$, $(2, 4)$ を通るので

$$\begin{cases} (-2-a)^2+\left(2+\dfrac{1}{2}a\right)^2=r^2 \\ (2-a)^2+\left(4+\dfrac{1}{2}a\right)^2=r^2 \end{cases}$$

これを解いて　　$a=2$, $r=5$
よって，中心の座標は $(2, -1)$, 半径は 5

2　　**解答**　(1)ア. 5040　(2)イ. 3600　(3)ウ. 2400
　　　　　　　　　(4)エ. 1200　(5)オ. 1440

◀解　説▶

≪7 人が 1 列に並ぶ場合の数≫

(1)　7 人が 1 列に並ぶ方法は

　　　$7!=5040$ 通り　$(→ア)$

(2)　A，B 以外の 5 人を 1 列に並べて，その両側と間の 6 箇所のうち，2 箇所に A，B を並べる。

　　　$5!×6×5=3600$ 通り　$(→イ)$

(3)　A，B 以外の 5 人から 2 人を選んで両端に並べて，A，B を含めた 5 人を両端以外に 1 列並べる。

　　　${}_5C_2×2!×5!=2400$ 通り　$(→ウ)$

(4)　A と B の間に入る 1 人を選んで，A，B を含めた 3 人を A，B が両側になるように並べる。この 3 人を 1 グループとして，残りの 4 人と合わせて並べる。

　　　${}_5C_1×2!×5!=1200$ 通り　$(→エ)$

(5)　A，B 以外の 5 人から 2 人を選んで，A，B を含めた 4 人を 1 番目から 4 番目に並べ，残りの 3 人を 5 番目から 7 番目に並べる。

$$_5C_2 \times 4! \times 3! = 1440 \text{ 通り }　(\to \text{オ})$$

3　解答

(1)ア．1　イ．8
(2)ウ．2　エ．−4　オ．4

◀解　説▶

≪対数を含む関数の極値≫

(1)　真数条件より　　$x > 0$

$t = \log_2 x$ とおくと

$$t^3 - 3t^2 = 0$$

$$t^2(t-3) = 0$$

$$t = 0 \quad \text{または} \quad t = 3$$

$\log_2 x = 0$ または $\log_2 x = 3$

よって　$x = 1$ または 8　（→ア，イ）

(2)　$t = \log_2 x$ とおくと

$$f(t) = t^3 - 3t^2$$

$$f'(t) = 3t^2 - 6t$$

$$= 3t(t-2)$$

$f'(t) = 0$ とすると　　$t = 0,\ 2$

増減表は右のようになる。

$t = 2$ で極小値 −4　（→ウ，エ）

$t = 2$ のとき

$$\log_2 x = 2$$

$$x = 4　(\to \text{オ})$$

t	$\cdots$	0	$\cdots$	2	$\cdots$
$f'(t)$	+	0	−	0	+
$f(t)$	↗	0	↘	−4	↗

4　解答

(1)ア．$-\dfrac{a}{2}$　(2)イ．$-15 \le a \le 3$

(3)ウ．1　エ．5　オ．$\dfrac{56}{3}$

━━━◀解　説▶━━━

≪絶対値を含む関数と 2 次関数のグラフ≫

(1)　$|2x+a|=0$ より

$$2x+a=0$$

$$x=-\frac{a}{2} \quad (\to ア)$$

(2)　l は

$$y=|2x+a|=\begin{cases} x<-\dfrac{a}{2} \text{ のとき} & -2x-a \\[2mm] x\geqq -\dfrac{a}{2} \text{ のとき} & 2x+a \end{cases}$$

また，C は

$$y=-(x-3)^2+8$$

l と C のグラフが右の図 1 のように接するとき
の a を a_1 とし，図 2 のように接するときの a
を a_2 とすると，l と C が共有点をもつ a の範
囲は

$$a_1 \leqq a \leqq a_2$$

となる。

a_1 について

$$\begin{cases} y=-x^2+6x-1 \\ y=-2x-a \end{cases}$$

$$-x^2+6x-1=-2x-a$$

$$x^2-8x-a+1=0$$

判別式を D_1 とすると

$$\frac{D_1}{4}=16-(-a+1)$$

$$=a+15=0$$

$$a_1=-15$$

a_2 について

$$\begin{cases} y=-x^2+6x-1 \\ y=2x+a \end{cases}$$

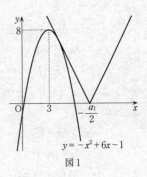

$y=-x^2+6x-1$

図 1

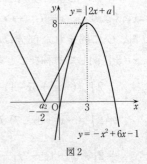

$y=|2x+a|$

$y=-x^2+6x-1$

図 2

$$-x^2 + 6x - 1 = 2x + a$$

$$x^2 - 4x + a + 1 = 0$$

判別式を D_2 とすると

$$\frac{D_2}{4} = 4 - (a + 1)$$

$$= -a + 3 = 0$$

$$a_2 = 3$$

以上より　　$-15 \leqq a \leqq 3$　（→イ）

(3)　$a = -6$ のとき，l は

$$y = \begin{cases} x < 3 \text{ のとき} & -2x + 6 \\ x \geqq 3 \text{ のとき} & 2x - 6 \end{cases}$$

l と C の共有点は

$x < 3$ のとき

$$-x^2 + 6x - 1 = -2x + 6$$

$$x^2 - 8x + 7 = 0$$

$$(x - 1)(x - 7) = 0$$

$x < 3$ より　　$x = 1$　（→ウ）

$x \geqq 3$ のとき

$$-x^2 + 6x - 1 = 2x - 6$$

$$x^2 - 4x - 5 = 0$$

$$(x - 5)(x + 1) = 0$$

$x \geqq 3$ より　　$x = 5$　（→エ）

l と C に囲まれた部分は右図の網かけ部分で，

$x = 3$ に関して対称なことを考慮して，面積は

$$2 \int_1^3 \{(-x^2 + 6x - 1) - (-2x + 6)\} dx$$

$$= 2 \int_1^3 (-x^2 + 8x - 7) \, dx$$

$$= 2 \left[-\frac{x^3}{3} + 4x^2 - 7x \right]_1^3$$

$$= \frac{56}{3}　（→オ）$$

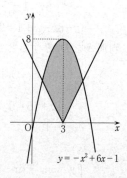

$y = -x^2 + 6x - 1$

◀理工学部▶

1 **解答** (1)ア. 7.0 イ. 13.3 (2)ウ. $\dfrac{1}{7}$ エ. $\dfrac{1}{7}$

(3)オ. 2 カ. 2 (4)キ. 8 ク. $\dfrac{26}{7}$

━━━━━━ ◀解 説▶ ━━━━━━

≪小問 4 問≫

(1) 10 個のデータを x_1, …, x_{10}, 残りの 20 個のデータを y_1, …, y_{20} とする。

$$x_1 + \cdots + x_{10} = 5 \times 10$$
$$y_1 + \cdots + y_{20} = 8 \times 20$$

よって,全体の平均は

$$\frac{1}{30}(x_1 + \cdots + x_{10} + y_1 + \cdots + y_{20})$$

$$= \frac{1}{30}(50 + 160)$$

$$= 7.0 \quad (\rightarrow \text{ア})$$

10 個のデータの分散が 10,20 個のデータの分散が 12 であることより

$$10 = \frac{1}{10}(x_1{}^2 + \cdots + x_{10}{}^2) - 5^2$$

$$x_1{}^2 + \cdots + x_{10}{}^2 = 350$$

$$12 = \frac{1}{20}(y_1{}^2 + \cdots + y_{20}{}^2) - 8^2$$

$$y_1{}^2 + \cdots + y_{20}{}^2 = 1520$$

全体の分散は

$$\frac{1}{30}(x_1{}^2 + \cdots + x_{10}{}^2 + y_1{}^2 + \cdots + y_{20}{}^2) - 7.0^2$$

$$= \frac{1}{30}(350 + 1520) - 49$$

$$= 13.33\cdots$$

よって 13.3 (→イ)

(2)　Aが当たる確率は　　$\dfrac{1}{7}$　（→ウ）

Bが当たるのは，Aがはずれを引いて，Bが当たりを引くときなので

$\dfrac{6}{7} \times \dfrac{1}{6} = \dfrac{1}{7}$　（→エ）

(3)　$\sqrt{16} \times \sqrt[4]{\dfrac{1}{64}} \times \sqrt[8]{16} = (2^4)^{\frac{1}{2}} \times (2^{-6})^{\frac{1}{4}} \times (2^4)^{\frac{1}{8}}$

$$= 2^2 \times 2^{-\frac{3}{2}} \times 2^{\frac{1}{2}}$$

$$= 2 \quad (\to \text{オ})$$

$$\log_4 2 + \log_4 6 \times \log_6 8 = \log_4 2 + \log_4 6 \times \dfrac{\log_4 8}{\log_4 6}$$

$$= \log_4 2 + \log_4 8$$

$$= \log_4 16$$

$$= 2 \quad (\to \text{カ})$$

(4)　$\vec{a} /\!/ \vec{b}$ となるのは，$\vec{b} = k\vec{a}$ となる実数 k が存在するとき

$$(7-2s, \ -5+s) = k(3, \ -1)$$

$$\begin{cases} 7-2s = 3k \\ -5+s = -k \end{cases}$$

$s = 8$　（→キ）

$\vec{a} \perp \vec{b}$ となるのは，$\vec{a} \cdot \vec{b} = 0$ のとき

$$(3, \ -1) \cdot (7-2s, \ -5+s) = 0$$

$$3(7-2s) - (-5+s) = 0$$

$$-7s + 26 = 0$$

$$s = \dfrac{26}{7} \quad (\to \text{ク})$$

2　解答　(1)ア．$-1-\sqrt{5}$　イ．$-1+\sqrt{5}$　ウ．$\dfrac{20\sqrt{5}}{3}$

(2)エ．$a<-4, \ 2<a$　(3)オ．x^2+2a-8

━━━━◀解　説▶━━━━

《2次関数のグラフと x 軸で囲まれた部分の面積，グラフの平行移動》

(1)　$a=1$ のとき　　$y = x^2 + 2x - 4$

x 軸との交点の x 座標は

$$x^2 + 2x - 4 = 0$$

$$x = -1 \pm \sqrt{5} \quad (\to \text{ア, イ})$$

G と x 軸で囲まれた図形は右図の網かけ部分
で, その 面 積 は, $\alpha = -1 - \sqrt{5}$, $\beta = -1 + \sqrt{5}$
として

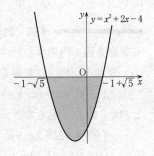

$$\int_{\alpha}^{\beta} - (x^2 + 2x - 4) \, dx$$

$$= -\int_{\alpha}^{\beta} (x - \alpha)(x - \beta) \, dx$$

$$= -\left(-\frac{1}{6}\right)(\beta - \alpha)^3$$

$$= \frac{1}{6}(2\sqrt{5})^3$$

$$= \frac{20\sqrt{5}}{3} \quad (\to \text{ウ})$$

(2) 判別式を D として

$$\frac{D}{4} = a^2 - (2a^2 + 2a - 8)$$

$$= -a^2 - 2a + 8 < 0$$

$$a^2 + 2a - 8 > 0$$

$$(a + 4)(a - 2) > 0$$

$$a < -4, \ 2 < a \quad (\to \text{エ})$$

(3) G の頂点は, $y = (x + a)^2 + a^2 + 2a - 8$ より

$$(-a, \ a^2 + 2a - 8)$$

平行移動したグラフの頂点は $(0, \ 2a - 8)$ となり, その方程式は

$$y = x^2 + 2a - 8 \quad (\to \text{オ})$$

3 解答

(1)ア. (2, 1)　イ. $\sqrt{5}$

(2)ウ. $-\dfrac{1}{2}$　エ. 2　オ. (0, 2)

◀解　説▶

≪3点を通る円の中心と半径，接線の傾き≫

(1)　3点A，B，Cを通る円の方程式を

$$x^2+y^2+lx+my+n=0 \quad (l,\ m,\ n\ は実数)$$

とおく。3点を通ることから

$$\begin{cases} 9+9+3l+3m+n=0 \\ 16+4+4l+2m+n=0 \\ 16+4l+n=0 \end{cases}$$

これを解いて　$l=-4,\ m=-2,\ n=0$

$$x^2+y^2-4x-2y=0$$
$$(x-2)^2+(y-1)^2=5$$

中心の座標は (2, 1)，半径は $\sqrt{5}$　（→ア，イ）

(2)　接線の傾きを m とすると，接線の方程式は

$$y-4=m(x-1)$$
$$mx-y-m+4=0$$

これが円と接するので

$$\frac{|2m-1-m+4|}{\sqrt{m^2+1}}=\sqrt{5}$$
$$|m+3|=\sqrt{5(m^2+1)}$$
$$(m+3)^2=5(m^2+1)$$
$$4m^2-6m-4=0$$
$$2m^2-3m-2=0$$
$$(2m+1)(m-2)=0$$
$$m=-\frac{1}{2},\ 2 \quad （→ウ，エ）$$

傾きが2のとき，接線の方程式は　$2x-y+2=0$

これと，$(x-2)^2+(y-1)^2=5$ との共有点は

$$(x-2)^2+(2x+2-1)^2-5=0$$

$$5x^2 = 0$$

$$x = 0, \quad y = 2$$

接点の座標は　　(0, 2)　（→オ）

4 **解答** (1)ア．$t^3 - 3t$　(2)イ．-1　ウ．2　(3)エ．π　オ．$\dfrac{3}{2}\pi$

◀**解　説**▶

≪三角関数を含む関数の最大値≫

(1)　　$t = \sin x + \cos x$

$$= \sqrt{2}\sin\left(x + \frac{\pi}{4}\right)$$

$0 \leqq x < 2\pi$ より　　$-\sqrt{2} \leqq t \leqq \sqrt{2}$　……①

$$t^2 = (\sin x + \cos x)^2$$
$$= 1 + 2\sin x \cos x$$
$$= 1 + \sin 2x$$
$$\sin 2x = t^2 - 1$$

よって

$$y = t(t^2 - 1 - 2)$$
$$= t^3 - 3t \quad （→ア）$$

(2)　　$y' = 3t^2 - 3$
$$= 3(t+1)(t-1)$$

$y' = 0$ とすると　　$t = \pm 1$

①の範囲で増減表を書くと右のようになり

t	$-\sqrt{2}$	$\cdots$	-1	$\cdots$	1	$\cdots$	$\sqrt{2}$
y'		$+$	0	$-$	0	$+$	
y	$\sqrt{2}$	↗	2	↘	-2	↗	$-\sqrt{2}$

$t = -1$ のとき，最大値 2
　　　　　　　　（→イ，ウ）

(3)　$t = -1$ のとき

$$\sqrt{2}\sin\left(x + \frac{\pi}{4}\right) = -1$$

$$\sin\left(x + \frac{\pi}{4}\right) = -\frac{1}{\sqrt{2}}$$

$\dfrac{\pi}{4} \leqq x + \dfrac{\pi}{4} < \dfrac{9}{4}\pi$ であることを考慮して

$$x + \dfrac{\pi}{4} = \dfrac{5}{4}\pi, \ \dfrac{7}{4}\pi$$

$$x = \pi, \ \dfrac{3}{2}\pi \quad (\rightarrow \text{エ}, \ \text{オ})$$

◀経済・法・文・外国語・教育・医療技術・福岡医療技術学部▶

1 **解答** (1)ア．21　イ．35
(2)ウ．63　エ．245　オ．525

◀解　説▶

≪小問 2 問≫

(1) $x+y=4\sqrt{3}$，$x-y=2\sqrt{7}$，$xy=5$ より

$$\frac{\sqrt{x}-\sqrt{y}}{\sqrt{x}+\sqrt{y}}=\frac{x-2\sqrt{xy}+y}{x-y}$$

$$=\frac{4\sqrt{3}-2\sqrt{5}}{2\sqrt{7}}$$

$$=\frac{2\sqrt{21}-\sqrt{35}}{7}\quad(\to\text{ア，イ})$$

(2)　　$2205=3^2\times5\times7^2$，$35=5\times7$，$3675=3\times5^2\times7^2$

b と c の最大公約数が 35，b と c の最小公倍数が 3675 より

$$b=5\times7\times b',\ c=5\times7\times c'\quad(b' \text{と} c' \text{は互いに素な整数で} b'<c')\text{と}$$

おくと

$$5\times7\times b'\times c'=3\times5^2\times7^2$$

$$b'\times c'=3\times5\times7$$

よって，条件を満たす b' と c' の組は以下のとおりである。

$$(b',\ c')=(1,\ 3\times5\times7),\ (3,\ 5\times7),\ (5,\ 3\times7),\ (7,\ 3\times5)$$

$a,\ b,\ c$ の最大公約数が 7 であるので，a は素因数に 5 をもたない。
また，a と b の最小公倍数が 2205 であることを考慮する。

(i)　$(b',\ c')=(1,\ 3\times5\times7)$ のとき

$b=5\times7$，$c=3\times5^2\times7^2$ で，$a=3^2\times7^2$ となり，$a<b$ と矛盾する。

(ii)　$(b',\ c')=(3,\ 5\times7)$ のとき

$b=3\times5\times7$，$c=5^2\times7^2$ で，$a=3^2\times7^2$ となり，$a<b$ と矛盾する。

(iii)　$(b',\ c')=(5,\ 3\times7)$ のとき

$b=5^2\times7$，$c=3\times5\times7^2$ で，b が 5 を素因数として 2 つもつので，条件を
満たさない。

(iv)　$(b',\ c')=(7,\ 3\times5)$ のとき

$b = 5 \times 7^2$, $c = 3 \times 5^2 \times 7$ で, $a = 3^2 \times 7$ または $a = 3^2 \times 7^2$

$a = 3^2 \times 7^2$ は $a < b$ と矛盾するので $a = 3^2 \times 7$

以上より

$a = 63$, $b = 245$, $c = 525$ (→ウ〜オ)

2 解答 (1)ア. 3 イ. 3 (2)ウ. $-\dfrac{1}{4}$ エ. $\dfrac{1}{2}$ オ. $-\dfrac{1}{4}$

◀解 説▶

≪2次方程式の重解条件, 2次関数の最小値≫

(1) 判別式を D とすると, 重解をもつのは

$$\frac{D}{4} = a^2 - (6a - 3b)$$

$$= a^2 - 6a + 3b = 0$$

$$b = \frac{-a(a-6)}{3}$$

$b > 0$ より $0 < a < 6$ ……①

また $b = -\dfrac{a^2}{3} + 2a$

a, b が自然数であることから, a^2 が3の倍数である。

①と合わせて $a = 3$

このとき $b = 3$

よって $a = 3$, $b = 3$ (→ア, イ)

(2) $y = ax^2 + bx + c$ のグラフが $(1, 2b-1)$ を通ることから

$$2b - 1 = a + b + c$$

$$a - b + c = -1 \quad \cdots\cdots①$$

$y = a\left(x + \dfrac{b}{2a}\right)^2 - \dfrac{b^2}{4a} + c$ より, 軸は $x = -\dfrac{b}{2a}$

$y = -3(x - 2b)^2 + 12b^2$ より, 軸は $x = 2b$

$-\dfrac{b}{2a} = 2b$ より $a = -\dfrac{1}{4}$ (→ウ)

$y = -\dfrac{1}{4}(x - 2b)^2 + b^2 + c$ の軸は $x = 2b$ で, $b > 0$ の

とき $b < 2b$ であるから, $0 \leqq x \leqq b$ における最小値

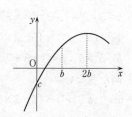

は c $(x=0)$ となる。

よって $c = -\dfrac{1}{4}$ （→オ）

①より $b = \dfrac{1}{2}$ （→エ）

3 **解答** (1) ア. $\dfrac{20}{9}$ イ. $\dfrac{4}{9}$ ウ. 21 (2)エ. $\dfrac{3}{2}$ オ. $\dfrac{7}{6}$

◀解　説▶

≪三角形の内接円，空間図形の切り口≫

(1) 面積について

$$\triangle ABC = \triangle ABD + \triangle ADC$$

$$\dfrac{1}{2} \times 4 \times 5 \times \sin 60° = \dfrac{1}{2} \times 4 \times AD \times \sin 30° + \dfrac{1}{2} \times AD \times 5 \times \sin 30°$$

$$5\sqrt{3} = AD + \dfrac{5}{4} AD$$

$$AD = \dfrac{20\sqrt{3}}{9} \quad （→ア）$$

$\triangle ABC$ に余弦定理を用いて

$$BC^2 = 4^2 + 5^2 - 2 \times 4 \times 5 \times \cos 60°$$
$$= 21$$
$$BC = \sqrt{21}$$

また，AD が $\angle BAC$ の 2 等分線なので

$$4 : 5 = BD : DC$$

$$BD = \dfrac{4\sqrt{21}}{9} \quad （→イ）$$

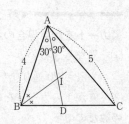

BI が $\angle ABC$ の 2 等分線なので

$$4 : \dfrac{4\sqrt{21}}{9} = AI : ID$$

$$AI : ID = 9 : \sqrt{21} \quad （→ウ）$$

(2) 切り口は右図のようになり，一辺が $\sqrt{2}$ の正三角形を 3 つつなげた形なので，面積は

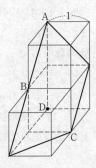

$$\frac{1}{2} \times \sqrt{2} \times \sqrt{2} \times \sin 60° \times 3$$

$$= \frac{3\sqrt{3}}{2} \quad (\rightarrow \text{エ})$$

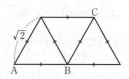

また，切り口より下の部分を下図のように3つに分ける。

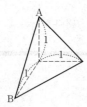 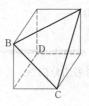 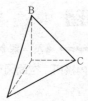

求める体積は

$$1 \times 1 \times \frac{1}{2} \times 1 \times \frac{1}{3} + \left(1 - 1 \times 1 \times \frac{1}{2} \times 1 \times \frac{1}{3}\right) + 1 \times 1 \times \frac{1}{2} \times 1 \times \frac{1}{3}$$

$$= \frac{7}{6} \quad (\rightarrow \text{オ})$$

4 解答

(1)ア. 120　(2)イ. 24　ウ. 6
(3)エ. 78　オ. 64

◀解　説▶

≪カードを配る場合の数≫

(1) 異なる5枚のカードを1列に並べる順列の数なので

5！＝120通り　（→ア）

(2) Aが1のカードを受け取り，残りの4枚のカードを1列に並べる順列の数なので

1×4！＝24通り　（→イ）

また，Aが1，Bが2のカードを受け取り，残りの3枚を1列に並べる順列の数なので

1×1×3！＝6通り　（→ウ）

(3) A，Bともに最初にもっていたカードと異なるカードを受け取る配り方は，下の樹形図のように13通りあり，そのそれぞれについて，C，D，Eの受け取り方は，3！＝6通りあるので

$13 \times 3! = 78$ 通り　（→エ）

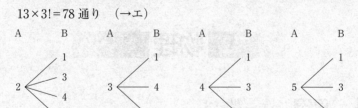

A，B，Cが3人とも最初にもっていたカードと異なるカードを受け取る配り方は，下の樹形図のように32通りあり，そのそれぞれについて，D，Eの受け取り方は $2! = 2$ 通りあるので

$32 \times 2! = 64$ 通り　（→オ）

A B C　　A B C　　A B C　　A B C

2 → 1 → 4,5；3 → 1,4,5；4 → 1,5；5 → 1,4

3 → 1 → 2,4,5；4 → 1,2,5；5 → 1,2,4

4 → 1 → 2,5；3 → 1,2,5；5 → 1,2

5 → 1 → 2,4；3 → 1,2,4；4 → 1,2

物理

1 　解答　a）$\dfrac{mg}{2\tan\theta}$〔N〕

b）床面の垂直抗力：mg〔N〕　摩擦力：$\dfrac{mg}{2\tan\theta}$〔N〕　　c）$\mu \geqq \dfrac{1}{2\tan\theta}$

◀解　説▶

≪棒にはたらく力のつりあい≫

　右図のように，壁が棒の上端 A を垂直方向に押す力の大きさを N_1〔N〕，床が棒の下端 B を垂直方向に押す力の大きさを N_2〔N〕，棒の下端 B が床面から受ける摩擦力の大きさを f〔N〕，棒の長さを L〔m〕とおき，水平方向と鉛直方向の力のつりあいの式と力のモーメントのつりあいの式を立てる。

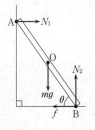

　　水平方向の力のつりあい：$N_1 - f = 0$　　……①
　　鉛直方向の力のつりあい：$N_2 - mg = 0$　　……②
　　B 点のまわりの力のモーメントのつりあい：

$$mg\frac{L}{2}\cos\theta - N_1 L\sin\theta = 0　　……③$$

a）③式より

$$N_1 = \frac{mg}{2\tan\theta}〔N〕$$

b）②式より

$$N_2 = mg〔N〕$$

①式より

$$f = \frac{mg}{2\tan\theta}〔N〕$$

c）すべらない条件は摩擦力が最大摩擦力を超えないことなので

$$\mu N_2 \geqq f$$

b）の結果を代入すると

$$\mu mg \geqq \frac{mg}{2\tan\theta}$$

$$\therefore\quad \mu \geqq \frac{1}{2\tan\theta}$$

2 **解答**　a）$1.00\times10^3\,\mathrm{m/s}$　b）$3.45\times10^2\,\mathrm{m/s}$

　　　　　　　c）$2.70\times10^2\,\mathrm{m/s}$

d）気体の（平均）分子量が小さい方が，音の伝わる速さが大きい。

◀解　説▶

≪音速の測定≫

　時間 1ms が，1×10^{-3}s であることに注意して，長さ 100m のホース中を音が伝わる時間で割れば速さが求まる。

a）　$\dfrac{100}{100\times10^{-3}}=1.00\times10^3\,[\mathrm{m/s}]$

b）　$\dfrac{100}{290\times10^{-3}}=3.448\times10^2\fallingdotseq3.45\times10^2\,[\mathrm{m/s}]$

c）　$\dfrac{100}{370\times10^{-3}}=2.702\times10^2\fallingdotseq2.70\times10^2\,[\mathrm{m/s}]$

3 **解答**　a）0.4A　b）11.6V　c）8.0V　d）6.2V

◀解　説▶

≪直流回路≫

a）　右図は，電池の起電力と内部抵抗を分けて回路を描いたものである。図の矢印の向きに電流が大きさ $I\,[\mathrm{A}]$ で流れるとして，キルヒホッフの第二法則を回路に適用すると

$$12.0-6.0=1.0I+0.5I+4.5I+9.0I$$

$$I=\frac{6.0}{15.0}=0.4\,[\mathrm{A}]$$

b）　電池 E_1 の端子電圧は，AB 間の電位差と等しくなるので

$$12.0+(-1.0\times0.40)=11.6\,[\mathrm{V}]$$

c）　BD 間の電位差は，C を含む側の電位差の合計より

$4.5 \times 0.40 + 0.5 \times 0.40 + 6.0 = 8.0 \, (V)$

d)　電池 E_2 の端子電圧は，BC 間の電位差と等しくなるので，電位の向きに注意して

$0.5 \times 0.40 + 6.0 = 6.2 \, (V)$

化学

◀薬　学　部▶

1 **解答**　問1．A—(ア)　B—(エ)　C—(オ)　D—(ケ)　E—(ク)
　　　　　　　　問2．2.0×10 kJ

問3．(1)(イ)<(ア)<(ウ)

(2)(ア) −0.15℃　(イ) −0.17℃　(ウ) −0.13℃

問4．(1)0.29 mol/L　(2)0.15 mol/L

◀解　説▶

≪希薄溶液の性質，状態変化≫

問1．ラウールは希薄溶液の濃度と蒸気圧降下（沸点上昇）の関係を発見したフランスの化学者である。

問2．水（分子量：18）の各変化に要するエネルギーは

$$0℃の氷 36g → 0℃の水：6.0×\frac{36}{18}=12〔kJ〕$$

$$0℃の水 36g → 50℃の水：4.2×36×50×\frac{1}{1000}=7.56〔kJ〕$$

$$12+7.56=19.5≒2.0×10〔kJ〕$$

問3．(1)　NaCl と $MgCl_2$ は水中で次のように電離する。

$$NaCl \longrightarrow Na^+ + Cl^- \qquad MgCl_2 \longrightarrow Mg^{2+} + 2Cl^-$$

凝固点降下に影響する全溶質粒子の質量モル濃度は

(ア)　0.04×2〔mol/kg〕

(イ)　0.03×3〔mol/kg〕

(ウ)　0.07〔mol/kg〕

となる。

(2)　各溶液の凝固点は，溶質粒子の質量モル濃度に比例するので

(ア)　$\Delta t=1.85×0.04×2=0.148K$　∴　−0.15〔℃〕

(イ)　$\Delta t=1.85×0.03×3=0.166K$　∴　−0.17〔℃〕

(ウ)　$\Delta t = 1.85 \times 0.07 = 0.129\,K$　　∴　　-0.13〔℃〕

問4．ファントホッフの法則から，$\pi = cRT$ より　　$c = \dfrac{\pi}{RT}$

(1)　$\dfrac{7.5 \times 10^5}{8.3 \times 10^3 \times (273 + 37)} = 0.291 \fallingdotseq 0.29$〔mol/L〕

(2)　NaCl は完全に電離するので

$$\dfrac{7.5 \times 10^5}{8.3 \times 10^3 \times (273 + 37)} \times \dfrac{1}{2} = 0.145 \fallingdotseq 0.15\,\text{〔mol/L〕}$$

2　解答

問1．$C_3H_8 + 5O_2 \longrightarrow 3CO_2 + 4H_2O$

問2．9.0 mol　　問3．$3.5 \times 10\,L$　　問4．$5.4 \times 10\,g$

問5．$Zn + 2HCl \longrightarrow ZnCl_2 + H_2$

問6．4.0 mol

問7．残る物質：亜鉛　物質量：(エ)

問8．(ウ)　問9．(オ)

◀解　説▶

≪化学反応式と物質量≫

問4．C_3H_8（分子量：44），H_2O（分子量：18）なので

$$\dfrac{33}{44} \times 4 \times 18 = 54 \quad \therefore \quad 5.4 \times 10\,\text{〔g〕}$$

問7．Zn の物質量（原子量：65）$= \dfrac{5.2}{65} = 0.080$〔mol〕と HCl の物質量

$= 0.20 \times \dfrac{500}{1000} = 0.10$〔mol〕は化学反応式より物質量比 1：2 で反応する

ので，残る物質は Zn で

$$0.080 - \dfrac{0.10}{2} = 0.030 \quad \therefore \quad 3.0 \times 10^{-2}\,\text{〔mol〕}$$

問8．Al と希硫酸との反応は

$$2Al + 3H_2SO_4 \longrightarrow Al_2(SO_4)_3 + 3H_2$$

である。発生した H_2 の物質量が 0.30 mol なので，化学反応式から反応した Al（原子量：27）の物質量が 0.20 mol とわかる。

問9．問8より，粉末中の Al の質量は

$$Al = 27 \times 0.20 = 5.4\,\text{〔g〕}$$

$$\therefore \quad 純度 = \frac{5.4}{6.0} \times 100 = 90 \,(\%)$$

3 解答

問 1．1 —(イ)　2 —(エ)　3 —(イ)　4 —(オ)　5 —(ア)
問 2．CuO　問 3．SO_2
問 4．1．α-アミノ酸　2．チロシン　3．ニンヒドリン　4．赤紫
問 5．$1.0 \times 10^{3.7}$ 倍

━━━━━◀解　説▶━━━━━

≪Cu とその化合物，アミノ酸の性質≫

問 2．$Cu(OH)_2 \longrightarrow H_2O + CuO$

問 3．銅を還元剤，熱濃硫酸を酸化剤とする酸化還元反応である。

$$Cu + 2H_2SO_4 \longrightarrow CuSO_4 + 2H_2O + SO_2$$

問 5．C：$HO-C_6H_4-CH_2-CH(NH_3{}^+)-COOH$
　　　D：$HO-C_6H_4-CH_2-CH(NH_3{}^+)-COO^-$
　　　A：$HO-C_6H_4-CH_2-CH(NH_2)-COO^-$
　　　A2：$O^--C_6H_4-CH_2-CH(NH_2)-COO^-$

K_1 の式より

$$K_1 = \frac{[D][H^+]}{[C]} \qquad \frac{[D]}{[C]} = \frac{K_1}{[H^+]} = \frac{1.0 \times 10^{-2.3}}{1.0 \times 10^{-6}} = 1.0 \times 10^{3.7} \text{ 倍}$$

pH6.0 では，ほとんどが D：双性イオンになっている。

4 解答

問 1．a —(キ)　b —(コ)　c —(テ)　d —(エ)　e —(ト)
　　　f —(イ)　g —(セ)　h —(ク)　i —(エ)　j —(ケ)
問 2．$CH_3CH_2OH \longrightarrow CH_2=CH_2 + H_2O$
問 3．5.6×10 mL
問 4．CHI_3
問 5．(イ)・(ウ)・(キ)
問 6．(i) 880　(ii) 1.9×10 g　(iii) 1.4×10^2 g

━━━━━◀解　説▶━━━━━

≪エタノールの生成と反応，油脂の性質≫

問 3．$2CH_3CH_2OH + 2Na \longrightarrow 2CH_3CH_2ONa + H_2$

Na（原子量：23）の物質量は　$\dfrac{0.115}{23}=0.005\,\text{mol}$

CH_3CH_2OH（分子量：46）20.0 mL は密度が約 0.8 g/mL で，物質量は

$\dfrac{0.8\times20}{46}\fallingdotseq0.35\,\text{mol}$ あり，Na に対して過剰なので，Na から発生する H_2

を求める。

$$\dfrac{0.115}{23}\times\dfrac{1}{2}\times22.4\times1000=56.0\fallingdotseq5.6\times10\,〔\text{mL}〕$$

問 5．ヨードホルム反応は $CH_3-\overset{\|}{\underset{O}{C}}-R$ や $CH_3-\overset{}{\underset{OH}{CH}}-R$ の構造をもつ化合

物で陽性になる（ただし R は水素や炭化水素）。そのため㈱酢酸では陽性

にならない。

問 6．(i) 油脂は高級脂肪酸とグリセリン $CH_2(OH)-CH(OH)$
$-CH_2(OH)$（分子量：92）のエステルである。エステル結合が生成する

ときに H_2O が除かれるので

　　　平均分子量 $=282+280\times2+92-18\times3=880$

(ii) 油脂 1 mol をけん化するには 3 mol の KOH（式量：56）が必要である。

$$\dfrac{100}{880}\times3\times56=19.0\fallingdotseq1.9\times10\,〔\text{g}〕$$

(iii) オレイン酸分子の炭化水素基部分には二重結合が 1 個，リノール酸分子には 2 個存在するので，この油脂 1 mol あたり 5 mol の I_2（分子量：254）が付加反応する。

$$\dfrac{100}{880}\times5\times254=144\fallingdotseq1.4\times10^2\,〔\text{g}〕$$

◀理工・医療技術・福岡医療技術学部▶

1 解答

(1)—×　(2)—○　(3)—○　(4)—×　(5)—○　(6)—×
(7)—○　(8)—×　(9)—×　(10)—○　(11)—×　(12)—×

◀解　説▶

≪原子の構造，分子と共有結合，ハロゲン元素，金属元素，中和，化学反応式と物質量≫

(1)　誤文。原子番号は，その原子の陽子数と等しい。原子の状態であれば電子数とも等しいが，陽イオンでは電子数とは異なる。

(2)　正文。中性子数＝質量数－陽子数。$^{13}_{6}$C は 13－6＝7，$^{14}_{7}$N は 14－7＝7 で等しい。

(4)　誤文。SiO_2 の電子数は原子番号の和＝ 14＋8×2＝30 である。

(6)　誤文。水の密度は 3.98℃ で最大（1.000 g/cm^3）になる。

(8)　誤文。Al の表面に酸化被膜が生じ反応が進まなくなる不動態という状態になる。

(9)　誤文。緑青は $CuCO_3 \cdot Cu(OH)_2$ などが主成分である。

(10)　正文。pH4 の HCl は 1.0×10^{-4}〔mol/L〕，pH12 の NaOH は 1.0×10^{-2}〔mol/L〕であり，同体積を混合すると塩基性になる。

(11)　誤文。C＋H_2O ⟶ CO＋H_2 なので，0.50 mol の H_2O と反応する C は 0.50 mol で 6 g である。

(12)　誤文。M の原子量を x とすると

$$\frac{x}{x+32} \times 100 = 60 \qquad x = 48$$

2 解答

問 1．①—(カ)　②—(エ)　③—(イ)　④—(ア)

問 2．(1)$Z = \dfrac{PV}{RT}$　(2)— b

問 3．(1)それまで全て気体であったが，一部が液化し，気体と液体が同時に存在する状態になった。

(2)蒸気圧曲線

■■■■■ ◀解　説▶ ■■■■■

≪実在気体，状態変化≫

問2．(1)　理想気体 1 mol の状態方程式は $PV = RT$ なので，圧縮率因子 $Z = \dfrac{PV}{RT} = 1.0$ になる。実在気体では P や T の大きさにより，Z は 1 から増減する。

(2)　温度が高くなると，すべての圧力で低温の場合よりも理想気体に近づく。

問3．B—C の直線はシャルルの法則を示している。

3 **解答**　問1．①—(ウ)　②—(キ)
　　　　　　問2．$3Cu + 8HNO_3 \longrightarrow 3Cu(NO_3)_2 + 4H_2O + 2NO$

問3．3.8 g

問4．NO_2

問5．$2NO + O_2 \longrightarrow 2NO_2$

問6．$7.5 \times 10 \, mL$

問7．二酸化窒素の一部が次のように四酸化二窒素に変化し，注射筒内の気体の物質量が減少するため。

　　　$2NO_2 \rightleftharpoons N_2O_4$

■■■■■ ◀解　説▶ ■■■■■

≪NO の発生と反応≫

問1．②NO は水に溶けにくい気体なので，水上置換で捕集できる。

問3．必要な Cu の質量を y〔g〕とすると，問2より必要な Cu と生成する NO の物質量比は 3：2 であり，気体の状態方程式より

$$y = \frac{1.0 \times 10^5 \times 1.0}{8.31 \times 10^3 \times (273 + 27)} \times \frac{3}{2} \times 63.5 = 3.82 \fallingdotseq 3.8 \,〔g〕$$

問4．NO は無色，NO_2 は赤褐色である。

問5・問6．問4より NO と O_2 は物質量比 2：1 で反応し，NO_2 が NO と同じだけ生成する。

$$2NO \ + \ O_2 \ \longrightarrow \ 2NO_2$$

	$2NO$	O_2	$2NO_2$	
反応前	50 mL	50 mL	0 mL	= 100〔mL〕
反応後	0 mL	25 mL	50 mL	= 75〔mL〕

反応前後の圧力が同じであれば注射筒内の気体の体積は 75 mL である。

問 7．NO_2 の一部が N_2O_4 に変化し，気体全体の物質量が減少するため体積は 75 mL より小さくなる。この反応は可逆反応である。N_2O_4 は無色である。

4　解答

問 1．$C_3H_6O_2$

問 2．化合物 A：CH_3COOCH_3

化合物 B：$HCOOCH_2CH_3$

化合物 C：CH_3COOH　化合物 D：$HCHO$

化合物 E：$HCOOH$　化合物 F：CH_3CHO

化合物 G：$CH_3CH_2OCH_2CH_3$　化合物 H：$CH_2{=}CH_2$

化合物 I：$HOCH_2CH_2OH$

◀解　説▶

≪脂肪族エステルの加水分解生成物の反応≫

問 1．化合物中の炭素は 48.6 ％，水素は 8.1 ％なので，酸素は 43.3 ％である。

$$C : H : O = \frac{48.6}{12} : \frac{8.1}{1.0} : \frac{43.3}{16} = 4.05 : 8.10 : 2.70 = 3 : 6 : 2$$

組成式は $C_3H_6O_2$ で化合物 A と化合物 B はエステルなので，分子内にエステル結合 $-COO-$ が存在する。

$(C_3H_6O_2)_n = 74$ より　　$n = 1$

よって，分子式も $C_3H_6O_2$ である。

問 2．

化合物 A　　　　化合物 C
$CH_3COOCH_3 \longrightarrow CH_3COOH$
　　　　　　　　化合物 D　　化合物 E
　　　$\longrightarrow CH_3OH \longrightarrow HCHO \longrightarrow HCOOH$

化合物 B　　　　化合物 E
$HCOOCH_2CH_3 \longrightarrow HCOOH$
　　　　　　　　　　　　　　化合物 F　　　化合物 C
　　　$\longrightarrow CH_3CH_2OH \longrightarrow CH_3CHO \longrightarrow CH_3COOH$
化合物 G　　　　　　　　化合物 H　　　化合物 I
$CH_3CH_2OCH_2CH_3$　$CH_2{=}CH_2 \longrightarrow HOCH_2CH_2OH$

化合物 D と化合物 F にはホルミル基があるため，フェーリング液を還元す

る。

化合物Ｈから化合物Ｉの反応を，酸化剤 $KMnO_4$ を用いて中性または塩基性条件で行った場合，反応式は

$$3CH_2=CH_2+2KMnO_4+4H_2O$$

$$\longrightarrow 3HOCH_2CH_2OH+2MnO_2+2KOH$$

となる。なお，化合物Ｉはエチレングリコール（1,2-エタンジオール）である。

生物

1 解答

問1. a. カルシウムイオン　b. 副腎
c. すい臓のランゲルハンス島　d. 脳下垂体
e. チロキシン　f. 甲状腺刺激ホルモン放出ホルモン
g. 甲状腺刺激ホルモン

問2. ㈑神経分泌細胞　㈿成長ホルモン

問3. ㈑標的器官

㈿ホルモンAの分泌量は少なくなり，糖質コルチコイドの分泌量は多くなる。（40字以内）

◀解　説▶

≪内分泌腺，ホルモンの分泌量の調節≫

問1. a. 副甲状腺はヒトでは甲状腺の背中側に2対4個あり，甲状腺とは別の臓器である。パラトルモンという血中のカルシウムイオン濃度を上昇させるホルモンを分泌する。

b. アドレナリンは副腎髄質から，鉱質コルチコイドと糖質コルチコイドは副腎皮質から分泌される。

問3. ㈑標的器官にあるそのホルモンの受容体をもつ細胞を，標的細胞という。

㈿ホルモンAは副腎皮質刺激ホルモン放出ホルモン，ホルモンBは副腎皮質刺激ホルモンである。副腎皮質刺激ホルモン，鉱質コルチコイド，糖質コルチコイドはどれも，脳下垂体に対して副腎皮質刺激ホルモン放出ホルモンの分泌を抑制する，負のフィードバック効果をもっている。したがって，副腎皮質刺激ホルモンの血中濃度が増えた結果，糖質コルチコイドの分泌量は増えるが，負のフィードバックにより副腎皮質刺激ホルモン放出ホルモンの分泌は抑制される。

2 解答

問1. ①・③・④　問2. ㈑

問3. 海馬　問4. ㈾　問5. 変異型

問6. Ⅰ. シナプス　Ⅱ. 神経伝達物質　Ⅲ. 樹状

■━━━━━◀解　説▶━━━━━■

≪記憶と学習に関する実験，中枢神経のシナプス≫

　避難用プラットホームは水面下に沈んでいるが，この上に登ればマウスの顔は水面上に出るので休むことができる。また，マウスが水面上から避難用プラットホームを目で見て確認できないので，最初から避難用プラットホームを目指して泳ぐことができないことが，この実験のポイントである。

問１．経験によって獲得した行動をとるようになることを，学習という。

①古典的条件付けと呼ばれる学習の一種である。

②負の重力走性であり，生得的行動である。

③ミツバチが青色の紙の上に蜜があることを学習した結果であり，オペラント条件付けという学習の一種である。

④この行動は，最初はある個体の試行錯誤学習または知能行動で起きたものと考えられる。これはどちらも学習の一種である。しかし，その後群れの中にこの行動が広まっていくのは，別の個体が他の個体が行っていることを観察してまねをすることによっておきる。これも学習による行動である。

⑤カイコガの性フェロモンを用いた情報伝達による行動は生得的であり，学習による行動ではない。

⑥繁殖時期のイトヨの雄は，腹の赤い他の雄だけでなく，下部を赤く塗った模型も攻撃する。つまり，下部が赤い物体をかぎ刺激とした固定的動作パターンであり，生得的行動の一種である。

問２．図３の60秒後のマウスの滞在位置より，マウスは三角形と六角形のマークの間に避難用プラットホームがあることを記憶していると考えられる。

(B)不適。遊泳距離は(1)が長く(2)と(3)が短い。到達に要する時間も違うので，泳いでいる時間を記憶して行動したとは考えられない。

(C)不適。丸と四角形のマークの間が＜説明文１＞の実験のスタート地点であったが，それを記憶しても定位の基準が決まらないので，泳ぐ方向はランダムになるはずである。

(D)不適。＜説明文１＞ではスタートの位置からプールの中心の反対側に避難用プラットホームがある。そのように記憶した場合，(1)では成立するが，

スタートの位置の近くに滞在した(2)と(3)では成り立たない。

問3．辺縁皮質とその周辺の構造群を合わせて大脳辺縁系という。海馬は側頭葉の奥に，左右対称に2つ存在する。海馬は新しい記憶を短期的に保持する。

問4．海馬が機能不全になったマウスでは，記憶能力が大きく損なわれるので，避難用プラットホームに到達するまでの時間がなかなか短縮されていない(ウ)を選ぶ。

問5．避難用プラットホームの位置を記憶している野生型マウスは，三角形と六角形の間にあるDに移動するので，図5グラフのうちDに滞在した時間の割合が小さい黒棒が変異型マウスの結果であると考えられる。

問6．CA1 の CA は Cornet d'Ammon（海馬 Hippocampus の別名アンモン角）のこと。NMDA 受容体はグルタミン酸をリガンド（タンパク質やその他の生体分子に特異的に結合し，複合体を形成する物質）とするが，NMDA（N-メチル-D-アスパラギン酸）も受容することができる。記憶や学習は中枢におけるシナプス・リガンドの受容体・チャネルなどの数の変化が関与する。これらの数が増えると，シナプス後電位の閾値を超えるのが速やかになり，他のニューロンに情報を伝えるのが速くなる。

3 　解答 　問1．ア．光周性　イ．長日　ウ．短日　エ．限界
　　　　　　　オ．光中断
問2．②　問3．①　問4．①・④　問5．②　問6．⑥
問7．アブシシン酸

━━━━━━━━　◀解　説▶━━━━━━━━

≪植物の花芽形成，頂芽優勢，気孔の開閉≫

問2．長日植物はコムギ・シロイヌナズナ・ホウレンソウ，短日植物はキク・アサガオ・イネ（晩生品種），中性植物はトマトである。イネなどは同じ種類でも品種間で光周性が異なることがあり，また，気温などの環境条件で反応が異なるものがある。

問4．頂芽優勢は，頂芽で合成されたオーキシンが下降して，側芽付近でのサイトカイニンの合成を阻害することによってみられる。

①正しい。サイトカイニンの合成が阻害されなくなるので，側芽が成長する。

②誤り。頂芽の成長はオーキシンにより促進され，側芽の影響を受けない。
③誤り。頂芽を切り取ることで，サイトカイニンの合成を阻害していたオーキシンの濃度が低下するうえに，人為的にサイトカイニンを与えているので，側芽の成長は促進される。
④正しい。側芽に人為的にサイトカイニンを与えることで，側芽の成長が促進される。
⑤誤り。サイトカイニンはオーキシンのように下方へは移動しないと考えられるので，頂芽に与えても側芽への影響はないと考えられる。
問5．フロリゲンは，葉で合成されるタンパク質であり，師管を通じて茎頂に移動すると茎頂分裂組織を花芽に分化させる。シロイヌナズナではFT タンパク，イネでは Hd3a タンパクがフロリゲンに相当する。

国語

一　出典　熊井淑子『黒の服飾史』〈第一章　多用（たよう）色使い（いろづかい）の忌避　1　危険なポリクローム〉（河出書房新社）

解答

問一　①奇異　②醸成

問二　イ

問三　ウ

問四　危険

問五　イ

問六　厳格

問七　〔2〕

問八　人それぞれに違った運命を気まぐれに与える性格。（十五字以上二十五字以内）

◀解説▶

問二　第三段落で〈カラフルな色使い＝危険〉という主張を述べ、その具体例を〈第四段落＝道化服〉〈第五段落＝娼婦〉と並べている。〈並列・添加〉を表す語が入ると理解する。

問三　直前の「けばけばしい色で塗られた写本挿絵」と後部の「鮮やかな彩色写本」との対応関係を踏まえ、その直後の「罠」と同じ構造の文が入ると理解する。「罠」は〈引き寄せられる→問題の発生〉の構図なのでウが正解。アも文章として全く成り立たないわけではないが、「魅せられ→感覚を取り戻し→不安にかられて」よりは「魅せられ→感覚を失い→不安にかられて」のほうが「罠」の情景をより適切に示している。

問四　直後の「サイン」を手がかりにして一段落前を見ると「危険のしるし」とある。

問五　C、直前の「少ない色数で」と直後の「ヨーロッパ人」を手がかりにして該当部分を確認する。第二段落末尾に「ヨーロッパの人びとは……少ない色数で……統一する」とある。D、直後の「態度」を踏まえて後部を見ると「自然の色に対する彼我の態度」とある。E、直前の「わたしたちの街が」と直後の「あふれている」を手がかりにして該当部分を確認

する。第二段落に「わたしたち日本の街……色があふれかえって」とある。

問六　直前の「日本人は『色に』」という記述を踏まえると、反対語は〈ヨーロッパ人は『色に』〉という記述につながるような言葉だと考えられるので、該当する箇所を探す。第三段落冒頭に「ヨーロッパの人びとはなぜ色に厳しく向き合うのか」とある。辞書的には「狭量」「偏狭」も対義語だが、これらは主に人間的な器の小ささを表現した熟語なので、文意とややズレると思われる。

問七　挿入文「このような色に対する禁欲的な態度」より、この文の前部に「禁欲的な態度」についての記述があると考える。また挿入文「黒い服を着る歴史」より、この文の後部に「歴史」についての記述があると考える。第二段落に「色に禁欲的」という記述があり、第三段落に「ヨーロッパ中世」の話があるので、この間に入ると理解する。

問八　傍線部「このような」を踏まえて前部で女神の性格を確認する。「彼女が気まぐれであること」「ひとそれぞれに違った運命を与える」とあるので、これらの記述をまとめる。

二 **出典**　山口裕之『「みんな違ってみんないい」のか？──相対主義と普遍主義の問題』〈第一章 「人それぞれ」論はどこからきたのか〉（ちくまプリマー新書）

解答　問一　①徴収　②歌謡曲
　　　　　問二　イ

問三　B─ウ　C─イ

問四　ウ

問五　エ

問六　エ

◀**解　説**▶

問二　直前の「平等の理念」と直後の「少数者に平等な権利を保証しよう という……モチーフ」は〈同じ意味〉である。〈言い換え・同一〉を表す イ「つまり」が入る。

問三　B、直後の「非民主的」がヒント。主権が人民になく、特定の人物 に集中している状態を指す語を選ぶ。 C、直前の「社会福祉や公営事業……を政府から切り離せ」がヒント。と

ちらも政府が〈財政を支出〉して成り立つものである。

問四　前文の「正しさはそれぞれ」および次文の「多様性を求める……声」という記述を踏まえて選択肢を選ぶ。

問五　挿入文の「フランス現代思想」「難解」を手がかりにして該当部分を探す。第三段落に「フランス現代思想……自由を尊重しつつも……平等の理念を重視」とあり、第六段落に「自由と平等を何とか両立させるために……理論は……難解になりがち」とあるので、この後に挿入文が入ると理解する。

問六　第七段落に「自由を偏重……他人と関わらないでおこう……連帯を広めていこうということが、そういう面倒なことを一切しない」とあるので、エの後半「自由と連帯の両立であれば容易に可能」が不適。

三　出典　国立国語研究所編『日本語の大疑問 眠れなくなるほど面白い ことばの世界』〈第六章 歴史で読み解く日本語の不思議 むかしの落書きにはどんなことが書かれているのですか〉(幻冬舎新書)

解答　問一　①眠(られた) ②話写
問二　A、手習い　B、文字　C、楽書
問三　ナ
問四　ものもあります。
問五　呪文

◀解説▶
問二　A、直後の「の歌」という記述を手がかりにして前部を見ると、二段落前に「手習いの歌」とある。二段落後の「古代において……必死に文字を学ぼうとしていました」もヒント。

B、直後の「格闘していた」が前文の「学ぼうとしていました」に対応していると考えて、その直前の「文字」が入ると理解する。

C、直後の段落の「落書」ではなく「楽書」と書かれている」が、空欄の「狂歌」のことというについての記述であることを理解する。

問三　「不心得」とは、心がけが良くないこと・よろしくない考えを持つこと・作法がなっていないこと、という意味。〈不謹慎・不真面目〉の意味とつながる言葉である。

問四　挿入文の「観音堂」「同じ歌」「書き付け」という語を手がかりにして該当部分を探す。第七段落に「観音堂」「書き付けた」「歌を書き付けた」とあり、また同段落に「書きおくる……」という歌があるので、これが「同じ歌」のことであると理解し、その直前部に挿入文が入ると理解する。

問五　傍線部「文字に特別な力」を〈特別な力を持つ文字〉と置き換えて、同じ意味を持つ三文字の熟語を探す。第九段落に「呪文」とある。その前の「観音巡礼に訪れた人たちは、下級の武士など、文字にあまり習熟していない人たちでした」が傍線部直前の「文字という表現手段を獲得したばかりの人」という表現と重なることも、ヒントになる。

■一般選抜Ⅱ期

問題編

▶試験科目・配点

学部学科	科　目	出題範囲	科目選択	配　点
薬	英　語	コミュニケーション英語Ⅰ・Ⅱ・Ⅲ，英語表現Ⅰ・Ⅱ	必須	100 点
	数　学	数学Ⅰ・Ⅱ・A		100 点
	化　学	化学基礎・化学		100 点
経済・法・文（社会・心理）・外国語	英　語	コミュニケーション英語Ⅰ・Ⅱ・Ⅲ，英語表現Ⅰ・Ⅱ	必須	各科目100 点 合計300 点満点＊1
	日 本 史	日本史B	5 科目から2 科目選択	
	世 界 史	世界史B		
	政治・経済	政治・経済		
	数　学	数学Ⅰ・A		
	国　語	国語総合（古文・漢文を除く）		
文（日本文化・史）・教育	英　語	コミュニケーション英語Ⅰ・Ⅱ・Ⅲ，英語表現Ⅰ・Ⅱ	必須	各科目100 点 合計300 点満点＊2
	日 本 史	日本史B	4 科目から1 科目選択	
	世 界 史	世界史B		
	政治・経済	政治・経済		
	数　学	数学Ⅰ・A		
	国　語	国語総合（古文・漢文を除く）	必須	
理工①	英　語	コミュニケーション英語Ⅰ・Ⅱ・Ⅲ，英語表現Ⅰ・Ⅱ	必須	各科目100 点 合計300 点満点＊3
	数　学	数学Ⅰ・Ⅱ・A・B		
	物　理	物理基礎・物理	2 科目から1 科目選択	
	化　学	化学基礎・化学		

理工②	英　　語	コミュニケーション英語Ⅰ・Ⅱ・Ⅲ，英語表現Ⅰ・Ⅱ	必須	各科目100点
	数　　学	数学Ⅰ・Ⅱ・A・B	3科目から2科目選択※ただし数学重点型および理科重点型については「数学」を選択必須	
	化　　学	化学基礎・化学		合計300点満点＊4
	生　　物	生物基礎・生物		
医療系①	英　　語	コミュニケーション英語Ⅰ・Ⅱ・Ⅲ，英語表現Ⅰ・Ⅱ	必須	各科目100点
	数　　学	数学Ⅰ・A	5科目から2科目選択	
	物　　理	物理基礎・物理		
	化　　学	化学基礎・化学		合計300点満点
	生　　物	生物基礎・生物		
	国　　語	国語総合（古文・漢文を除く）		
医療系②	英　　語	コミュニケーション英語Ⅰ・Ⅱ・Ⅲ，英語表現Ⅰ・Ⅱ	必須	
	日　本　史	日本史B	8科目から2科目選択	
	世　界　史	世界史B		
	政治・経済	政治・経済		各科目100点
	数　　学	数学Ⅰ・A		
	物　　理	物理基礎・物理		合計300点満点
	化　　学	化学基礎・化学		
	生　　物	生物基礎・生物		
	国　　語	国語総合（古文・漢文を除く）		

理工①：機械・精密システム工，航空宇宙工，情報電子工学科
理工②：バイオサイエンス学科
医療系①：医療技術（視能矯正・看護・診療放射線・臨床検査・スポーツ医療〈救急救命士〉・柔道整復）・福岡医療技術学部
医療系②：医療技術（スポーツ医療〈健康スポーツ〉）学部

▶備　考

- 試験日自由選択制。3 日程分のうち各科目とも代表的な問題を 1 種類抜粋して掲載。
- 上記のほかに書類審査がある。
- 「数学B」は「数列，ベクトル」から出題する。
- 理工学部においては，均等配点型，数学重点型，理科重点型にて点数を算出し，高得点を合否判定に採用する。
- 理工学部航空宇宙工学科ヘリパイロットコースは，一次選考（上記の学科試験，書類審査）に合格し，二次選考出願資格を満たした者に限り，二次選考（適性検査，面接）を行い合否を判定する。
- 薬・医療技術・福岡医療技術学部は上記のほかに面接が課される。
- ＊1 ～＊4 については，下記のように傾斜配点を行う。

　＊1：文学部社会学科では「日本史」「世界史」「政治・経済」「数学」のうち高得点 1 科目を 150 点満点とする。なお，合計点は 350 点満点を 300 点満点に換算する。

　　　外国語学部外国語学科英語コース・国際日本学科では「英語」を 150 点満点とする。なお，合計点は 350 点満点を 300 点満点に換算する。

　＊2：文学部日本文化学科・史学科では「国語」を 150 点満点とする。なお，合計点は 350 点満点を 300 点満点に換算する。

　＊3：数学重点型では「英語」を 50 点満点，「数学」を 150 点満点とし，理科重点型では「英語」を 50 点満点，「物理」「化学」を 150 点満点とする。

　＊4：数学重点型では「英語」を 50 点満点，「数学」を 150 点満点とし，理科重点型では「英語」を 50 点満点，「化学」「生物」を 150 点満点とする。

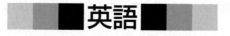

（60 分）

〔 **1** 〕　次の英文を読んで，設問に答えなさい。

How much garbage do you produce in a day?

I started thinking about this after attending a talk by Bea Johnson, an *advocate of zero-waste living.　Her family of four (herself, her husband and two sons) produce so little trash (①) their annual household *rubbish fits into a single glass jar.　They accomplish this in a few ways.　First, they don't buy packaged items, instead putting *foodstuffs into their own glass jars and bags.　They also reduce the things they own to <u>the bare essentials</u>, and use the ② same product for many things.

For instance, Johnson uses vinegar and baking soda to clean.　Also, her wardrobe consists of (③) just fifteen items of clothing.　"A zero-waste lifestyle is not about *depriving yourself," she said.　"It's about focusing your time and resources on what's important, and you'll find yourself saving time and money, as well as having better health."

Johnson, a French native living in California, explains all <u>this</u> and more in her book Zero ④ Waste Home, a guide to reducing waste and simplifying one's life.　I read the book a few years ago and tried to follow her 5R's: Refuse, Reduce, Reuse, Recycle and *Rot in that order.

But my motivation and self-discipline didn't last.　After a few weeks, I'd *lapsed into my old habits of buying packaged goods.　It was especially hard for me to resist potato chips and stationery.　I also found <u>it</u> hard to say no to well-meaning gifts from family and friends.　What ⑤ I've managed to do successfully is to say no to plastic bags and to use my own *utensils instead of disposables when eating out.　But the amount of trash I produce is still (⑥) more than ideal.

But after Johnson's talk, I decided I would give the zero-waste lifestyle (⑦) go.　I'm not sure if I can be as successful as she has been in reducing waste, but I can definitely try to do more.　Johnson said it was important to start small, and to ensure that the changes were *sustainable.　She also emphasized that it is impossible to change your lifestyle overnight.

I thought about what I could do immediately.　I could use my own containers when I buy takeaway food.　I could shop less at the supermarket and more at the *wet markets, which allow customers to purchase fresh food without packaging.　Besides, the wet markets offer fresher food at better prices, and friendly *stall owners often give away stuff for free, like chilies or garlic with the vegetables you buy.

Will I succeed in cutting my waste as dramatically as Bea Johnson did? (⑧   ), but I will definitely try.

注) advocate：唱道者　　rubbish：ゴミ　　foodstuff：食料品

deprive oneself：自制する　　rot：堆肥化する　　lapse：しくじる

utensil：(スプーンやカップなど) 容器, 用具　　sustainable：持続可能な

wet market：生鮮市場　　stall：屋台小売店

問1　文中の空欄(　①　)に入れるのに最も適切なものを，次のア〜エから一つ選び，記号で答えなさい。

　　ア．which　　　　イ．that　　　　ウ．what　　　　エ．as

問2　文中の下線部 the bare essentials の意味について，最も相応しいものを，次のア〜エから一つ選び，記号で答えなさい。
　　②

　　ア．ありのままで本質的な

　　イ．熊に本来備わっているもの

　　ウ．必要最小限のもの

　　エ．簡単に抽出できるエッセンス

問3　文中の空欄(　③　)に入れるのに最も適切なものを，次のア〜エから一つ選び，記号で答えなさい。

　　ア．of　　　　　イ．in　　　　　ウ．about　　　　エ．at

問4　文中の下線部 this に含まれていないものを，次のア〜エから一つ選び，記号で答えなさい。
　　④

　　ア．Not to buy packaged items

　　イ．To have only fifteen clothes

　　ウ．To write a book about zero waste

　　エ．To use vinegar for cleaning

問5　文中の下線部 it の内容を，20文字程度の日本語で説明しなさい。　　〔解答欄〕22 文字
　　⑤

問6　文中の空欄(　⑥　)に入れるのに最も適切なものを，次のア〜エから一つ選び，記号で答えなさい。

　　ア．way　　　　　　　　　　　　イ．away

　　ウ．long　　　　　　　　　　　　エ．along

問7　文中の空欄(　⑦　)に入れるのに最も適切なものを，次のア〜エから一つ選び，記号で答えなさい。

　　ア．other　　　　　　　　　　　イ．another

ウ．once more　　　　　　　　　　　　エ．again

問8　文中の空欄（　⑧　）に入れるのに最も適切なものを，次のア～エから一つ選び，記号で答えなさい。

ア．It may be too late to tell　　　　　　イ．It is too difficult to tell

ウ．It may be too early to tell　　　　　　エ．It is easy enough to tell

問9　本文の内容と一致するものを，次のア～エから一つ選び，記号で答えなさい。

ア．ゴミをゼロにしようとすることは無理である。

イ．スーパーより小売店での購入のほうが環境によい。

ウ．子どもがいる世帯ではゴミは減らない。

エ．フランス人はゴミを出さない努力をする。

〔 **2** 〕　次の文中の空欄（　1　）～（　5　）に入る最も適切な語句をそれぞれア～エから一つ選び，記号で答えなさい。

The World Economic Forum on July 13 released the Gender Gap Index, which quantifies the gaps between men and women in four areas: economy, politics, education and health.　Japan （　1　）lowest among the Group of Seven advanced economies and 116th out of 146 countries in the world.　Makiko Eda, the chief representative officer for Japan at World Economic Forum Tokyo, contributed this article to The Japan News about the report.

Summary

・Japan is the lowest-ranking of the G7 countries for gender *equality, according to the Gender Gap Index.

・Progress is being made in some policy areas and society is beginning to（　2　）some of its outdated views on gender roles.

・Public-private initiatives are working to *accelerate gender equality but more work is needed.

*Diversity is not only about being inclusive in terms of gender equality.　But the inability of companies and organizations to incorporate the largest minority group, women, （　3　）that they are not being inclusive to other minority groups.　The latest Gender Gap Index by the World Economic Forum placed Japan at the bottom of the G7 countries again.　This is a clear sign that not only women but other minority groups are left behind.

Diversity is a source of *innovation; an essential element for a nation's growth, especially for

Japan, which suffered from lack of economic growth for some time. Recently, I've noticed an awareness and open discussion in Japan around the issue of gender equality. Public opinion seems to be (4) gender equality, as ideas that are not bound by gender are becoming more *prevalent. There is a movement to review actions and behaviors, which, just a few years back, would have been laughed off and overlooked. The public is no longer laughing.

Ahead of the Tokyo 2020 Olympics, the former creative director in charge of the opening and closing ceremony was forced to leave the position for communicating *derogatory remarks in a group online chat about a female celebrity whom he suggested should appear as an "Olympig". Today, women are gradually assuming leadership roles in political and economic spheres. Last spring, the Japan Business Federation (or Keidanren) (5) Tomoko Namba, founder and chairwoman of online service provider DeNA Co., as the first female vice-chair in its 75-year history.

注) equality：平等　　accelerate：加速する　　diversity：多様性　　innovation：技術革新
　　prevalent：流行っている　　derogatory：軽蔑的な

(1)　ア．linked　　　　イ．ranked　　　　ウ．looked　　　　エ．replaced
(2)　ア．slow　　　　　イ．estimate　　　ウ．shed　　　　　エ．exist
(3)　ア．indicates　　　イ．includes　　　ウ．delivers　　　エ．decides
(4)　ア．encouraged　　イ．encouraging　ウ．equipped　　　エ．equipping
(5)　ア．praised　　　　イ．pointed　　　ウ．approved　　　エ．appointed

出典追記：Makiko Eda, How Japan can embrace gender equality and nurture a more inclusive society, The Japan News, July 13, 2022, 一部改変

〔**3**〕 次の文中の空欄（　）に入る最も適切な語句をそれぞれア～エから一つ選び，記号で答えなさ
い。

1. (　) calls to hasten the project, various circumstances have prevented it.

　　ア．Though　　　　　　　　　　イ．However

　　ウ．In spite　　　　　　　　　　エ．Despite

2. In order (　) microplastic, we should be using natural materials which are non-toxic.

　　ア．of removal　　　　　　　　イ．to remove

　　ウ．to removal　　　　　　　　エ．at removing

3. If (　) were not for your advice, our project would fail.

　　ア．there　　　　　　　　　　イ．it

　　ウ．we　　　　　　　　　　　エ．they

4. He loves water sports, so he is happy as (　) he is close to water.

　　ア．well as　　　　　　　　　イ．for

　　ウ．long as　　　　　　　　　エ．a matter of fact

5. The high-tech world in (　) we live now is becoming busy and complex.

　　ア．where　　　　　　　　　　イ．who

　　ウ．which　　　　　　　　　　エ．that

〔**4**〕　次の日本文とほぼ同じ意味になるように下の語句を並べ替えたとき，文中の空欄（　＊　）に入る語
　　句として最も適切なものをそれぞれア〜カから一つ選び，記号で答えなさい。

1. 産業化された社会に生きている人々の寿命は急速に伸びています。

The life （　　　）（　　　）（　　　）（　　　）（　＊　）（　　　）rapidly.

ア．is increasing　　　　　イ．who live in　　　　　ウ．expectancy

エ．societies　　　　　　　オ．industrialized　　　　カ．of people

2. 木々は，動物に住処を提供し，空気をきれいにし，酸素を供給してくれる。

Trees provide （　　　）（　　　）（　　　），（　＊　）（　　　），（　　　）oxygen.

ア．and produce　　　　　イ．for　　　　　　　　　ウ．a home

エ．clean　　　　　　　　　オ．the air　　　　　　　カ．some animals

3. 低い日照水準によるうつ症状が，冬になると疲れやすくなったり，悲しい気持ちになったりする
　人がいることの理由を説明してくれるかもしれない。

The depressive effect of low sunlight （　　　）（　　　）（　＊　）（　　　）（　　　）
（　　　）feelings of tiredness and sadness in winter.

ア．suffer from　　　　　イ．may help　　　　　　ウ．some people

エ．why　　　　　　　　　オ．levels　　　　　　　　カ．explain

4. 無謀な運転者は愚かな運転をすることにより危険な状況をつくり出しているためすべての人に危
　険をさらしている。

Aggressive drivers are （　　　）（　　　）（　＊　）（　　　）（　　　）（　　　）conditions
by acting and driving foolishly.

ア．they　　　　　　　　　イ．endangering　　　　　ウ．create

エ．everyone　　　　　　　オ．dangerous　　　　　　カ．because

5. 毎日の運動と良質な食生活が健康でいるための最も重要な2つの要素です。

Exercising （　　　）（　　　）（　　　）（　＊　）（　　　）（　　　）the two most important
things to keep you healthy.

ア．a good　　　　　　　　イ．are　　　　　　　　　ウ．eating

エ．and　　　　　　　　　　オ．daily　　　　　　　　カ．diet

■日本史■

（2科目 120分）

〔 **1** 〕　次の文を読んで，下記の問1〜問5に答えなさい。

　　9世紀には最澄や空海が唐で仏教の教えを学び，天台宗や真言宗を開いた。最澄が結んだ草庵に
①
はじまる比叡山延暦寺は，後に仏教教学の中心となり，浄土教を広めた源信や鎌倉新仏教の開祖たちも
ここで教えを受けた。一方，空海は高野山に（　a　）を建てるとともに，嵯峨天皇から平安京の教王
護国寺（東寺）を賜り，密教の教えをひろめた。天台宗にも，最澄の弟子である円仁・円珍によって
密教が取り入れられた。こうした密教は，加持祈禱により災いを除き，幸福を招くという現世利益の
面で，貴族の期待にこたえようとするものであった。密教芸術も発展し，密教の世界観を表現した絵
画である（　b　）が教王護国寺に伝わるほか，室生寺弥勒堂釈迦如来坐像のような一木造の仏像も多
くつくられた。

　　10世紀になると，極楽往生を願う浄土教の信仰が盛んになる。市聖とよばれた（　c　）は念仏を
②
唱えることを京の市などで説き，源信も『往生要集』を著して念仏による極楽往生の教えを説いた。
こうした信仰は末法思想のひろまりとともに一層盛んとなり，阿弥陀如来が来臨する様子を表現する
（　d　）もさかんに描かれるなど，仏教芸術にも大きな影響を与えた。

　　12世紀末頃から，内面の深まりをもちながら新しい仏教を模索する動きがでて，（　e　）がただ
念仏を唱えれば極楽往生できるとする専修念仏を説いたほか，その弟子の親鸞が悪人こそ仏に救済さ
れるという　 A 　説を唱え，浄土真宗の開祖として信仰された。また，宋から伝わった禅宗が関
東の武士などに支持され，　 B 　宗を日本に伝えた栄西が建仁寺を創建した。ほかにも北条時宗
の保護を受けて無学祖元が（　f　）を建立するなど，禅宗様の寺院建築が多くつくられた。仏教建築
では，大仏様の建築様式で再建された東大寺南大門も特徴的である。これは，（　g　）が各地で寄付
を集める勧進上人となり，宋人陳和卿の協力を得て再建したものである。

問1　文中の空欄（　a　）〜（　g　）にあてはまる語句を，下の【語群】の中からそれぞれ選び，そ
　　の記号で答えなさい。

【語群】
　　ア．来迎図　　イ．大和絵　　ウ．空也　　　エ．建長寺　　オ．重源

　　カ．曼荼羅　　キ．円覚寺　　ク．金峯山寺　　ケ．金剛峯寺　　コ．過去現在絵因果経

　　サ．法然　　　シ．道元　　　ス．浄智寺　　　セ．運慶　　　ソ．蒔絵

問2　文中の空欄　 A 　にあてはまる語句を，漢字4文字で答えなさい。

問3　文中の空欄　 B 　にあてはまる語句を，漢字2文字で答えなさい。

問4　文中の下線部①に関連して，これらの信仰と在来の山岳信仰とが結びついたもので，役小角が
　　　開祖とされた信仰を何というか。漢字3文字で答えなさい。

問5　文中の下線部②の影響を受けた建築物として誤っているものを以下から一つ選び，その記号で
　　　答えなさい。

　　　ア．平等院鳳凰堂　　　イ．白水阿弥陀堂　　　ウ．富貴寺大堂　　　エ．室生寺金堂

〔2〕　次の文を読んで，下記の問1〜問6に答えなさい。

　　　1615年（元和元），江戸幕府は大名の居城を一つに限る法令を出すとともに，武家諸法度（元和
　　　　　　　　　　　　　　　①
令）を制定した。その後，1635年（寛永12）には（　a　）によって新たな武家諸法度（寛永令）が
　　　　　　　　　　　　　　　　　　　　　　　　　　　　　　　　　　　②
発布され，大名は厳しく統制された。

　　　1651年（慶安4）に由井正雪の乱が起こると，幕府は大名の末期養子の禁止を（　b　）し，大名
　　③
家の断絶による牢人（浪人）発生を防ぐ方針をとった。

　　　朝廷や公家に対しては，1615年に禁中並公家諸法度を制定し，朝廷と幕府の事務連絡には2人の
　　　　　　　　　　　　　　　　④
公家を（　c　）に任命した。

　　　寺院に対しては，寺院法度を出し，宗派ごとに本山の地位を保証して（　d　）を組織させた。神
社・神職に対しては，（　e　）神主法度を制定した。

　　　朝廷や西国大名の統制・監視のため，幕府は京都に　あ　を置き，畿内やその周辺の支配にあ
たらせた。

問1　文中の空欄（　a　）〜（　e　）にあてはまる語を，下の【語群】の中からそれぞれ選び，その
　　　記号で答えなさい。

【語群】

　　　ア．延長　　　　イ．緩和　　　　ウ．強化　　　　エ．禁裏小番　　　オ．公家衆

　　　カ．供御人　　　キ．五山　　　　ク．諸社禰宜　　ケ．諸宗諸本山　　コ．徳川家光

　　　サ．徳川家康　　シ．徳川秀忠　　ス．武家伝奏　　セ．末寺　　　　　ソ．門跡

問2　文中の下線部①の法令の名称は何か。漢字5文字で答えなさい。

問3　文中の下線部②で制度化された大名統制策は，交通網の整備や江戸の都市としての発展をもた
　　　らしたが，その大名統制策とは何か。漢字4文字で答えなさい。

問4　文中の下線部③のように，領地を没収しその家を断絶させる処分のことを何というか。漢字2
　　　文字で答えなさい。

問5　文中の下線部④に反して紫衣着用を勅許したことをきっかけに譲位した天皇の名（諡号）は何
　　　か。漢字で答えなさい。

問6　文中の空欄　あ　にあてはまる江戸幕府の職名は何か。漢字5文字で答えなさい。

〔**3**〕　次のA～Eの文章は，それぞれ近代日本に関する出来事であり，年代順に並んでいる。これらを読んで，下記の問1～問6に答えなさい。

A　<u>徴兵令</u>を公布した。

B　<u>大日本帝国憲法</u>が発布され，陸海軍の統帥権は天皇に直属した。

C　<u>朝鮮総督府</u>が設置された。

D　<u>シーメンス事件</u>が起こった。

E　<u>ワシントン海軍軍縮条約</u>が結ばれた。

問1　上の文章A～Eの下線部に最も関わりの深い人物を，下の【語群】の中からそれぞれ選び，その記号で答えなさい。なお，記号は一度ずつしか選べないものとする。

【語群】

　ア．伊藤博文　　イ．大村益次郎　　ウ．加藤友三郎　　エ．寺内正毅　　オ．山本権兵衛

問2　文章Aの下線部に反抗して起きた一揆を何というか。文章Aに先立ち，その前年に出された徴兵告諭の文言にもとづく呼び方を漢字2文字で答えなさい。　　〔解答欄〕____一揆

問3　文章Bの下線部のように，君主によって制定され，国民に与えられるという形態の憲法を何というか。漢字2文字で答えなさい。　　〔解答欄〕____憲法

問4　文章Cの下線部によって土地調査事業が行われた際，接収された農地や山林の一部について払い下げを受けた1908年（明治41）設立の国策会社の名称は何か。漢字4文字で答えなさい。

〔解答欄〕_____会社

問5　文章Eの下線部などの国際協定にもとづく国際秩序のなかで，1924年（大正13）以降，外務大臣として協調外交を推進したのは誰か。その名前（氏名）を漢字で答えなさい。

問6　次の①～③の文は，文章A～Eのそれぞれの間のどこに位置するか。組み合わせの正しいものを下の【選択肢】の中から選び，その記号で答えなさい。

　①関東大震災が発生した。

　②シベリア出兵が行われた。

　③日露戦争が起こった。

【選択肢】

　ア．①：DとEの間／②：CとDの間／③：BとCの間

　イ．①：Eの後／②：DとEの間／③：BとCの間

　ウ．①：CとDの間／②：DとEの間／③：AとBの間

　エ．①：Eの後／②：BとCの間／③：CとDの間

〔**4**〕　次の文を読んで，下記の問 1 ～問 4 に答えなさい。なお，文は読みやすくするため，漢字を常用字体に直し，句読点を付加するなど原文を変更している。

恭 しく惟るに，我国体は天孫降臨の際降し給へる御神勅に依り明示せられる所にして，万世一系の天皇国を統治し給ひ，宝祚の栄は天地と倶に窮りなし。然れば憲法発布の御上諭に「国家統治ノ大権ハ，天皇之ヲ祖宗ニ承ケテ，之ヲ子孫ニ伝フル所ナリ」と宣ひ，憲法第一条には「大日本帝国ハ万世一系ノ天皇之ヲ統治ス」と明示し給ふ。即ち大日本帝国統治の大権は，儼として天皇に存せずして天皇の名は之を行使する為めの機関なれりとなすが如きは，これ全く万邦無比なる我が国体の本義を誤るものなり。近時憲法学説を繞り，国体の本義に関連して兎角の論議を見るに至れるは，誠に遺憾に堪えず。政府は愈々国体の明徴に力を致し，その精華を発揚せん事を期す。即ち茲に意のあるところを述べて，広く各方面の協力を希望する。

問 1　この文は，1935 年（昭和 10）8 月 3 日に政府が発したものである。その歴史的な名称を漢字 6 文字で答えなさい。また，その際の内閣総理大臣の名前（氏名）を，漢字 4 文字で答えなさい。

問 2　文中の下線部①は，大日本帝国憲法の第一条のことであるが，では現行の日本国憲法の第一条はどのような文章か。下の日本国憲法第一条引用文の空欄（　a　），（　b　）内に，下の【語群】の中から適切な言葉をそれぞれ選び，その記号で答えなさい。なお，この引用文は読みやすくするため，漢字を常用字体に直すなど原文を変更している。

　「天皇は，日本国の象徴であり日本国民（　a　）の象徴であって，この地位は，（　b　）の存する日本国民の総意に基づく」

【語群】

　ア．統治権　　イ．連合　　ウ．大権　　エ．統合　　オ．参政権　　カ．全体　　キ．主権
　ク．総合

問 3　文中の下線部②に関して，当時政府がこの文章を発する原因となった，憲法学者の学説名を漢字 5 文字で答えなさい。また，その学者の名前（氏名）を漢字 5 文字で答えなさい。

問 4　上の文章によると，当時の政府は「国体」をどのようなものと定義しているか。それを文中の言葉を使って 25 文字以上 30 文字以下（句読点含む）で答えなさい。

■世界史■

（2 科目 120 分）

〔 1 〕　次の文を読んで，下記の問いに答えなさい。

　　歴史というものは，多種多様な観点から学ぶことができる。その中から「世界文化遺産」を切り口にして，私たちと文化との歩みを振り返ってみよう。

　　テレビや新聞などで私たちが目にする機会の多い「世界遺産 World Heritage Site」であるが，これは 1972 年のユネスコ総会において，「世界の文化遺産及び自然遺産の保護に関する条約」，いわゆ(1)る「世界遺産条約」にもとづいて世界遺産リストに登録された文化財，景観や自然などを中心に，人類が共有すべき「顕著な普遍的価値」をもつ文化的遺産のことをいう。その「顕著な普遍的価値」を有するもののうち，文化遺産を「世界文化遺産」，また自然遺産を「世界自然遺産」と一般にはよんでいる。2021 年 7 月現在，194 か国が世界遺産条約を締結している（日本も 1992 年に締結した）。

　　日本の世界文化遺産を代表する一つが「法隆寺地域の仏教建造物」で，法隆寺は 7 世紀に創建が始まった。法隆寺には中国，朝鮮のみならず遠く西域文化の影響が強く確認される仏像や工芸品がたく(2)さん残されている。また「古都奈良の文化財」は東大寺，興福寺，薬師寺，唐招提寺などから構成され，それらの寺院の仏像や工芸品にも，当時の活発な東西両地域の文化交流の歴史を確認することができる。

　　次にヨーロッパの世界文化遺産について見てみよう。フランスに存在する世界文化遺産の場合，フランスのカトリック国としての伝統と歴史を語るに事欠かないような，キリスト教関連のものが多い。その代表が大聖堂であり，ノートルダム大聖堂，シャルトル大聖堂，アミアン大聖堂などが代表的なものである。また大聖堂のほか，フォントネのシトー会修道院もフランスの貴重な世界文化遺産(3)を構成している。

　　このうちのシャルトル大聖堂であるが，当初はロマネスク様式を基調に建築された。ところが 1194 年の火災でそのほとんどを焼失したため，その後，26 年という長い年月を費やしてゴシック様式で再建された。その結果，現在のシャルトル大聖堂では，聖堂の正面に向かって右側にはロマネス(4)ク様式の旧塔，左側にゴシック様式の新塔が見られるのである。またシャルトル大聖堂の内陣には「美しき絵ガラスの聖母」のほか，有名な「最後の審判」が描かれたバラ窓が現存している。(5)

　　もちろんフランス以外の国にも世界文化遺産は多数存在している。一例を記すと，スペインのグラ(6)ナダに存在している宮殿は，14 世紀のイベリア半島に花開いたイスラーム文化を代表するもので，特に華やかで精密な装飾の施された建物に囲まれている「獅子の中庭」が有名である。

問1　文中の下線部(1)について，以下の問いに答えなさい。

① ユネスコの正式名称を日本語で記しなさい。

② 1945 年にユネスコ憲章が採択されたが，この年に行われたヤルタ会談に出席した米・英・ソ各国の首脳の組み合わせとして，正しいものを下の【語群】の中から一つ選び，記号で答えなさい。

【語群】

　ア．トルーマン・チャーチル・スターリン　　　　イ．ケネディ・サッチャー・ゴルバチョフ

　ウ．トルーマン・チェンバレン・ムッソリーニ　　エ．ニクソン・フランコ・エリツィン

　オ．サッチャー・ド＝ゴール・フルシチョフ　　　カ．ローズベルト・チャーチル・スターリン

問2　文中の下線部(2)について，以下の問いに答えなさい。

① 奈良時代の日本には遠くローマやギリシアの文化なども，ユーラシア大陸を経由して伝えられている。これらの文物を伝えた長大な陸路は一般に何とよばれているか，答えなさい。

② 法隆寺の獅子狩文錦，正倉院の漆胡瓶は，パルティア国を倒して建国された国の工芸品の様式の影響を受けていることで知られている。それは何という国か，答えなさい。

③ このルートとは別に，地中海から紅海とインド洋を経て，遠く東南アジアそして中国南方海域へと至る長大な航海路がユーラシア大陸の東西を結んでいた。この航路を利用して派遣された使者がベトナム中部にある日南郡に到達したことはよく知られている。この使者を派遣した人物を，下の【語群】の中から一つ選び，記号で答えなさい。

【語群】

　ア．グラックス兄弟　　　　　　　　　　イ．トラヤヌス

　ウ．アントニヌス＝ピウス　　　　　　　エ．カエサル

　オ．マルクス＝アウレリウス＝アントニヌス　　カ．アウグストゥス

問3　文中の下線部(3)について，シトー会と並んで 13 世紀当時の修道院運動を活発に行っていたのはフランシスコ会とドミニコ会である。この両修道会は積極的に街頭で説教をし，また人々から施しを受け無所有であることを訴えた。このような活動の特徴からこの両修道会は一般に何とよばれているか，漢字 5 文字で答えなさい。

問4　文中の下線部(4)について，ゴシック様式の特色を，25 文字以上 30 文字以内で説明しなさい。なお制限字数には句読点も含まれる。

問5　文中の下線部(5)について，これと同名の作品はいくつもあるが，特に有名なのはヴァチカンのシスティナ礼拝堂に描かれたものである。当時の教皇パウルス 3 世の依頼でこの作品を描いた画家の名前を答えなさい。

問6　文中の下線部(6)について，以下の問いに答えなさい。

① この「宮殿」の名称を答えなさい。

② この「宮殿」の主要部分が造成されたときの，イベリア半島のムスリム政権名を答えなさい。

③ ヨーロッパ文化には，イスラーム文化との接触で大きく花開いた側面もある。その代表が，アラビア語などに訳されたギリシアの古典籍が，イスラーム文化圏からもたらされてラテン語に訳され，ヨーロッパ各地に流布して多大な影響を与えたことである。この文化史上の出来事は一般に何といわれているか，答えなさい。

〔 **2** 〕 次の文を読んで，下記の問いに答えなさい。

13 世紀に（ ① ）が中央ユーラシアを統一したことで，遊牧勢力の騎兵を中心とした軍事力が交易網を安定させ，全ユーラシア規模の往来・交易が活発となった。これにより中国で発明された技術がヨーロッパに伝わり，たとえば（ ② ）が後の海洋進出を準備することになるとともに，火器を前提とした戦術面の転換は，遊牧勢力の軍事的優位に終わりを告げるものとなった。

（ ① ）解体後は，サマルカンドを中心に再興を期した（ ③ ）以降，それを滅ぼした（ ④ ）をはじめとして各地に自立した勢力が割拠した。そうした中で，史上初の西／北方向より中央ユーラシアへの進出を図ったのが，1480 年に（ ⑤ ）より独立したモスクワ大公国，後のロシア帝国だった。ロシア人は南方だけでなく（ ⑥ ）を求め東方へも拡大し，17 世紀にはシベリア全域を支配下に入れた。清朝は進出してきたロシアとの間に，17 世紀末〜 18 世紀初頭に相次いで国境を画定する条約を締結したが，その背景には後に（ ⑦ ）と呼ばれる地域を中心に清朝と対立し，17 世紀以降中央ユーラシアに進出した国家の存在があった。こうして中央ユーラシアの大半はロシア帝国・清王朝の勢力圏に組み込まれていき，遊牧勢力の自立的活動は衰微していった。

ロシアは 19 世紀後半より中央ユーラシアへ進出を開始し，（ ④ ）の後裔であるコーカンド＝ハン国を併合，ブハラ＝ハン国とヒヴァ＝ハン国を保護国化し，さらに南下政策を継続した。イギリスは植民地インド保全のための防壁として，二度にわたる戦争の末，（ ⑧ ）を保護国化して対抗した。

問 1 文中の空欄（ ① ）〜（ ⑧ ）にあてはまる用語を下の【語群】の中からそれぞれ一つ選び，記号で答えなさい。

【語群】

あ．金	い．ティムール	う．モンゴル帝国	え．カザン＝ハン国
お．新疆	か．コサック	き．天文学	く．毛皮
け．遊牧ウズベク（ウズベク人）		こ．バーブル	さ．羅針盤
し．キエフ公国	す．ビルマ	せ．キプチャク＝ハン国	そ．アフガニスタン

問 2 文中の下線部(a)の結果ヨーロッパにもたらされ，19 世紀半ばのアイルランドにおける凶作により新大陸への大々的な移民の契機となった作物名を答えなさい。

問 3 文中の下線部(b)について正しい説明を一つ選び，記号で答えなさい。

あ．アムール川流域における国境を定めたキャフタ条約，およびモンゴル地区における国境を定めたネルチンスク条約

い．中央アジアにおける国境を定めたキャフタ条約，およびモンゴル地区における国境を定めたイリ条約

う．アムール川流域における国境を定めたネルチンスク条約，およびモンゴル地区における国境を定めたキャフタ条約

え．アムール川流域における国境を定めたアイグン条約，および中央アジアにおける国境を定めたイリ条約

問 4 文中の下線部(c)にあてはまる国家名を答えなさい。

〔**3**〕　次の文を読んで，下記の問いに答えなさい。

　　天文学者のポーランド人（　①　）が従来の説を否定してとなえた（　②　）説は望遠鏡を改良したガリレイによって補強されたのだが，多くの学者の支持を得るにはニュートンの業績が必要であった。ニュートンが生まれた 17 世紀は（　③　）の時代とよばれるほど，自然界の研究がすすみ，近代科学の基礎体系が築かれた。ニュートンは（　④　）の法則を発見・提唱し，これを含む地上から宇宙にいたる力学の諸法則を『（　⑤　）』にまとめ，近代物理学の創始者となった。18 世紀にはいると博物学がさかんになるなど，自然科学の諸分野で現代につながる基礎がほぼできあがっていった。なお啓蒙思想をひろめた人びとのなかにも自然科学者はすくなくなかった。主に（　⑥　）とダランベールによって編集された，啓蒙思想にもとづく『（　⑦　）』では，科学・技術の紹介も重視されていた。

　　こうした自然科学が飛躍的に発展したのは 19 世紀であった。代表的な科学者に，物理学・化学の分野では，（　⑧　）の法則を確立したマイヤーやヘルムホルツらや，X 線を発見したレントゲン，（　⑨　）を発見したキュリー夫妻などがいた。また生物学・医学の分野では，進化論をとなえ『（　⑩　）』を著したダーウィンや，狂犬病の予防接種に成功したパストゥールや，結核菌やコレラ菌などを発見したことで近代細菌学の祖となった（　⑪　）がいた。

問1　文中の空欄（　①　）〜（　⑪　）にあてはまる語句を答えなさい。
問2　文中の下線部(a)について，次の問いに答えなさい。
⑴　啓蒙思想を基盤にこの時期に形成された経済思想を下記から一つ選び，記号で答えなさい。
　　あ．重商主義　　い．功利主義　　う．実証主義　　え．重農主義
⑵　次の人物から啓蒙専制君主とはみなされない王を下記から一つ選び，記号で答えなさい。
　　あ．ヨーゼフ 2 世　　い．フリードリヒ 2 世　　う．ルイ 14 世　　え．エカチェリーナ 2 世
問3　文中の下線部(b)について，この言葉を初めて用い，種痘法を開発した人物を下記から一つ選び，記号で答えなさい。
　　あ．ジェンナー　　い．ケネー　　う．イブン=シーナー　　え．ボイル

〔**4**〕 次の文を読んで，下記の問いに答えなさい。

　　日清・日露戦争に加え，三次にわたる（　①　）を通じて日本の支配権が強化され，1910 年の日韓
併合以降日本が支配してきた朝鮮半島は，1943 年の<u>カイロ会談</u>によって独立こそ約束されていたが，
　　　　　　　　　　　　　　　　　　　　　　　　　（a）
その具体的な手続きなどは決められていなかった。1945 年 8 月 14 日の日本による（　②　）宣言受諾
後，北部はソ連が，南部はアメリカ合衆国が占領して，統一に向けた話し合いが両国間で行われた
が，<u>国際連合</u>の監視の下で行う選挙を実施するか否かなどを巡って<u>対立が激化した</u>。その結果，1948
　　（b）　　　　　　　　　　　　　　　　　　　　　　　　　　　（c）
年にこの選挙を実施した南部だけで大韓民国が建国され，初代大統領に（　③　）が選出された。一
方，選挙を実施しなかった北部でも（　④　）を首相とする朝鮮民主主義人民共和国の独立が宣言さ
れ，<u>分断</u>が決定的になった。
　　（d）
　　南北統一に向けた試みはさまざま行われたが，1950 年 6 月に朝鮮民主主義人民共和国軍が南侵す
ることによって朝鮮戦争が勃発した。大韓民国は 1950 年 8 月ごろには朝鮮半島南端の釜山近郊まで
追い込まれたが，アメリカ軍を中心とする国連軍の支援を受けて反撃し，1950 年 11 月ごろには中国
国境にまで迫った。すると<u>中国は人民義勇軍を派遣</u>して形勢を盛り返し，1953 年 7 月に休戦協定が
　　　　　　　　　　　　　　（e）
締結され，現在の停戦ラインがつくられた。

問1　文中の空欄（　①　）～（　④　）にあてはまる語句を答えなさい。ただし（　③　），（　④　）は
　　　漢字で答えなさい。
問2　文中の下線部(a)について，カイロ会談に参加していない人物を次の中から一つ選び，記号で答
　　　えなさい。
　　　あ．ローズヴェルト　　い．チャーチル　　う．蔣介石　　え．スターリン
問3　文中の下線部(b)について，国際連合の本部が置かれた都市を次の中から一つ選び，記号で答え
　　　なさい。
　　　あ．ニューヨーク　　い．ジュネーブ　　う．ワシントン　　え．パリ
問4　文中の下線部(c)について，アメリカとソ連は世界各地で対立を深め，緊張状態が続く。この状
　　　態のことを何というか。漢字 2 文字で答えなさい。
問5　文中の下線部(d)について，以下の問いに答えなさい。
　(1)　朝鮮半島のように第二次世界大戦以前に植民地だった地域で，戦後南北の分断国家が形成され
　　　た地域を次の中から一つ選び，記号で答えなさい。
　　　あ．タイ　　い．ベトナム　　う．フィリピン　　え．インドネシア
　(2)　ドイツは戦後 4 か国によって分割占領された。分割管理区域をもたなかった国を次の中から一
　　　つ選び，記号で答えなさい。
　　　あ．フランス　　い．ソ連　　う．オランダ　　え．イギリス
問6　文中の下線部(e)について，この人民義勇軍を派遣した中国の正式な国名を漢字で書きなさい。
問7　次の①～⑤は，1950 年から 1953 年の間に起こった出来事である。その説明として正しいもの
　　　には○，間違っているものには×を書きなさい。
　①　サンフランシスコ平和条約によって日本は主権を回復した。

② アメリカでは右翼運動を攻撃する「赤狩り」が始まった。

③ フランス・西ドイツ・イギリスなどが参加するヨーロッパ石炭鉄鋼共同体が発足した。

④ イランでは政権を掌握したモサデグによってイギリス企業の国有化が行われた。

⑤ エジプトでは王政が倒され，サダトが大統領に就任した。

政治・経済

（2科目 120分）

〔 1 〕　次の文を読んで，下記の問いに答えなさい。

　　選挙制度には，大きく分けて，小選挙区制と大選挙区制の2つがある。前者は，1つの選挙区から1人の議員を選ぶものであり，後者は複数の議員を選出するものである。小選挙区制は死票が（　1　）ため，得票率以上に政党間の議席比率が拡大されやすく，（　2　）政権に結びつく傾向があるとされている。他方，大選挙区制は死票が（　3　）ため幅広い範囲から代表を選出できるが，（　4　）政権になりやすいといわれる。

　　また，日本の選挙では，投票の自由を守り，選挙干渉を防ぐため，投票者がどの候補に投票したか分からないようにする，（　5　）選挙が原則となっている。

　　衆議院議員選挙では，小選挙区比例代表〈　A　〉制がとられている。これは1994年の法改正により実現したものである。この制度では，小選挙区と比例代表両方に立候補する〈　B　〉立候補も認められている。これは，もし小選挙区で落選したとしても，惜敗率によっては，比例区で復活当選できうる制度である。

　　参議院議員選挙では，〈　C　〉選出制と比例代表制がとられている。前者は基本的に都道府県を単位とするものであり，後者は全国を1つの単位とするものである。衆議院議員選挙と異なり，〈　B　〉立候補は認められていない。なお，参議院議員の被選挙権は（　6　）歳以上である。

　　選挙をめぐっては，多大なお金がかかることが，しばしば問題視されてきた。そこで1994年に制定された（　7　）法により，国民1人あたり年間（　8　）円の政党交付金が，一定の要件を満たした政党に交付されることとなった。

問1　文中の空欄（　1　）～（　8　）にあてはまる最も適切な語句を下の【語群】の中から選び，その記号を解答欄に記入しなさい。

【語群】

あ. 18	い. 20	う. 25	え. 30	お. 100	か. 250
き. 500	く. 1000	け. 多い	こ. 間接	さ. 金権	し. 公職選挙
す. 少ない	せ. 政治資金規正	そ. 政党助成	た. 自由	ち. 制限	つ. 単独
て. 直接	と. ない	な. 秘密	に. 平等	ぬ. 普通	ね. 連立

問2　文中の空欄〈　A　〉～〈　C　〉にあてはまる最も適切な語句を，解答欄に記入しなさい。ただし，〈　A　〉と〈　B　〉は漢字2文字で，〈　C　〉は漢字3文字で，それぞれ記入すること。

〔**2**〕　次の文を読んで，下記の問いに答えなさい。

　　国際社会は，現在 200 近くの〈　A　〉国家により構成されている。〈　A　〉とは，ある一定の領域内における権力の最高独立性を意味する。〈　A　〉国家より上位に立ち，国際社会全体を統治する世界政府のようなものは存在しないが，〈　A　〉国家間の紛争等を制御するために，国際レベルないし地域レベルで，ルールや仕組みが形成されてきた。地域レベルの組織としては，EU やバンコク宣言によって設立された（　1　）があげられる。さらに，グローバル化の進展に伴って，〈　B　〉などの非国家アクターも，平和・人権・環境問題などについて，国境を越えた活動を活性化させている。〈　B　〉の名称の由来は，国連憲章にあり，国連にとって重要なパートナーとして認識されている。

　　人種・宗教・政治的意見などを理由とする迫害のおそれから自国外に逃れている人びとを（　2　）とよび，（　2　）に対して迫害のおそれのある領域への退去を強制することは，禁止される。これを（　3　）原則という。（　2　）に対しては，（　4　）が国際赤十字などさまざまな〈　B　〉と協力して人道的支援を行っており，最初の受け入れ国から別の国に送り，そこで長期的な滞在を認める（　5　）の重要性も指摘されている。

　　環境問題も，地球規模の課題として認識されている。1992 年に開催された（　6　）サミットでは，リオ宣言が採択され，「〈　C　〉な開発」が基本理念とされた。また，温暖化防止のための気候変動枠組み条約および生物多様性の保全や（　7　）の取得・利用とその利益の公平な分配のための生物多様性条約が採択された。（　7　）とは，医薬品などの開発にとって利用価値のある生物種のことで，その利益配分をめぐっては，先進国と発展途上国の間で対立があり，ルール整備が望まれる。

　　エネルギー資源に関しても，今日，先進国だけではなく，中国やインドなどの新興国における需要が高まっている。こうした需要に対応しながら（　8　）社会を構築すること，すなわち環境保全と社会の進展とを両立させることが，今後の課題である。

問1　文中の空欄（　1　）～（　8　）にあてはまる最も適切な語句を下の【語群】の中から選び，その記号を解答欄に記入しなさい。

【語群】

あ．ASEAN	い．AFTA	う．APEC	え．G7
お．UNESCO	か．UNHCR	き．UNICEF	く．遺伝資源
け．移民	こ．海洋資源	さ．環境開発	し．国内避難民
す．出入国管理	せ．情報資源	そ．第三国定住	た．第三セクター
ち．脱構築	つ．脱酸素	て．脱炭素	と．ダルフール
な．地球	に．難民	ぬ．ノン・キャリア	ね．ノン・ルフールマン

問2　文中の空欄〈　A　〉～〈　C　〉にあてはまる最も適切な語句を，解答欄に記入しなさい。ただし，〈　A　〉は漢字 2 文字，〈　B　〉はアルファベット 3 文字，〈　C　〉は漢字 4 文字でそれぞれ記入すること。

〔 **3** 〕　次の文を読んで，下記の問いに答えなさい。

　少子高齢化は，今日の先進諸国の多くが抱える社会的・経済的課題の1つである。なかでも日本は，総人口のうち65歳以上の高齢者が占める割合が21％を超え，先進諸国の中で最も高齢化が進んでいる。さらに，一人の女性が一生の間に出産する平均人数を示す〈　A　〉も，他国に比べて低い現状にある。

　日本では，この少子高齢化に起因して，さまざまな社会問題が顕在化した。そのひとつが，国民の（　1　）権を保障するための社会保障制度の拡充とその財源の確保である。

　現代の社会保障の理念は，1942年，イギリスの経済学者（　2　）が報告書の中で提起した「国民としての最低限度の生活水準を保障する（　3　）」の考えに基づく。これを支える大きな柱が，生活困窮者に対して一定水準の生活を国の責任で保証する（　4　）と，年金保険や医療保険を含む社会保険である。前者の主たる制度には，生活困窮者に対して，国の税金から経済給付を行う〈　B　〉があげられる。

　とりわけ，高齢化を背景に深刻な問題の1つとなっているのが，後者の社会保険料の増大である。

　日本の年金保険の仕組みとしては，1986年，各年金制度を一本化し，国民年金である〈　C　〉を全国民共通とする〈　C　〉制度が施行された。同制度において，一定期間に支給する年金の主たる財源の1つは，その期間に徴収された保険料であるため，少子高齢化が進むほど，高齢者を支える現役世代の負担が増し，将来的に年金額が減少することが懸念される。

　この対策として，2004年に年金制度改革が行われて以降，年金受給年齢や保険料負担の引き上げ，人口減少や平均余命の伸びを考慮して給付水準を減額する（　5　）の導入，などが実施されている。また，2001年より，民間による年金事業として（　6　）年金も導入されている。これは，任意加入の制度であり，企業あるいは加入者によって拠出された一定の保険料を運用し，その収益に応じて給付額が決定される。

　一方の医療保険においても，高齢者の医療費増大に対する制度改革が進められてきた。たとえば，その一環として，2008年，75歳以上を被保険者とする（　7　）が定められた。

　これらの社会保障と並行して深刻な問題となっているのが，少子高齢化による労働力の減少である。政府は，この課題に対し，少子化対策の基本方針として，女性の労働参加と子育て支援の環境整備を掲げている。たとえば，父親の（　8　）取得を推進する法整備や，待機児童の解消に向けた保育施設の確保が取り組まれている。

問1　文中の空欄（　1　）～（　8　）にあてはまる最も適切な語句を下の【語群】の中から選び，その記号を解答欄に記入しなさい。

【語群】

あ．アダム・スミス　　　い．育児休業　　　　　う．介護保険制度

え．確定拠出　　　　　　お．環境　　　　　　　か．勤労

き．後期高齢者医療制度　く．公衆衛生　　　　　け．厚生

こ．公的扶助　　　　　　さ．児童手当　　　　　し．社会福祉

す．親権	せ．人口ボーナス効果	そ．生存
た．ナショナル・ミニマム	ち．ノーマライゼーション	つ．ビスマルク
て．フィスカル・ポリシー	と．ベバリッジ	な．マクロ経済スライド
に．老人福祉法	ぬ．老齢	ね．ワーク・ライフ・バランス

問2　文中の空欄〈　A　〉～〈　C　〉にあてはまる最も適切な語句を解答欄に記入しなさい。ただし，〈　A　〉は漢字7文字で，〈　B　〉および〈　C　〉は漢字4文字でそれぞれ記入すること。

〔**4**〕　次の文を読んで，下記の問いに答えなさい。

　　第二次世界大戦での敗戦により我が国の生産基盤は崩壊状態に陥った。そこで政府は限られた資本や労働力を石炭や鉄鋼などの基幹産業に重点的に配分し，その増産を図った。これを（　1　）方式という。また，その際に資金の供給源となったのが復興（　2　）である。しかしながらその貸し出し資金は復興（　2　）が発行した債券を〈　A　〉が直接引き受ける形でまかなわれたため，激しいインフレをもたらした。

　　他方，1949 年になるとこうした激しいインフレを収めるために，超均衡予算案を軸とした厳格なインフレ抑制政策，すなわち〈　B　〉－ラインが実施され，一転して経済はデフレ不況に陥った。これを（　3　）恐慌ともいう。またこのとき定められた円－ドルレートは1ドル＝（　4　）円であった。

　　この不況から脱出する契機となったのは 1950 年に起こった（　5　）戦争である。これによって起きた特需景気によって戦後復興が一気に進み，後の高度経済成長期へとつながった。ただ，高度経済成長期といっても約 20 年間単調な景気拡大が続いた訳ではなく，1954 年の 11 月から始まる（　6　）景気とそれに続くなべ底不況など，その期間にはいくつかの景気循環が確認されている。また，この時期の我が国はたびたび《国際収支の天井》にも直面した。

　　そして結果的に，その高度経済成長の終わりとなったのが 1973 年に起きた第一次〈　C　〉である。これ以降，我が国は資源多消費型経済からの脱却を図ることとなり，それが後の産業構造の高度化の一因となったのである。

問1　文中の空欄（　1　）～（　6　）にあてはまる最も適切な語句を下の【語群】の中から選び，その記号を解答欄に記入しなさい。

【語群】

あ．308	い．360	う．380	え．安定	お．いざなぎ
か．岩戸	き．かんばん	く．金融	け．金融金庫	こ．金融公庫
さ．傾斜生産	し．殖産興業	す．神武	せ．信用金庫	そ．世界
た．中東	ち．朝鮮	つ．ベトナム		

問2　文中の空欄〈　A　〉〜〈　C　〉にあてはまる最も適切な語句を，解答欄に記入しなさい。ただし，〈　A　〉および〈　C　〉は漢字4文字で，〈　B　〉はカタカナ3文字でそれぞれ記入すること。

問3　文中の下線部にある《国際収支の天井》について，以下の用語を使用したうえでその意味を50字以上60字以内（句読点を含む）で説明しなさい。なお，使用した用語には下線を付すこと。

「外貨準備」

数学

◀薬　学　部▶

（2 科目 120 分）

〔 **1** 〕　以下の記述の ☐ にあてはまる数または座標を解答欄に記入しなさい。

　　　ただし，分数は既約分数で答えなさい。また，根号を含む形で解答する場合は分母を有理化し，根号の中に現れる自然数が最小となる形で答えなさい。

(1)　座標平面上の 2 点 A $\left(-\dfrac{18}{5},\ \dfrac{3}{4}\right)$, B $\left(\dfrac{14}{15},\ -\dfrac{5}{2}\right)$ を結ぶ線分 AB を 1：1 に

　　内分する点 M の座標は ☐ ア であり，点 M と原点 O を結ぶ線分 MO を 9：8 に

　　外分する点の座標は ☐ イ である。

(2)　4 で割ると 3 余り，7 で割ると 5 余る 2 桁の自然数は ☐ ウ 個あり，

　　これらの中で最も大きいのは ☐ エ である。

(3)　関数 $f(x) = x^2 - 4x + 5$ $(-1 \leqq x \leqq 3)$ の最小値は ☐ オ ，最大値は ☐ カ

　　である。

(4)　x の 2 次方程式 $2x^2 + 4(m+1)x + 3m^2 + 5m - 4 = 0$ が異なる 2 つの実数解をもつ

　　とき，定数 m の値の範囲は，☐ キ $< m <$ ☐ ク となる。

〔 2 〕　以下の記述の　□□□□□　にあてはまる数または座標を解答欄に記入しなさい。

　　　　ただし，分数は既約分数で答えなさい。また，根号を含む形で解答する場合は分母を有理化し，根号の中に現れる自然数が最小となる形で答えなさい。

　　　座標平面上に次の 3 つの直線がある。ただし，k は実数の定数とする。

$$\ell_1 : 3x - 2y = -4$$
$$\ell_2 : 2x + y = -5$$
$$\ell_3 : x + ky = k + 2$$

(1)　ℓ_1 と ℓ_2 の交点は　□ ア □　である。

(2)　ℓ_3 は k の値によらず定点　□ イ □　を通る。

(3)　ℓ_1, ℓ_2, ℓ_3 が三角形をつくらないような k の値は全部で　□ ウ □　個あるが，このうちで最大のものは　□ エ □　で，最小のものは　□ オ □　である。

〔 3 〕　2 つの袋 A，B に赤い玉と白い玉が入っている。A の袋には赤い玉が 2 個と白い玉が 18 個，B の袋には赤い玉が 5 個と白い玉が 45 個入っている。以下の記述の　□□□□□ にあてはまる数を解答欄に記入しなさい。ただし，分数は既約分数で答えなさい。

(1)　A の袋から続けて 2 個の玉を取り出す。ただし，取り出した玉は袋に戻さない。このとき，2 個とも白い玉が出る確率は　□ ア □　である。また，赤い玉と白い玉が 1 個ずつ出る確率は　□ イ □　である。さらに 2 個とも赤い玉が出る確率は　□ ウ □　である。

(2)　B の袋から続けて 2 個の玉を取り出すとき，2 個とも赤い玉が出る確率は　□ エ □　である。ただし，取り出した玉は戻さない。

(3)　A の袋から 1 個の玉を，B の袋から 1 個の玉を取り出すとき，2 個とも赤い玉が出る確率は　□ オ □　である。

〔**4**〕　座標平面上に曲線 $C : y = x^3 - x^2 - x$ がある。以下の記述の $\boxed{}$ にあてはまる数，式または座標を解答欄に記入しなさい。ただし，分数は既約分数で答えなさい。

　　また，根号を含む形で解答する場合は分母を有理化し，根号の中に現れる自然数が最小となる形で答えなさい。

(1)　曲線 C 上の点 P$(-1, -1)$ における C の接線 ℓ の方程式は $y = \boxed{\quad ア \quad}$ であり，ℓ と y 軸の交点 Q の座標は $\boxed{\quad イ \quad}$ である。

(2)　点 P を通り，点 P 以外で C と接する接線 m の方程式は $y = \boxed{\quad ウ \quad}$ であり，C と m の接点 R の座標は $\boxed{\quad エ \quad}$ である。

(3)　曲線 C，線分 PQ，線分 RQ で囲まれた部分の面積は $\boxed{\quad オ \quad}$ である。

◀理工学部▶

（2科目 120分）

〔 **1** 〕 以下の記述の ▭ にあてはまる数または式を解答欄に記入しなさい。

　　　ただし，分数は既約分数で分母を有理化して答えなさい。また，根号を含む形で解答する場合は，根号の中に現れる自然数が最小となる形で答えなさい。

(1) 12個の値からなるデータ 83, 57, 27, 53, 33, 77, 25, 50, 82, 51, 92, 50 について，平均値は ア ，中央値は イ ，四分位範囲は ウ である。

(2) 大小2個のサイコロを投げるとき，出た目の和が2で割り切れる場合は エ 通りあり，出た目の積が2で割り切れる場合は オ 通りある。

(3) $|\vec{a}| = \sqrt{6}$，$|\vec{b}| = \sqrt{3}$ を満たすベクトル $\vec{a}$ と $\vec{b}$ のなす角が $135°$ のとき，$\vec{b}$ と $\vec{a}+\vec{b}$ のなす角 θ $(0° \leq \theta \leq 180°)$ は カ °であり，$|\vec{b}-\vec{a}| =$ キ である。

(4) 数列 $\{a_n\}$ の階差数列を $\{b_n\}$ とする。

　　$\{b_n\}$ は等差数列 $3, \dfrac{7}{3}, \dfrac{5}{3}, 1, \dfrac{1}{3}, \cdots$ である。

　　このとき $b_n =$ ク である。

　　$a_{20} = 0$ のとき $a_1 =$ ケ である。

〔 **2** 〕 以下の記述の ▭ にあてはまる数を解答欄に記入しなさい。ただし，分数は既約分数で分母を有理化して答えなさい。また，根号を含む形で解答する場合は，根号の中に現れる自然数が最小となる形で答えなさい。

(1) $0 \leq \theta < 2\pi$ のとき，$2\cos^2\theta + 5\sin\theta - 4 \geq 0$ を満たす θ の範囲は， ア $\pi \leq \theta \leq$ イ π である。

(2) $0 \leq \alpha < 2\pi$ とする。$f(\alpha) = \cos 2\alpha + \sin\alpha$ は，$\sin\alpha =$ ウ のとき，最大値 エ をとり，$\sin\alpha =$ オ のとき，最小値 カ をとる。

〔**3**〕　方程式 $3(5^x+5^{-x})-4(25^x+25^{-x})+2=0$ ……① について考える。

また，$t=5^x+5^{-x}$ とする。以下の記述の ☐ にあてはまる数または式を
解答欄に記入しなさい。ただし，分数は既約分数で答えなさい。

また，根号を含む形で解答する場合は分母を有理化し，根号の中に現れる自然数が
最小となる形で答えなさい。

(1)　t のとりうる値の範囲は $t \geqq$ ｱ である。

(2)　25^x+25^{-x} を t で表すと，$25^x+25^{-x}=$ ｲ である。

(3)　方程式①を t で表すと，ｳ $=0$ となり，これを t について解くと，
$t=$ ｴ となる。したがって，$x=$ ｵ である。

〔**4**〕　関数 $f(x)=x^2+2x-\dfrac{1}{3}$ に対して，$g(x)=3\displaystyle\int_1^x f(t)\,dt$ とおく。

以下の記述の ☐ にあてはまる数，式，または座標を解答欄に記入しなさい。
ただし，分数は既約分数で答えなさい。また，根号を含む形で解答する場合は
分母を有理化し，根号の中に現れる自然数が最小となる形で答えなさい。

(1)　$g(x)$ を x の 3 次式で表すと ｱ である。

(2)　3 次方程式 ｱ $=0$ の 3 つの実数解のうち，最も値が小さいのは
ｲ である。

(3)　$y=g(x)$ の表す曲線を C とする。C 上の点 P(ｲ , 0) における C の接線 ℓ
を考える。

ℓ の方程式は $y=$ ｳ であり，C と ℓ の共有点のうち点 P ではないものの
座標は ｴ である。また，ℓ と C で囲まれた部分の面積は ｵ である。

◀経済・法・文・外国語・教育・医療技術・福岡医療技術学部▶

（2科目 120分）

〔 1 〕 次の ☐☐☐☐ にあてはまる数を求め，解答のみを解答欄に記入しなさい。解答が有理数となる場合には，整数または既約分数の形で答えること。

(1) $(x+1)(x+2)(x-2)(x-4)+2x^2$ を展開すると
$x^4 - \boxed{\quad ア \quad} x^3 - \boxed{\quad イ \quad} x^2 + 12x + 16$ となる。

(2) 実数 x, y について，$xy = 9$，$\dfrac{x}{\sqrt{x}} + \dfrac{1}{\sqrt{y}} = 12$ であるとき，$y = \boxed{\quad ウ \quad}$ である。

(3) $x+y+z = 2\sqrt{3}+2$，$xy+yz+zx = 4$，$xyz = -2\sqrt{3}+2$ を満たす実数 x, y, z に対して次の式の値を求めよ。ただし，分母を有理化し，根号の中は最小の整数とすること。

$$x^2+y^2+z^2 = \boxed{\quad エ \quad}$$

$$\frac{x}{yz} + \frac{y}{xz} + \frac{z}{xy} = \boxed{\quad オ \quad}$$

〔 2 〕 a, b を $a \leq b$ を満たす定数とする。x の関数 $y = (x-a)^2 + (x-b)^2 (1 \leq x \leq 7) \cdots ①$ について，次の ☐☐☐☐ にあてはまる数を求め，解答のみを解答欄に記入しなさい。解答が有理数となる場合には，整数または既約分数の形で答えること。

(1) $a = 1$，$b = 4$ のとき，
関数①は $x = \boxed{\quad ア \quad}$ で最小値 $\boxed{\quad イ \quad}$ をとり，最大値は $\boxed{\quad ウ \quad}$ をとる。

(2) 関数①は $x = \dfrac{9}{2}$ で最小値をとり，最大値は137である。このとき，
$a = \boxed{\quad エ \quad}$，$b = \boxed{\quad オ \quad}$ となる。

〔**3**〕 AB = 6, BC = 7, CA = 8 である△ABC において，∠BAC の 2 等分線と BC との交点を D，∠BAC の 2 等分線と△ABC の外接円との A でない交点を E とする。このとき，次の　　　　　にあてはまる数を求め，解答のみを解答欄に記入しなさい。解答が有理数となる場合には，整数または既約分数の形で答えること。

(1) $\cos\angle ABC = $ 　ア　である。

(2) $AD = $ 　イ　である。

(3) △ABD の面積は 　ウ　である。ただし，分母を有理化し，根号の中は最小の整数とすること。

(4) △ABC の外接円の半径は 　エ　である。ただし，分母を有理化し，根号の中は最小の整数とすること。

(5) $DE = $ 　オ　である。

〔**4**〕 10 本のくじのうち，1 等が 1 本，2 等が 3 本，残りの 6 本ははずれのくじがある。このくじを A さんと B さんが A，B，A，B の順で 2 回ずつ引く。すなわち，A さんは 1 回目と 3 回目，B さんは 2 回目と 4 回目にくじを引く。引いたくじは戻さない。このとき，次の　　　　　にあてはまる数を求め，解答のみを解答欄に記入しなさい。解答が有理数となる場合には，整数または既約分数の形で答えること。

(1) 1 回目に A さんが 1 等を引き，2 回目に B さんが 2 等を引く確率は 　ア　である。

(2) A さんが 1 等を引き，B さんが 2 等を 1 本だけ引く確率は 　イ　である。

(3) A さんも B さんも 2 等を引かない確率は 　ウ　である。

(4) A さんも B さんもともに 2 等を引き，かつ A さんが先に 2 等を引く確率は 　エ　である。

(5) A さんと B さんですべての当たりくじを引く確率は 　オ　である。

物理

（2 科目　120 分）

（注）　解答欄には答えのみを記入してください。

〔 **1** 〕　平坦な道路を走っている質量 m [kg] の自動車が，一定の半径 r [m] のカーブを曲がろうとして
いる。自動車のタイヤと乾燥した道路との間の静止摩擦係数を μ として，以下の各問いに答えなさ
い。ただし，自動車にはたらく空気抵抗は無視できるものとし，重力加速度の大きさを g [m/s²] と
する。

　a）この自動車が道路から受ける垂直抗力の大きさはいくらか。

　b）この自動車が道路上をすべらずにうまくカーブを曲がることができる最大摩擦力の大きさはいく
　　らか。

　c）小問 b）について，このときの自動車の速さはいくらか。

〔 **2** 〕　x 軸上を正の向きに速さ 6 m/s で進む正弦波がある。原点 $(x = 0)$ の媒質の変位 y [m] は図のよ
うに表される。円周率を π とする。以下の各問いに答えなさい。

　a）正弦波の振幅，周期，周波数，波長を求めなさい。

　b）時刻 t [s] での原点の媒質の変位 y [m] を，t を用いて表しなさい。

　c）時刻 t [s] での位置 x [m] の媒質の変位 y [m] を，x，t を用いて表しなさい。

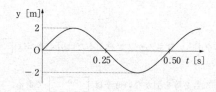

〔**3**〕　電子の運動による電流を考える。断面積 S [m²] の導体中の電気量 $-e$ [C] の自由電子の平均速度の大きさを v [m/s]，単位体積当たりの自由電子の数を n [1/m³] とする。断面 S を時間 t [s] の間に通過する自由電子は，長さ vt [m] の体積部分に存在していたと考えられるので，この体積内の自由電子の数は　(a)　であり，合計の電気量の大きさは　(b)　である。電流 I [A] は，単位時間当たりに導体断面を通過する電気量のことであるから，

$$I = \boxed{}$$

と表される。(a)，(b)，(c)にあてはまる式を求めなさい。

■化学■

◀薬　学　部▶

（2科目 120分）

〔 1 〕 以下の各問いに答えなさい。

問1　次の文中の空欄（　a　）～（　f　）にあてはまる最も適切な語句を下の(ア)～(ク)の語群から選び，記号で答えなさい。ただし，同じ記号を何度使用しても構わない。また，空欄（　g　）にあてはまる人名をカタカナ表記で答えなさい。

　　二酸化窒素は赤褐色の気体であり，常温では無色の気体である四酸化二窒素と平衡状態にある。二酸化窒素を注射筒にとって先端をゴム栓でふさいでからピストンを押して加圧すると，加圧した瞬間には（　a　）の濃度が高くなるために混合気体の色が（　b　）なり，そのまま圧力を変えずにおくと注射筒内の分子の総数が（　c　）方向に平衡が移動していくために次第に色が（　d　）なる。

　　平衡状態にあるこれらの気体を室温下でガラス製の注射器に詰めて加熱すると，容器内の混合気体の色は（　e　）なり，逆に冷却すると容器内の混合気体の色は（　f　）なる。ただし，ピストン可動の状態で圧力は一定に保たれるものとする。この結果から，下式の可逆反応

$$2NO_2 \rightleftarrows N_2O_4$$

の正反応は発熱反応であることが分かる。このように，平衡状態にある可逆反応に変化を加えたときに，その変化による影響をやわらげる方向に平衡が移動することを，（　g　）の原理という。

【語群】
　　(ア)　濃く　　(イ)　薄く　　(ウ)　二酸化窒素　　(エ)　四酸化二窒素　　(オ)　増える

　　(カ)　減る　　(キ)　発熱　　(ク)　吸熱

問2　塩素に関する以下の問いに答えなさい。

　(1)　実験室で塩素を得るには，酸化マンガン(Ⅳ)に濃塩酸を加えて加熱する方法が用いられる。この反応の化学反応式を書きなさい。

　(2)　次の文中の空欄（　A　）～（　D　）にあてはまる語句をすべて漢字で書きなさい。ただし，（　B　）は漢字3文字とする。

　　上記の方法で発生させた気体には，塩素のほかに（　A　）と（　B　）が含まれている。このため，まず，水を入れた洗気びんに気体を通じて（　A　）を水に溶かして取り除く。続いて，濃（　C　）を入れた洗気びんに気体を通じて（　B　）を取り除いてから，（　D　）置換法によって塩素を捕集する。

〔2〕　次の文章を読み，以下の各問いに答えなさい。

　　ある酢酸水溶液の濃度を中和滴定により求めるため，以下の実験操作を行った。

　　濃度不明の酢酸水溶液 10.0 mL を　　a　　を使って正確に採取し，　　b　　にはかり取った。続いて，　b　　に蒸留水を 100 mL 加えた後，pH 指示薬として（　①　）を少量加えた。　c　　を用いて 0.100 mol/L の水酸化ナトリウム水溶液で滴定したところ，滴定量が 3.00 mL の時点で，指示薬の色が（　②　）から（　③　）に変化したため，終点と判断した。

　　本実験で使用した器具のうち，　　d　　については，器具を洗浄した際の蒸留水で内壁がぬれたまま使用しても，測定値に影響を及ぼすことはない。ただし，洗浄に用いた蒸留水の pH は測定値に影響を与えないものとする。

問1　文中の空欄　　a　　～　　d　　にあてはまる器具として最も適切なものを以下の中から一つずつ選び，記号で答えなさい。ただし，同じ記号を何度使用しても構わない。

　　ア）コニカルビーカー　　イ）ビュレット　　　ウ）ホールピペット　　エ）メスシリンダー
　　オ）メスピペット　　　　カ）メスフラスコ　　キ）駒込ピペット

問2　文中の空欄（　①　）～（　③　）にあてはまる語句として最も適切なものを以下の中から一つずつ選び，記号で答えなさい。

　　ア）黄色　　イ）紫色　　ウ）薄赤色　　エ）青色　　オ）無色　　カ）橙色
　　キ）フェノールフタレイン　　ク）メチルレッド　　ケ）メチルオレンジ

問3　本実験の結果について，(1)～(5)の各問いに答えなさい。

　(1)　酢酸の電離平衡を式で表しなさい。

　(2)　この実験で使用した酢酸の濃度は何 mol/L か。四捨五入して，有効数字 2 桁で求めなさい。

　(3)　この実験で使用した酢酸水溶液の電離度を四捨五入して，有効数字 2 桁で求めなさい。ただし，酢酸の電離定数は $Ka = 2.7 \times 10^{-5}$ mol/L とする。

　(4)　この実験で使用した酢酸水溶液の水素イオン濃度 $[H^+]$ は何 mol/L か。四捨五入して，有効数字 2 桁で求めなさい。

　(5)　この実験で使用した酢酸水溶液の pH はいくらか。四捨五入して，有効数字 2 桁で求めなさい。ただし，$\log_{10} 3 = 0.48$ とする。

〔**3**〕以下の各問いに答えなさい。ただし，原子量は H ＝ 1.00，C ＝ 12.0，O ＝ 16.0 とする。

$$\text{HO}\!-\!\!\!\overset{\displaystyle \underset{}{}}{\bigcirc}\!-\!\overset{\text{H}}{\underset{\text{CH}_3}{\text{C}}}\!=\!\overset{\overset{\displaystyle \text{O}}{\|}}{\text{C}}\!-\!\text{CH}_2\!-\!\text{CH}_3$$

（構造式の例）

問1　炭素，水素，酸素から構成されている化合物Aに関する次の記述㈠〜㈢を読み，(1)〜(4)の各問いに答えなさい。

㈠　化合物A 17.0 mg を，完全に燃焼させ，生成した気体を塩化カルシウムの入ったU字管とソーダ石灰の入ったU字管に順に通したところ，それぞれ 9.0 mg の（　①　）と 44.0 mg の（　②　）が吸収された。

㈡　化合物Aはベンゼン環に 2 つの置換基をもつ芳香族化合物で，分子量は 136.0 である。

㈢　化合物Aをジエチルエーテルに溶かして分液ロートに移し，これに炭酸水素ナトリウム水溶液を加えて振り混ぜた後，静置したところ二層に分離した。このとき，化合物Aは水層に移行した。

㈣　化合物Aを過マンガン酸カリウムで酸化すると化合物Bが得られる。化合物Bとエチレングリコールを縮合重合させて得られる <u>高分子化合物</u> は飲料容器などに大量に使われている。

(1)　文中の空欄（　①　），（　②　）にあてはまる化合物の分子式を答えなさい。

(2)　化合物Aの分子式を答えなさい。

(3)　文中の下線部「高分子化合物」の名称を答えなさい。

(4)　化合物A，Bの構造式を例にならって書きなさい。

問2　次の文章を読み，(1)〜(4)の各問いに答えなさい。

　　分子内に C＝C 結合を 1 つ含む鎖式不飽和炭化水素をアルケンとよぶ。アルケンの分子式は，炭素数を n として一般式（　③　）で表される。触媒を用いて 84.0 mg のアルケンAに水を付加させたところ，反応は完全に進行し，化合物Bが 111.0 mg 得られた。化合物Bに，硫酸で酸性にした二クロム酸カリウム水溶液を加えておだやかに加温すると化合物Cが得られた。化合物Cはヨードホルム反応を示した。

(1)　文中の空欄（　③　）にあてはまる分子式を答えなさい。

(2)　アルケンAの炭素数を答えなさい。

(3)　アルケンAの分子式を答えなさい。

(4)　アルケンA，化合物BとCの構造式を例にならって書きなさい。ただし，アルケンAに異性体がある場合はすべて書くこと。

〔**4**〕　以下の各問いに答えなさい。ただし，原子量は H = 1.0，O = 16 とする。

必要があれば，下表の値を利用しなさい。

表

名称	略号	分子量	等電点	構造式	
				(側鎖)	(共通部分)
システイン	C	121	5.1	$HS-CH_2-$	$CH(NH_2)COOH$
アスパラギン酸	D	133	2.8	$HOOC-CH_2-$	$CH(NH_2)COOH$
グリシン	G	75	6.0	$H-$	$CH(NH_2)COOH$
イソロイシン	I	131	6.0	$H_3C-CH_2-CH(CH_3)-$	$CH(NH_2)COOH$
リシン	K	146	9.7	$H_2N-(CH_2)_4-$	$CH(NH_2)COOH$
チロシン	Y	181	5.7	$HO-\bigcirc\!\!\!-CH_2-$	$CH(NH_2)COOH$

問1

(1)　グリシンは pH6.0 の水溶液中ではほとんどが双性イオンとなっている。グリシンの双性イオンの構造式を電荷の状態が分かるように書きなさい。

(2)　表に示す 6 種類のアミノ酸の混合溶液の pH を 7.4 に調整し，陽イオン交換樹脂の詰まったカラムに通した。このとき，陽イオン交換樹脂に吸着するアミノ酸を<u>すべて</u>選び，アルファベット順に略号で答えなさい。

(3)　表に示す 6 種類のアミノ酸の混合溶液の pH を 4.0 に調整し，陽イオン交換樹脂の詰まったカラムに通した。このとき，陽イオン交換樹脂に吸着するアミノ酸を<u>すべて</u>選び，アルファベット順に略号で答えなさい。

(4)　システインの水溶液をつくり，空気に触れる状態で放置したところ，次第に酸化され，システインが 2 分子結合した物質が生成した。このとき形成された結合を何というか。答えなさい。

問2　表に記載のいずれかのアミノ酸からなる鎖状ペプチド X を分析した。ペプチド X を用いて行った実験とその結果を記した実験①～⑤の文章を読み，各問いに答えなさい。ただし，ペプチド X では，いくつかの α-アミノ酸の α-カルボキシ基と α-アミノ基がペプチド結合で繋がっており，側鎖は結合に関与していない。また，アミノ酸の光学異性体は区別しないものとする。

実験①　ペプチド X の分子量を求めたところ，504 であった。

実験②　ペプチド X の水溶液に濃い水酸化ナトリウム水溶液を加えて加熱した後，酢酸鉛(Ⅱ)水溶液を加えると，<u>沈殿</u>が生じた。

実験③　ペプチド X に濃硝酸を加えて加熱後冷却し，アンモニア水を加えて塩基性にしたところ，橙黄色を呈した。

実験④　ペプチド X を加水分解すると，3 種類のアミノ酸⑦，④，⑨が物質量比 2：1：1 で得られた。

実験⑤　アミノ酸④は旋光性を示さなかったが，⑦と⑨は旋光性を示した。

(1) 実験②で生成した<u>沈殿</u>の化学式と色を答えなさい。

(2) 実験③の反応の名称を答えなさい。

(3) ペプチドＸはアミノ酸がいくつ結合しているか。数字で答えなさい。

(4) アミノ酸⑦，④，⑦はそれぞれどのアミノ酸であるか。略号で答えなさい。

(5) 実験①〜⑤の結果から考えられるペプチドＸの配列は何通りあるか答えなさい。

◀理工・医療技術・福岡医療技術学部▶

（2 科目 120 分）

〔注意〕必要に応じて以下の数値を用いなさい。

H ＝ 1.0　　C ＝ 12　　N ＝ 14　　O ＝ 16

アボガドロ定数 ＝ 6.02 × 10²³/mol　　気体定数 ＝ 8.31 × 10³ Pa・L/(mol・K)

〔**1**〕 次の文を読んで，下記の問いに答えなさい。

　　　すべての物質は原子からできており，原子の中心には　①　の電荷をもつ　②　がある。
　　②　の外側には　③　の電荷をもつ　④　が存在している。
　　また，　②　は電荷をもつ　⑤　と電荷をもたない　⑥　からできている。

問 1　文中の空欄　①　〜　⑥　にあてはまる最も適切な語句を書きなさい。

問 2　次の(ア)〜(ウ)が正しければ○を，間違っていれば×を解答欄に書きなさい。

　　　(ア)　1 つの原子において，　④　の数と　⑤　の数は等しい。
　　　(イ)　原子の質量数は，　④　と　⑤　の数の合計に等しい。
　　　(ウ)　原子番号が同じ原子で，　⑥　の数が異なるものを同素体という。

問 3　水分子 ²H₂¹⁷O について次の(ア)と(イ)に答えなさい。

　　　(ア)　この水 1 分子の中に存在する　④　の数の合計を求めなさい。
　　　(イ)　この水 1 分子の中に存在する　⑥　の数の合計を求めなさい。

〔 **2** 〕　次の問いに答えなさい。

問1　イオン結晶，分子結晶，および金属結晶の性質の説明として最も適切なものを次の(ア)〜(ウ)の中
　　　から選び，記号で答えなさい。

　　　　　　(ア)　展性・延性がある。電気や熱をよく通す。

　　　　　　(イ)　硬くてもろい。水溶液や液体は電気を通す。

　　　　　　(ウ)　やわらかく，融点が低い。昇華性を示すものもある。

問2　同じ大きさの球を用いて，図のようなAとBの結晶構造の単位格子をつくった。下記の(a)と(b)
　　　に答えなさい。

　　　　　　　　　　　　　　　　A　　　　　　　　　　　B

(a)　AとBの結晶構造の名称をそれぞれ答えなさい。

(b)　結晶構造に関する次の記述(ア)〜(エ)のうち正しいものには○を，間違っているものには×を書
　　きなさい。

　　　　　　(ア)　AとBでは，単位格子の一辺の長さが等しい。

　　　　　　(イ)　AとBでは，単位格子中の原子の数が等しい。

　　　　　　(ウ)　AよりもBのほうが，充填率（％）が低い。

　　　　　　(エ)　Aの配位数はBの配位数より大きい。

(c)　ある金属はAの結晶構造で，一辺の長さは 3.6×10^{-8} cm，密度は 9.0 g/cm³ であった。こ
　　の金属の原子量を求めなさい。ただし，答えは四捨五入して，整数で求めなさい。

〔**3**〕　次の問いに答えなさい。

問1　次の文を読んで，下記の(1)〜(3)に答えなさい。

　　　化学反応に伴って出入りする熱を　①　という。化合物 1 mol がその構成成分の
　　　②　からできるときに出入りする熱を　③　という。たとえば，ベンゼンの　③
　の値は −49 kJ/mol である。　③　の値が負なので，この反応は　④　反応である。ま
　た，これは左辺の物質に含まれるエネルギーの合計より，右辺の物質に含まれるエネルギーの合
　計の方が　⑤　ことを示している。
　　　化学変化に伴う熱の出入りは<u>ヘスの法則（総熱量不変の法則）</u>が成り立つ。

(1)　文中の空欄　①　〜　⑤　にあてはまる最も適切な語句を書きなさい。

(2)　ベンゼンの　③　を表す熱化学方程式を書きなさい。

(3)　下線部の法則とはどのようなものか。簡単に説明しなさい。

問2　メタンとエタンの混合気体がある。標準状態で 3.36 L の混合気体が完全燃焼すると，12.5 g
　の酸素が消費された。次の(1)〜(3)に答えなさい。ただし，メタンとエタンの燃焼熱は，それぞれ
　890 kJ/mol，1560 kJ/mol とする。

(1)　メタンおよびエタンが完全燃焼するときの熱化学方程式をそれぞれ書きなさい。

(2)　混合気体中のメタンとエタンの体積比を整数で求めなさい。

(3)　混合気体 3.36 L が完全燃焼するときに発生する熱（kJ）を求めなさい。答えは四捨五入し
　て，整数で求めなさい。

〔 **4** 〕　次の文を読んで，下記の問いに答えなさい。

　　化合物 A ～化合物 E は炭素，水素および酸素からなる芳香族化合物である。39.10 mg の化合物 A ～化合物 E をそれぞれ完全燃焼させると，どの化合物も二酸化炭素 111.3 mg と水 26.50 mg が生じた。これらの化合物について，以下の**実験**を行った。

実験 1　化合物 A，化合物 B および化合物 C は水酸化ナトリウム水溶液に溶けたが，化合物 D と化合物 E は溶けなかった。

実験 2　化合物 A ～化合物 D は金属ナトリウムと反応したが，化合物 E は反応しなかった。

実験 3　化合物 A ～化合物 E の沸点を測定すると，化合物 E が最も低かった。

実験 4　化合物 A，化合物 B および化合物 C は，2 つの異なった官能基をもつ異性体で，鉄粉を触媒にして塩素を反応させると化合物 A からは 2 種，化合物 B と化合物 C からは 4 種の異性体が得られた。

実験 5　化合物 B と無水酢酸を反応させると化合物 F と酢酸が得られた。

実験 6　化合物 F を酸化すると化合物 G が得られた。

実験 7　化合物 G を酸触媒で加水分解するとサリチル酸が得られた。

実験 8　化合物 D を酸化後，硫酸を触媒にしてエタノールと反応させると，化合物 H が得られた。

問 1　化合物 A ～化合物 E に共通する組成式を求めなさい。

問 2　化合物 A ～化合物 H の構造式を書きなさい。

生物

（2 科目 120 分）

〔 1 〕　植物ホルモンに関する次の文を読み，問いに答えなさい。

　　　植物ホルモンは，環境が変化したという情報を感知した細胞から反応する細胞へ伝達する物質であり，遺伝子の（　a　）を調節することによって，細胞の成長や生理的なはたらきを調節する。

　　　（　①　）は，植物が土壌の乾燥を感知すると，（　b　）や葉の細胞で合成される植物ホルモンである。葉の（　①　）が増加すると，葉の気孔が閉鎖されることによって，植物が水分を失うのを防ぐ。また（　①　）は，（　c　）とよばれる（　d　）が成熟した後に活動を停止する状態を維持する役割も担っている。

　　　オーキシンや（　②　）は，細胞の（　e　）を調節する植物ホルモンである。オーキシンは，細胞壁の構造をゆるめるはたらきを担う物質で，植物が合成するオーキシンは，（　f　）とよばれる物質である。（　②　）は，細胞壁の（　g　）繊維を横方向に合成することで，細胞の（　h　）成長を抑制し，茎の（　e　）成長が促進される。（　②　）は，（　c　）を（　i　）する役割も担っている。

　　　（　③　）は，（　j　）を促進して，側芽の成長をうながす植物ホルモンである。通常は，頂芽から輸送されたオーキシンによって，側芽周辺での（　③　）の合成が抑制されて，側芽の成長を　A　している。

　　　（　④　）は，老化や（　k　）の成熟にかかわる植物ホルモンである。（　④　）は，（　ℓ　）刺激によって合成されるが，細胞の（　e　）成長を　B　し，茎の（　h　）成長が　C　される。

　　　植物ホルモンは細胞膜や細胞内に存在する（　m　）に結合し，その（　m　）の構造が変化することで，情報が伝えられる。たとえば，（　④　）の（　m　）は，細胞内小器官の（　n　）の膜にある。（　④　）の作用で（　a　）する遺伝子の転写因子は，恒常的に分解されているが，（　m　）に（　④　）が結合すると，分解が　D　され，その遺伝子が（　a　）するようになる。

問 1　文中の空欄（　a　）〜（　n　）にあてはまる最も適切な語句を，【選択肢】の中から選び，解答欄に記号で答えなさい。

　　【選択肢】

　　　ア．インドール酢酸　　イ．グルコース　　ウ．セルロース　　エ．プロモーター
　　　オ．開始　　　　　　　カ．解除　　　　　キ．果実　　　　　ク．休眠
　　　ケ．細胞分裂　　　　　コ．種子　　　　　サ．受容体　　　　シ．小胞体
　　　ス．伸長　　　　　　　セ．接触　　　　　ソ．根　　　　　　タ．発現
　　　チ．光　　　　　　　　ツ．肥大　　　　　テ．翻訳　　　　　ト．輸送体

問2　文中の空欄（　①　）～（　④　）にあてはまる，最も適切な植物ホルモンの名称を解答欄に答えなさい。

問3　文中の空欄 ┃　A　┃ ～ ┃　D　┃ には「促進」もしくは「抑制」のいずれかの語句があてはまる。「促進」があてはまる場合には 1，「抑制」があてはまる場合には 2 を，解答欄に答えなさい。

問4　文中の空欄（　①　）は，（　c　）以外の機能ももつ。（　①　）が関わるものを次の 1 ～ 5 のうちから二つ選び，解答欄に番号で答えなさい。

　　1．果実の成長

　　2．果実の成熟

　　3．花芽の形成

　　4．葉の老化や落葉

　　5．ストレス応答

問5　オーキシンに関する次の小問 1 ～ 4 に答えなさい。

　　小問1　オーキシンは光屈性に関わっている。光屈性に関する次の 1 ～ 5 の記述のうち，適切なものを二つ選び，解答欄に番号で答えなさい。

　　　　1．根は正の光屈性を示す。

　　　　2．オーキシン排出輸送体が，細胞膜の光が当たる側に移動する。

　　　　3．光の当たらない側へのオーキシンの移動が促される。

　　　　4．光が当たる側の細胞は，大きく成長する。

　　　　5．フォトトロピンが光を感知する。

　　小問2　オーキシンは重力屈性にも関わっている。根において，重力の方向は根の先端にある根冠がとらえる。根を水平におくと，根は，新たな重力の方向に伸長するようになる。この時，根冠の中のアミロプラストが重力方向に移動する。オーキシンはそれに伴ってどのように移動するか。「オーキシン排出輸送体」と「重力方向」の 2 つの語句を用いて，句読点を含む 40 文字以内で解答欄に答えなさい。

　　小問3　小問 2 で答えたオーキシンの移動の結果，水平におかれた根は新たな重力方向にのびる。その理由を，「オーキシン濃度」，「伸長域」，「上側」，「下側」という語句を用いて，句読点を含む 50 文字以内で解答欄に答えなさい。

　　小問4　オーキシンは濃度によって植物の成長を促進，もしくは抑制する。また，器官によってその濃度の感受性は異なる。茎と根における，相対的なオーキシン濃度と成長促進・成長抑制の関係について表したグラフとして最も適切なものを次の 1 ～ 4 のうちから一つ選び，解答欄に番号で答えなさい。

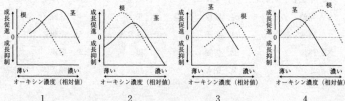

〔 2 〕　酵素反応に関する次の文を読み，問いに答えなさい。

　　生体内では，酵素とよばれるタンパク質が触媒としてはたらき，さまざまな化学反応が効率的に進行している。酵素がはたらきかける物質を（　a　）とよび，反応した後の物質を（　b　）とよぶ。酵素反応では，（　a　）と酵素が結合して，酵素−（　a　）複合体が形成される頻度が高いほど，反応（　c　）は大きくなる。

　　酸化マンガン（Ⅳ）などの無機触媒を用いた反応では，温度上昇に従って反応（　c　）は大きくなる。酵素が関与する反応でも，温度の上昇に伴って反応（　c　）は大きくなるが，一定の温度を超えると急に反応（　c　）が低下する。酵素反応において，反応（　c　）が最も大きくなる温度を（　d　）温度とよぶ。また，酵素の立体構造は，溶媒の pH によって影響を受ける。反応（　c　）が最も大きくなる pH を（　d　）pH とよぶ。このように熱や pH などの外的条件によって酵素の構造は変化する。その結果，酵素が活性を失うことを（　e　）とよぶ。

　　以下に酵素のはたらきや性質を調べる実験とその結果を示す。

【目的】

　　カタラーゼは多くの生物体に含まれており，体内の過酸化水素を分解する酵素である。この実験では，多量のカタラーゼを含むブタの肝臓片を用いて，酵素のはたらきや性質を調べる。

【方法】

　　7 本の試験管（A〜G）に，試料と蒸留水あるいは薬品（10 % 塩酸，10 % 水酸化ナトリウム水溶液）を入れたのち，E，F，G は，表に示した各温度に保ったビーカーに 5 分間浸す。その後，過酸化水素水（E，F，G はそれぞれのビーカー内の温度と同じ温度にした）を入れ，発生する気体を水上置換により捕捉しその量を測定する。

試験管	A	B	C	D	E	F	G
試料	肝臓片	煮沸後冷ました肝臓片	肝臓片	肝臓片	肝臓片	肝臓片	肝臓片
蒸留水	1 mL	1 mL			1 mL	1 mL	1 mL
10 % 塩酸			1 mL				
10 % 水酸化ナトリウム水溶液				1 mL			
ビーカー内の水の温度	室温	室温	室温	室温	4℃	40℃	70℃
5 % 過酸化水素水	5 mL	5 mL	5 mL	5 mL	5 mL（4℃）	5 mL（40℃）	5 mL（70℃）

※室温は 20℃ とする。　　　　　　　　　　　　　　　　　　（濃度はすべて重量%）

【結果】

結果1：試験管A〜Dでは，試験管Aのみで気体が発生し，試験管B〜Dでは気体がほとんど発生しなかった。

結果2：試験管E〜Gでは，すべての試験管で気体が発生したが，Fの試験管の気体の量が最も多かった。

問1　文中の空欄（ a ）〜（ e ）にあてはまる最も適切な語句を，解答欄に答えなさい。

問2　文中の下線部の変化を何とよぶか。最も適切な語句を，解答欄に答えなさい。

問3　実施した実験で発生した気体は何か。適切な語句を解答欄に答えなさい。

問4　結果1において，試験管Aと比較して，試験管Bで気体がほとんど発生しなかった理由を，「煮沸」という語句を用いて，句読点を含む50文字以内で解答欄に答えなさい。

問5　結果1において，試験管Aと比較して，試験管CとDではいずれも気体がほとんど発生しなかった。この理由を，句読点を含む50文字以内で解答欄に答えなさい。

問6　結果2から，カタラーゼのはたらきと温度の関係について何がわかるかを，句読点を含む50文字以内で解答欄に答えなさい。

〔 3 〕　ニューロンと神経系に関する次の文を読み，問いに答えなさい。

　　　脊椎動物では，ほとんどのニューロンが脳と脊髄に集中しており，脳と脊髄をまとめて（ a ）神経系とよぶ。これに対し，からだの各部と（ a ）神経系をつなぐ神経系を（ b ）神経系とよぶ。（ b ）神経系は，機能によって（ c ）神経系と自律神経系に分けられる。

　　　ニューロンは，体内で神経のネットワークを構成しており，機能的に3つに大別される。受容器で受け取られた情報を中枢に伝える　①　ニューロン，ニューロンどうしをつなぎ，主に脳や脊髄などの（ a ）神経系をつくる　②　ニューロン，そして中枢からの命令を効果器に伝える　③　ニューロンである。

　　　ニューロンの軸索内に微小な電極を挿入すると，細胞内外の電位差を測定できる。この細胞膜を隔てた電位差を膜電位とよび，細胞が刺激されていないときの膜電位を　④　とよぶ。ニューロンが刺激されると一連の膜電位の変化が起こる。このような膜電位の変化を　⑤　とよび，　⑤　が生じることを興奮とよぶ。

　　　脊椎動物の脳は，大脳，間脳，中脳，小脳，延髄に分かれており，部位ごとに異なった機能をもっている。これらのうち，間脳，中脳，延髄は，生命維持に関する重要な機能を果たす中枢であり，まとめて（ d ）とよばれる。また，大脳の外側の大脳皮質は細胞体が集まっており，（ e ）とよばれる。一方，大脳の内側の大脳髄質は，神経繊維が集まっており，（ f ）とよばれる。

　　　脊髄は，脊椎骨の中を通る細長い円柱状の構造で，外側の脊髄皮質は（ f ）であり，内側の脊髄髄質は（ e ）である。脊髄は，受容器や効果器と脳との間の興奮の中継の役割をもつとともに，脊髄反射の中枢としてもはたらいている。

自律神経系は，交感神経と副交感神経からなる。多くの器官は，交感神経と副交感神経の双方の支配を受けており，両者のはたらきは拮抗的である。交感神経がはたらくと，気管支は　⑥　し，皮膚の血管は　⑦　する。また，副腎に分布している交感神経が刺激されると，副腎髄質から　⑧　が分泌され，血糖値は　⑨　する。

問1　文中の空欄（　a　）～（　f　）にあてはまる最も適切な語句を解答欄に答えなさい。

問2　文中の空欄　①　～　⑨　にあてはまる最も適切な語句を次の【選択肢】から一つ選び，解答欄に記号で答えなさい。ただし，同じ記号を繰り返し用いてもよい。

【選択肢】
　ア．アセチルコリン　　イ．アドレナリン　　ウ．ノルアドレナリン　　エ．運動
　オ．介在　　　　　　　カ．拡張　　　　　　キ．活動電位　　　　　　ク．感覚
　ケ．収縮　　　　　　　コ．上昇　　　　　　サ．静止電位　　　　　　シ．低下

問3　文中の下線部(1)がもつ性質である「全か無かの法則」に関して説明した次の文について，空欄にあてはまる文を，「閾値」という語句を1回以上用いて，句読点を含む35文字以内で解答欄に答えなさい。

　　刺激が弱いときは興奮せず，

問4　右図に脳の縦断面を示した。文中の下線部(2)について，次の1～3の機能は，図中のどの部位が主に関与するか。図中の「あ～お」の中から一つずつ選び，解答欄に記号で答えなさい。

　1．からだの平衡を保つ。
　2．呼吸運動を調節している。
　3．姿勢を保つ。

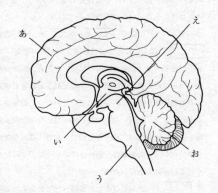

問5　文中の下線部(3)の反射によって起こる現象を次のA～Dの中から二つ選び，解答欄に記号で答えなさい。

　A．食べ物を口に入れたときにだ液が分泌される。
　B．膝関節のすぐ下の部分をたたくと思わず足が前に跳ねあがる。
　C．熱いものにさわると瞬間的に手を引っこめる。
　D．まぶしいときに瞳孔が小さくなる。

国語

（二科目　一二〇分）

[問題一] 次の文章を読み、後の問いに答えなさい。

　自由主義(注1)の出発点をどこに置くのかについては諸説がある。その起源を古代ギリシアにさかのぼる研究者もいるし、中世ヨーロッパに起源を見いだす論者もいる。「自由主義」という言葉自体は、一八一〇年代のスペインやイングランドで初めて用いられたと指摘される。ただし、その中核的な思想が成立したのは、17〜18世紀の西ヨーロッパにおいてであった。17世紀以降、ヨーロッパで商業市場が発展すると、新たに(注①)ボショワして...た商人階級、つまりブルジョワジーを中心として、強大化する君主権力や中世以来の特権を保持しようとする貴族階級に対抗する改革運動が起こった。

　イングランドでは、一六四〇年代のピューリタン革命(注2)、一六八八〜八九年の名誉革命(注3)を経て、個人の自然権と法の支配という二つの原理が確立していった。名誉革命期に執筆されたロック(注4)の『統治二論』（一六九〇年）から、この点を確認しておこう。ロックによれば、すべての個人は生まれながらにして神から与えられた不可侵の(a)「自然権」を持っている。自然権に含まれるのは生命、自由、財産である。

　A 、自分の身体を自由に用いて生命を保全し、財産を自由に処分できることである。この意味ですべての個人は「生まれながらにして自由かつ平等な独立した存在」と見なされる。封建的な身分制秩序を否定するこの自然権思想こそ、近代政治思想の出発点となる。

　なぜ自然権の中に、生命や自由だけでなく、財産権（所有権）が含まれるのだろうか。ロックは財産権の根拠として「労働」を挙げた。各人は生命を保全するために、自らの身体を用いて自然に働きかけ労働を行う。労働によって生み出された財は、自分の身体の運動から得られるものだから、各自の所有物となる。こうして財産権は、国家から与えられたものではなく、国家が成立する以前の(b)自然状態で個人に与えられた生得の権利となる。

　B 、国家のない自然状態では、自分の財産を奪おうとしたり、他人を強制的に働かせて財を蓄えようとしたりする人が出てくるかもしれない。これらの行為を処罰することは各人に委ねられているから、秩序は不安定である。そこで人びとは、互いに契約を結んで共同の権力を設立する。こうして生まれたのが国家である。国家の役割は、人びとが最初に行った契約、現在の言葉で言えば「憲法」によって制約され、自然を守ることに限定される。

　このように「法の支配」とは、国家の制定した法によって人びとが縛られるという意味ではなく、(c)人びとの制定した根源的な法によって国家権力が縛られるという意味である。具体的な国家の役割とは、個人の生命と財産権を保障し、契約の自由や労働の自由を保障することである。特に注意すべきは、国家は外面的な秩序の維持のみに関わり、個人の思想や信仰に介入してはならないことである。国家は個人の思想信条に介入してはならない。

　ロックが唱えた個人の自然、法による国家権力の制約という考えは、近代政治思想の基本原理となる。それらは1770〜80年代のアメリカ独立革命(注5)、1789年に始まるフランス革命(注6)でも確認される。

だ。アメリカ連合諸邦の独立宣言（一七七六年）は、冒頭に次の一文がある。「すべての人間は、神によって平等に造られ、一定の譲り渡すことのできない権利を与えられている。その権利の中には生命、自由、幸福の追求が含まれる。これらの権利を保障するために、人びとの間に政府を作り、その政府は被治者の合意のもとに正当な権力を授けられる」。

　　C　　、フランス革命のただ中で成立した一七八九年の人権宣言（人間と市民の諸権利に関する宣言）では、第一条で「人間は自由かつ権利において平等なものとして生まれ、生存する」とされた。第二条では「すべての政治的結合の目的は、時効によって消滅することのない人の自然的権利の保全にある。これらの権利とは、自由、所有、安全および圧政への抵抗である」とされた。

　古典的自由主義は、政府の圧政や封建的身分制秩序から個人を解放するための改革思想として登場した。　　D　　、商工業が本格的に発展していく19世紀以降[d]、それは急速に発展する商工業の担い手（ブルジョワジー[イ]）の利益を代弁する経済思想へと変質していく。

　その点を確認するために、ロックの『統治二論』から約一世紀を経て発刊されたアダム・スミス[注(7)]の『国富論』（一七七六年）を見ておこう。スミスがこの本で行ったのは、私的利益の自由な追求②[ウ]する[注②]りとよだ。18世紀のイングランドやスコットランドでは、飽くなき私益の追求が、人間の道徳心を衰退させ、悪を蔓延らせるのか、それとも人間を動物を規律づけられた存在にするのかが大きな論点になっていた。スミスは次のように言う。

　「生産物が最大の価値を持つように産業を運営するのは、自分自身の利得のためである。だがそうすることで、多くの場合と同じく、見えざる手に導かれ、自分では意図していなかった目的を促進することになる。……公共の善のために商売をしていると称する者が、実際にそれを成し遂げたことなど聞いたためしがない」

　スミスによれば、「公共の善」を生み出すのは、公共心を持つと自称する人でなく、私的利益を第一に考え、自分のためだけに行動する人である。こうした人は、自分の利益を増やそうとして常に工夫をこらす。得意な労働に特化して技能を磨き、より多くの物を生産する。彼らは動物の態を身に着け、商売を円滑にする社交の技術を身につくだろう[e]。こうした人が増えるほど、社会全体は豊かになる。

　スミスが発見したのは、自由な市場において「見えざる手」が働くということだった。売り手と買い手が自由にやりとりすると、買い手はより安く商品を手に入れようとし、売り手はより良い商品を多く生み出そうとする。自由な市場では、価格をうって需要と供給を　　E　　するメカニズムが働く。もし国家が特定産業を保護したり、職業や移動の自由を制限したり、ギルド[注(8)]のような市場を　　F　　する組織が作られたりすると、市場メカニズムが歪められ、社会全体が貧しくなってしまう。スミスは、国家の役割をあくまで自由な市場を維持することにとどめるべきだと主張した。具体的には、私有財産の保護、契約の保障、国防と治安の維持、道路・橋・運河・港などの整備、子どもの公教育などである。貧民に対する　　G　　は、国家の役割ではなく、私的な慈善に委ねるべきだとされた。

　　　　　　　　　　　　　　　　　（田中拓道『リベラルとは何か』による）

注(1)　個人の自由を尊重し、社会のあらゆる領域における個人の自由な活動を重んずる思想的立場。
注(2)　イギリスの市民革命。ピューリタン（改革的プロテスタント・キリスト者の総称）を中心とする議

会派が、一六四九年に国王を処刑して共和国を樹立するもの。指導者がのちに独裁を行い、その死と共に共和国は崩壊、一六六〇年には王政復古となる。

注(3)　イギリスの市民革命。国王の政策と議会無視等に反対した議会が、国王を国外に追放し、その長女と夫を共同統治者として迎える。

注(4)　ジョン・ロック（一六三二〜一七〇四）イギリスの哲学者・政治思想家。

注(5)　イギリス領北アメリカの植民地が連合して本国に反抗し、独立を達成するとともに、新国家を形成し、共和制の確立を成し遂げた革命。

注(6)　フランスの市民革命。王朝の失政に抗議するブルジョアや一部貴族に一般民衆が加わって起こされた。前近代的な社会体制を変革して近代ブルジョア社会を樹立した革命。

注(7)　アダム・スミス（一七二三〜一七九〇）イギリスの経済学者。

注(8)　ヨーロッパの中世都市の商工業者が組織した同業組合。

問一　傍線部①、②のカタカナ部分を漢字に改めなさい（漢字は楷書ではっきり書くこと）。

問二　空欄　A　〜　D　に入る言葉の組み合わせとして最も適切なものを、次の中から一つ選び、記号で答えなさい。

　　ア　A　結局　　B　だが　　C　反対に　　D　それでいて

　　イ　A　要するに　　B　けれども　　C　もちろん　　D　その反面

　　ウ　A　つまり　　B　ただし　　C　同じように　　D　しかし

　　エ　A　すなわち　　B　とはいえ　　C　しかし　　D　それなのに

　　オ　A　言わば　　B　なお　　C　ところが　　D　とはいえ

問三　傍線部(a)「自然権」の説明として最も適切な箇所を、問題文中より三十字以内で抜き出して答えなさい。

問四　傍線部(b)「自然状態」において、人びとの権利はどのような状態とされるか、その説明として最も適切な言葉を、問題文中より漢字二字で抜き出して答えなさい。

問五　傍線部(c)「人びとの制定した根源的な法によって国家権力が縛られる」とあるが、その説明として最も適切なものを、次の中から一つ選び、記号で答えなさい。

　　ア　法は、国家をはじめとするいかなる権力からも独立した存在でなくてはならない。

　　イ　政府は、民主主義の原則に則り、国民生活の安定と向上に努めなくてはならない。

　　ウ　法は、権力の偏りによって国民の自由が阻害されることを防がなければならない。

　　エ　権力は、国に対して責任を負い、その範囲内で行使されなければならない。

　　オ　政治権力は、法に従い、法の枠内で行使されなければならない。

問六　傍線部(d)「それは急速に発展する商工業の担い手（ブルジョワジー）の利益を代弁する経済思想へと変貌していく」とあるが、その説明として最も適切なものを、次の中から一つ選び、記号で答えなさい。

　　ア　ブルジョワジーが自由な経済活動を行うことで、相互に相手の主権を認めあう合意が成立し自由主義が完成される。

　　イ　ブルジョワジーが、自分の行為によるコントロール下にある事物に対する他人や権力による干渉を排除することで、社会的な調和が図られる。

　ウ　ブルジョワジーの資本・財力が拡大し、それを社会全体で共有することは、政府の圧政や封建的身分制秩序から人々を解放することを意味する。

　エ　ブルジョワジーが、自己の活動や財産を活用・拡大しつつ、封建的な制度を排除し、政治、経済などの諸分野における政府の干渉を取り除くことで、公正な政治体制が成立する。

　オ　ブルジョワジーの経済活動に対して、権力による干渉・介入を極力排除することで、自由な経済活動が実現する。

問七　空欄　E　〜　G　に入るべき言葉として最も適切なものを、次の中からそれぞれ一つずつ選び、記号で答えなさい。

　ア　修正　イ　監督　ウ　釈然　エ　管理　オ　救出
　カ　救護　キ　変更　ク　救済　ケ　規制　コ　調節

問八　傍線部(e)「リッチな人が増えるほど、社会全体は豊かになる」とはどういうことか、二十字以内で説明しなさい(句読点、記号は含まない)。

〔問題二〕次の文章を読んで、後の問いに答えなさい。

　日本企業は、この震災が起こる以前から、大きく二つの問題を抱えていました。

　一つは、グローバル化が進んでいくなかで、「モノづくり」だけでは生き残れなくなってきたことです。デジタル化やモジュール化が進展したことに加え、中国、韓国、台湾などのアジア系企業が成長したことで、日本はモノづくりの力だけで競争優位性を保つことが難しくなりました。

　もちろん、モノづくり自体が不要になったわけではありません。しかしいまは、たんなる「モノ」ではなく、モノを媒介とした「コト」を生み出すことで、新しい価値を提供することが大事なのです。

　たとえばアップル社のiPadは、液晶、CPU、ソフトウェアといったモノの集合体としてヒットしたといえますが、それを仕事や遊びで使うことで人とのつながり、新しい関係性が生まれるからこそ、徹夜で並んででも早く手に入れたくなるのです。

　A　「モノ」を組み込んだ「コトづくり」「関係の構造を築く」といった点で、日本企業ははかのグローバル企業に遅れをとっているように見えます。

　もう一つの問題は、技術や市場の変化がこれまで以上にスピードを増し、調達、生産、競争がますますグローバル化したことです。もはや、日本の国内市場だけを見てイノベーションを起こし、それを他国にも応用するという手法では、スピードの点でもスケールの点でもグローバルな競争に勝つことはできません。

　たとえばマサチューセッツ工科大学のレスター・サロー名誉教授は、二〇一〇年八月に日本経済新聞紙上で、日本にはイノベーションがなく、このままでは日本経済は「失われた三十年」になる可能性もあると断じました。いまの日本企業からは、iPadのような人をワクワクさせる商品が出ていない。アップルやウォルト・ディズニーのような企業を生み出すアメリカ文化のほうが、経済成長に適している——これが彼の見立てです。

　しかし私は、それが文化の問題だとは思いません。サロー教授は、これまで日本企業が「ものまね」にまって成長してきたことを示唆していますが、たとえばソニーやホンダは、まさに人をワクワクさせる製品を生み出すことで成長しました。現在でも、そういう商品やサービスを創出できる日本企業はたくさんあります

存在します。

そして、それらの企業はアメリカ型の方法論を①トウシュウしているわけではありません。ここで言う「アメリカ型」とは、前に申し上げた「サイエンス」としての経営モデルのことです。

いま元気のある企業を見ると、意識的にせよ無意識的にせよ、持続的なイノベーションを執拗に追いかけ、知の創造を日々の実践のなかで徹底的に錬着しているところがあると思います。これは、物理学のように論理だけで考える手法とは対極にあるものだといえるでしょう。現状の分析によって正解を導き出すのではなく、(a)匠のように日々の平凡な仕事を徹底的に追い求めながら、そこから得た新しい気づきを非連続的に延ばしていくのです。

いわば「連続の非連続」を行っているわけで、この場合、組織内におけるある一人の傑出したイノベーターが新しい価値を生み出すのではありません。イノベーションが組織そのものなのか組織に組み込まれているのです。

決して華やかなやり方ではありませんが、『ビジョナリー・カンパニー』(日経BP社)を②アラワした経営者ジェームズ・コリンズが言うとおり、そうやって大事を一所懸命に押しているうちに、やがて加速がついてくる。そのような行動重視の会社が、日本はもちろん、結局はアメリカにおいても生き残っていくのではないかと思います。

もっとも、コリンズのような議論は派手さに欠けるため、アメリカではあまり評価されていません。主観や価値をいっさい排除し、過去の事例に基づいてそれを教訓化していくアプローチが、ノーベル経済学賞を受賞したハーバート・サイモン以来、アメリカの情報処理モデルです。

B 、たとえばアップル社のスティーブ・ジョブスにしても、イノベーションのあるべき姿を「科学的」に割り出したわけではありません。一見すると、なんの役にも立たないカリグラフィーに凝っているうちに、それが突然マッキントッシュのフォントにつながった。動きながら考えているうちに、さまざまな関係性が見えてきて、その気づきが X のイノベーションにつながったのでしょう。

(野中郁次郎・遠藤功『日本企業にいま大切なこと』による)

問一　傍線部①・②のカタカナ部分を漢字に改めなさい(漢字は楷書ではっきり書くこと)。

問二　空欄 A ・ B に入る言葉として最も適切なものを次の中からそれぞれ一つずつ選び、記号で答えなさい。
ア すると　イ さらに　ウ つまり　エ また　オ しかし　カ というのも
キ そのうえ

問三　空欄 X に入るべき最も適切な漢字三文字を同題文中から抜き出して答えなさい。

問四　傍線部(a)とはどのような方法なのか。最も適切なものを次の中から一つ選び、記号で答えなさい。
ア 主観を排除する方法
イ 客観的なデータを重視する方法
ウ 合理性を徹底する方法
エ 演繹的な手法を駆使する方法
オ 暗黙知を伝承する方法

問五　問題文中には次の一文が省かれている。この一文が入るべき最も適切な箇所を探し、その直前の文の文末六文字を書きなさい(句読点も一字として数える)。

りのような問題を抱えているということもあって、外国では日本の経営や企業に対して厳しい見方をする人々もいます。

問六　筆者の考えや主張に合致するものを次の中から一つ選び、記号で答えなさい。

　　ア　日本の企業は今後も「モノづくり」により邁進すべきである。

　　イ　スティーブ・ジョブズの成功も「連続の非連続」によるものである。

　　ウ　ソニーやホンダは「サイエンス」としての経営を実践した。

　　エ　日本にイノベーションが起こらないのは文化の問題である。

　　オ　物理学の論理とは知の創造と日々の実践両方で説明ができる。

〔問題三〕次の文を読んで、後の問いに答えなさい。

　　　　┌──┐
　　　　│ X │
　　　　└──┘

　フロイスは幾度か信長と会話をしているが、信長はフロイス自身のことをはじめ、ヨーロッパやインドのこと、そこからの旅程や書簡のやりとりなど細かく質問をした。なぜそのような遠い国から日本に来たのかを尋ねられると、フロイスは、世界の創造主で人類の救い主であるデウスの御旨に添って、日本人に救いの道を教えるためだと答えた。信長は、それだけのために長い道のりを航海し、考えるだけでも恐ろしいという危険をおかして進んで引き受けたのか、と驚いている。

　信長はフロイスやオルガンティーノとの会話のなかで、ポルトガルという国やローマ教皇のこと、ポルトガルがインドのゴアを支配し、そこにポルトガルのインド副王がいて、宣教師たちが(a)その保護のもとに派遣されてきていることを知った。おそらくフロイスやオルガンティーノは、デウスの信仰が世界に宣べ伝えられている様子を語ったに違いない。ポルトガル人が伝えた鉄砲を巧みに利用して天下取りを進めた信長のことであるから、このような武器をもたらしたポルトガルのことは知っていただろう。

　┌──┐
　│ A │
　└──┘
宣教師たちの話から信長は、世界に激しく進出しつつあるポルトガルや、デウスの信仰に命をかける宣教師たちの強い使命感を初めて知ったに違いない。それらは唐・天竺を越えた、遥かもっと遠い、信長の知らない異国の話や動きだった。

　信長に世界の広さと日本の位置を認識させたに違いないのが、オルガンティーノが贈呈した地球儀だった。オルガンティーノの説明を聞いた信長は、地球が丸いことを即座に認識したというのだが、彼らが来た海路を示すと、彼らに①トウリ(ア)が、あるいは反対に彼らの説教に偉大なものがあるに相違ない、と言ったという。宣教師たちの活動に┌──┐│ B │└──┘の双方を信長は感じていたのだろう。

　一五九一年(天正七)に来日したイエズス会東インド管区巡察師のヴァリニャーノは、九州のキリシタン大名と共同して天正遣欧少年使節をポルトガル国王とローマ教皇のもとに派遣したことで知られている。一五八一年に信長と謁見したさい、信長は世界地図をみながら彼が来た海路を説明させたという。信長がみた地図を特定することはできないが、まだ地理的情報が十分ではなかったため日本は小さく描かれていただろう。天正遣欧少年使節たちも、世界地図をめてみたときに、小さく描かれている日本をみて驚いたのである(「デ・サンデ天正遣欧使節記」)。ただ、それをみた信長が②うろたえた気配はない。その後の動きをみると、地球儀といい、世界地図といい、┌──┐│ Y │└──┘を刺激するには十分だったに違いない。

　　[Y]

　宣教師たちと接するなかで信長が抱いた世界観を垣間見せるのが、フロイスの次の二つの文章である。

　一つは、一五六九年（永禄一二）にイエズス会の京都での活動を信長が容認したりとについて、家臣の松永久秀が、バテレンの呪うべき教えがおこなわれるという噂に国も市も直ちに崩壊して滅亡するだろうと言ったことに対する信長の反応である。信長は、「たった一人の異国の者が日本でいかに害をなすことができるというのか、[C]」と答えたという。

　松永の発言からみると、宣教師たちの活動が国を滅ぼす性格のものだという情報があり、と理解したい。ザビエルが日本で布教を始めてすぐに、島津領ではキリシタンによって神社仏閣が破壊されるという噂が流れていた。一五六〇年代には宣教師を受け入れた肥前国横瀬浦（現長崎県西海市）の領主大村氏に対して地元の僧侶たちが、領内に土地を与えて教会を建てさせるとポルトガル人たちがやってきてそこに城を建てこの地を奪うだろうと批判したとある。一五六三年に重臣二五人とともに受洗した大村氏は、すべて寺社の破壊を命じているから、非キリシタン家臣からの反発も強かった。横瀬浦の教会は、この年に大村氏の家臣によって焼かれた。

　またフロイスは、豊後のキリシタン大名である大友義鎮に対して重臣の田原親賢が、宣教師たちは日本で相当数のキリシタンを得るためとインドから艦隊を派遣して国を奪いとる計画をしていると言った、と書いている。ここにかなり明確に、征服の先兵としての布教という受けとめ方があらわれている。だが信長の認識は異なっていた。

　[Y] をうかがわせる二つ目は、一五八一年（天正九）に信長が京都で開催し、一三万人を動員したとされる馬揃えの記事である。馬揃えは朝廷からの要請だともされるが信長が諸大名を率いて力を誇示するためであるともいわれている。この馬揃えは正親町天皇が臨席していたが、なんとイエズス会東インド管区巡察師のヴァリニャーノも招待されていた。席は離れていたとしても、天皇と宣教師を同座させたということに驚く。しかも信長がパレードのさいに座った椅子は、ヴァリニャーノの贈り物だった。フロイスによれば、濃紅色のビロード金の装飾をほどこした壮厳なイスである。信長はこのほか喜んで、この馬揃えを天皇や公家、大勢の武将たちに披露したのであった。

（平川新『戦国日本と大航海時代』による）

問一　傍線部①、②のカタカナの部分を漢字に改めなさい（漢字は楷書ではっきり書くこと）。

問二　傍線部(a)が示す言葉を問題文中から六文字以内で抜き出して答えなさい。

問三　空欄[A]に入るべき言葉として最も適切なものを、次の中から一つ選び、記号で答えなさい。

　ア　もしや

　イ　まるで

　ウ　だが

　エ　まさしく

　オ　それゆえ

問四　空欄[B]に入るべき言葉として最も適切なものを、次の中から一つ選び、記号で答えなさい。

　ア　いかがわしさと神秘を

　　イ　美しさと汚らわしさ

　　ウ　科学の力と神の力

　　エ　傲慢さと従順さ

　　オ　世界の狭さと広さ

問五　空欄　X　と　Y　に入るべき言葉として最も適切な組みあわせを、次の中から一つ選び、記号で答えなさい。

　　ア　X信長、宣教師の使命感を知る　Y信長の価値観

　　イ　X信長、地球儀に触れる　Y信長の野心

　　ウ　X信長、フロイスに問う　Y信長の政策

　　エ　X信長、世界を知る　Y信長の世界観

　　オ　X信長、宣教師と出会う　Y信長の宗教心

問六　空欄　C　に入るべき言葉として最も適切なものを、次の中から一つ選び、記号で答えなさい。

　　ア　大なり小なり同じである

　　イ　捕らぬ狸の皮算用だ

　　ウ　小細工をするな

　　エ　殺だ子を起こすな

　　オ　小心者にはあきれる

問七　問題文中には次の一文が省かれている。この一文が入るべき最も適切な箇所を探し、その直前の文の文末八文字を書きなさい（句読点も一文字として数える）。

　　　その理由は後述する。

解答編

■英語■

1 **解答** 問1．イ 問2．ウ 問3．ア 問4．ウ
問5．家族や友人からの善意の贈り物を断ること（20字程度）

問6．ア 問7．イ 問8．ウ 問9．イ

◆全　訳◆

≪ゼロ・ウェイスト・ホームという暮らし≫

あなたは1日にどのぐらいゴミを出すだろうか？

　私は，ゴミゼロ生活の提唱者であるベア=ジョンソンの講演会に参加した後に，このことについて考え始めた。彼女は4人家族（彼女自身，夫と2人の息子）だが，わずかなゴミしか出さないので，1年の家庭ゴミは1本のガラス瓶に収まる。彼女らはこれをいくつかの方法で成し遂げる。第一に，彼女らはパッケージ包装された商品を買わず，代わりに食料品をガラス瓶とカバンに詰める。彼女らはまた自分たちが所有するものを必要最小限に減らして，同じ商品を多くのことに用いる。

　例えば，ジョンソンは酢と重曹を清掃に使う。また，彼女の衣装タンスは15着の服のみで構成されている。「ゼロ・ウェイストの生活様式は自制することではありません」と彼女は述べた。「それは自分の時間と資源を重要なことに集中させることです。そうすれば，自分自身がより健康であるのと同様に，時間とお金を節約していることに気づくことができます」

　カリフォルニア在住のフランス人であるジョンソンは，こうしたこと全てとそれ以上のことについて，ゴミを削減し，人生をシンプルにするガイドとなる彼女の本『ゼロ・ウェイスト・ホーム』で説明している。私は数年前にこの本を読み，彼女の5R，つまり，リフューズ（断る），リデュース（削減する），リユース（再利用する），リサイクル（再生利用する），そしてロット（堆肥化する）をやってみようとした。

　しかし，私のやる気と自己規律は続かなかった。数週間後，私はしくじって，パッケージに入った商品を買うという古い習慣に戻ってしまった。ポテトチップスと文房具に私が抵抗するのは特に大変だった。私はまた，家族や友人からの善意の贈り物を断るのは難しいとわかった。私がなんとか成功したことは，レジ袋を断り，外食時には使い捨て容器の代わりに，私自身の容器を使うということだった。しかし，私が出すゴミの量ははるかに理想から遠い。

　しかし，ジョンソンの講演の後に，私はゼロ・ウェイスト生活様式をもう一度やってみることに決めた。彼女がゴミを減らすのに成功したように，私ができるかどうかは確信がない。しかし，私は間違いなくもっと頑張れる。ジョンソンは，小さいことから始めて，その変化が確実に持続可能であるようにすることが重要だと述べた。彼女はまた，一夜で自身の生活様式を変えるのは不可能だと強調した。

　私はすぐに私ができることを考えた。私は持ち帰りの食べ物を買う際は，自分自身の容器を使うことができるだろう。スーパーでの買い物を少なくし，生鮮市場でより買うと，お客は包装なしで新鮮な食材を買うことができる。加えて，生鮮市場はより新鮮な食材をより適正な価格で提供し，親切な屋台の店主は，あなたが買う野菜に，唐辛子やにんにくなどを無料でつけてくれることがよくある。

　ベア=ジョンソンができたのと同じぐらい劇的に私もゴミを減らすのに成功するだろうか？　それを判断するにはまだ早すぎるかもしれないが，間違いなく私は挑戦してみる。

■■■■■■■■　◀解　説▶　■■■■■■■■

問１．空所前に so があり，空所後は主語と動詞からなる節があるので接続詞 that が入る。so 〜 that …「とても〜なので…」

問２．bare は「最低限の」，essential は名詞で「必需品，必要なもの」の意味がある。

問３．consist は of を伴い consist of 〜「〜で構成される」という意味になる。

問４．this が示すのは，第１・２段で述べられているジョンソンの生活である。アは第１段第４文（First, they don't …）と一致。イは第２段第２文（Also, her wardrobe …）と一致。エは第２段第１文（For instance,

Johnson …）と一致。ウは該当しない。

問 5．find it ＋ 形容詞 ＋ to *do* の it は不定詞の内容を意味する仮目的語である。したがって，to 不定詞以降の内容を明らかにする。

問 6．way は副詞で「はるかに，ずっと」の意味があり，語句を強調する。

問 7．give ～ another go で「～をもう一度やってみる」という意味である。

問 8．空所前で「ゴミを減らすのに成功するだろうか？」と自問自答していることから，まだ実行していないことが理解できる。tell は「判断する」の意味があることから，まだ判断できない文意にするのがよい。よって，ウが適切。

問 9．本文中のゼロ・ウェイスト「ゴミをゼロにする」という表現は文字通りゴミを完全になくすことではなく，ゴミをできる限りなくそうとする取り組みである。アのゴミをゼロにすることは無理だという趣旨は書かれていないため不一致。また，ウは第 1 段 2 文（Her family of …）より，子どものいるジョンソン家でもゴミの削減ができているため不一致。エは，たしかにジョンソンはフランス人でゴミを少なくする努力をしているが，フランス人がみなゴミを削減しようとしているとは言えないため不一致。イは第 6 段第 3・4 文（I could shop less … vegetables you buy.）に，スーパーよりも生鮮市場の屋台小売店で買い物をするほうがよいと書かれていることから，一致する。

2 解答　1－イ　2－ウ　3－ア　4－イ　5－エ

━━━━━━━━◆全　訳◆━━━━━━━━

≪日本におけるジェンダー・ギャップ≫

　世界経済フォーラムが 7 月 13 日にジェンダー・ギャップ指数を発表した。それは経済，政治，教育，健康の 4 つの分野における男女格差を数値化したものである。日本は G7 先進国の中で最下位，世界の 146 カ国中で 116 位となった。世界経済フォーラム東京の日本代表である江田麻季子が，その報告について本記事をジャパン・ニューズに寄稿した。

要約

- ジェンダー・ギャップ指数によると，日本は G7 主要国の中で，男女平等において最下位のランキングである。
- いくつかの政策分野においては進展が見られており，性別による役割についての古い見方の一部を社会は取り除き始めている。
- 官民の戦略が男女平等を加速するように取り組まれているが，さらなる取り組みが必要とされる。

　多様性は男女平等という観点から包摂的であることを指すだけではない。しかし，企業や組織が最大のマイノリティー集団である女性を含むことができないということは，他のマイノリティー集団に対しても包摂的ではないことを示唆している。世界経済フォーラムによる直近のジェンダー・ギャップ指数では，日本は G7 の国々で再び最下位に置かれた。これは，女性だけでなく，他のマイノリティー集団が置き去りにされている明らかな証である。

　多様性は技術革新の源である。つまり，国家の成長への肝心な要因で，特に，しばらくの間，経済成長の欠如に苦しんできた日本にとっては重要である。最近，私は男女平等に関する問題が日本で認知され，オープンに議論されていることに気づいた。性に縛られない考えがより流行しているのと同様に，世論は男女平等を奨励しているようである。数年前なら，笑い飛ばされて無視されたであろう行動や振舞いを見直す動きがある。世間はもう笑ってはいない。

　2020 年東京オリンピック前に，開会式と閉会式を担当していた前クリエイティブ・ディレクターが役職を離れざるを得なかった。それはグループ・オンライン・チャットで，彼が提案した女性有名人が「オリンピッグ」として登場すべきという軽蔑的なコメントを発信したためであった。今日，女性は政治や経済の領域で指導者の役割を徐々に担っている。昨春，日本経済団体連合会（経団連）は，オンライン・サービス・プロバイダーの株式会社 DeNA の創業者で会長の南場智子を 75 年の歴史で初の女性副会長に任命した。

■■■■◀解　説▶■■■■

1．順位の話をしているので，イが適切である。

２．男女平等において，状況の改善がされているということは，古い見方を捨てていると考えられるので，ウが適切である。

３．会社や組織が女性を包摂できていないということは，他のマイノリティー集団についても同じようにできていないと考えられるので，ア「示す」が適切である。

４．空所後に「性に縛られない考えがより流行している」とあり，世論は男女平等に好意的と考えられるので，イが適切である。

５．組織が人を役職に指名するという話なので，エ．「任命する」が適切である。

3 　解答　1—エ　2—イ　3—イ　4—ウ　5—ウ

◀解　説▶

１．「プロジェクトを早める要求にもかかわらず，さまざまな状況がそれを妨げてきた」 空所後にあるのは名詞なので，ここに入るのは前置詞となる。despite 〜「〜にもかかわらず」

２．「マイクロプラスティックを除去するために，我々は無毒で自然由来の物質を使うべきです」 in order to *do*「〜するために」

３．「あなたの忠告がなければ，我々のプロジェクトは失敗するだろう」if it were not for 〜「〜がなければ」

４．「彼はウォータースポーツが好きです。だから，彼は水の近くにいる限り幸せです」 as long as S V「SがVする限り」

５．「我々が今住んでいる先端技術の世界は慌ただしく複雑になってきている」 live の後に前置詞句がないので，関係代名詞と共に移動していると考える。また，前置詞と関係代名詞 that は一緒に使うことができないためウを選ぶ。

4 　解答　1—エ　2—エ　3—カ　4—カ　5—ア

◀解　説▶

１．ウ—カ—イ—オ—エ—ア　life expectancy「寿命」

２．ウ—イ—カ—エ—ア—オ—ア　provide *A* for *B*「*A* を *B* に提供する」

3．オーイーカーエーウーア　help (to) *do*「～するのに役立つ，助ける」　suffer from ～「～に苦しむ」

4．イーエーカーアーウーオ　endanger「～を危険にさらす」

5．オーエーウーアーカーイ　eat a good diet「良質な食事をとる」

■日本史■

1 解答

問1．a─ケ　b─カ　c─ウ　d─ア　e─サ
　　　f─キ　g─オ
問2．悪人正機　問3．臨済　問4．修験道　問5．エ

◀解　説▶

≪古代〜中世の仏教≫

問1．b．教王護国寺（東寺）には，金剛界と胎蔵界の2幅の両界曼荼羅が所蔵されている。

d．来迎図としては，高野山聖衆来迎図が有名である。

f．無学祖元は南宋の禅僧で，北条時宗の招きで来日し円覚寺を開いた。

g．重源は勧進上人として東大寺の復興に尽力した。

問4．奈良時代の呪術者 役 小角が修験道の祖と仰がれた。

問5．ア・イ・ウはすべて阿弥陀堂建築。エは密教系の山岳寺院。

2 解答

問1．a─コ　b─イ　c─ス　d─セ　e─ク
問2．一国一城令　問3．参勤交代　問4．改易
問5．後水尾天皇　問6．京都所司代

◀解　説▶

≪江戸幕府の諸統制≫

問1．d．幕府は本山・末寺の地位を保障し，本末制度を通して寺院を統制した。

e．幕府は1665年に諸社禰宜神主法度を発布し，吉田家を本所として神社・神職を統制した。

問2．居城以外の城は破却が命じられた（＝城破）。

問3．参勤交代によって大名の妻子は江戸住が強要された。

問5．紫衣事件によって後水尾天皇が譲位し，徳川秀忠の孫にあたる明正天皇が即位した。

問6．京都所司代は老中に次ぐ要職で，譜代大名から選任された。

3　解答

問1．A―イ　B―ア　C―エ　D―オ　E―ウ
問2．血税　問3．欽定　問4．東洋拓殖
問5．幣原喜重郎　問6．イ

◀解　説▶

≪近代の軍制・社会・外交≫

問1．A．近代的軍制の確立は，大村益次郎の構想を山県有朋が継承する形で実現した。

B．大日本帝国憲法の草案は，伊藤博文を中心に作成された。

C．寺内正毅は，初代の朝鮮総督に就任した。

D．シーメンス事件によって，第1次山本権兵衛内閣は総辞職した。

E．加藤友三郎は，ワシントン会議に海相として参加した。

問2．徴兵告諭に「西洋人之ヲ称シテ血税ト云フ」とあったことが血税一揆の原因の一つとなった。

問4．東洋拓殖会社は，朝鮮の土地開発を目的に設立された国策会社である。

問5．幣原喜重郎は，ワシントン会議に駐米大使として参加した。

問6．Aは1873年。Bは1889年。Cは1910年。Dは1914年。Eは1922年。①関東大震災が発生したのは1923年。②シベリア出兵が行われたのは1918年。③日露戦争が起こったのは1904年。

4　解答

問1．名称：国体明徴声明　総理大臣：岡田啓介
問2．a―エ　b―キ

問3．学説：天皇機関説　学者：美濃部達吉
問4．神勅が示す通り，万世一系の天皇が統治し，大権を行使する国。（25字以上30字以内）

◀解　説▶

≪明治憲法の解釈≫

問1．史料文の末尾に「国体の明徴に力を致し」とある。国体明徴声明によって天皇機関説を否定した。

問3．天皇機関説は，主権の主体は法人としての国家にあり，天皇はそれを行使する最高機関とする考え方である。

問4．史料冒頭の「我国体は～」の部分がヒントとなる。「文中の言葉を

使って」「25 文字以上 30 文字以下」という条件を満たしつつ，天皇主権
の国であることを述べればよい。

■■■世界史■■■

1　**解答**　問1．①国際連合教育科学文化機関　②ーカ
　　　　　　　問2．①シルク=ロード〔絹の道〕　②ササン朝　③オ
問3．托鉢修道会
問4．高い塔と尖頭アーチを特徴とし，窓がステンドグラスで飾られた。
（25 字以上 30 字以内）
問5．ミケランジェロ
問6．①アルハンブラ宮殿　②ナスル朝　③12 世紀ルネサンス

◀解　説▶

≪日欧の世界文化遺産≫
問1．②カ．正解。ア．トルーマン・チャーチル（途中からアトリー）・
スターリンが参加したのはポツダム会談。
問2．①シルク=ロード（絹の道）の主要ルートは，「オアシスの道」と呼
ばれる。中国の洛陽・長安～中央アジアのオアシス諸都市～地中海東岸地
域を結んだ。
③『後漢書』によると，「この使者を派遣した」人物は，「大秦王安敦」と
記され，ローマ皇帝マルクス=アウレリウス=アントニヌスとされる。
問4．ゴシック様式では，天井や壁の重量を分散させる技術が開発された
ため，側壁を薄くし，塔を高くすることができた。また，窓にはステンド
グラスをはめ込み，神秘的な空間の演出を可能にした。
問6．③12 世紀ルネサンスが生じた背景には，十字軍運動を契機として，
東西交流が活発になったことがある。スペインやシチリア島が，アラビア
語文献のラテン語翻訳の中心となった。

2　**解答**　問1．①ーう　②ーさ　③ーい　④ーけ　⑤ーせ
　　　　　　　⑥ーく　⑦ーお　⑧ーそ
問2．ジャガイモ　問3．え　問4．ジュンガル

■■■■■■ ◀解　説▶ ■■■■■■

≪中央ユーラシアへのロシアの進出≫

問1．③チンギス=ハンに破壊されたサマルカンドは，ティムール朝の都として栄えた。

④ティムール朝は16世紀初め，シャイバーニーが率いるウズベク人王朝に滅ぼされた。コーカンド・ブハラ・ヒヴァの3ハン国はいずれも，ウズベク人に建てられた。

⑥シベリアは古くからロシアの商人たちに豊富な毛皮の産地として知られていた。モスクワ大公国のイヴァン4世が16世紀後半，イェルマークにシベリア遠征を命じて以降，ロシアの国家的進出が本格化した。

⑦新疆は1750年代に，清の乾隆帝によって藩部に組み込まれた東トルキスタン地方。

⑧ロシアのアフガニスタン進出を警戒したイギリスは，2回目のアフガン戦争（1878〜80年）後に，同国を保護国化した。

問3．ネルチンスク条約はアルグン川とスタノヴォイ山脈（外興安嶺）を清ロの国境と定めた。キャフタ条約はモンゴル方面における清ロの国境を画定した。

問4．オイラトの一部族が建てたジュンガルは，17〜18世紀にかけて，タリム盆地を支配して，強勢を誇り，清やロシアと対立した。一時は，外モンゴルから青海・チベットにまで領土を広げた。

3 解答　問1．①コペルニクス　②地動　③科学革命
④万有引力　⑤プリンキピア　⑥ディドロ　⑦百科全書
⑧エネルギー保存　⑨ラジウム　⑩種の起源　⑪コッホ
問2．(1)—え　(2)—う　問3．あ

■■■■■■ ◀解　説▶ ■■■■■■

≪近代における自然科学の発展≫

問1．③科学革命を代表する人物に，ガリレイ（天文学）やニュートン（物理学）だけではなく，ケプラー（天文学），ハーヴェー（医学），ボイル（化学）などがいる。

⑦啓蒙思想を代表するヴォルテール，ルソー，モンテスキューなどが寄稿した『百科全書』は，旧体制への批判を展開したため，国家・教会からの

圧力を受けた。

問 2 ．⑴農業を富の源泉と見なす重農主義は，国家による経済統制がおこなわれる重商主義を批判し，個人や企業による自由な経済活動とそれへの国家の不干渉とを訴えた。

⑵ルイ 14 世はフランスの絶対王政を確立した君主。

問 3 ．い．ケネーはフランスの重農主義者。う．イブン=シーナーは 11 世紀に活躍したムスリムの哲学者・医学者。え．ボイルはイギリスの化学者・物理学者で，温度が一定のとき気体の圧力と体積は反比例するという法則を発見した。

4 解答

問 1 ．①日韓協約　②ポツダム　③李承晩　④金日成
問 2 ．え　問 3 ．あ　問 4 ．冷戦
問 5 ．⑴—い　⑵—う　問 6 ．中華人民共和国
問 7 ．①—○　②—×　③—×　④—○　⑤—×

◀解　説▶

≪朝鮮半島の独立～朝鮮戦争≫

問 1 ．①第二次日韓協約（1905 年）で，日本は韓国の外交権を奪って，同国を保護国とした。それに反発した韓国皇帝によるハーグ密使事件が起きると，日本は第三次日韓協約（1907 年）を韓国と強制的に締結した。この結果，統監による韓国内政への支配権が確立した。

問 2 ．カイロ会談には，アメリカ合衆国のローズヴェルト，イギリスのチャーチル，中華民国の蔣介石が参加した。

問 5 ．⑵敗戦後のドイツは，アメリカ・イギリス・フランス・ソ連の 4 カ国によって分割占領された。

問 7 ．②誤文。「赤狩り」は極端な反共主義に基づく大衆扇動活動で，多くのリベラル派が共産主義者と断定，弾圧された。

③誤文。ヨーロッパ石炭鉄鋼共同体を設立したのは，フランス，西ドイツ，イタリア，ベネルクス 3 国である。

⑤誤文。エジプト革命により王政を廃止して，共和政を樹立し，共和国初代大統領となったのは，軍人のナギブ。

政治・経済

1 **解答** 問1.　1—け　2—つ　3—す　4—ね　5—な
6—え　7—そ　8—か

問2.　A.　並立　B.　重複　C.　選挙区

◀**解　説**▶

≪日本の選挙制度≫

問1.　1.　け.　多いが正解。小選挙区制とは1つの選挙区から1人が当選する仕組みで，当選者に投じられた票以外はすべて議席には反映されない「死票」となる。

2.　つ.　単独が正解。小選挙区制だと，イギリスの下院がそうであるように二大政党制になるか一党優位になるかで，1党による政権（単独政権）になりやすい。

4.　ね.　連立が正解。大選挙区制は多数の政党が議席を獲得しやすいので，複数の政党による連立政権になりがちである。

5.　な.　秘密が正解。近代選挙の原則として，普通選挙，平等選挙，秘密投票，直接選挙がある。

6.　え.　30が正解。参議院は30歳以上の男女が立候補でき，衆議院は25歳以上である。

7・8.　7はそ.　政党助成，8はか.　250が正解。不透明な政治資金を減らそうと政党助成法が制定され，国民の税金により，議席数などに応じて政治資金が交付されることになった。

問2.　衆議院では小選挙区から289人，全国を11のブロックにわけた比例代表区から176人を別々に選ぶ並立制がとられている。しかし，小選挙区と比例代表ブロックの両方に重複して立候補でき，小選挙区で落選した候補者が比例区で復活当選する事例も多い。

2 **解答** 問1.　1—あ　2—に　3—ね　4—か　5—そ
6—な　7—く　8—て

問2.　A.　主権　B.　NGO　C.　持続可能

◀解　説▶

≪国際社会の諸問題≫

問1．1．あ．ASEAN（東南アジア諸国連合）が正解。1967年のバンコク宣言により原加盟国が5カ国の地域的統合組織として結成された。

2・3．に．難民を送還してはならないとする，ね．ノン・ルフールマンの原則が国際社会での決まりである。

4．難民保護の仕事は，か．UNHCR（国際連合難民高等弁務官事務所）が中心になって行っている。

6．な．地球が正解。地球サミットは国連環境開発会議の通称。1992年にはブラジルのリオデジャネイロで開催された。

7．く．遺伝資源が正解。2010年，生物多様性条約の第10回締約国会議において遺伝資源の利用について定める名古屋議定書が採択された。

問2．B．NGOが正解。Non-governmental Organization の略で非政府組織と訳される。

C．持続可能が正解。「持続可能な開発（sustainable development）」とは，将来の世代の欲求を満たしつつ，現在の世代の欲求も満足させるような開発と定義されている。

3 解答
問1．1—そ　2—と　3—た　4—こ　5—な
6—え　7—き　8—い
問2．A．合計特殊出生率　B．生活保護　C．基礎年金

◀解　説▶

≪日本の社会保障制度と現状≫

問1．1．そ．生存が正解。日本国憲法25条に規定されている。26～28条の教育，勤労，労働基本権などもふくめて社会権という。20世紀的人権に分類される。

2．と．ベバリッジが正解。経済学者であり，英国の社会保障の現状を調査する団長として「ベバリッジ報告書」を政府に提出している。

4．次行のBとの関係で考える。公的扶助の主たる制度として生活保護があげられる。社会保険・社会福祉とあわせて，日本の社会保障制度の中心となっている。

5．な．マクロ経済スライド（方式）が正解。この方式により，人口構成

のアンバランスや賃金水準，物価などの変動に対して柔軟に年金支給額が
対応することができるようになった。

問2．A．合計特殊出生率という。人口が維持できるのが2.07以上とさ
れるが，少子化が進み，2005年には1.26という戦後最低の数値を記録し
た。

C．基礎年金である。1985年までは職域などによりまったく別に運用さ
れ，国民年金は自営業者や無職の人などが加入するものだった。それを公
的年金に組み入れ，国民年金（基礎年金）＋厚生年金という「二階建て」
の制度になった。

4　解答

問1．1－さ　2－け　3－え　4－い　5－ち
6－す

問2．A．日本銀行　B．ドッジ　C．石油危機

問3．景気がよくなると輸入が増え，その支払いのための<u>外貨準備</u>が不足
するため，経済の引き締めをせざるを得なくなる状況。（50字以上60字
以内）

◀解　説▶

≪日本経済史≫

問1．1．さ．傾斜生産（方式）である。戦後の日本ではまず，ものを作
るための生産財に補助金などが投入された。

2．け．（復興）金融金庫が正解。略して復金とも呼ばれた。復金が発行
した債券（復金債）を日本銀行が直接引き受けたため，日本銀行券が大量
に発行され，インフレーションを引き起こした。

3．え．安定（恐慌）が正解。GHQの経済顧問ドッジが緊縮財政などを
行い（ドッジ－ライン），インフレは収まったが，景気は悪化した。

6．す．神武が正解。1954年11月から1957年6月まで観測された好景
気。1956年の『経済白書』のなかに，「もはや戦後ではない」という有名
な言葉が登場することとなる。日本の歴史始まって以来，さらには神話の
時代以来の好景気という意味で名付けられた。

問2．B．ドッジは超緊縮財政や直接税（所得税など）中心の租税制度の
創設などを行った。

数学

◀薬　学　部▶

1　**解答**　(1)ア. $\left(-\dfrac{4}{3}, -\dfrac{7}{8}\right)$　イ. $\left(\dfrac{32}{3}, 7\right)$　(2)ウ. 3　エ. 75

(3)オ. 1　カ. 10　(4)キ. -3　ク. 2

◀解　説▶

≪小問 4 問≫

(1)　AB を 1：1 に内分する点 M の座標は

$$\frac{1}{2}\left(-\frac{18}{5}+\frac{14}{15}\right)=-\frac{4}{3}, \quad \frac{1}{2}\left(\frac{3}{4}-\frac{5}{2}\right)=-\frac{7}{8}$$

よって　　M$\left(-\dfrac{4}{3}, -\dfrac{7}{8}\right)$　（→ア）

MO を 9：8 に外分する点の座標は

$$\frac{-8\times\left(-\frac{4}{3}\right)}{9-8}=\frac{32}{3} \qquad \frac{-8\times\left(-\frac{7}{8}\right)}{9-8}=7$$

よって　　$\left(\dfrac{32}{3}, 7\right)$　（→イ）

(2)　4 で割ると 3 余り，7 で割ると 5 余る自然数を x とすると，x は m,
n を整数として

$$x=4m+3=7n+5$$

と表される。

$$4m-7n=2 \quad \cdots\cdots①$$

$m=4$, $n=2$ が①を満たすので

$$4\times4-7\times2=2 \quad \cdots\cdots②$$

①－②より

$$4(m-4)=7(n-2)$$

4 と 7 は互いに素なので，k を整数として

$$m - 4 = 7k$$
$$m = 7k + 4$$
$$n - 2 = 4k$$
$$n = 4k + 2$$

よって

$$x = 4(7k + 4) + 3$$
$$= 28k + 19$$

x は2桁の自然数なので

$$10 \leq 28k + 19 \leq 99$$

$$-\frac{9}{28} \leq k \leq \frac{20}{7}$$

これを満たす整数 k は　　$k = 0, 1, 2$

よって　　3個　（→ウ）

$k = 2$ のとき最大となり

$$x = 75 \quad (\to \text{エ})$$

(3)　$f(x) = (x-2)^2 + 1$

$-1 \leq x \leq 3$ において

$x = 2$ で最小値 1　（→オ）

$x = -1$ で最大値 10　（→カ）

(4)　判別式を D とすると

$$\frac{D}{4} = 4(m+1)^2 - 2(3m^2 + 5m - 4)$$

$$= -2m^2 - 2m + 12 > 0$$

$$m^2 + m - 6 < 0$$

$$(m+3)(m-2) < 0$$

$$-3 < m < 2 \quad (\to \text{キ, ク})$$

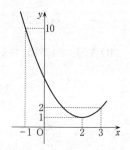

2　解答　(1)ア．$(-2, -1)$　(2)イ．$(2, 1)$

(3)ウ．3　エ．$\dfrac{1}{2}$　オ．-2

■■■■■■◀解　説▶■■■■■■

≪3本の直線が三角形をつくらない条件≫

(1) $\begin{cases} 3x - 2y = -4 \\ 2x + y = -5 \end{cases}$

これを解いて　　$x = -2,\ y = -1$

よって　　$(-2,\ -1)$　（→ア）

(2)　　$(y-1)k + x - 2 = 0$

これが k の恒等式となることから　　$x = 2,\ y = 1$

よって　　$(2,\ 1)$　（→イ）

(3) $l_1,\ l_2,\ l_3$ が三角形をつくらないのは，$l_1 /\!/ l_3$ または $l_2 /\!/ l_3$ または l_3 が l_1 と l_2 の交点を通るときである。

l_1 の傾きは $\dfrac{3}{2}$，l_2 の傾きは -2

$k = 0$ のとき，l_3 は $x = 2$ となり，三角形をつくるので　　$k \neq 0$

$k \neq 0$ のとき，l_3 の傾きは　　$-\dfrac{1}{k}$

$l_1 /\!/ l_3$ となるのは，$\dfrac{3}{2} = -\dfrac{1}{k}$ より　　$k = -\dfrac{2}{3}$

$l_2 /\!/ l_3$ となるのは，$-2 = -\dfrac{1}{k}$ より　　$k = \dfrac{1}{2}$

l_3 が l_1 と l_2 の交点を通るのは，$-2 - k = k + 2$ より　　$k = -2$

以上より，k の値は 3 個　（→ウ）

最大は $k = \dfrac{1}{2}$ で，最小は $k = -2$　（→エ，オ）

3　解答　(1)ア. $\dfrac{153}{190}$　イ. $\dfrac{18}{95}$　ウ. $\dfrac{1}{190}$

(2)エ. $\dfrac{2}{245}$　(3)オ. $\dfrac{1}{100}$

■■■■■■◀解　説▶■■■■■■

≪2つの袋から玉を取り出す確率≫

(1)　2 個とも白い玉が出る確率は

$$\frac{18}{20} \times \frac{17}{19} = \frac{153}{190} \quad (\to \text{ア})$$

赤い玉と白い玉が 1 個ずつ出る確率は

$$\frac{18}{20} \times \frac{2}{19} + \frac{2}{20} \times \frac{18}{19} = \frac{18}{95} \quad (\to \text{イ})$$

2 個とも赤い玉が出る確率は

$$\frac{2}{20} \times \frac{1}{19} = \frac{1}{190} \quad (\to \text{ウ})$$

(2)　2 個とも赤い玉が出る確率は

$$\frac{5}{50} \times \frac{4}{49} = \frac{2}{245} \quad (\to \text{エ})$$

(3)　A の袋から赤い玉，B の袋から赤い玉が出る確率は

$$\frac{2}{20} \times \frac{5}{50} = \frac{1}{100} \quad (\to \text{オ})$$

4　**解答**　(1)ア．$4x+3$　イ．$(0, 3)$　(2)ウ．-1　エ．$(1, -1)$

(3)オ．$\dfrac{8}{3}$

◀**解　説**▶

≪3 次関数のグラフの接線と囲まれた部分の面積≫

(1)　$y' = 3x^2 - 2x - 1$

接線 l の傾きは　　4

接線の方程式は

$$y + 1 = 4(x+1)$$

$$y = 4x + 3 \quad (\to \text{ア})$$

l と y 軸との交点は　　$(0, 3)$　$(\to \text{イ})$

(2)　接線 m の接点を $(a, \ a^3 - a^2 - a)$ とおく。

接線 m の傾きは　　$3a^2 - 2a - 1$

接線 m の方程式は

$$y - (a^3 - a^2 - a) = (3a^2 - 2a - 1)(x - a)$$

これが，点 P を通るので

$$-1 - (a^3 - a^2 - a) = (3a^2 - 2a - 1)(-1 - a)$$

$$2a^3 + 2a^2 - 2a - 2 = 0$$

$$a^3 + a^2 - a - 1 = 0$$

$$(a-1)(a+1)^2 = 0$$

$a \ne -1$ より　　$a = 1$

したがって，求める接線は　　$y = -1$　（→ウ）

よって　　$R(1, \ -1)$　（→エ）

(3)　曲線 C，線分 PQ，線分 RQ で囲まれた部分は右図の網かけ部分で，その面積は，△PQR の面積から曲線 C と線分 PR で囲まれた部分の面積を引いて

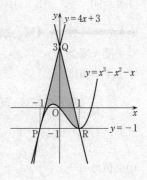

$$\frac{1}{2} \times 2 \times 4 - \int_{-1}^{1} \{(x^3 - x^2 - x) - (-1)\}\,dx$$

$$= 4 - \int_{-1}^{1} (x^3 - x^2 - x + 1)\,dx$$

$$= 4 - \left[\frac{x^4}{4} - \frac{x^3}{3} - \frac{x^2}{2} + x\right]_{-1}^{1}$$

$$= 4 - \frac{4}{3}$$

$$= \frac{8}{3}　（→オ）$$

◀理工学部▶

1 **解答** (1)ア. $\dfrac{170}{3}$　イ. 52　ウ. 38　(2)エ. 18　オ. 27

(3)カ. 90　キ. $\sqrt{15}$　(4)ク. $-\dfrac{2}{3}n+\dfrac{11}{3}$　ケ. 57

━━━◀解　説▶━━━━━━━━━━━━━━━

≪小問 4 問≫

(1) 平均値は

$$\frac{1}{12}(25+27+33+50+50+51+53+57+77+82+83+92)$$

$$=\frac{170}{3}\quad(\to\text{ア})$$

中央値は

$$\frac{51+53}{2}=52\quad(\to\text{イ})$$

第 1 四分位数，第 3 四分位数は

$$\frac{33+50}{2}=41.5,\ \frac{77+82}{2}=79.5$$

よって，四分位範囲は

$$79.5-41.5=38\quad(\to\text{ウ})$$

(2) 出た目の和が 2 で割り切れるのは，出た目がともに偶数，または，ともに奇数のときである。

$$3\times3+3\times3=18\ \text{通り}\quad(\to\text{エ})$$

出た目の積が 2 で割り切れないのは，出た目がともに奇数のときである。よって，出た目の積が 2 で割り切れるのは

$$6\times6-3\times3=27\ \text{通り}\quad(\to\text{オ})$$

(3) $\vec{a}\cdot\vec{b}=\sqrt{6}\times\sqrt{3}\times\cos135°$

$$=-3$$

$\vec{b}\cdot(\vec{a}+\vec{b})=\vec{a}\cdot\vec{b}+|\vec{b}|^2$

$$=-3+3$$

$$=0$$

よって　　$\theta = 90°$　（→カ）

$$|\vec{b} - \vec{a}|^2 = |\vec{b}|^2 - 2\vec{a} \cdot \vec{b} + |\vec{a}|^2$$
$$= 3 + 6 + 6$$
$$= 15$$

よって　　$|\vec{b} - \vec{a}| = \sqrt{15}$　（→キ）

(4)　$\{b_n\}$ は初項 3，公差 $-\dfrac{2}{3}$ の等差数列である。

$$b_n = 3 + (n-1) \times \left(-\frac{2}{3}\right)$$
$$= -\frac{2}{3}n + \frac{11}{3}$$　（→ク）

$\{a_n\}$ の階差数列が $\{b_n\}$ であるから，$n \geq 2$ で

$$a_n = a_1 + \sum_{k=1}^{n-1}\left(-\frac{2}{3}k + \frac{11}{3}\right)$$
$$= a_1 + \left(-\frac{2}{3}\right) \times \frac{1}{2}(n-1) \times n + \frac{11}{3}(n-1)$$
$$= a_1 - \frac{1}{3}n^2 + 4n - \frac{11}{3}$$
$$a_{20} = a_1 - \frac{1}{3} \times 400 + 4 \times 20 - \frac{11}{3}$$
$$= a_1 - 57$$

$a_{20} = 0$ より　　$a_1 = 57$　（→ケ）

2　解答　(1)ア. $\dfrac{1}{6}$　イ. $\dfrac{5}{6}$

(2)ウ. $\dfrac{1}{4}$　エ. $\dfrac{9}{8}$　オ. -1　カ. -2

━━━━━━━◀解　説▶━━━━━━━

≪三角関数を含む不等式，関数の最小値≫

(1)　　$2\cos^2\theta + 5\sin\theta - 4 \geq 0$

　　　$2(1 - \sin^2\theta) + 5\sin\theta - 4 \geq 0$

　　　$2\sin^2\theta - 5\sin\theta + 2 \leq 0$

　　　$(2\sin\theta - 1)(\sin\theta - 2) \leq 0$

$-1 \leqq \sin\theta \leqq 1$ より　　　$\dfrac{1}{2} \leqq \sin\theta \leqq 1$

$0 \leqq \theta < 2\pi$ より　　　$\dfrac{1}{6}\pi \leqq \theta \leqq \dfrac{5}{6}\pi$　（→ア，イ）

(2)　$f(\alpha) = \cos 2\alpha + \sin\alpha$

$= 1 - 2\sin^2\alpha + \sin\alpha$

$= -2\left(\sin\alpha - \dfrac{1}{4}\right)^2 + \dfrac{9}{8}$

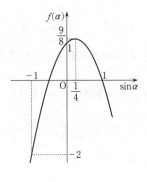

$0 \leqq \alpha < 2\pi$ より　　　$-1 \leqq \sin\alpha \leqq 1$

$\sin\alpha = \dfrac{1}{4}$ のとき，最大値 $\dfrac{9}{8}$　（→ウ，エ）

$\sin\alpha = -1$ のとき，最小値 -2

（→オ，カ）

3 解答

(1)ア．2　(2)イ．$t^2 - 2$
(3)ウ．$4t^2 - 3t - 10$　エ．2　オ．0

◀解　説▶

≪指数を含む方程式≫

(1)　$5^x > 0$，$5^{-x} > 0$ であるから，相加平均と相乗平均の大小関係より

$5^x + 5^{-x} \geqq 2\sqrt{5^x \times 5^{-x}}$

$t \geqq 2$　（→ア）

等号は $5^x = 5^{-x}$ すなわち $x = 0$ のとき成り立つ。

(2)　$25^x + 25^{-x} = (5^x)^2 + (5^{-x})^2$

$= (5^x + 5^{-x})^2 - 2 \times 5^x \times 5^{-x}$

$= t^2 - 2$　（→イ）

(3)　方程式①は

$3t - 4(t^2 - 2) + 2 = 0$

$-4t^2 + 3t + 10 = 0$

$4t^2 - 3t - 10 = 0$　（→ウ）

$(t - 2)(4t + 5) = 0$

$t = 2,\ -\dfrac{5}{4}$

$t \geqq 2$ より　　　$t = 2$　（→エ）

これは，(1)の等号が成り立つときなので　　$x=0$　（→オ）

4 解答

(1)ア．x^3+3x^2-x-3　(2)イ．-3
(3)ウ．$8x+24$　エ．$(3,\ 48)$　オ．108

━━━━━━━━━◀解　説▶━━━━━━━━━

≪3次関数のグラフの接線と囲まれた部分の面積≫

(1)　　$g(x)=3\displaystyle\int_1^x\left(t^2+2t-\dfrac{1}{3}\right)dt$

　　　　$=3\left[\dfrac{t^3}{3}+t^2-\dfrac{1}{3}t\right]_1^x$

　　　　$=x^3+3x^2-x-3$　（→ア）

(2)　　$x^3+3x^2-x-3=0$

　　　$x^2(x+3)-(x+3)=0$

　　　$(x+3)(x+1)(x-1)=0$

　　　$x=-3,\ -1,\ 1$

最も値が小さいのは　　$x=-3$　（→イ）

(3)　　$g'(x)=3x^2+6x-1$

$P(-3,\ 0)$ における C の接線 l の傾きは　　8

接線 l の方程式は

　　　$y=8(x+3)$

　　　$y=8x+24$　（→ウ）

C と l の共有点のうち点 P でないものの座標は

　　　$\begin{cases} y=x^3+3x^2-x-3 \\ y=8x+24 \end{cases}$

　　　$x^3+3x^2-x-3=8x+24$

　　　$x^3+3x^2-9x-27=0$

　　　$(x+3)^2(x-3)=0$

$x\neq-3$ より　　$x=3$

よって　　$(3,\ 48)$　（→エ）

l と C で囲まれた部分は右図の網かけ部分
で，その面積は

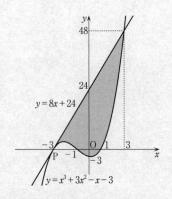

$$\int_{-3}^{3} \{(8x+24) - (x^3 + 3x^2 - x - 3)\}\, dx$$

$$= \int_{-3}^{3} (-x^3 - 3x^2 + 9x + 27)\, dx$$

$$= \left[-\frac{x^4}{4} - x^3 + \frac{9}{2}x^2 + 27x \right]_{-3}^{3}$$

$$= 108 \quad (\rightarrow \text{オ})$$

◀経済・法・文・外国語・教育・医療技術・福岡医療技術学部▶

1 解答

(1)ア．3　イ．6　(2)ウ．$\dfrac{1}{9}$

(3)エ．$8+8\sqrt{3}$　オ．$-8-4\sqrt{3}$

◀解　説▶

≪式の展開，対称式を用いた計算≫

(1)　$(x+1)(x+2)(x-2)(x-4)+2x^2$

$= (x^2-3x-4)(x^2-4)+2x^2$

$= (x^2-4)^2-3x(x^2-4)+2x^2$

$= x^4-8x^2+16-3x^3+12x+2x^2$

$= x^4-3x^3-6x^2+12x+16$　（→ア，イ）

(2)　$xy=9$ より　　$y=\dfrac{9}{x}$

$$\dfrac{x}{\sqrt{x}}+\dfrac{1}{\sqrt{\dfrac{9}{x}}}=12$$

$$\sqrt{x}+\dfrac{\sqrt{x}}{3}=12$$

$$4\sqrt{x}=36$$

$$\sqrt{x}=9$$

$$x=81 \quad y=\dfrac{9}{81}=\dfrac{1}{9} \quad (\to ウ)$$

(3)　$x^2+y^2+z^2 = (x+y+z)^2-2(xy+yz+zx)$

$\qquad\qquad = (2\sqrt{3}+2)^2-2\times 4$

$\qquad\qquad = 16+8\sqrt{3}-8$

$\qquad\qquad = 8+8\sqrt{3} \quad (\to エ)$

$$\dfrac{x}{yz}+\dfrac{y}{xz}+\dfrac{z}{xy}=\dfrac{x^2+y^2+z^2}{xyz}$$

$$\qquad\qquad = \dfrac{8+8\sqrt{3}}{-2\sqrt{3}+2}$$

$$= \frac{-4\sqrt{3}-4}{\sqrt{3}-1}$$

$$= \frac{-4(\sqrt{3}+1)^2}{2}$$

$$= -8-4\sqrt{3} \quad (\rightarrow \text{オ})$$

2 解答 (1)ア. $\dfrac{5}{2}$　イ. $\dfrac{9}{2}$　ウ. 45　(2)エ. -3　オ. 12

◀解　説▶

≪2次関数の最大値・最小値≫

(1)　$a=1$, $b=4$ のとき

$$y=(x-1)^2+(x-4)^2$$
$$=2x^2-10x+17$$
$$=2\left(x-\frac{5}{2}\right)^2+\frac{9}{2}$$

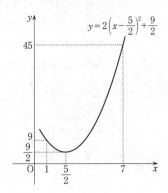

$1 \leqq x \leqq 7$ において

$$x=\frac{5}{2} \text{ で最小値 } \frac{9}{2} \quad (\rightarrow \text{ア, イ})$$

$$x=7 \text{ で最大値 } 45 \quad (\rightarrow \text{ウ})$$

(2)　$$y=(x-a)^2+(x-b)^2$$
$$=2x^2-2(a+b)x+a^2+b^2$$
$$=2\left(x-\frac{a+b}{2}\right)^2-\frac{(a+b)^2}{2}+a^2+b^2$$

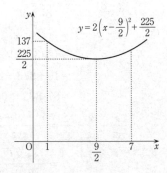

$1 \leqq x \leqq 7$ において

$$x=\frac{9}{2} \text{ で最小値をとることから}$$

$$\frac{9}{2}=\frac{a+b}{2}$$

$$a+b=9 \quad \cdots\cdots ①$$

$x=1$ で最大値 137 をとることから

$$137=2-2(a+b)+a^2+b^2$$

①より　　$a^2+b^2=153$

また $a^2+b^2=(a+b)^2-2ab$

$$153 = 81 - 2ab$$

$$ab = -36 \quad \cdots\cdots ②$$

①，②より，a, b は $t^2 - 9t - 36 = 0$ の 2 つの解である。

$$t^2 - 9t - 36 = 0$$

$$(t - 12)(t + 3) = 0$$

$$t = -3, \ 12$$

$a \leq b$ より　　$a = -3$, $b = 12$　（→エ，オ）

3 　解答 　(1)ア. $\dfrac{1}{4}$ 　(2)イ. 6 　(3)ウ. $\dfrac{9\sqrt{15}}{4}$ 　(4)エ. $\dfrac{16\sqrt{15}}{15}$

(5)オ. 2

━━━━━━ ◀解　説▶ ━━━━━━

≪三角形の外接円と方べきの定理≫

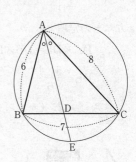

(1) 余弦定理より

$$\cos\angle ABC = \frac{6^2 + 7^2 - 8^2}{2 \times 6 \times 7}$$

$$= \frac{1}{4} \quad (→ア)$$

(2) AD は∠BAC の 2 等分線なので

$$AB : AC = BD : DC$$

$$BD = 7 \times \frac{6}{6 + 8} = 3$$

△ABD に余弦定理を用いて

$$AD^2 = 6^2 + 3^2 - 2 \times 6 \times 3 \times \cos\angle ABC$$

$$= 45 - 36 \times \frac{1}{4}$$

$$= 36$$

$$AD = 6 \quad (→イ)$$

(3) $\sin\angle ABC > 0$ より

$$\sin\angle ABC = \sqrt{1 - \left(\frac{1}{4}\right)^2}$$

$$= \frac{\sqrt{15}}{4}$$

△ABD の面積は

$$\frac{1}{2} \times 6 \times 3 \times \frac{\sqrt{15}}{4} = \frac{9\sqrt{15}}{4} \quad (\rightarrow \text{ウ})$$

(4) 正弦定理より，外接円の半径を R とすると

$$\frac{8}{\sin \angle \text{ABC}} = 2R$$

$$R = 8 \times \frac{4}{\sqrt{15}} \times \frac{1}{2}$$

$$= \frac{16\sqrt{15}}{15} \quad (\rightarrow \text{エ})$$

(5) (2)と同様に

$$\text{DC} = 7 \times \frac{8}{6+8}$$

$$= 4$$

方べきの定理より

$$\text{DA} \times \text{DE} = \text{DB} \times \text{DC}$$

$$\text{DE} = \frac{3 \times 4}{6}$$

$$= 2 \quad (\rightarrow \text{オ})$$

4　解答　(1)ア. $\dfrac{1}{30}$　(2)イ. $\dfrac{1}{10}$　(3)ウ. $\dfrac{1}{6}$　(4)エ. $\dfrac{7}{40}$

(5)オ. $\dfrac{1}{210}$

◀解　説▶

≪くじを2人で引く確率≫

(1) 1回目にAが1等，2回目にBが2等を引く確率は

$$\frac{1}{10} \times \frac{3}{9} = \frac{1}{30} \quad (\rightarrow \text{ア})$$

(2) 1等を1，2等を2，はずれを X と表記すると，求める確率の樹形図は以下のようになる。

```
        A   B   A   B   A   B   A   B
                    2 —— X       2 —— 1 —— X
              2 <              2 <
                    X —— X       X —— 1 —— 2
          1 <                <
                    2 —— 2       2 —— 1 —— X
              X <              X <
                    X —— 2       X —— 1 —— 2
```

よって，求める確率は

$$\frac{1}{10}\times\frac{3}{9}\times\frac{2}{8}\times\frac{6}{7}+\frac{1}{10}\times\frac{3}{9}\times\frac{6}{8}\times\frac{5}{7}+\frac{1}{10}\times\frac{6}{9}\times\frac{3}{8}\times\frac{2}{7}+\frac{1}{10}\times\frac{6}{9}\times\frac{5}{8}\times\frac{3}{7}$$

$$+\frac{3}{10}\times\frac{2}{9}\times\frac{1}{8}\times\frac{6}{7}+\frac{3}{10}\times\frac{6}{9}\times\frac{1}{8}\times\frac{2}{7}+\frac{6}{10}\times\frac{3}{9}\times\frac{1}{8}\times\frac{5}{7}+\frac{6}{10}\times\frac{5}{9}\times\frac{1}{8}\times\frac{3}{7}$$

$$=\frac{504}{10\times9\times8\times7}$$

$$=\frac{1}{10}\quad(\rightarrow\text{イ})$$

⑶　4 回とも 1 等またははずれを引く確率なので

$$\frac{7}{10}\times\frac{6}{9}\times\frac{5}{8}\times\frac{4}{7}=\frac{1}{6}\quad(\rightarrow\text{ウ})$$

⑷　⑵と同様に表記すると，求める確率の樹形図は以下のようになる。

```
        A   B   A   B
                2 —— 2
            1 <
                X —— 2
      2 ——— 2 ——（以下何でもよい）
                1 —— 2
            X < 2 —— 2
                X —— 2

        A   B   A   B
                1 —— 2 —— 2
        X <
                X —— 2 —— 2
      1 —— X —— 2 —— 2
```

よって，求める確率は

$$\frac{3}{10}\times\frac{1}{9}\times\frac{2}{8}\times\frac{1}{7}+\frac{3}{10}\times\frac{1}{9}\times\frac{6}{8}\times\frac{2}{7}+\frac{3}{10}\times\frac{2}{9}+\frac{3}{10}\times\frac{6}{9}\times\frac{1}{8}\times\frac{2}{7}$$

$$+\frac{3}{10}\times\frac{6}{9}\times\frac{2}{8}\times\frac{1}{7}+\frac{3}{10}\times\frac{6}{9}\times\frac{5}{8}\times\frac{2}{7}+\frac{6}{10}\times\frac{1}{9}\times\frac{3}{8}\times\frac{2}{7}$$

$$+\frac{6}{10}\times\frac{5}{9}\times\frac{3}{8}\times\frac{2}{7}+\frac{1}{10}\times\frac{6}{9}\times\frac{3}{8}\times\frac{2}{7}$$

$$=\frac{882}{10\times9\times8\times7}=\frac{7}{40}\quad(\rightarrow\text{エ})$$

⑸　4 回とも 1 等または 2 等を引く確率なので

$$\frac{4}{10} \times \frac{3}{9} \times \frac{2}{8} \times \frac{1}{7} = \frac{1}{210} \quad (\to \mathbf{オ})$$

物理

1 解答
a）mg〔N〕　b）μmg〔N〕　c）$\sqrt{\mu gr}$〔m/s〕

◀解　説▶

≪摩擦と向心力≫

c）　最大摩擦力が向心力のはたらきをして，自動車が等速円運動しているので

$$\mu mg = m\frac{v^2}{r}$$

$$\therefore \quad v = \sqrt{\mu gr}\,\text{〔m/s〕}$$

2 解答
a）振幅：2.0m　周期：0.50s
周波数：2.0Hz　波長：3.0m

b）$y = 2.0\sin 4\pi t$〔m〕　c）$y = 2.0\sin 4\pi\left(t - \dfrac{x}{6}\right)$〔m〕

◀解　説▶

≪正弦波の式≫

a）　グラフより，振幅 2.0m，周期 0.50s であるから

$$\text{周波数（振動数）} = \frac{1}{\text{周期}} = \frac{1}{0.50} = 2.0\text{〔Hz〕}$$

$$\text{波長} = \text{速さ} \times \text{周期} = 6 \times 0.50 = 3.0\text{〔m〕}$$

b）　角振動数 $= \dfrac{2\pi}{\text{周期}} = \dfrac{2\pi}{0.50} = 4\pi$〔rad/s〕 より

$$y = 2.0\sin 4\pi t\,\text{〔m〕}$$

c）　振動が原点から位置 x まで伝わる時間が $\dfrac{x}{6}$ であるから，b）の結果より

$$y = 2.0\sin 4\pi\left(t - \frac{x}{6}\right)\text{〔m〕}$$

3 　解答　(a) $nSvt$ 　(b) $enSvt$〔C〕　(c) $envS$〔A〕

◀解　説▶

≪導体中の自由電子の運動≫

(a)　長さ vt の導体の体積は Svt であるから，この中に存在する自由電子の数は

$nSvt$

(b)　(a)の自由電子の合計の電気量の大きさは

$enSvt$〔C〕

(c)　単位時間当たりに導体断面を通過する電気量は

$$I = \frac{enSvt}{t} = envS〔\text{A}〕$$

■■■ 化学 ■■■

◀薬　学　部▶

1 **解答** 問 1．a ─(ウ)　b ─(ア)　c ─(カ)　d ─(イ)　e ─(ア)
　　　　　　　f ─(イ)　g．ルシャトリエ

問 2．(1) $MnO_2 + 4HCl \longrightarrow MnCl_2 + 2H_2O + Cl_2$

(2)A．塩化水素　B．水蒸気　C．硫酸　D．下方

■■■■■ ◀解　説▶ ■■■■■

≪化学平衡の移動，Cl_2 の実験室での製法≫

問 1．ルシャトリエの原理（平衡移動の原理）は「可逆反応が平衡状態にあるとき，濃度・気体の場合は圧力，温度などの条件を変化させると，その影響を緩和する方向に平衡が移動する」である。

$$2NO_2（赤褐色）\rightleftharpoons N_2O_4（無色）$$

全て気体であり，初めはほとんど NO_2 で，圧力を高くすると NO_2 の濃度が高くなり，赤褐色が濃くなる。圧力が高くなると，平衡が分子の総数が減る方向（右方向）に移動し N_2O_4 が増えて色が薄くなる。温度を高くすると，吸熱反応の方向に平衡が移動する。つまり高温では逆反応（左）の方向に平衡が移動して，色が濃くなり，冷却するとその反対になる。

2 **解答** 問 1．a ─ウ）　b ─ア）　c ─イ）　d ─ア）
　　　　　　　問 2．① ─キ）　② ─オ）　③ ─ウ）

問 3．(1) $CH_3COOH \rightleftharpoons CH_3COO^- + H^+$

(2) 3.0×10^{-2} mol/L

(3) 3.0×10^{-2}

(4) 9.0×10^{-4} mol/L

(5) 3.0

━━━ ◀解 説▶ ━━━

≪中和滴定，CH₃COOH の電離，pH≫

問1．ホールピペットやビュレットは，使用する溶液で内部を2，3回すすいで（共洗いして）から使用する。

問3．(2)・(3)酢酸の濃度を c〔mol/L〕とすると，中和の関係式より

$$\frac{c \times 1 \times 10.0}{1000} = \frac{0.100 \times 1 \times 3.0}{1000}$$

$$c = 0.0300 = 3.0 \times 10^{-2} \text{〔mol/L〕}$$

弱酸である酢酸の電離度を α とすると $\alpha = \sqrt{\dfrac{K_a}{c}}$ と表すことができる。

$$\alpha = \sqrt{\frac{K_a}{c}} = \sqrt{\frac{2.7 \times 10^{-5}}{3.0 \times 10^{-2}}} = \sqrt{9.0 \times 10^{-4}} = 3.0 \times 10^{-2}$$

(4)　$[\text{H}^+] = c\alpha = 3.0 \times 10^{-2} \times 3.0 \times 10^{-2} = 9.0 \times 10^{-4}$〔mol/L〕

(5)　$\text{pH} = -\log_{10}[\text{H}^+] = -\log_{10}(9.0 \times 10^{-4}) = 4 - \log_{10}3.0^2 = 3.04 \fallingdotseq 3.0$

3　解答

問1．(1)① H_2O　② CO_2

(2) $C_8H_8O_2$

(3)ポリエチレンテレフタラート

(4)**A**：CH_3—⟨benzene⟩—$\overset{\displaystyle}{\underset{O}{C}}$—OH　　**B**：HO—$\overset{}{\underset{O}{C}}$—⟨benzene⟩—$\overset{}{\underset{O}{C}}$—OH

問2．(1) C_nH_{2n}

(2) 4 個

(3) C_4H_8

(4)**A**：
$\underset{H}{\overset{CH_3}{C}}$=$\underset{H}{\overset{CH_3}{C}}$　　$\underset{H}{\overset{CH_3}{C}}$=$\underset{CH_3}{\overset{H}{C}}$　　CH_2=CH—CH_2—CH_3

B：CH_3—$\underset{OH}{CH}$—CH_2—CH_3　　**C**：CH_3—$\underset{O}{C}$—CH_2—CH_3

━━━ ◀解 説▶ ━━━

≪有機化合物の構造推定≫

問1．(2)　化合物 **A** 17.0mg 中の炭素，水素，酸素の質量をそれぞれ m_C〔mg〕，m_H〔mg〕，m_O〔mg〕とすると

$$\frac{C}{CO_2} = \frac{12.0}{44.0} = \frac{m_C}{44.0} \qquad \frac{2H}{H_2O} = \frac{2.0}{18.0} = \frac{m_H}{9.0}$$

より

$$m_C = 12.0 \, [\text{mg}], \quad m_H = 1.0 \, [\text{mg}], \quad m_O = 4.0 \, [\text{mg}]$$

$$C : H : O = \frac{12.0}{12.0} : \frac{1.0}{1.0} : \frac{4.0}{16.0} = 4 : 4 : 1$$

より，組成式 C_4H_4O（式量：68.0）で化合物 **A** の分子量が 136.0 なので，分子式は　　　$C_8H_8O_2$

化合物 **A** が $NaHCO_3$ と反応して水層に移動したことから，**A** は CO_2 よりも強い酸でフェノール類ではなく，分子式から $-COOH$ をもつことがわかる。$NaHCO_3 + R-COOH \longrightarrow R-COONa + CO_2 + H_2O$ と反応して水に溶ける。

(3)　飲料容器に使われている高分子化合物はポリエチレンテレフタラート（PET）である。このことから化合物 **B** はテレフタル酸と推定できる。

(4)　化合物 **A** はベンゼン環の p-位が置換されたものであるから，p-位にメチル基とカルボキシ基をもつ化合物とわかる。

問 2．(2)　C_nH_{2n} の分子量は $12.0n + 2.0n$，これに H_2O が付加した化合物は $C_nH_{2n+2}O$ で分子量は $12.0n + 2.0n + 18$ なので

$$\frac{84.0}{14.0n} = \frac{111.0}{14.0n + 18}$$

よって　　　$n = 4$

(4)　化合物 **C** がヨードホルム反応陽性であることから，アルケン **A** の構造は，シス-トランス異性体を考慮すると 3 種類が可能である。

A は 2-ブテン（cis- と trans-）と 1-ブテンが可能である。1-ブテンに水を付加させると化合物 **D** も生成する可能性（マルコフニコフ則[※]よりほとんど生成しない）があるが，その酸化生成物はヨードホルム反応は陰性である。ヨードホルム反応は $CH_3-\underset{\underset{O}{\|}}{C}-$ や $CH_3-\underset{\underset{OH}{|}}{CH}-$ の基があると陽性である。

※マルコフニコフ則：アルケンに H_2O などが付加する場合，二重結合にかかわる炭素の内，結合しているHの多い方の炭素原子にHが付加した生成物が多く得られる。

4 解答

問1．(1) $NH_3{}^+-CH_2-\overset{\underset{\parallel}{O}}{C}-O^-$

(2) K

(3) C，G，I，K，Y

(4) ジスルフィド結合

問2．(1) 化学式：PbS 色：黒色

(2) キサントプロテイン反応

(3) 4

(4) ㋐—Y ㋑—G ㋒—C

(5) 12通り

━━━━━━◀解　説▶━━━━━━

《アミノ酸とペプチドの構造決定》

問1．(2) アミノ酸は等電点よりも pH の小さい溶液中では陽イオンになるので，pH7.4ではK（リシン）のみが陽イオンになる。

(3) pH4.0では等電点が4.0より小さいD（アスパラギン酸）を除くアミノ酸が陽イオンになる。

(4) システインの −SH 基は空気中で容易に酸化されて −S−S− 結合ができる。

$$4NH_2-CH(COOH)-CH_2-SH+O_2$$
$$\longrightarrow 2NH_2-CH(COOH)-CH_2-S-S-CH_2-CH(COOH)-NH_2+2H_2O$$

問2．(1)〜(4) 実験②は有機化合物中のSを検出する方法であるので，ペプチドXにはSをもつシステインが含まれることがわかる。実験③はタンパク質中のベンゼン環による反応なので，ペプチドXにはベンゼン環をもつチロシンが含まれることがわかる。実験⑤からアミノ酸㋑は光学異性体のないグリシンとわかる。実験①より分子量が504であることと，実験④のアミノ酸の割合から，ペプチドXが4個のアミノ酸からできている（ペプチド結合3個）と仮定し，2個含まれるアミノ酸の分子量を x とすると

$$2x + 75 + 121 - 18 \times 3 = 504$$

より，$x = 181$ で，チロシンが 2 個とわかり，アミノ酸㋐がチロシン，アミノ酸㋒がシステインと決まる。

(5)　ペプチドには NH_2 の端（N 末端：N←）と COOH の端（C 末端：→C）があるので，下の 12 通りが可能である。

N←	YYCG	→C	N←	YCGY	→C	N←	CYYG	→C
	YYGC			YGCY			GCYY	
	YGYC			CGYY			GYCY	
	YCYG			CYGY			GYYC	

◀理工・医療技術・福岡医療技術学部▶

1 **解答** 問1．①正　②原子核　③負　④電子　⑤陽子
⑥中性子

問2．(ア)—○　(イ)—×　(ウ)—×

問3．(ア) 10 個　(イ) 11 個

━━━━━━━━◀解　説▶━━━━━━━━

≪原子の構造≫

問2．(イ)　誤文。原子の質量数は⑤陽子と⑥中性子の数の合計。

(ウ)　誤文。同素体は同じ元素からできた性質の違う単体（例：酸素 O_2 と
オゾン O_3）のこと。同位体が正しい。

問3．(ア)　④電子の数は

　　　陽子数（原子番号）の和 $= 1 \times 2 + 8 = 10$ 個

(イ)　⑥中性子の数は，質量数から陽子数を引いたものなので

　　　中性子数の合計 $= (2 - 1) \times 2 + (17 - 8) = 11$ 個

2 **解答** 問1．イオン結晶：(イ)　分子結晶：(ウ)
金属結晶：(ア)

問2．(a) A．面心立方格子　B．体心立方格子

(b)(ア)—×　(イ)—×　(ウ)—○　(エ)—○

(c) 63

━━━━━━━━◀解　説▶━━━━━━━━

≪種々の結晶の性質，金属結晶の構造≫

問2．(b)(ア)　誤文。球の半径を r とすると，Aの単位格子の一辺の長さ a
との関係は，$\sqrt{2}a = 4r$ なので　　$a = 2\sqrt{2}r$

Bの単位格子の一辺の長さ b との関係は，$\sqrt{3}b = 4r$ なので　　$b = \dfrac{4\sqrt{3}}{3}r$

Aの方が大きい。

(イ)　誤文。Aは $\dfrac{1}{8} \times 8 + \dfrac{1}{2} \times 6 = 4$ 個，Bは $\dfrac{1}{8} \times 8 + 1 = 2$ 個。

(ウ)　正文。Aの充塡率 $= \dfrac{\frac{4}{3}\pi r^3 \times 4}{a^3} \times 100 = \dfrac{\frac{4}{3}\pi r^3 \times 4}{(2\sqrt{2}\,r)^3} \times 100 = 74 \,[\%]$

Bの充塡率 $= \dfrac{\frac{4}{3}\pi r^3 \times 2}{b^3} \times 100 = \dfrac{\frac{4}{3}\pi r^3 \times 2}{\left(\frac{4\sqrt{3}}{3}r\right)^3} \times 100 = 68 \,[\%]$

(エ)　正文。配位数（1つの粒子に接している他の粒子の数）はAが12，Bが8。

(c)　(b)(イ)より，面心立方格子の単位格子に含まれる原子数は 4 である。

原子 1 個当たりの質量は $\dfrac{(3.6 \times 10^{-8})^3 \times 9.0}{4}$ g で

$$原子のモル質量（原子量）= \dfrac{(3.6 \times 10^{-8})^3 \times 9.0}{4} \times 6.02 \times 10^{23}$$
$$= 63.1 \fallingdotseq 63$$

3　解答

問 1．(1)①反応熱　②単体　③生成熱　④吸熱　⑤大きい

(2) $6C\,(黒鉛) + 3H_2\,(気) = C_6H_6\,(液) - 49\,kJ$

(3)物質が変化するときの反応熱の総和は，反応の前後の物質の種類と状態によって決まり，反応の経路や方法には関係しない。

問 2．(1)メタン：$CH_4\,(気) + 2O_2\,(気) = CO_2\,(気) + 2H_2O\,(液) + 890\,kJ$

エタン：$C_2H_6\,(気) + \dfrac{7}{2}O_2\,(気) = 2CO_2\,(気) + 3H_2O\,(液) + 1560\,kJ$

(2)メタン：エタン $= 3 : 2$

(3) $174\,kJ$

◀解　説▶

≪化学反応とエネルギー≫

問 2．(2)　体積比は物質量比と同じなので，混合気体 3.36L $\left(\dfrac{3.36}{22.4} = 0.15\,mol\right)$ 中のメタンの物質量を $x\,[mol]$ とするとエタンの物質量は $\dfrac{3.36}{22.4} - x\,[mol]$ で表される。各熱化学方程式から，消費された O_2（分子量：32.0）の物質量との関係は

$$2x + \frac{7}{2} \times \left(\frac{3.36}{22.4} - x\right) = \frac{12.5}{32.0}$$

$x = 0.090\,\text{mol}$ より，メタンは $0.090\,\text{(mol)}$，エタンは $0.060\,\text{(mol)}$ となる。

(3)　　$890 \times 0.090 + 1560 \times 0.060 = 173.7 \fallingdotseq 174\,\text{(kJ)}$

4　解答　問 1．組成式：C_7H_8O

問 2．A： B： C：

D： E： F：

G： H：

◀解　説▶

≪酸素を含む芳香族化合物の推定≫

問 1．化合物 $39.10\,\text{mg}$ 中の炭素，水素，酸素の質量それぞれを $m_C\,\text{(mg)}$，$m_H\,\text{(mg)}$，$m_O\,\text{(mg)}$ とすると

$$\frac{C}{CO_2} = \frac{12.0}{44.0} = \frac{m_C}{111.3} \qquad \frac{2H}{H_2O} = \frac{2.0}{18.0} = \frac{m_H}{26.50}$$

より

$$m_C \fallingdotseq 30.35\,\text{(mg)}, \quad m_H \fallingdotseq 2.94\,\text{(mg)}, \quad m_O \fallingdotseq 5.81\,\text{(mg)}$$

$$C : H : O = \frac{30.35}{12.0} : \frac{2.94}{1.0} : \frac{5.81}{16.0} = 2.529 : 2.94 : 0.363 \fallingdotseq 7 : 8 : 1$$

より　　組成式 C_7H_8O

問 2．実験 7 でサリチル酸が得られたということから，これらの化合物にはベンゼン環が 1 個あり，得られた示性式が分子式であると推測できる。実験 1 で A，B，C が NaOH 水溶液に溶けることから酸性の物質であることがわかり，ベンゼン環の炭素原子に −OH が直接結合したフェノール類であると推定できる。実験 2 から A〜D には −OH が存在し，D はアル

コール類と推定できる。また，Ｅは Na と反応しないエーテル類と推測できる。実験 4 から，Ａ，Ｂ，Ｃは

に該当することがわかる。Ａを塩素化すると次の 2 種類の異性体が可能なのでＡは *p*-クレゾールと決まる。

実験 5 〜 8 より，化合物Ｂ→Ｆ→Ｇ→サリチル酸と反応するので，Ｂは *o*-クレゾール，Ｃが *m*-クレゾールと決まる。各 4 種類の塩素化物が可能である。

また，実験 5 より，Ｂのヒドロキシ基が無水酢酸でアセチル化されてＦとなる。実験 6 より，ベンゼン環の側鎖のメチル基が酸化されてカルボキシ基になる。

Ｄはアルコール類より

実験 8 は以下のようになる。

■■■生物■■■

1 **解答**　問1．a－タ　b－ソ　c－ク　d－コ　e－ス
　　　　　　　 f－ア　g－ウ　h－ツ　i－カ　j－ケ　k－キ
l－セ　m－サ　n－シ
問2．①アブシシン酸　②ジベレリン　③サイトカイニン　④エチレン
問3．A－2　B－2　C－1　D－2
問4．4・5
問5．小問1．3・5
小問2．<u>オーキシン排出輸送体</u>も<u>重力方向</u>に移動するためオーキシンは根
の下側に移動する。(40字以内)
小問3．根では<u>オーキシン濃度</u>が高いと細胞の伸長が抑制されるため，根
の伸長域では<u>上側</u>が<u>下側</u>より成長するから。(50字以内)
小問4．1

◀━━━━◀解　説▶━━━━━

≪植物ホルモン，光屈性，重力屈性≫
問1．b．アブシシン酸はワタの果実から発見された物質だが，植物体の
ほぼすべての細胞で作られている。ここでは土壌の乾燥を感知するという
ところから根を選ぶ。

e・g・h．ジベレリンは，細胞の伸長を促進するホルモンである。ジベ
レリンが細胞表層の微小管を横方向に配列させ，それによって，細胞壁の
セルロース繊維も横方向に合成されるので，細胞が横方向に伸びにくく縦
方向に伸びやすくなる（縦方向にはセルロース繊維の間隔を広げれば伸び
る）。選択肢には微小管がないので，gにはセルロースを選ぶ。

nは難しいが，選択肢に細胞小器官はシしかないので解答できるだろう。
問3．B・C．エチレンは細胞表層の微小管を縦方向に配列させるので，
細胞壁のセルロース繊維も縦方向に合成される。そのため細胞は縦方向に
伸びにくくなり，肥大成長が促進される。
問4．果実の成長と成熟を促進する植物ホルモンは植物種によってさまざ
まであり，ジベレリン，オーキシン，エチレンなどがある。花芽の形成を

促進するのは，花成ホルモンである。葉の老化と落葉に関してはアブシシ
ン酸とエチレンが促進的に，サイトカイニンとオーキシンが抑制的にはた
らく。アブシシン酸はエチレンの合成を促進し，エチレンは離層の形成を
促進する。ストレス応答には，アブシシン酸，ジャスモン酸，エチレンな
どが関わる。

問5．小問1・2．オーキシン排出輸送体（PIN タンパク質）は細胞膜
にあり，その分布はふつう頂端方向と反対側にあるので，オーキシンは植
物体の下方へ移動する。光屈性においては，オーキシン排出輸送体が光の
当たらない側に分布して，オーキシンが陰側に移動する。

小問4．植物体を水平に置いた場合，オーキシンの濃度は下側がほぼ同じ
程度に高くなる。このとき，茎では下側の細胞がより成長して上に屈曲し，
根では上側の細胞がより成長して下に屈曲する。つまり，同じオーキシン
濃度でも茎では伸長成長に適する濃度であるが，根では高すぎる濃度であ
り濃度が低い上側の方が成長する。設問中のグラフでは，茎では成長促進
されるときに，根では抑制されている範囲が広い，1を選ぶ。

2　解答

問1．a．基質　b．生成物　c．速度　d．最適
e．失活

問2．変性　問3．酸素

問4．煮沸によりタンパク質を主成分とするカタラーゼが不可逆的に熱変
性し，冷ましても元に戻らなかったから。（50字以内）

問5．反応液はCが酸性，Dが塩基性であり，カタラーゼの最適 pH と大
きく違い，活性を示す構造が変化したから。（50字以内）

問6．カタラーゼのはたらきは温度が上がるほど高まるが，最適な温度を
超えるとはたらきは逆に弱くなっていく。（50字以内）

◀解　説▶

≪カタラーゼの実験≫

問1．e．酵素が何らかの原因でその機能を失うことを失活という。本体
であるタンパク質の変性が原因であることが多い。

問2．タンパク質は高温，極端な pH 条件の変化，ある種の化学物質や金
属などによって立体構造が変化する。これをタンパク質の変性という。条
件を戻すと立体構造が元に戻る（可逆的）なこともあるが，高校生物では

「立体構造が不可逆的に変化すること」を変性とすることも多い。

3 　解答

問1．a．中枢　b．末梢　c．体性　d．脳幹
e．灰白質　f．白質

問2．①—ク　②—オ　③—エ　④—サ　⑤—キ　⑥—カ　⑦—ケ
⑧—イ　⑨—コ

問3．閾値以上の刺激では刺激の強さにかかわらず，同じ大きさで興奮が
おきる。(35字以内)

問4．1—お　2—う　3—え　問5．B・C

■━━━━━━ ◀解　説▶ ━━━━━━■

≪神経系，脳の構造とはたらき，全か無かの法則≫

問3．1つのニューロン（神経細胞）は，全く興奮しないかある強度以上
の刺激で興奮するかのどちらかである。閾値を超える刺激を与えた場合，
刺激を強くしても興奮（活動電位）の大きさは変わらない。脊椎動物では，
普通の神経は多数の神経繊維が束になっており，神経繊維ごとに閾値が異
なるので，刺激が強くなるほど閾値に達した神経繊維の数が増えていくこ
とで，神経全体としての興奮は大きくなっていく。

問4．1．からだのバランスを保ったり，運動の調節を行う中枢は，小脳
である。

2．呼吸運動の中枢は，延髄である。

3．姿勢保持の中枢は，中脳である。

問5．A．唾液の分泌は，延髄が中枢となって副交感神経によりおきる反
射である。

D．強い光を当てると瞳孔が小さくなる瞳孔反射は，中脳が中枢となって
副交感神経によりおきる反射である。

国語

一 出典　田中拓道『リベラルとは何か―17世紀の自由主義から現代日本まで』〈第1章　自由放任主義からリベラルへ　1　リベラルをどうとらえるか〉(中公新書)

解答

問一　①勃興　②擁護
問二　ウ
問三　自由、所有、安全および圧政への抵抗である
問四　生得
問五　オ
問六　オ
問七　E―コ　F―ケ　G―ク
問八　利己的な人が公共の善を生み出すということ(二十字以内)

◀ **解説** ▶

問二　A、直前の「生命、自由、財産」と直後の「自分の身体を自由に用いて生命を保全し、財産を自由に処分できること」は〈同じ内容〉である。〈言い換え・同一〉を表す語が入る。アを除く四つの選択肢が候補になる。B、直前の「財産権は……自然状態で個人に与えられた生得の権利」と直後「自然状態では、自分の財産を奪おうとしたり……」は〈定義〉と「問題点」という関係になっている。〈逆接・部分否定〉を表す語が入る。オが除外される。C、直前の段落の「ロックが唱えた個人の自然権」と直後「フランス革命……で成立した……人権宣言」が〈同一の趣旨〉であることを理解する。〈同一・並列・順接〉を表す語が入る。残ったイとエのうち、ウが候補として浮上する。そのうえでD、前文の「古典的自由主義」が「個人を解放するための改革思想」から、後の「商工業の担い手……の利益を代弁する経済思想へと変質」したという関係を読み取る。〈順接・逆接〉が入ると考える。「Dしかし」を含むすべての選択肢が可能。以上からウを正解とする。

問三　候補になる箇所がいくつかあるが、〈定義〉ではなく〈説明〉が求められている点を踏まえる。第六段落の「一定の譲り渡すことのできない

権利」、第七段落の「消滅することのない人の自然的権利」を選びたくなるが、第七段落末に「自然的権利」とあり、「これらの権利とは、自由、所有、安全および圧政への抵抗である」とあるので、この部分が該当すると判断する。

問四　「国家が成立する以前の自然状態」における人間の権利のありようを述べた箇所を探す。第三段落では「すべての個人は生まれながらにして……『自然権』を持っている」とある。この〈生まれながらの権利〉に対応する語句を探すと、傍線部直後に「生得の権利」とあることがわかる。

問五　傍線部の「法によって国家権力が縛られる」がオの「政治権力は……法の枠内で行使されなければならない」という記述に対応していることを理解する。また直前の段落の「国家の役割は……『憲法』によって制約され」も傍線部と同一の内容であり、〈（国家の）政治権力が法に拘束される義務があること〉を述べたオに対応している。

問六　傍線部の指示語「それ」は直前の「古典的自由主義」を指すので、傍線部は〈古典的自由主義は、ブルジョワジーの利益を代弁する〉と置き換えられると理解する。次に直後の「この点を確認する」を踏まえて後部を見ると「私的利益の自由を追求をヨウゴ（＝擁護）する」とあるので、傍線部は〈古典的自由主義は、ブルジョワジーの私的利益の自由を追求を擁護する〉と置き換えられると理解する。この〈主語ー述語関係〉を正確に反映したオが正解。

問七　E、直前「より安く商品を手に入れよう」が「需要」、「よりよい商品を多く生み出そうとする」が「供給」に対応していることを踏まえて、この「需要と供給」が「価格」（空欄前部）によって〈ほど安く、ほどほどよいところに落ち着く〉と理解するとコ「調節」が選べる。

F、直前の「保護」「制限」と同じ意味合いを持つ語が入ると理解する。イ「監督」やエ「管理」も紛らわしいが、主題である「自由」に対応させたとき、ケ「規制」が最もふさわしい。

G、直後の「慈善」が直前の「貧民」に対して行われる状態を表す語が入ると理解する。カ「救護」とすると怪我人保護のような意味合いが出てしまうので、「貧民救済」などで一般的に使われるウ「救済」を選ぶ。

問八　傍線部の「こうした人」が前部の「私的利益を第一に考え、自分のためだけに行動する人」であり、「社会全体は豊かになる」が同じく前部

の「『公共の善』を生み出す」のことであると理解し、これらの記述を簡潔にまとめ直す。

二

出典　野中郁次郎・遠藤功『日本企業にいま大切なこと』〈第1部　成功している世界企業は「アメリカ型」ではない　第2章　横文字思考の"毒"、コンプライアンスや数字から知恵や勇気は生まれない〉（PHP新書）

解答

問一　①踏襲　②著
問二　A―ウ　B―オ
問三　非連続
問四　オ
問五　できません。
問六　イ

◀ 解 説 ▶

問二　A、冒頭第1段落（1文）で、日本企業が抱える問題が二つあると指摘される。その一つ目が第二〜五段落で「モノづくり」だけでは生き残れなくなってきた、そして「コトづくり」関係の構造を築く……日本企業は……遅れをとっている」と詳述されており、　A　を含む段落は〈言い換え・結論〉の部分となっている。よって、ウ「つまり」が選べる。

B、直前「過去の事例に基づいてそれを教訓化していくアプローチ」と後部「動きながら考えているうちに、さまざまな関係性が見えて」くる手法とが〈対立・逆接〉の関係になっている。よって、オ「しかし」を選べる。

問三　直前の「気づき」を手がかりにして前部を見ると、傍線部(a)の段落に「新しい気づきを非連続的に延ばしていくのです」とある。

問四　直後の「日々の平凡な仕事を徹底的に追い求めながら」を手がかりにして前部を見ると、「意識的にせよ無意識的にせよ……執拗に追いかけで、知の創造を日々の実践のなかで徹底的に錬磨している」とあるので、〈意識・無意識〉に関する選択肢を選ぶ。

問五　挿入文の「このような問題」と「日本の経営……厳しい見方をする人々」を手がかりにして本文を確認する。まず「このような問題」とは第一段落「二つの問題」、第二段落「モノづくり」だけでは生き残れなくな

ってきた（という問題）」、第六段落「もう一つの問題」のことを指すと考え、この後に挿入文が入ると理解する。次に「日本の経営……厳しい見方をする人々」は第七段落「マサチューセッツ工科大学のレスター・サロー」「日本にはイノベーションがなく……日本経済は『失われた三十年』になる」のことを指すと考え、この間に挿入文が入ると理解する。

問六　アの「今後も『モノづくり』により邁進すべき」、ウの「『サイエンス』としての経営を実践した」、エの「文化の問題である」、オの「説明ができる」はそれぞれ第三段落、第八・九段落、第八段落、第十段落の内容と矛盾する。イは最終段落の内容に合致する。

三　**出典**　平川新『戦国日本と大航海時代―秀吉・家康・政宗の外交戦略』〈第一章　信長とイエズス会　2　信長と宣教師たちの出会い〉（中公新書）

解答　問一　①盗賊　②聴

問二　インドの副王

問三　ウ

問四　ア

問五　エ

問六　オ

問七　は異なっていた。

◀**解説**▶

問二　正確には〈ポルトガルの支配している「インドのゴア」にいる「ポルトガルのインド副王」〉である。直前部を丁寧に読解する。

問三　直前の「知っていた」と後部の「初めて知った」が〈逆接・対立〉の関係になっている。

問四　直前の「トウゾク（＝盗賊）」「偉大なもの」がそれぞれ〈いかがわしさ〉〈神秘さ〉に対応すると理解する。イは〈イメージの順番が逆〉である。

問五　Ｘ、前半部の主題はフロイスとの会話や彼ら宣教師との出会いであるいは地球儀の入手それ自体というよりは、それらを通して第三段落末尾「唐・天竺を越えた……知らない異国の話や動き」や、世界の中での日本の位置を信長が知ったことにある。Ｙ、一つ目および二つ目のＹの前後に

「世界地図」「信長が抱いた世界観」と繰り返されている点を重視する。以上より、エを正解とする。

問六　前部の記述を踏まえる。直前の「たった一人の異国の者が日本でどんな害悪をなすことができるというのか」という記述は〈宣教師は何もできない〉と置き換えられる。このこととの〈対比〉として、彼らの影響によって「国も市も直ちに崩壊して滅亡する」と考える松永久秀を〈小心者〉であると考えた、と理解する。

問七　「その理由は後述する」という文句は〈ここでは煩雑になるので必要とされる理由は後から詳述する〉という際にしばしば用いられる表現である。この条件に該当する箇所を本文で確認すると、第八段落の末尾が「だが信長の認識は異なっていた」となっており、本来ならこの後に〈どう異なっていたのか?〉〈なぜ異なっていたのか?〉が書かれるべきなのに、実際には書かれることなく、次段落で「二つ目」の話へと移っていることがわかる。よって第八段落の末尾の後に挿入文が入ると判断する。

//////////////// · memo · ////////////////

///////////////// · memo · /////////////////

////////////////// · **memo** · //////////////////

//////////////// · **memo** · ////////////////

//////////////////// · memo · ////////////////////

/////////////////// · **memo** · ///////////////////

教学社 刊行一覧

2025年版　大学赤本シリーズ

国公立大学（都道府県順）

374大学556点 全都道府県を網羅

全国の書店で取り扱っています。店頭にない場合は，お取り寄せができます。

1 北海道大学(文系-前期日程)
2 北海道大学(理系-前期日程) 医
3 北海道大学(後期日程)
4 旭川医科大学(医学部〈医学科〉) 医
5 小樽商科大学
6 帯広畜産大学
7 北海道教育大学
8 室蘭工業大学／北見工業大学
9 釧路公立大学
10 公立千歳科学技術大学
11 公立はこだて未来大学 総推
12 札幌医科大学(医学部) 医
13 弘前大学 医
14 岩手大学
15 岩手県立大学・盛岡短期大学部・宮古短期大学部
16 東北大学(文系-前期日程)
17 東北大学(理系-前期日程) 医
18 東北大学(後期日程)
19 宮城教育大学
20 宮城大学
21 秋田大学 医
22 秋田県立大学
23 国際教養大学 総推
24 山形大学 医
25 福島大学
26 会津大学
27 福島県立医科大学(医・保健科学部) 医
28 茨城大学(文系)
29 茨城大学(理系)
30 筑波大学(推薦入試) 医総推
31 筑波大学(文系-前期日程)
32 筑波大学(理系-前期日程) 医
33 筑波大学(後期日程)
34 宇都宮大学
35 群馬大学 医
36 群馬県立女子大学
37 高崎経済大学
38 前橋工科大学
39 埼玉大学(文系)
40 埼玉大学(理系)
41 千葉大学(文系-前期日程)
42 千葉大学(理系-前期日程) 医
43 千葉大学(後期日程)
44 東京大学(文科) DL
45 東京大学(理科) DL 医
46 お茶の水女子大学
47 電気通信大学
48 東京外国語大学 DL
49 東京海洋大学
50 東京科学大学(旧 東京工業大学)
51 東京科学大学(旧 東京医科歯科大学) 医
52 東京学芸大学
53 東京藝術大学
54 東京農工大学
55 一橋大学(前期日程)
56 一橋大学(後期日程)
57 東京都立大学(文系)
58 東京都立大学(理系)
59 横浜国立大学(文系)
60 横浜国立大学(理系)
61 横浜市立大学(国際教養・国際商・理・データサイエンス・医〈看護〉学部)

62 横浜市立大学(医学部〈医学科〉) 医
63 新潟大学(人文・教育〈文系〉・法・経済科・医〈看護〉・創生学部)
64 新潟大学(教育〈理系〉・理・医〈看護を除く〉・歯・工・農学部) 医
65 新潟県立大学
66 富山大学(文系)
67 富山大学(理系) 医
68 富山県立大学
69 金沢大学(文系)
70 金沢大学(理系) 医
71 福井大学(教育・医〈看護〉・工・国際地域学部)
72 福井大学(医学部〈医学科〉) 医
73 福井県立大学
74 山梨大学(教育・医〈看護〉・工・生命環境学部)
75 山梨大学(医学部〈医学科〉) 医
76 都留文科大学
77 信州大学(文系-前期日程)
78 信州大学(理系-前期日程) 医
79 信州大学(後期日程)
80 公立諏訪東京理科大学 総推
81 岐阜大学(前期日程) 医
82 岐阜大学(後期日程) 医
83 岐阜薬科大学
84 静岡大学(前期日程)
85 静岡大学(後期日程)
86 浜松医科大学(医学部〈医学科〉) 医
87 静岡県立大学
88 静岡文化芸術大学
89 名古屋大学(文系)
90 名古屋大学(理系) 医
91 愛知教育大学
92 名古屋工業大学
93 愛知県立大学
94 名古屋市立大学(経済・人文社会・芸術工・看護・総合生命理・データサイエンス学部)
95 名古屋市立大学(医学部〈医学科〉) 医
96 名古屋市立大学(薬学部)
97 三重大学(人文・教育・医〈看護〉学部)
98 三重大学(医〈医〉・工・生物資源学部) 医
99 滋賀大学
100 滋賀医科大学(医学部〈医学科〉) 医
101 滋賀県立大学
102 京都大学(文系)
103 京都大学(理系) 医
104 京都教育大学
105 京都工芸繊維大学
106 京都府立大学
107 京都府立医科大学(医学部〈医学科〉) 医
108 大阪大学(文系) DL
109 大阪大学(理系) 医
110 大阪教育大学
111 大阪公立大学(現代システム科学域〈文系〉・文・法・経済・商・看護・生活科〈居住環境・人間福祉〉学部-前期日程)
112 大阪公立大学(現代システム科学域〈理系〉・理・工・農・獣医・医・生活科〈食栄養〉学部-前期日程) 医
113 大阪公立大学(中期日程)
114 大阪公立大学(後期日程)
115 神戸大学(文系-前期日程)
116 神戸大学(理系-前期日程) 医

117 神戸大学(後期日程)
118 神戸市外国語大学 DL
119 兵庫県立大学(国際商経・社会情報科・看護学部)
120 兵庫県立大学(工・理・環境人間学部)
121 奈良教育大学／奈良県立大学
122 奈良女子大学
123 奈良県立医科大学(医学部〈医学科〉) 医
124 和歌山大学
125 和歌山県立医科大学(医・薬学部) 医
126 鳥取大学 医
127 公立鳥取環境大学
128 島根大学 医
129 岡山大学(文系)
130 岡山大学(理系) 医
131 岡山県立大学
132 広島大学(文系-前期日程)
133 広島大学(理系-前期日程) 医
134 広島大学(後期日程)
135 尾道市立大学 総推
136 県立広島大学
137 広島市立大学
138 福山市立大学 総推
139 山口大学(人文・教育〈文系〉・経済・医〈看護〉・国際総合科学部)
140 山口大学(教育〈理系〉・理・医〈看護を除く〉・工・共同獣医学部) 医
141 山陽小野田市立山口東京理科大学 総推
142 下関市立大学／山口県立大学
143 周南公立大学 新総推
144 徳島大学 医
145 香川大学 医
146 愛媛大学 医
147 高知大学 医
148 高知工科大学
149 九州大学(文系-前期日程)
150 九州大学(理系-前期日程) 医
151 九州大学(後期日程)
152 九州工業大学
153 福岡教育大学
154 北九州市立大学
155 九州歯科大学
156 福岡県立大学／福岡女子大学
157 佐賀大学 医
158 長崎大学(多文化社会・教育〈文系〉・経済・医〈保健〉・環境科〈文系〉学部)
159 長崎大学(教育〈理系〉・医〈医・歯・薬・情報データ科・工・環境科〈理系〉・水産学部) 医
160 長崎県立大学 総推
161 熊本大学(文・教育・法・医〈看護〉学部・情報融合学環〈文系型〉)
162 熊本大学(理・医〈看護を除く〉・薬・工学部・情報融合学環〈理系型〉) 医
163 熊本県立大学
164 大分大学(教育・経済・医〈看護〉・理工・福祉健康科学部)
165 大分大学(医学部〈医・先進医療科学科〉) 医
166 宮崎大学(教育・医〈看護〉・工・農・地域資源創成学部)
167 宮崎大学(医学部〈医学科〉) 医
168 鹿児島大学(文系)
169 鹿児島大学(理系) 医
170 琉球大学 医

2025年版　大学赤本シリーズ

国公立大学 その他

私立大学①

いつも受験生のそばに──赤本

入試対策
赤本プラス

赤本プラスとは、過去問演習の効果を最大にするためのシリーズです。「赤本」であぶり出された弱点を、赤本プラスで克服しましょう。

大学入試 すぐわかる英文法 🔲
大学入試 ひと目でわかる英文読解
大学入試 絶対できる英語リスニング 🔲
大学入試 すぐ書ける自由英作文
大学入試 ぐんぐん読める
　英語長文[BASIC] 🔲
大学入試 ぐんぐん読める
　英語長文[STANDARD] 🔲
大学入試 ぐんぐん読める
　英語長文[ADVANCED] 🔲
大学入試 正しく書ける英作文
大学入試 最短マスターする
　数学Ⅰ・Ⅱ・Ⅲ・A・B・C
大学入試 突破力を鍛える最難関の数学
大学入試 知らなきゃ解けない
　古文常識・和歌
大学入試 ちゃんと身につく物理
大学入試 もっと身につく
　物理問題集（①力学・波動）
大学入試 もっと身につく
　物理問題集（②熱力学・電磁気・原子）

入試対策
英検®
赤本シリーズ

英検®（実用英語技能検定）の対策書。
過去問集と参考書で万全の対策ができます。

▶過去問集（2024年度版）
英検®準1級過去問集 🔲
英検®2級過去問集 🔲
英検®準2級過去問集 🔲
英検®3級過去問集 🔲

▶参考書
竹岡の英検®準1級マスター 🔲
竹岡の英検®2級マスター 🎧🔲
竹岡の英検®準2級マスター 🎧🔲
竹岡の英検®3級マスター 🎧🔲

入試対策
赤本プレミアム

赤本の教学社だからこそ作れた、
過去問ベストセレクション

東大数学プレミアム
東大現代文プレミアム
京大数学プレミアム[改訂版]
京大古典プレミアム

入試対策
赤本メディカル
シリーズ

過去問を徹底的に研究し、独自の出題傾向をもつメディカル系の入試に役立つ内容を精選した実戦的なシリーズ。

[国公立大]医学部の英語[3訂版]
私立医大の英語[長文読解編][3訂版]
私立医大の英語[文法・語法編][改訂版]
医学部の実戦小論文[3訂版]
医歯薬系の英単語[4訂版]
医系小論文 最頻出論点20[4訂版]
医学部の面接[4訂版]

入試対策
体系シリーズ

国公立大二次・難関私大突破へ、自学自習に適したハイレベル問題集。

体系英語長文　　体系世界史
体系英作文　　　体系物理[第7版]
体系現代文

入試対策
単行本

▶英語
Q&A即決英語勉強法
TEAP攻略問題集[新装版] 🔲新
東大の英単語[新装版]
早慶上智の英単語[改訂版]

▶国語・小論文
著者に注目! 現代文問題集
ブレない小論文の書き方 樋口式ワークノート

▶レシピ集
奥薗壽子の赤本合格レシピ

入試対策　共通テスト対策

赤本手帳（2025年度受験用）プラムレッド
赤本手帳（2025年度受験用）インディゴブルー
赤本手帳（2025年度受験用）ナチュラルホワイト

入試対策
風呂で覚える
シリーズ

水をはじく特殊な紙を使用。いつでもどこでも読めるから、ちょっとした時間を有効に使える!

風呂で覚える英単語[4訂新装版]
風呂で覚える英熟語[改訂新装版]
風呂で覚える古文単語[改訂新装版]
風呂で覚える古文文法[改訂新装版]
風呂で覚える漢文[改訂新装版]
風呂で覚える日本史[年代][改訂新装版]
風呂で覚える世界史[年代][改訂新装版]
風呂で覚える倫理[改訂版]
風呂で覚える百人一首[改訂版]

共通テスト対策
満点のコツ
シリーズ

共通テストで満点を狙うための実戦的参考書。
重要度の高いリスニング対策は「カリスマ講師」竹岡広信が一回読みにも対応できるコツを伝授!

共通テスト英語[リスニング]
　満点のコツ[改訂版] 🔲新
共通テスト古文 満点のコツ[改訂版] 新
共通テスト漢文 満点のコツ[改訂版] 新
共通テスト生物基礎
　満点のコツ[改訂版] 新

入試対策　共通テスト対策

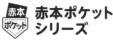

赤本ポケット
シリーズ

▶共通テスト対策
共通テスト日本史[文化史]

▶系統別進路ガイド
デザイン系学科をめざすあなたへ

🎧 リスニングCDつき　🔲 音声無料配信
新 2024年新刊・改訂

2025 年版　大学赤本シリーズ　No. 325

帝京大学（薬学部・経済学部・法学部・
文学部・外国語学部・教育学部・理工学
部・医療技術学部・福岡医療技術学部）

2024 年 7 月 30 日　第 1 刷発行
ISBN978-4-325-26384-5
定価は裏表紙に表示しています

編　集　教学社編集部
発行者　上原　寿明
発行所　教学社
　　　　〒606-0031
　　　　京都市左京区岩倉南桑原町56
電　話　075-721-6500
振　替　01020-1-15695
印　刷　太洋社